哲学のアンガジュマン

サルトルと共に問う
暴力、非理性、デモクラシー

生方淳子
Ubukata Atsuko

Un engagement philosophique
S'interroger sur la violence, la déraison et la démocratie avec Sartre

哲学のアンガジュマン——サルトルと共に問う暴力、非理性、デモクラシー　目次

終章 345

凡例

1. 外国語を訳して引用する際、原文で強調を示す斜体字は訳文中で傍点を付す。
2. 外国語を訳して引用する際、原文中の（）や« » などの記号は、基本的にそのまま用いる。ただし、重複などの不都合が生じる場合は、適宜変更する。
3. 引用文の中略は（…）で示す。
4. フランス語の原文中の大文字始まりの名詞は〈〉で示す。ただし、サルトルのテクストでは、同じ語でもしばしば大文字始まりの場合と小文字始まりの場合が混在しており、『存在と無』をはじめいくつかの著作では初版とそれ以降の版との間でも一定しておらず、草稿で確認することも不可能である。したがって、大文字であることに特には注意を払わない。
5. 〔〕は生方による文脈上の補足である。
6. ［］は生方によるコメントである。
7. 「」は、生方による引用の際に用いたが、そのほかにも文章を分かりやすくしたり、特定の語を強調したり、いわゆる何々という意味で用いたりした場合に適宜使用したものである。
8. 本文中で引用される小説や戯曲は単行本の一部として収録されている場合でも独立した作品と見なし、題名に『』をつける。論文やエッセイは「」とする。
9. 引用した外国語の著作で邦訳のあるものは、可能な限りそれを参照したが、生方が自分の責任で訳し直した。
10. 文中のフランス語、英語、ドイツ語、ラテン語、ギリシャ語は、生方が読者の理解にとって有用と判断した場合に挿入したものである。

出典の表記

1．サルトルの著作で頻繁に引用・参照するものは、以下の略号で示す。

CDG : *Carnets de la drôle de guerre*　『奇妙な戦争』

CHA : *La Chambre*　『部屋』

CM : *Cahiers pour une morale*　『道徳論ノート』

CRD : *Critique de la raison dialectique I*　『弁証法的理性批判』第一巻

EN : *L'être et le néant*　『存在と無』

IF : *L'idiot de la famille*　『家の馬鹿息子』

IM : *L'imaginaire*　『イマジネール』

SA : *Les séquestrés d'Altona*　『アルトナの幽閉者』

SG : *Saint Genet, comédien et martyr*　『聖ジュネ』

TE : *La transcendance de l'ego*　『自我の超越』

VE : *Vérité et Existence*　『真理と実存』

・該当する原書のページ番号は記号の後に算用数字で記す。
　複数の版がある場合は、それらの扱い方を初出の際に注記する。

・同じ著書からの引用が連続する箇所では、傍注ではなく本文中に（　）で挿入する。
　その場合、最初の引用の際にその旨注記する。

・邦訳は初出の際のみ（　）で訳者名等も記す。頁番号は漢数字で可能な限り指示する。
　ただし、訳文は借用せず、筆者が自分の責任で新たに訳す。

2．その他のサルトルの著作の場合

・サルトルの名と出版社名は特に必要でない限り省略する。

・初出の際にフランス語で題名、所収の本の題、発行年、ページ番号を示す。
（　）内に日本語訳者名、題名（本文中にある場合は省略）、発行年、頁番号を示す。
・二度目以降の引用の場合は、適宜省略して記載する。
・サルトルの名と出版社名は特に必要でない限り省略する。

3．外国語の古典・基本文献の扱い
・原書がフランス語、英語、ドイツ語、ラテン語の場合は、初出の際に原語で著者名、題名と発行年を示し、（　）内に日本語で著者名、題名を加える。
・ギリシャ語の場合は、著者名、題名をギリシャ語で記すことは省き、日本語のみ記す。
・いずれにおいても、二度目以降の引用の場合は、適宜省略して記載する。
・ページ番号の指示は、各書について国際的に定着している基準があればそれを算用数字で記す。その場合、複数の邦訳書のうち、特に理由がない限り、いずれかを取り上げてページ番号等を示すことはしない。定着している基準がない場合、または、あってもそれを記載した邦訳書がない場合は、いずれかの邦訳書の頁番号を漢数字で記す。

4．これ以外の参考文献・研究書・研究論文の場合
・初出の際に原語の著者名、題名、所収の単行本ないし雑誌名、発行元、発行年、ページ番号を示す。
・邦訳がない場合は、特に題名等を訳して記すことはしない。
・邦訳があり参照できた場合は、（　）内に訳者名、題名、出版社、出版年、頁番号を記す。
・二度目以降の引用の場合は、適宜省略して記載する。省略の仕方は、個別のケースに合わせ必要に応じ注記する。

5．その他、個別の事情がある場合は、その都度注記する。

6．以上、出典の指示は基本的に確認しやすさを優先する。そのため、出来るだけ新しい版のページ番号を記すが、文庫・双書などはしばしば丁付けが変わるので、その場合は初版や全集版に準拠する。

序章

1. 哲学とアンガジュマン

哲学は現代世界が抱える深刻な課題にいかに建設的に関与しうるのか。この問いへの答えは一つではないが、本書は、二〇世紀フランスの哲学者・作家でその時代に真摯に関わった「アンガジェする哲学者」ジャン＝ポール・サルトルとの対話をとおしてそれを探ることを目的とする。

第二次世界大戦後まもなく、サルトルは、参加・自己拘束を意味する「アンガジュマン[1] engagement」というフランス語の言葉に独自の理念を付与して世に訴えかけ、その後、生涯を通して自らもそれを実践してきた。同志と共に立ち上げた『レ・タン・モデルヌ』誌の創刊の辞[2]において「参加する文学 littérature engagée」を提唱し、

（1）「アンガージュマン」とも表記される。どちらでも特に問題はないが、厳密に言えば、この単語においては、ga は長母音とはならない。« philosophe engagé »（参加する哲学者）という場合も « littérature engagée »（参加する文学）という場合も ga は短く発音される。他方、« Je m'engage. »（私は参加する）という文においては、ga は長母音となる。フランス語の母音の長さについては以下の論文に詳しい。菊池歌子「フランス語の発音習得における長母音の役割」、関西大学外国語学部紀要＝*Journal of foreign language studies*, 2019, 20: 13-21.

（2）« Présentation des *Temps Modernes* », in *Les Temps Modernes*, N°1, le 15 octobre 1945 ; in *Situations, II*, 1948, p. 7-30（伊吹武彦訳「『レ・

ナチズムの台頭を許した過去への反省を踏まえて、個人の自由と権利を守りより良い社会を作るため文学に何ができるかを問いかけた。狭義の文学作品だけでなくルポルタージュも含めて、多様な時事問題に注目し今という時代とその社会、共同体に貢献しうる原稿の投稿を広く呼びかけた。

その理念に則してサルトル自身も、長編小説『自由への道』や文学評論、政治論文などを次々と発表していった。その三〇年余りに及ぶアンガジュマンの軌跡を大きく振り返るならば、当初の定義が次第に拡大されていったことも分かる。詩人マラルメや「泥棒作家」と言われたジャン・ジュネ、一九世紀の文豪フロベールなど、時事問題に直接的に関わったわけではない文人にもこの概念を当てはめて自己の人生に向き合う実存的なアンガジュマンという視点からその人と作品に迫った。

他方、参加の文学の提唱と同時期に、サルトルは直接的に政治的な行動も起こした。それは生涯続いていくことになるが、個々の行動や発言に対しては失敗、誤りといった否定的評価も受けてきた。一九四七年には社会主義を基盤としたヨーロッパ統合を構想して世論に訴えかけ、翌年、「革命的民主連合」という政党の立ち上げに奔走し、イスラエル建国にも支持を表明している。ただ、政党は選挙に出馬することもなく一年半ほどで解散し、ヨーロッパ統合構想は彼が望んだような形では進まず、イスラエル建国支持もその後アラブ側から厳しい批判を受けることになる。東西冷戦に関しても、共産主義批判から反共産主義批判へと転じ、共産党の同調者となり、スターリン時代のソ連を擁護する言動を見せるなど紆余曲折があり、その都度、批判にさらされてきた。他方、一九五四年にアルジェリアで独立派が武装蜂起すると彼らを支持し、右翼組織からの脅迫やテロ攻撃を受けながらもフランス軍による拷問を告発し脱走兵を支援した。これには、多くの称賛が向けられた。ソ連に対しても一九五六年以降の東欧民主化運動への武力介入を厳しく告発する立場を取った。また、一九六〇年代にはアメリカによる北ベトナム爆撃を「ラッセル法廷」で戦争犯罪として糾弾、一九六八年以降はフランスの無許可の毛沢東派運動「プロレタリア左派」に共鳴し、活動家の逮捕、殺害など一連の事件で異議を申し立て、無認可の新聞を街頭で配布するといった直接行動にも出た。視力をほとんど失った晩年に至っても、イスラエルに赴き、ユダヤ人、パレスチナ人双方と対話して和平案への合意を促したり、ベトナムのボートピープルの保護を要請するため仏大統領府を訪れるといった行動をやめなかった。

これらの足跡は、生涯の伴侶だったボーヴォワールの回想録[3]に克明に記されており、当時のマスコミの記事でも頻繁に伝えられている。[4]またアニー・コーエン＝ソラルの伝記[5]でも新しい証言などを加えて回顧され、プラスマイナス両面から評価を与えられている。本書はそれらを踏まえているが、改めて彼のアンガジュマンの軌跡を逐一細かく辿り直すことはしない。その点では、すでに何冊もの入門書や研究書が刊行されている。背景となる世界情勢を解説するとともにサルトルの主要な発言や行動を著作と結び付けて論じている日本語の基本文献[6]もあ

タン・モデルヌ』創刊の辞」、『シチュアシオンⅡ』所収、一九六四年、七～四三頁）。

（3） Simone de Beauvoir, *Mémoires I, II*, coll. « Bibliothèque de la Pléiade », 2018（朝吹登水子、二宮フサ訳『女ざかり』上・下、紀伊國屋書店、一九六三年。『或る戦後』上・下、一九六五年）。

（4） 近年、過去の記事が電子化されインターネット上で公開されるようになったため、比較的容易に検索できる。『ル・モンド』紙、『リベラシオン』紙、『ル・ヌーヴェル・オプセルヴァトゥール』誌などをはじめとしてサルトルの発言や行動を頻繁に取り上げて報道したフランスのマスコミの記事は、有料のものも含めれば優に千を超える。筆者は本書の執筆においてはそのごく一部しか閲覧できなかったが、今後さらに発掘する意味はあるだろう。

（5） Annie Cohen-Solal, *Sartre 1905-1980*, Gallimard, 1985（石崎晴己訳『サルトル伝』、藤原書店、二〇一五年）。以降、同書からの引用は原書のページを算用数字で、石崎訳の頁を漢数字で示す。

（6） 鈴木道彦『アンガージュマンの思想』、晶文社、一九六九年。澤田直『新・サルトル講義』、平凡社新書、二〇〇二年。海老坂武『サルトル――「人間」の思想の可能性』、岩波新書、二〇〇五年。海老坂武『希望と自由の哲学』、NHK出版、二〇二〇年。

特に文学におけるアンガジュマンについて、基本的な点を解説した上で哲学的・倫理的観点から評価を与えた研究書としては次の著作がある。澤田直『〈呼びかけ〉の経験――サルトルのモラル論』（人文書院、二〇〇二年、特に一四〇～一六七頁）。さらに、赤阪辰太郎『サルトル――風通しのよい哲学』（大阪大学出版会、二〇二四年）も「戦後の社会参加を軸としたアンガジュマン文学の思想のなかに、戦前の思想の継承と展開を見出す」（六頁）との展望を提供している。

れば、かなり穿った解釈を披露するフランスでの研究[7]もある。本書においても、文脈上必要であれば前者と重なる記述はあえて避けなかったが、主たる目的はその先にある。

ただ、出発点でひとつの素朴な疑問に答えておかねばなるまい。一体、ジャン＝ポール・サルトルという人物が見せたあの巨大な求心力の正体は何だったのか。

一九八〇年四月一九日、パリで彼の葬送の列の後に続き大通りを埋め尽くした五万人を超える人々は何者だったのだろう。誰からともなく発されたという「私たちはみな〔サルトルの〕家族だ」との言葉、そこには何がこめられていたのだろう。五万人という数からして、彼らは必ずしも知識層ばかりではなく、最も貧しい労働者や失業者ばかりでもなかったはずだ。彼らは小説『嘔吐』や『自由への道』の読者、数々の演劇の観客だったかもしれない。ユダヤ人論や『黒いオルフェ』によって差別から救われたと感じた人々もいたかもしれない。アルジェリア戦争の脱走兵やその家族もいたかもしれない。しかし、それだけではあるまい。多方面から人々をサルトルに引き寄せたのは何なのか。

サルトルの発言や行動を頻繁に伝えてきた週刊誌『ル・ヌーヴェル・オプセルヴァトゥール』の編集長ジャン・ダニエルは「サルトルは西欧のやましい意識 mauvaise conscience を体現することに成功した[8]」と述べている。筆者はかつてこの言葉にはっとさせられた。サルトルのアンガジュマンの真髄がこのひと言に凝縮されているように思われた。世界の至る所に見出される不正に憤り、自分たちの国が行ってきたことを恥じ、共犯者になりたくないと思っていた市井の人々。彼らはおそらく、その思いを共有し本気で怒り抗議してくれたサルトルに親近感を抱いていたのだ。

彼のアンガジュマンには事実誤認もあったし、国際政治や経済の専門的知見に基づいて具体的解決案を提示するものではなかった。それでも、格差と貧困を作り出す政治を黙認しないこと、民族自決・独立への願いと闘いを押しつぶす大国の戦争犯罪に抗議の声を上げることには代えがたい意義があった。高名な作家であり哲学者であり、「全体的知識人」と形容されるサルトルのアンガジュマンは、本質的に課題解決型ではなく、反抗型ないし対決型であった。問題の特殊性ごとに焦点を絞った具体的な対案の提示ではなく、大原則に立つ異議申し立てであった。それは、一八世紀の啓蒙思想家ヴォルテールや一九世紀の作家エミール・ゾラの伝統に連なる権力の横暴への抗議であり、弱者の擁護のために政治権力をもたない者が言論の力で影響力を行使することには大きな意味があった。

すでに大分前から、この知識人主導型の行動モデルは意義が薄れたと見なされている。「全体的知識人」という人物像は現代の情報環境からしてありえないし、否定し反逆しただけでは解決にならない、との考え方が目立つようになっている。確かに、現代の課題はもはや階級闘争、革命、共産主義と資本主義の対決、といった大きな枠組みでは論じきれず、国家権力や資本家を敵視するのみでは諸問題の解決への道筋は見出せない。かつての問題は、より複雑化して続いている。経済格差と貧困は、グローバル化による資本・労働力・商品・サービスの自由移動ないし規制がもたらすひずみを微視的に取り出し定量的かつ定性的に分析する作業なしには解決の糸口さえ見えない。税制の国際的な調整やタックスヘイブンの解消、仮想通貨のもたらしうる危機の予測と対策、庶民のささやかな投資が推奨される一方でＡＩが巨額の利ザヤをもたらす投機が放置されている事態、これらに対処するにも高度な専門知が必要とされる。食料不足や自然災害への対策には科学技術分野の優れたイノベーションが欠かせない。だが、まさにこのような認識自体が、専門的見地からするとあまりに大まかなのだろう。哲

（7） 一例として以下の論文を挙げる。Jean-François Louette « Sur l'engagement sartrien : *Les Mots* », in *Les Temps Modernes*, N° 587, 1996, p. 70-99（鈴木正道訳「サルトルのアンガージュマンについて――『言葉』」、『レ・タン・モデルヌ五〇周年記念号』所収、緑風出版、一九九八年、九二〜一三一頁）。ここでルエットはサルトルの政治的発言と行動に多方面から向けられた批判をあえて舌鋒鋭い表現を用いて紹介しており、それに反論するようでいて実はある程度同意しているようにも読める。他方で自伝『言葉』からは、より深い政治的次元を取り出している。才気煥発で刺激的な論文だが、サルトルと共に現代世界の深刻な課題に直接向き合って考えるというスタンスではない。

（8） Jean Daniel, *La Blessure*, Grasset, 1992, p. 214.

学・文学の領域の人間がにわか勉強で専門外の問題にもの申すのは、かえって滑稽かもしれない。

他方で、一般市民の社会参加・政治参加のかたちは多様化している。日本だけ見てもボランティア活動、地域社会での文化活動や相互扶助、NPOによる社会貢献、市場経済から一線を画した共同参画による事業などが広く実践されている。慈善募金や寄付、SNSでの意見発信なども身近な社会・政治参加活動といえる。ヨーロッパではそこに戦争難民への支援や不法移民の救助活動なども加わっている。多くの人々にとって、理論を唱えたり権力に異議を申し立てたりするよりはるかに実践しやすく、実効性の高いアンガジュマンかもしれない。そもそもこうした参加は手段や形態こそ異なるものの古くから地道に行われてきたはずである。それを差し置いて、文学や哲学が書き言葉による参加の主導を買って出るのはおこがましいのではないか。そうした疑問も生じうる。

さらに言うならば、多くの職業において、とりわけエッセンシャル・ワーカーと呼ばれる者にとって、職務の遂行はとりも直さず社会参加である。人々の生活、安全、生命を守るという社会にとって不可欠な任務を日々遂行しているのである。哲学や文学は、まさにこうした実践と無縁で社会的有用性を欠くがゆえに、わざわざアンガジュマンといった理屈をこしらえ、外付けしているのではないか。このようなそしりも免れない。

しかし、それでは、哲学や文学は謙虚に自分の世界にとどまるべきなのか。その選択肢もありうるが、そこに安住できない場合、どうすればよいのか。富の極端な偏在、戦争、テロリズム、独裁政治、強権政治、人権の蹂躙、これらを目の当たりにして、一体哲学や文学に何ができるのか。答えは簡単には見えないが、ひとつの可能な道として、アンガジュマンの具体的な行動を根本から支えた哲学的思索に目を向け直し、そこから技術的な知、テクネーを超える、ないしその根底にある懐疑と検証と思慮の知を探すことはできるだろう。さらにその限界をも認めて視野を他領域のより新しい知見へと広げ、見えてくるものを探すこともできるだろう。あまりに遠回りで、もどかしく見えるかもしれないが、試す価値はあろう。

本書はこのような立場から、サルトル哲学についての研究書であると同時に、現代世界が直面するデモクラシーの危機や無数の形を取る暴力に向き合う哲学的思索の場ともなることを目指す。サルトルの哲学的業績は単に過去の知的遺産として保存され語り継がれるだけでなく、今という時代を考えるために再活性化するに値する。現代の危機の風景は、彼の現象学的存在論とそこから発展した暴力論を当てはめた時、どう見えるのか。サルトル哲学が拠って立つ西洋哲学史の遺産を現代の文脈に置き直した時、何が見出されるのか。さらに、心理学、経済学、国際政治学など他領域の専門知との接点を探り比較検討した時、哲学ならではのアンガジュマンがどのように浮かび上がって来るのか。現代世界の課題は重層的に入り組んでおり、一領域の知見のみで語りきれるものでは到底ない。哲学のアンガジュマンは、哲学本来の基底へと下降するが、同時に現在の新しい知へと哲学が自己を開くことを要求する。

そこで、第一歩としては、サルトル哲学のごく抽象的に見える存在論や他者論、集団論から何を引き出せるかを問う。サルトルが語る人間存在はいかなる意味でデモクラシーの主役であり、かつ破壊者なのか。理性の存在である私たちが非理性を排除し差別を生み出す事態をどのように捉えるか。どのような条件の下で人間の理性は暴力を正当化するのか。本書は、まずこれらの基本的な疑問に向き合いサルトルと共にあるいはサルトルに異を唱えつつ思索を進めていく。問われるのは、デモクラシーの基盤にあるコギトであり、その合理性とそこからの逸脱に見える狂気や暴力である。「理性　ヌース」と「法　ノモス」の上に成り立つはずのデモクラシーが迷走し暴力を生んでいるという事実に対して、哲学は何を語り何をなしうるのか。これまでにも繰り返し扱われてきた問題ではあるが、まずは今それを改めてサルトルと共に問い直したい。

2．前著とのつながりと本書の展望

では、そこからどう歩を進めていくか。それを展望するためには、前著での積み残しも確認しておかねばならない。前著『戦場の哲学』[9]では、第二次世界大戦下で書かれたサルトル哲学の主著『存在と無』を取り上げ、ナチスへのレジスタンスとドイツ哲学との対話という二重の観点からひとつの読みを提示した。そこで主張したのは、この哲学が人間の「存在論的平等」の概念を断固として打ち出したということ、同時に人間同士の関係が常に対立をはらんでおり、自由な意識同士の相克から加虐行為が生じうることを見て取ったということだった。この読みを根拠として、終章では、現代のデモクラシーの危機を背景にした多方面の戦いの前線に目を向けた。そして、サルトルの著作を単なる哲学史上の古典ではなく、それらの戦いに存在論的基盤を提供するものとして見ることを提唱した。だが、十分に展開することはできず、自らに課題を残していた。今回の著作はその残された諸課題のうち、まずデモクラシーの主体であるはずのコギトが、いかに迷走しうるかという問題、次に合理性からの逸脱者として排除される人々をデモクラシーの中にいかに再統合するかという問題、そして暴力が合理性を掲げて破壊と殺戮を続けるのをいかに止められるのかという問題をサルトル哲学およびそのアンガジュマンと関連させて論じていく。具体的には、以下のように展望できる。

（1）デカルト的コギトの書き換え

『存在と無』がいかにドイツ哲学、特にカント、ヘーゲル、フッサール、ハイデガーの強い影響のもとに書かれたかについては、すでに多様な角度から研究されてきた。筆者も『戦場の哲学』において、どのような批判的継承が見られるかを可能な限り実証的に精査した。確かに『存在と無』という独自の哲学は、同時にドイツ哲学の主要な著書の換骨奪胎ともなっている。ただ、その点だけに注意を向けるのでは十分でない。他にもデカルトとスピノザからの影響は決定的であるし、近い時代ではベルクソンやバシュラールの考え方も取り入れられている。文学作品もしばしば引き合いに出され、心理学や物理学の知見を議論の対象とする箇所もある。さらには、遠く古代ギリシャ哲学からのメッセージも各所に取り込まれている。

その広範囲にわたる参照系の中から、本書ではまずデカルトを取り上げ、デモクラシーの危機と重ね合わせて論じる。サルトル哲学はデカルトにデモクラシーの基底となる合理的人間観を見出しながら、偉大かつ悲惨なパスカル的人間観との親和性も帯びている。サルトルは、デカルト的コギトの理想像をいかに読み替え、書き換えたのか。デモクラシーの確固たる担い手であるはずの人間は、サルトルにおいてどこまで不完全で哀れな存在へと描き直されるのか。

サルトルが提示した人間概念は、デモクラシーを根底から見つめ直すという意図のもとで再検討するなら、さまざまな様相を呈する。第一に、デカルト以来の伝統に忠実に従う西欧の近代的主体からのずらしがある。デカルトのコギトやカントの超越論的統覚を切り崩し、確固とした実体たりえない人間概念を提出していると言える。また、世界とわれを主客の分離で捉える西洋哲学の伝統の中にあって、必ずしも主客の構造で捉えられない自己意識のあり方を提示しているとも言える。サルトルはデカルトのコギトを再造形し、「われ」が自己に対する意識である以前に「前反省的コギト」として存在することを示す。サルトルのコギトは、常に揺るぎなく自己肯定する明晰なコギトではなく、偶然性と不条理の世界で悪戦苦闘し、誤謬や自己欺瞞に陥る危うい存在である。それはデモクラシーを支えると同時にその危うさを作り出す意識でもある。

さらに、サルトルの自由な意識とは、他者から切り離された自己完結的な個ではない。はじめに自足的な私の意識があって、それが他者に出会い相剋を経験するのではない。私は自分にとっての私である「対自存在」と他者にとっての私である「対他存在」とに引き裂かれてしか存在しない。サルトルのコギトは他者を取り込んで成立する「拡張コギト」である。「単独的普遍」ないし「特異的普遍」という概念もこの延長線上で捉えることができる。晩年の大著『家の馬鹿息子』は、まさにこの独自の主体概念の展開の場であった。このようなコギトの変成は、デモクラシーに基盤を与えるどころか、逆にその正当性を揺るがすものではないか。この疑問を中心とする考察は、主に第一部で進めていく。

（9）　生方淳子『戦場の哲学——『存在と無』に見るサルトルのレジスタンス』、法政大学出版局、二〇二〇年。

（2）非理性をどう考えるか

では、コギトの合理性からはみ出るものをどう考えるか。非理性の作用、狂気、「正常性」からの逸脱、それらをデモクラシーの自己存続のために排除するなら、それこそがデモクラシーにとって躓きの石ではないのか。第二部ではこの問いを扱う。そのため、まずサルトルが高等師範学校時代に哲学の中でも特に心理学を専攻し、精神疾患に関心を抱き、精神病院を訪問したり、臨床に立ち合うなどした体験に目を向ける。それを取り入れて書かれた想像力論や短編小説、演劇作品を非理性と自己意識という観点から読み解き、ミシェル・フーコーの『狂気の歴史』と比較しながら、サルトルにおいては、デカルト的コギトが「狂気」においても排除されていないことを検証していく。そこから見えてくるのは、サルトル哲学が実は合理主義的人間観の枠内に収まりきれないということである。サルトルは、非合理的なもの、想像的なもの、仮想的なもの、認知の歪み、狂気、精神疾患なども視野に入れない限り人間の現実を理解しえないと考え、積極的にそれらを描いている。「異常」とされる意識にも歴としたコギトが存在することを理論と虚構の両面から示していく。本書では特に想像力論『イマジネール』および精神を病む人物を主人公にした短編小説『部屋』と戯曲『アルトナの幽閉者』の読解によってそれを探っていく。

『アルトナの幽閉者』において主人公の「狂気」は単なる病理ではなく自分が犯した戦争犯罪への罪の意識、同じく戦争犯罪に手を貸した父親との心理的葛藤と絡み合っている。それを解きほぐすと同時に、彼の「異常性」の中にあるコギトと理性を取り出し、この演劇作品をこれまで読まれてきたような絶望と死の物語ではなく、希望と再生の物語として読み直す。そして、「人間ではない」として排除される人々をいかに復権させるかというデモクラシーの真価を賭けた問いを投げかけ、答えの端緒を探る。

（3）暴力という問題

これらを踏まえて、第三部では、暴力という問題をサルトルの政治的アンガジュマンの足跡と照らし合わせながら考察する。サルトルが青年時代から晩年に至るまで模索し続けた大きなテーマとして、実は不戦・非暴力という課題がある。彼が学生時代に最初に執筆した学術論文は、国家の交戦権と個人の人権をめぐる国際政治学の領域の論文だった。第二次世界大戦後に綴った『道徳論ノート』の最大のテーマは、戦争をはじめとするあらゆる暴力の廃絶の可能性である。サルトルはそこに、戦争なき世界の到来には無限性への志向が求められると記している。『存在と無』で予告した道徳論の準備ノートとして書かれ、放棄され、死後出版されたこの遺稿は、出版後、すでに少なからぬ研究の対象となっている。『文学とは何か』と共通する文学のアンガジュマンの思想を取り出して評価する研究、「鷹揚さ générosité」や「呼びかけ」というキーワードに着目し、それをこの遺稿の最大の成果と見なす研究などは複数あり、また暴力論としてフロイトなどと関連付けて読む研究などもある。筆者はそれらを踏まえた上で、別の観点に立ち、不戦・非暴力の可能性を問うというテーマを中心に据えたものとして読み直す。ここでサルトルは戦争や暴力を「拒否」して平和を訴えることの無力さを直視し、あらゆる武力・暴力の行使を排除した理想社会の実現を悲観している。だが他方で、カントが自嘲的に「哲学者の甘い夢」と呼んだ恒久平和の模索を「無限性の政治」と言い換えて、それを放棄することは人類が宇宙の摂理の中で消滅することよりも重大だとする。

その後、『弁証法的理性批判』[10]は、格差と差別という問題を根底に据え、革命的暴力の発生と変質を独自の弁

（10） Sartre, *Critique de la raison dialectique I*, 1960. この大作は出版からわずか数年のうちに邦訳出版された。その訳者のひとりである竹内芳郎は、詳細な解説を施すとともに、著書『サルトルとマルクス主義』（紀伊國屋書店、一九六五年）において、『弁証法的理性批判』の課題は「ブルジョア的思惟を超えることと、官許マルクス主義を超えること」だと述べていた（新装版、

証法で再構成することになる。この後期の主著は「暴力の哲学」との批判も浴びてきた。繰り返し「どうしようもなく時代遅れ」、「失敗したと結論すべき」などと否定的に評価されてきた。しかし、哲学書の価値は時流に乗っているかどうかで判断されるものではない。また、成功か失敗かなどと白黒つけることにも意味がない。レッテル貼りをしたとたんに見えなくなってしまうものもある。では、どうすればよいのか。ひとつの試みとして、方法論上の重い装置を外して、その下にサルトルのどのような危機感や怒りがあるのかを探り、それをいま私たちが渦中にある深刻な問題に照らし合わせながら読み直す、という道がありうるだろう。

その立場からすると、この著作の眼目は、人間社会における「階級」の出現、すなわち社会・経済格差の発生をどう考え、それを乗り越える闘いにどう関わるかという点にある。格差と貧困の問題を正面から見据えたこと、それはまさに彼のアンガジュマンの核心をなす。「全体化・非全体化」、「前進的・遡行的方法」、「実践的惰性態」といった重々しい概念装置に隠れて見えにくくなっているが、[11] サルトルの念頭にあるのは、歴史上で無数の民衆が飢え、抑圧され、疎外されてきたというこの事実である。そして彼らがそのどん底からどのように立ち上がって声を上げたのか、という問いである。また、哲学や社会科学はその暴力にこめられた理性をどうすれば根底から見据えることができるのかという問題意識である。

その探求の過程では、マルクス主義への批判的協調の姿勢が取られている。だが、サルトルは共産主義革命が格差を根本的に解決すると信じたわけではない。逆に、民衆の悲惨という問題に最も真摯に取り組むゆえに「乗り越えがたい地平」であるマルクス主義でさえ、その疎外論や物象化理論は人間の自由な意識と実践の力を見逃していると主張したのである。[12] また、他方で近代経済学と自由主義イデオロギー、アメリカ社会学、構造主義人類学を手厳しく批判したのも、それらが一定の合理的法則を適用することで自由な個々人の主観性や行動が変容し逆効果を生むさまを覆い隠してしまうとの認識論的見解からであった。サルトルのアンガジュマンはこうしたエピステモロジーの次元でも展開されている。[13]

共産主義体制の崩壊を経て、いま不当な格差を作り出し続ける市場経済への憤りはくすぶり続けている。公正な競争の奨励と富のある程度の再分配によって抑え込まれているようにも見えるが、欧米では危ういポピュリズムとなって表れている。格差は賃金や税制だけでなく、人工知能を用いた投機や多岐にわたる自由化によってより複合的に増幅されている。『弁証法的理性批判』が自由主義イデオロギーに無力な闘いを挑んだ直後、アメリカに登場した新自由主義イデオロギーは次第に先進諸国へと広がり、各国内だけでなく国際間にも新たな格差を作り出した。こうした現状をより鮮明に見るには、サルトル的アンガジュマンの姿勢にならいながらも、革命による階級制度の転覆といった夢の残滓を超え、より多様な経済学の知見を取り入れて議論する必要があるだろう。本書では十分に深く立ち入れないものの最初の一歩を踏み出し、またその根底にある哲学的な問題として、歴史

一九七七年、九頁)。そして実存主義によるマルクス主義の再生の試みとして「〈全体性の思想〉」(二五頁)を追求したことにその意義を見ていた。その解釈は、一九六〇年代の状況においては意義を持ったかもしれないが、今この書が何らかの評価に値するとするなら、それはここからどれだけ遠くに行けるかにかかっている。『批判』からの引用に際しては、当然、邦訳書の頁番号も記載すべきであったが、筆者の力不足により逐一照らし合わせる余裕がなかった。この場でお詫びをしたい。

(11) 重々しい概念装置も具体例を思い浮かべながら読むことで理解しやすくなる。逆に、人間の「全体性」、「全体化する実践」、歴史の「全体化」、歴史の「真理」、「意味=方向(sens)」といった抽象的な言葉をその抽象性のままに理解しようとすると思考が空回りし行き詰ってしまう恐れがある。

(12) この点に着目し掘り下げた意欲的な研究書として、特に北見秀司『サルトルとマルクスI――見えない「他者」の支配の影で』、『サルトルとマルクスII――万人の複数の自律のために』(春風社、二〇一〇、二〇一一年)がある。『批判』に限らずサルトルの全哲学を視野に収めており、問題意識も本書で扱うデモクラシーや戦争といった現代の課題に及んでいる。ただ、北見がマルクス主義の現代における可能性を探っているのに対し、本書はそれを葬り去ったかに見える新自由主義経済学が新たにもたらした格差の問題に目を向ける。また、北見は「万人の自律」に課題の解決の道筋を見出しているが、本書はむしろ解決の道筋に立ちはだかる数々の困難に注目する。

(13) これについては、以下で論じた。生方淳子「エピステモロジーとしてのサルトル哲学――『弁証法的理性批判』に潜むもうひとつの次元」、澤田直編『サルトル読本』所収、法政大学出版局、二〇一五年)。

上で暴力として現れてきた抑圧と被抑圧双方の標榜する合理性をどう考えるかを論じていく。特に『道徳論ノート』の暴力論と関連づけ、サルトルが暴力なき社会の可能性を探りながら「対抗暴力」を正当化することなく知解していく過程を辿る。国家間の暴力や権力者の横暴に対して、いかに怒りが生じ、それが大義や正義感を伴ってどのようにして対抗暴力へと転化するかを記述する中から、サルトルが法と秩序、規範道徳、諸価値、それに向けた「改心」の可能性の条件をいかに問い詰めていくかを追う。

3. 学術書として用いる方法、導入する視点、新たな発見

以上の構想に基づき、本書は、サルトル哲学を可能な限り厳密に読み解き、アンガジュマンの基本理念や具体的な行動とのつながりを整合性だけでなく矛盾も含めて見出し、それをバネに私たちの目下の課題について自由な思索を展開することを目指す。そのため、サルトルが述べたことの把握、解釈、検証というサルトル論の面とそこから筆者が発展的に考察したこと、ないしサルトルに限らず多様な知から問いを立て答えを模索した筆者自身の哲学的探索という両極が生じることになる。その場合、これら両者の境を曖昧にして一体化し、さらには憑依状態で語る、という愚に陥らないよう自戒せねばならない。どこまでがサルトルが述べたことであり、どこからが筆者の解釈であり、さらにどこからが筆者がサルトルと共にないしサルトルから距離を置いて考えたことであるかは、区別できるように書く。また、哲学史や他の領域に目配せをする場合にも、単なる思い付きではなく関与性を確認しながら触れていきたい。ひとりの哲学者とともに考えるということは、明確な足場を持つということだが、同時に壁が作られ、視界が遮られる危険もある。足場は崩さずに、かつ壁の中に囚われず、可能な限り広く展望しながら考えていきたい。

サルトルの著作の文献学的アプローチを含む読解と解釈という学術研究的な面については、ひとつのテクスト

の内在的な読みや複数のテクストのつながりの解明だけでなく、以下のように外的な要素にも目を向ける。

（1）『存在と無』とギリシャ哲学

デカルト的コギトにサルトルが揺さぶりをかけるとき、そこには密かに作用しているギリシャ的要素がある。サルトルと古代ギリシャ哲学との関連性についての先行研究は、決して多くない。プラトンが『国家』で語った冥界の物語を下敷きとする『アルメニア人エル』や『ある敗北』の主人公が書いたという設定の『エンペドクレス』など青年期の習作を対象とした論文、またエピクテトスからの影響を論じたものなどがあるが、さらに研究を進める余地は大いにある。

サルトルがギリシャ哲学を扱う仕方は概して断片的である。処々にプラトン、アリストテレス、エピクロス、メガラ学派、ストア派、等々の固有名詞や用いられた概念は登場するが、ドイツ哲学に対して行われたようなまとまった検討の対象にはなっていない。しかし、それらは決して付随的な言及にとどまらず、サルトル哲学全体において明に暗に重要な意味を担っている。一例のみ先取りするなら、『存在と無』はその「無」概念の起源をストア派に求めている。十分な説明はなく、一体ストア派哲学者たちの誰のどこにそのような無の兆しがあるのか一見したところでは不明だが、このひと言にはサルトル独自の「自由」概念や「自由と状況」の逆説とのつながりが見え隠れしている。

では、それをどのように発掘するか。サルトル哲学に対するギリシャの刻印を見出すにはどうしたらよいか。まず事実として挙げられるのは、高等師範学校在学中、彼が大いにギリシャ哲学も学んでいたということだ。第一部第二章で詳述するが、同校図書館の貸出簿には、サルトルがプラトンをはじめ、アリストテレス、エピクロス、エピクテトスらの著作を繰り返し借りていた記録が残っている。セネカ、ルクレティウス、マルクス・アウレリウスらの著作も借りている。もちろん、借りたからと言って丁寧に読んだとは限らないが、少なくとも関心を抱いていたことは十分に伺われる。また、古代ギリシャ哲学研究に大きな足跡を残したレオン・ロバンとエミール・ブレイエの著作も複数回かつ長期間にわたって借りている。この二人は、当時ソルボンヌ大学でそれぞれ古代ギリシャ哲学の講義を担当していた。コンタとリバルカは、「彼〔サルトル〕はほとんどソルボンヌには足を踏み入れなかったが、ブレイエの特にストア派についての講義は受けており、関心をもっていた」(14)と述べている。ブレイエの講義は、ボーヴォワールが「素晴らしい」(15)と評している。彼はまたサルトルにフランス留学中の九鬼周造を紹介したとされる恩師としても知られている。レオン・ロバンについては、レイモン・アロンがゼミナールに出席し、アリストテレスの『自然学』について発表をしたことを『回想録』に記している(16)。当時、親しい仲間「プチ・カマラード」であったサルトルが共に出席していたかどうかは不明だが、ロバンの著作のうち三冊を延べ六回にわたって借りているところを見ると、講義に全く出席しなかったとは考えにくい。同校在学中、サルトルがカント研究の大家であるブランシュヴィックや「精神主義」のラシュリエ、実証主義文学研究の泰斗ランソンらを大いに軽蔑したというエピソードはボーヴォワールによって伝えられ周知となっているが、対照的にほとんど言及されていないこれら二人は、サルトルにとってむしろ真剣に教えを乞うべき師だったのかもしれない。サルトルが偏愛するストア派をこの二人のヘレニストは高く評価していた。ともかく、軽蔑や戯画化の対象となるには程遠い存在だったと推測できる。

『存在と無』をはじめサルトル自身の著作には、探しえた限りブレイエもロバンも直接的には引用されていないが、「ト・パーン」と「ト・ホロン」の区別など注を付されていない借用と思われるものは処々にある。このことは本論で詳しく見るが、彼らは一九世紀ドイツでの研究など数多くの先行研究を踏まえて、ギリシャ語のテクストを丹念に読み解いていた。サルトル自身は、中学時代にはギリシャ語で優秀な成績を取ったとの記録(17)はあるが、だからといってその後ギリシャ哲学の原典を丹念に紐解くようになったかどうかは不明である。むしろ、これらの師に負うところが大きいのではないかと推測される。この点について可能な限り掘り起こし、サルトル哲学のギリシャ的根づきの一端を明らかにすることも本書のねらいのひとつである。

(2)『アルトナの幽閉者』に関する発見

この戯曲の下敷きとなった作品が存在することは、これまで管見の限りどこにも指摘されていない。筆者は、戦後ドイツの経済・社会状況に関する複数の書物を読む過程で、一九四七年に敗戦まもないドイツでラジオ放送されたボルヒェルトの『戸口の外に』という演劇作品が存在することを知り、それがサルトルの一九五八年の作品とよく似ていることに気づいた。この作品は、独ソ戦から帰還したドイツ人の青年が主人公で、彼の内的葛藤、家族との葛藤を描いている。また、エルベ川に投身自殺を試みるなど多くの点で単なる偶然とは思えない類似点がある。サルトルは演劇作品に関しては、書き換え、翻案という手法を多用している。『蝿』、『トロイアの女たち』はギリシャ悲劇古典の書き換えであるし、『キーン』はアレクサンドル・デュマ作品の翻案である。ボルヒェルトはフランスで特に知名度が高いわけではないが、『アルトナの幽閉者』が彼の作品にインスピレーションを得て、書き換えを行っていると推測するに十分な符合はある。

(3)『弁証法的理性批判』の読解

この後期哲学の主著に対しては、本書は異質で対極的な考え方をあえて対峙させてみる。サルトルは、国際

(14) Michel Contat et Michel Rybalka, *Chronologie* in Sartre, *Œuvres romanesques*, coll. « Bibliothèque de la Pléiade », XLIII.
(15) Simone de Beauvoir, *op. cit.*, *I*, p. 285.
(16) Raymond Aron, *Mémoires -50 ans de réflexion politique*, Julliard, 1983, p. 48(三保元訳『レーモン・アロン回想録』1、みすず書房、一九九九年、三四頁)。
(17) Michel Contat et Michel Rybalka, *op. cit.*, XXXIX.

法・国際政治学の専門的な知のいわば対極にある「弁証法／反弁証法」、「全体化／非全体化」といった抽象的な概念装置を用いて観念的な考察を進めた。特に、国際紛争の収拾の可能性や領土・主権問題の解決といった案件ではその違いは際立っている。この点は、いくつかの専門書を参照しながら考察していく。また、『批判』で展開された弁証法との関連で、サルトルの政治的アンガジュマンの中で最も長期にわたって関与しながら不首尾に終わったイスラエル・アラブ紛争について、史実を確認し立場を異にする専門家の見解を可能な限り視野に入れながら彼の関わり方を検証する。二一世紀の今も続くこの問題は、サルトル弁証法の対抗暴力の理論を当てはめるなら無限遡行に陥るしかない。フランス革命やアルジェリア独立戦争には見事に当てはまったこの理論は、出口の見えないイスラエル・アラブ紛争には当てはまり得ない。この紛争は、ある意味でサルトルの後期哲学にとって、大きな落とし穴でもある。とは言え、そうした難点を認めつつも、正解のない問いをとことん突き詰め、規範道徳でも法的拘束力でもなく、人間学的な知によって暴力なき社会への歩みを一歩でも進めようとする彼の思索をどのような意味で哲学的アンガジュマンとして評価しうるのか。これについてもひとつの見解を提示したい。

（4）積み残した問題

この他にも、導入しようとしてできなかった外的要素があるので、ここで触れておきたい。現代には地球環境破壊という重大な問題がある。サルトルの時代にも進行していたが、彼が特には注目しなかった問題である。前著で筆者は、サルトルが人間意識を徹底的に追究した反面、それ以外の存在を「即自存在」の名のもとにくくって抽象化し、凝固させ、貧困に追い込んだと述べた。地球やそこに住む生物、それを構成する物質の存在は正面から問われることなく、「対自存在」である人間意識の志向性の対象として無化されるのみであった。筆者は、それがサルトル哲学の大きな弱点だと主張した。[18] この二分法は、地球環境や人間以外の生命を守る上で、直接的には何の訴えかけも発していない。この意味でサルトル哲学は、人間をその他の存在から切り離して特権化する西洋哲学の悪しき伝統を受け継ぐものとの批判を免れない。しかし、今求められるのは、それを改めて批判し直したり擁護したりすることだろうか。「人間中心主義」を乗り越える新たな哲学概念体系を構築することだろうか。筆者は、そうは考えない。サルトルによる人間存在の特別視の裏を返せば、人間は反省的意識をもつという点で他の存在と異なり、それゆえ他の存在すべてに対して責任があるということが積極的な主張として現れてくる。生物としての人間はもちろん自然の一部であり、あらゆる存在者と共にある。それにもかかわらず、人間は他の存在者を自らの都合に合わせて利用し、傷つけ、破壊してきた。だからこそ、人間はいかに自分たちが優位に立って世界を支配しているかを認識し、地球の命運が自分たちの手に握られていることを改めて自覚し、地球とその生命を救うために責任をもって行動しなければならない。この問題は、本書の範囲を超えるため、次の著作に委ねたい。

4. 哲学の問いの時代性と普遍性

哲学は「とは何か」と問う学であり、ものごとを「永遠の相のもとに sub quadam aeternitatis specie」[19]問う営為である。若き日のサルトルは、この見事な表現を用いたスピノザに心酔していた。「ぼくは形而上学と同時に道徳を模索した。この点でスピノザ主義者として、道徳は自分の目から見て決して形而上学と切り離されたことがないと言わねばならない[20]」。彼は一四年後にマジノ線に近い兵舎の中でこう回想している。善き人間であること、

(18) 生方、前掲書、三五七、四五二〜四五三頁。
(19) Benedictus de Spinoza, *Ethica ordine geometorico demonstrata*, 1677（スピノザ『エチカ』第二部、定理四四、系二）。以降、スピノザの同書からの引用箇所は原語ではなく日本語で指示する。
(20) *Carnets de la drôle de guerre*（海老坂武、西永良成、石崎晴己訳『奇妙な戦争』、一九三九年一二月二日付の日記、一九八五年）。この死後出版の戦中日記は複数の版があり、邦訳は初版のみを対象としている。そのため、以後は CDG1939.12.2 などとして、日付を指示する。

それによって形而上学的尊厳を身にまとい、絶対を探求し、そして絶対的な存在になること、[21]この不動のあり方が彼の道徳的探究の出発点だった。スピノザにとって、精神は究極の自己原因者である神の本性の流出である。精神の営みはすべて神の中に生じ、神に帰せられた。[22]この永遠の真理の痕跡はのちの『存在と無』にも深く刻まれ、スピノザの神の定義である「自己原因者 ens causa sui」[23]が、あたかも過去から到来したかのように登場し、結論部のキー概念となって人間が目指しながら到達できないものを喚起する。

アンガジュマンはその彼の自己否定であり、変貌した姿だった。『文学とは何か』の中で、「自由でさえ、永遠の相のもとに見るなら、枯れ枝と映る」[24]と述べ、同時代人に向けて同時代の問題を語るべきだと主張したのである。では、アンガジュマンは今ここの個別的な真理の発見と擁護であってその枠を超えてはならないのだろうか。

不変の真理の探究は一七世紀のスピノザに始まったわけではなく、必ずしも「神」を必要とするわけでもない。とは何か、という問いは、昨今ウェブ上にもあふれている。古代ギリシャで人々は「宇宙とは」、「万物の存在とは」という問いを発したと言われるが、それと同種の問いを二一世紀の私たちは日々発し、日々答えを探してサイバー空間を駆け巡っている。そして、人工知能が与えてくれる答えをえてして「正解」と見なす。十分な解が与えられない場合にも、それは思考の停止ラインとなって、私たちはそれ以上探索しなくてもよいという保証を得られたかのような錯覚に見舞われる。

しかし、実は世界には正解がないにもかかわらず考え続けねばならない問いが溢れている。戦争をどう避けるのか。起きてしまった戦争をどう終わらせるのか。民主主義はどうすれば真に機能するのか。こうした問いに人工知能は正解を与えてくれるわけではない。自然言語をもつ人間は人工言語を生み出し、その人工言語が今、自然言語のようなものを生み出している。そのループは大きな利便性をもたらしたが、そこに浸りきった後に最終的に目の当たりにするのが私たちの知の末路を示す黙示録でないと言い切れるか。私たちは自律的に考え決定する習慣を長い歴史の中で身に付けてきた。今、ＡＩの言葉に神託のような絶対性を見るとしたら、それこそ人間の知にとって大きな後退でしかありえない。だからこそ私たちは原初の問いに立ち戻りたいと思う。

人間が「人間とは」、「精神とは」と問い始めたのはいつだろう。始原についての問いに唯一の正解はない。モーゼス・フィンレイを中心とする英のヘレニスト達のひとりは、こう呟いている。「なぜ合理的批判の要素を含んだ宇宙論的思考があの時代のイオニアで発達したのか、随分と議論してきた。しかし、満足のいく結論には達していない」[25]。それでも西洋哲学史の定説では、自然への問いはイオニアに始まり、その後、人間への問いがソクラテスに始まりプラトンに引き継がれたとされる。しかし、人間が自分を取り巻く宇宙と自然から自分自身へと問いの眼差しを反転させたのは、そこまで断続的な出来事ではなかったかもしれない。藤沢令夫は、イオニアの自然哲学者にも実は人間への問いがあったと指摘する。「彼らにとって自然万有の理法への探求は、そのまま人間存在の意味とそのあるべき生き方への探求[26]」に他ならなかった。ピュシスへの問いは、プシュケーへの問いと分かちがたく結びついていたのである。ギリシャ以外の地域でも、はるか昔、文明の誕生とともに人間自身についての問いは始まっていたのかもしれない。だが、その検証手段を持たない私たちは、ひとまず文献の残る古代ギリシャの哲学者たちの問いかけに目を向け、そこに人間の自己に対する自己回帰的視線の誕生を見ているのである。

この自己回帰的視線とそれがもたらす自己認識により、人間は個々の単独者の枠を超えて普遍的な何かでくく

（21） *Ibid.*

（22） スピノザ『エチカ』第二部、定理二〇。

（23） *Ibid*, 第一部、定義一。

（24） « Qu'est-ce que la littérature ? »,1947. Repris in *Situations, II*, 1948 ; 1987, p. 116（加藤周一、白井健三郎「文学とは何か」、『シチュアシオンII』所収、一九六四年、四七〜二七一頁／加藤周一、白井健三郎、海老坂武訳『文学とは何か』、一九九八年）。

（25） Bernard Williams "Philosophy", in Moses I. Finley, *The Legacy of Greece*, Oxford University Press, 1981; Trad. fr. *L'héritage de la Grèce*, Robert Laffont, 1992, p. 347-348.

（26） 藤沢令夫『プラトンの哲学』、岩波新書、一九九八年、二〇六頁。

られる。自分を見る時、同時に自分と同類の存在にも目を向け、違いや共通点を探る。また、単に事物の属性ではなく人間の資質として「真とは」、「美とは」、「善とは」と問うとき、そして個々の美のかなたに美なるもの、個々の善のかなたに善なるものを想定するとき、具体的属性は概念となって普遍性を帯びる。イデアの発見は、ウーシアという存在概念の新たな規定である以上に永遠不変の発見であり、普遍性への跳躍だった。

のちにプラトンのイデアをエイドスという新たな概念で捉え直し、哲学を不変かつ普遍の概念の学として体系化したのはアリストテレスだとされる。彼の『形而上学』はメタ・フィジカであると同時にメタ・フィロソフィアでもある。そこには哲学とは何か、という問いが横たわっている。そして、「普遍的なもの　ト・カトルー τό καθόλου」を求めることにこそ哲学の意義が探られた(27)。確かに、彼はハイデガーが「形而上学とは何か」と問うたように、哲学のあり方「について über / ἐπί」論じたわけではなかった。そうではなく、哲学の普遍性に照らし合わせて諸学における知のあり方を問うた。そうして実際の個別的な事実を語る知と普遍的なものを語る知が区別され、後者がより哲学的と見なされた。すなわち、「アルキビアデス」を語るのではなく「人間」を語ることが求められた(28)。

動いていく時代の個別の学と不動の普遍的な学。ヨーロッパの諸学はこのアリストテレスの分類を受け継いできた。そして、哲学は後者の範であることを求められてきた。有為転変の中にあって、それを見据えながらも個々の出来事を個別的に扱うのではなく、総合によって普遍的な何かを導き出すことが要求されてきた。デカルトは、宗教裁判が科学的知に有罪判決を下していた時代にあって、カトリック教会の教条主義を直接的に批判することを注意深く避けた。それに代えて、彼は「コギト」に宗教的真理も含めてすべての信念への懐疑の必要性を込める普遍的な哲学を生み出した。ヘーゲルはフランス革命の理想が恐怖政治へと変質していく様を目の当たりにしたが、『精神現象学』においてそれを史実として直截に記述することはなかった。そうではなく、自由を自覚した意識が自己を絶対化し凶暴な否定の力となる様を普遍的な人間精神の生成の一段階として語った。どれだけの哲学者たちが、事物の転変の中にあってそこから不変かつ普遍の本質を掬い上げてきたことだろう。その根拠として絶対者を想定するにせよ、概念自体に超越性を見るにせよ、さらにはカントのように人間自身のうちに普遍性を構築する能力を見るにせよ、永遠の学はそうして紡がれてきた。

二〇世紀、時代の困難に向き合って発言したアンガジュマンの知識人サルトルは、確かにその永遠の学の伝統を破ったかに見える。あたかも、永遠の学としての哲学の境界を踏み越え、動き続ける不確実な事態のさなかに飛び込み、「人間」ではなく「アルキビアデス」を語ろうとしたかに見える。実際、冒頭でも触れたように、ナチズムの犯罪、冷戦、核兵器拡散、ベトナム戦争、朝鮮戦争、アルジェリア独立戦争、中東戦争、キューバ危機、ソ連軍のハンガリー介入、プラハの春への介入、中国の文化大革命、ベトナムのボートピープル等々、第二次世界大戦から一九八〇年までに起きた世界史の幾多の重大な出来事に対し、サルトルはその都度立場を取って直截に発言してきた。その中には、得られた情報の限界や専門的知見の欠如により、ごく時事的で限定的な真実の提示にとどまったものも少なくない。

しかし、彼の個々のアンガジュマンの行動がいかに危うく不確実性に満ちていたとしても、その背景には確固たる哲学があった。彼の時事的発言は常に普遍と不変のレベルでの理念的考察と連動している。実は、『存在と無』という人間存在への普遍的考察があったからこそ、その人間がなす悪や陥る疎外の具体性に踏み込むことができたとも言える。意識の自由を理論化した『存在と無』には、その自由ゆえに意識が自己欺瞞に陥り、悪に加担してしまう危うさが示されている。そこには、ナチズムに暗黙の同意を与えた人々の意識の記述とも読みうる含意がある。(29) この書はその意味で時代性を含みこむ普遍性の学と呼べるだろう。

---

(27) アリストテレス『形而上学』1026a.
(28) アリストテレス『詩学』1451b.
(29) ミシェル・コンタ「『存在と無』とレジスタンス」、生方、前掲書所収、一五頁。

これに対して、後期哲学の主著『弁証法的理性批判』は普遍性の探求を含みこむ時代性の学とも言える。フランス革命やマルクス主義労働運動、近代経済学の限界効用論等々を直接的に取り上げたこの書は、歴史哲学・政治哲学と科学認識論の面を併せ持つ。しかし、これら対照的な二冊の哲学的著作においても、また文学作品においても、現実世界の事象が次々と映し出されることに変わりはない。戦争や民衆蜂起や革命だけではない。サルトルは進んで卑近な話題を取り上げる。カフェでの待ち合わせから働く給仕の自己演出のさま、抑圧の対象だった性的マイノリティやユダヤ人の呟き、覗き見の現場を押さえられた人の恥の意識、バスを待つ人々の列、炎天下で働く人とそれをホテルの窓から眺めるバカンス客、試合に臨むサッカーチーム、葛藤を抱えながら組合や党に従う者、そして産業革命後の工場の低賃金女性労働者、そして、そこに哲学的思考を織り込んでいく。

市井人の目線で観察し紡ぎ出されたこれらの言葉は、時代の世俗の哲学である。アリストテレスによる学の分類に忠実な普遍性の哲学を永遠の哲学 *philosophia perennis* と呼ぶなら、これは時代の哲学 *philosophia temporalis* と言える。アリストテレス以降の哲学者たちは、彼らの直面した歴史の具体的な姿を普遍に託して語ってきたが、サルトルの哲学もまた、その伝統を受け継いでいる。時代の哲学は彼の政治参加、アンガジュマンの別名に他ならないが、それは普遍の哲学に裏打ちされている。普遍的な「人間」を語るのか、時の人「アルキビアデス」を語るのかという二者択一ではなく、アルキビアデスの独自性に人間の普遍性を見、人間の普遍性にアルキビアデスの独自性を見る。永遠性の中に時代性を見、時代性の中に永遠を見る。この撞着語法的発想(30)がサルトル哲学に稀有な広がりと厚みを与えている(31)。時代の問題、特に現代におけるデモクラシーの危機、非理性とその差別の問題、戦争やテロといった暴力の問題にサルトル哲学の普遍的な命題はどこまで踏み込むことを可能にしてくれるのか。だが、限界に突き当たったとき、私たちはどのようにして新たな一歩を踏み出せるのか。

サルトルは自分のアンガジュマンが即座に世界を動かし解決をもたらすとは、おそらく考えていなかった。一挙一動に人々の関心が集まり、報道がなされ、波紋を呼んだとしてもである。彼の一挙手一投足のはるか先には、すべての人間が丸ごと自分自身を生きることができ、人類が丸ごと融和的に共生できる世界、すなわち「全体化」

された人間と世界とが見え隠れし、近づいたかと思うと逃げていく蜃気楼のような何かがあったのではないか。それは無限の彼方にあるが、だからそこに向かって無限の歩みが必要になる。彼は最後までそれを続けた。彼のアンガジュマンとは、不正への怒りの表明であると同時に、人々のその怒りとそれに駆られた行動を徹底的に知解する試みであり、未来のより良い世界のために今何をすればよいかを考え行動し続ける無限への自己拘束でもあった。

5. 社会科学と人工知能と哲学

今、人工知能の知に注目が集まっているが、それ以前に改めて留意する必要があるのは、一九世紀後半以降、社会科学分野の細分化された専門的な知が目覚ましい発展を遂げ、それらが徐々に哲学の総合的な知にとって代わっているということである。世界と人々を見舞う複合的で多面的な困難に対し、より実証的で専門性の高い研究に基づき、ピンポイントで具体的な解決策を提示する知が存在するのである。それに対して、哲学が投げかける根本的な問いは、やはり極めて遠回りに見え、解決に結びつかないよう思われるとしても不思議はない。

(30) サルトルの思考を特徴づける撞着語法(オクシモロン)については、すでに澤田直が以下で指摘している。前掲『新・サルトル講義』、五〇〜五二頁。

(31) それを丹念に探索した最近の本格的研究書として、竹本研史『サルトル「特異的普遍」の哲学――個人の実践と全体化の論理』(法政大学出版局、二〇二四年)が挙げられる。『存在と無』や『弁証法的理性批判』だけでなく複数の政治論文などを視野に入れ、その広範な議論を時系列も考慮しながらひとつの「特異的普遍」という焦点へと収斂させて、サルトルがその哲学全体をとおし個人の特異性に優位を与えているとの見方を打ち出している。時事問題に踏み込んでサルトル哲学の現代における有効性を具体的に論じてはいないという点で本書と姿勢を異にするが、その前にまずアカデミックに禁欲的に概念的検証を行うというのは確かにひとつの見識であろう。

哲学は飽くことなく根本的な問いを発し続ける。なぜ、コギトに基づくデモクラシーは危機に瀕しているのか。存在論的に平等であるはずの人間たちは、なぜそれを反映した格差のない社会を作れないのか。なぜ、歴史は人間同士の対立と暴力によって綴られてきたのか。なぜ、世界地図は戦争によって塗り替えられてきたのか。それを乗り越えるにはどうすればよいのか。サルトル哲学にはこうした真剣な問いがある。しかし、だからといって解決策を提示するわけではない。サルトルは、政治・社会への参加を実践したが、個別の問題に対してその特殊性に合わせた具体的な最適解を見出したわけではない。確かに積極的に関与し、弁明し、批判し、告発するものの、厳密な調査、統計、分析に基づいた提言といったものとは無縁だった。人間同士の対立、暴力の問題についても、国際紛争についても、社会格差・経済格差についても、データに基づいた定量的かつ定性的な分析といった方法を用いず、「弁証法」的議論を軸とし、「前進的・遡行的方法」という抽象的で観念的な方法に頼っていた。

人間の知は、それ自身よりはるかに優れた情報処理能力をもつ人工知能を生み出した。これが近い将来、人間を凌駕し支配するのではないかという不安がくすぶる時代だ。それは哲学など不要であるとの見方をさらに助長するかもしれない。実証的な社会科学に敗北したかのように見える哲学は、さらに知の前線から後退していくのだろうか。だが、筆者は逆に、今こそ必要とされるひとつの知のあり方を提供しているのが哲学であり、サルトルもそこで一翼を担い続けうると考えている。それがどのような意味でなのかは本論で述べていく。デモクラシー、それを支える理性と法、そこから逸脱するように見える非理性と暴力、これらのテーマはあまりに広く、重く、複雑で模糊としているように見える。しかし、無力感に打ちひしがれてそこに立ち尽くすことなく、サルトル哲学ならではの捻りや仕掛けを借りて突破口を開け、手探りの踏査を試みたい。そこから、現代世界の課題を前にした私たちの哲学のアンガジュマンの可能性を探りたい。

第一部　コギトの変成——デカルト的合理・パスカル的悲惨とサルトル的コギト

プロローグ――デモクラシーは蜃気楼なのか

デモクラシー[1]の誕生について書かれた本は多数あるが、無視できないはずのひとりの人物がなぜか往々にして無視されている。ルネ・デカルトである。啓蒙思想家に先立ち、デモクラシーの基盤となる近代的人間の輪郭を描いてみせたのはこの哲学者ではなかったか。ホッブズと同時代にあって、デカルトは君主制ではなくデモクラシーの構成員となりうる人間の概念を提示していた。それは、感覚を介して与えられるすべての物事を問い直し、自らの頭で考え直し、明晰判明に真と判断したことのみを受け入れる「良識 bon sens」を備えた存在、という人間観である。「われ思う、ゆえにわれあり コギト・エルゴ・スム cogito ergo sum」という自己の存在の肯定は、まずすべてを疑ってみるという方法的懐疑をとおして得られた人間の自律性の肯定に他ならない。その上に立って発された「良識は世界で最も公平に分け与えられている」[2]という言葉は、社会的・経済的格差が既定の事実と

（1）「民主主義」や「共和制」、「共和国」という語は多様な国に当てはめられ多義的であるため、本書では特に自由選挙によって代表者が選ばれ、偽装や暴力なしに政権交代がなされ、特定の宗教・党の指導者や世襲の最高権力者を頂かない国々の政治制度およびその理念を「デモクラシー」と呼ぶこととする。具体的にどの国を指し、どの国を指さないかについては、欧米のシンクタンクや人権団体などによる分類が存在するが、本書は特にそれらに準拠して具体的に特定の国について論じるものではない。

（2）René Descartes, *Discours de la méthode*, 1637, AT, VI, 1（デカルト『方法序説』）。以下、デカルトからの引用については、このようにアダン・タヌリ版全集（一八九七―一九一三）の巻数とページ数を示す。邦訳は数多くあるが、特にいずれかの邦訳版

して許容されていた時代において、万人の平等を良識という意識のあり方に求めた画期的な発想転換だった。身分制の社会にあっても本来人間は平等であることを明言したのである。それはキリスト教的な神の前の平等ではなく、人間自身に内在する平等である。「正しく判断し真と偽を見分ける能力は、まさに良識ないし理性と呼ばれるものだが、生まれながらに万人において等しい」[3]。すなわち、すべての人間は適切な判断能力を本来等しく有しており、自己決定において主体性をもつ。意見が多様であるのは、思慮分別の能力に差があるためではなく、「私たちが様々な道を通ってものを考えており、また同じものを見ているわけではない」[4]からである。

しかし、カトリック教会の権力が強大であった一七世紀ヨーロッパにおいて、このように人間の自律性を全面的に肯定することは大いに危険を伴った。『方法序説』でデカルトは自らの知的自己形成を語った後に神を登場させ、「神が人間に理性の光を与えた」[5]と述べる。また『省察』においてこの判断能力を「神から私が授けられた偽から真を区別する力」[6]として詳述せざるを得なかった[7]。さらに、神の存在証明を行うため、神の完全性・無限性に対して人間に不完全性・有限性という属性を与えねばならなかった。この対立項の導入はそれに先立つ明晰判明な思惟の理念[8]に不整合性の亀裂をもたらしている。だが、デカルトが神学者たちから賛同こそされずとも糾弾を逃れることができたのは、こうした用意周到な配慮のためだった[9]。

他方、パスカルはまさに不整合性を見逃さなかった。デカルトの神が真の信仰に基づくものではないと見ていた。『パンセ』には、彼の言葉として「私はデカルトを許せない。彼はその全哲学において、出来ることなら神なしで済ませたいと思っていたのだろう」という一句が残されている[10]。だが、人間を「考える葦」に喩えて自己反省能力をもつことの偉大さを語ったパスカルもまた、キリスト教を擁護すると同時に、実はデモクラシーを支える近代的人間観に寄与している。無論、彼の場合はそれほどあからさまに「進歩的」ではない。塩川徹也によれば、パスカルは人間の偉大さを称えたからといって、「人間の価値の最終的な復権」を宣言しているわけではない。パスカルにおいては「みじめさと偉大さも、『限りない円を描いて、一方から他方へ移り変わ』る」[11]。

パスカルはひとりひとりの中に偉大さと卑しさがあると考えた。人を偉大な者と卑しい者に分けることはなかった。彼はすべての人間を念頭に置いている。「上流階級の人々も（…）もっと下の方の人々も」自己愛に由来する不幸に陥りうる。[12] では、ヨーロッパの外ではどうだったのだろう。確かに一七世紀フランスから展望できた世界は限られていたかもしれない。しかし、その中で彼は、人間存在というものに共通する本質を見据えてい

のページを示すことはしない。

（3）*Ibid.* AT, VI, 2.

（4）*Ibid.*

（5）*Ibid.*, AT, VI, 27.

（6）Descartes, *Meditationes de prima philosophia*, 1642, AT, VII, 54 / IX, 43（デカルト『省察』第二版、第四省察）。以降、『省察』からの引用については、アダン・タヌリ版全集のラテン語のページを先に、フランス語のページを後に示す。

（7）デカルトのこの妥協は、単に時代の知の枠組みに縛られたゆえの限界ではなく、また教会から見とがめられる危険が最も大きかったのは人間観ではなかったとも考えられる。E・ジルソンは、デカルトが神を介入させた背景として、『宇宙論』を執筆しその出版を目指していたことを指摘する。ガリレイの地動説と不可分の物理学的研究であったが、ガリレイが宗教裁判を受けたとの報に接し、デカルトはこの本の出版をいったん断念した。しかし、希望を捨てることはできず、将来の出版を目指して、その地ならしとして、『方法序説』および『省察』に神の存在証明を盛り込んだのだと説明している（*Introduction par* Etienne Gilson, in Descartes, *Discours de la méthode*, J. Vrin, 1938, p. 6-7）。科学的研究の成果を世に知らしめるために哲学的妥協を行ったと言ってもよいだろう。

（8）デカルト『省察』AT, VII, 45 / IX, 35.

（9）桝田啓三郎「解題　デカルト省察」『世界の大思想　デカルト』河出書房新社、一九七四年、四三〇～四三一頁。

（10）Blaise Pascal, *Pensées*, fragment 77, édition de Brunschvicg（パスカル『パンセ』、ブランシュヴィック版断章七七／ラフュマ版断章一〇〇一／塩川徹也訳、岩波文庫（下）、二〇一六年、二〇八頁）。以下、『パンセ』からの引用は、ブランシュヴィック版断章番号を先に、ラフュマ版断章番号を後に、B77/L1001 などとして示す。

（11）塩川訳、前掲書、「解説二」三八四～三八五頁。

（12）パスカル『パンセ』B100/L978.

た。そして、すべての人が「真理を見出したいと願う」[13]ことを望んでいた。

人が生命ある存在として等しく尊いという理念は、仮に社会的・経済的格差の完全な解消が非現実的であったとしても、あるいは公平な競争の下での勝敗は認めるべきだという見方が広く受け入れられるとしても、だからと言って原理的に否定されることはない。人の生命の尊厳は自明の理として広く共有されている。他方で、誰であれ人は同等の理性と良識を備え真偽を正しく見分けることができるという考え方は、決して自明の理ではない。しかしデモクラシーには前者のみでは不十分であり、後者が求められる。デカルトの命題は、まさにこの後者の考え方を哲学的に基礎づける表現だった。これなしに西洋近代史におけるデモクラシーの確立はなかったとさえ言える。自然法思想が人間の尊厳や基本的人権に根拠を与えた一方で、コギトを起点とするこの人間観は、万人が能動的に政治的決定に参加する資質を有するという大前提のもとに運営されるデモクラシーにとってもうひとつの不可欠の根拠となっている。

このように、共同体のすべての成員が共同体によってその権利を保障され、またその共同体の決定機関の代表者を選ぶ権限を有する制度、それが近代デモクラシーであると理解されるなら、その基底には人間の存在論的平等の概念がなければならない。人間が自己意識を備え、自分の頭で考え、自由な判断や決定を合理的に行える存在として平等だという認識である。その人間概念が相互間で認知されて初めて人権の保障、投票権、発言権、代表権を伴った共同体の統治の仕組みが成立する。この人間観、ヒトを「知性人 homo sapiens」としてだけでなく、それ以上に「合理人 homo rationalis」として捉える見方、これこそ共同体の自己決定に万人が等しく参加しうるという意味でのデモクラシーの哲学的根拠と言えるだろう。

無論、デカルト以前にもルネッサンス期の哲学者たちがいたことを忘れてはなるまい。教会に迫害されながら文字通り命を懸けて、人間が自由意志をもち自律的に思考し決定する存在であることを訴えた人々に思いを馳せねばならない。一五世紀イタリアにおいて、ピーコ・デラ・ミランドーラは「人間は望むものを手に入れ、なりたいものになる力を与えられた」[14]と主張し、ローマでの討論会を呼びかけた。だが、ローマ教皇イノケンティウス八世が異端の嫌疑をかけ、討論会を禁止し宗教裁判を用意したため、彼は亡命を余儀なくされた。それから五〇〇年以上が過ぎ、現代のデモクラシーにおいては、彼の考えはあまりにも当たり前になっている。しかし、今もなおそれを表明することで生命を脅かされる国はある。その課題に向き合うためにも、哲学的根拠を軽視してはなるまい。

一七世紀ヨーロッパでは、カトリック権力との闘いの時代を経て、自律的人間像はおそらく表層に現われることなく密かに浸透しつつあった。しかし、いまだ宗教裁判は存在し機能していた。ガリレイが有罪判決を受けたのは一六三三年である。その時代に、カトリックの教義と合致しない人間概念を新たに定式化し世に問うという勇気をもったのは、他でもないデカルトだった。このことを小場瀬卓三は次のように端的に指摘している。「〔デカルトの思想は〕革命的な意義をもったものである。(…) 彼は教会や専制政治の権威思想を根底的に否定し、各人にみずから考える自由と権利を宣言したのである。『方法序説』が出て約一世紀半後に、大革命が思想の自由と人権を宣言するが、それはデカルトがこの冊子のなかで述べた思想の論理的な帰結であった」[15]。

しかし、フランス革命以降、次第に世界に広がった共和制ないし民主制の下でデカルト的合理人がその本来の姿を実現し理性と良識を発揮し続けてきたかと言えば、それは否と言うほかあるまい。デモクラシーの到来と紆余曲折をつぶさに分析したマルセル・ゴーシェは、この理想を「蜃気楼」と呼んでいる。「自己の産出と自己知

(13) *Ibid.* B423/L423.
(14) Jean Pic de la Mirandole, *Discours sur la dignité de l'homme*, in *Œuvres philosophiques*, PUF, 1993. p. 6-7. この版はラテン語とフランス語の対訳版である。ラテン語の初版本 *Oratio de dignitate hominis* は一四八六年にボローニャで出版された（ジョヴァンニ・ピーコ・デラ・ミランドーラ『人間の尊厳について』）。
(15) 小場瀬卓三、「解題　デカルト　方法序説」、前掲書『世界の大思想　デカルト』、四三〇頁。

の純粋な機能により自律性が自ら生成し全面的に実現するという蜃気楼」[16]だという。それはコギトへの絶大な信頼に向けられた警告として響く。パスカルにとって、「人間は生来信じやすく疑いやすく、臆病で向う見ず」という「相矛盾する面」をもっている。[17]思考能力をもつ点で偉大ではあっても、虚栄心が強く自己中心的で幻想に陥りやすく、目の前の快楽に惑わされやすい。人間の悲惨から目をそらし気を紛らわせているうちに一生は終わってしまう。「人間の心は何と不正で不合理なことだろう」[18]。

デカルト的合理人とパスカル的非合理人。その違いは、一方がデモクラシーの実現へと向かい他方が神への信仰に向かうといった単純な図式では表せない。人間の真の姿はその中間にあるといった折衷的な結論で済ませることもできない。むしろ、その総合不可能な揺れこそ、現代の人間の姿ではないか。デカルト的であろうとして私たちはパスカル的であり続ける。パスカル的でありながら、やはりデカルト的である。

実は、その両者の乖離は、ある形でサルトルに反映されている。彼の人間概念はデカルト的合理性に立脚しているが、そこにしばしばパスカル的な影がさす。それは、私たちがいま目の当りにしているデモクラシーの危機を見とおしていたかのようだ。デカルトの確固たるコギトは、サルトルにおいて欠如や過剰を抱え込み迷走する。目標に向かって自己を投げかける一方で、しばしば自己を欺き、悪を選び、他者と協働せず、他者より優位に立ちたいと願い、欲望に駆り立てられて走り続け、そして自己を失う。

今、合理的精神をもつ者としての近代人の姿は揺らいでいる。合理性は各人の中で十全に発揮されるとは限らず、歪められ、限定され、しばしば暴走する。この二一世紀、万人の良識を信じ続けるには、判断材料となる情報はあまりに大量かつ専門的であり、部分的に切り取られ単純化されてしか伝わらず、至る所にバイアスやフェイクの罠が潜んでいる。忙しい現代人は理解の努力が不要な一面的な意見に飛びつきやすく、多面的で読解の労を要する思考には背を向けやすい。いや、現代人だけではない。パスカルはすでに言っていた。「いい加減な意見 opinions relâchées は人々に気に入られやすく、気に入られないのが不思議なくらいである」[19]。しかし、現代では大量の情報が玉石混交の状態で常に流れているだけに、私たちは一層、安易な考えに陥りやすくなっているのかもしれない。そのような人間存在は真にデモクラシーの担い手たりうるのだろうか。あるいは、万人が良識を備え主体的に物を考え合理的な結論を見出す、という幻想の近代的人間観が、デモクラシーという非現実的な制度を生み出し、その矛盾がいま露呈しているのだろうか。

(16) Marcel Gauchet, *L'avènement de la démocratie I. La révolution moderne*, Gallimard, 2007, p. 129.
(17) パスカル『パンセ』B125/L124.
(18) *Ibid*., B100/L978.
(19) *Ibid*., B915/L692.

第一章　サルトルによるコギトの再造形

『存在と無』における存在論的平等の理念は、ドイツ観念論の批判的継承によって確立されたものだが、その根本にある意識の自由の概念はデカルトに大きく依拠している。[20]サルトルは、デカルトがヘーゲルの「精神」における否定性の自由に先立って、方法的懐疑により人間が自己に対して疑いを向けうる自由を発見したとし、「自由の上に懐疑を基礎づけ」たと述べている（EN62/60）。[21]サルトルは政治哲学の領域には踏み込んでいないが、「デカルトの自由」と題する戦後の論文では、『存在と無』で示された存在論的立場に基づき、デカルト哲学の中にデモクラシーの基盤があると明言している。「知的探求の精神とデモクラシーの精神との結びつきをデカルト以上に良く示した者はいない。なぜなら、普通選挙は否または諾と意思表示をする能力、普遍的に共有されたこの能力以外の上に基盤を置くことはできないからである」[22]。

（20）　サルトルはデカルト以前に古代ギリシャのストア派哲学に自由の起源を求めているが、これについては第二章で論じる。
（21）　以下、この第一部では『存在と無』からの引用は文中に（ ）で示す。二つの数字のうち、上は一九四三年の初版のページ番号で下は一九七六年のエルカイム版のページ番号である。邦訳書には原書のページ番号も記されているので本書では省略する。この著作の異なる複数の版と邦訳については、生方、前掲書、巻末の文献目録(16)頁を参照されたい。
（22）　Sartre « La liberté cartésienne », 1946, reprise in *Situations, I*, 1947, p. 293（野田又夫訳「デカルトの自由」、『シチュアシオンⅠ』所収、二七四頁、『哲学・言語論集』所収、七八頁）。

このデカルト論において、サルトルはヒューマニズムとデモクラシーの真摯な信奉者という顔をのぞかせている。『存在と無』において構築した人間の自由と自律性と否定的創造性が純粋な哲学概念にとどまらず、一定の政治制度と結びついていることを明言している。すなわち良識を備えた個々人の自由な選択をもとに共同体の行方を決める制度としてのデモクラシーを明確に支持しているのである。ただ、彼は理想の政治制度の基盤となる理想の人間像を提示し、福音をもたらすかのように称揚したのではない。逆に、デモクラシーを支えるはずの自由で自律的な人間存在が、実はいかに危うく欠陥に満ちたコギトであるかをこの論文をはじめ複数の著書においてさまざまな角度から示していくことになる。

サルトルとデモクラシーというテーマに正面から向き合った研究としては、ミシェル・コンタの論文「サルトルは民主主義者だったのか」[23]がある。ここでは、『嘔吐』などの文学作品においてデモクラシーの基盤となるヒューマニズムを「陽気に叩きのめした」サルトルが、それとは裏腹に「文学的コミュニケーション理論」の上に「人間同士の交流と相互性」という意味でのデモクラシーの場を基礎づけたことが指摘されている。コンタによればこの考え方には矛盾もあり、サルトル自身もそれを自覚していた。戦争、貧困といったデモクラシーを揺るがす深刻な問題に対して実質的に無力でありながら、文学という交流の場に身を置くことであたかもデモクラシーの擁護者であるかのように振舞っていたのであり、このことに彼自身決して満足してはいなかったとコンタは見る。とは言え、彼にできた最良のことは政治活動ではなく、「ブルジョワ民主主義」に対して共産圏の「人民民主主義」を擁護するといったことでもなく、やはり文学によって読者の自由に訴えかけ、自由がすべてに人の手に行き渡るよう行動を促すことだった。それはサルトルの「鷹揚さ générosité」の道徳論とつながっている。そうコンタは主張する[24]。作家と読者という限定された層を想定するこのコミュニケーション理論が「エリート主義的」であることを認めつつも、このような形で抑圧された人々、貧困に苦しむ人々と「連帯」しようとしたことこそが、サルトルが民主主義者と言える証だとコンタは結論づけていた[25]。

このように、コンタはサルトルの文学的アンガジュマンに民主主義への支持と道徳的実践を認める立場を打ち出した。ただ、それは今振り返るならば、かなり特殊な時代的文脈の中でこそ意味を持つ主張だったように思われる。この論文が発表された一九九五年当時、ヨーロッパは冷戦の終結と東欧革命、東西ドイツ統一、そしてソビエト連邦の崩壊を経て、複数政党制と市場経済に集約されるデモクラシーの勝利を誇っていた。ときに、死後出版によってサルトルの再評価は少しずつ進み始めており、サルトル研究を先導する立場にあった彼は、マルクス主義に従属したかのような一九六〇年代以降のサルトルのイメージに抗って「デモクラシーの擁護者サルトル」という像を描き出そうとしたと考えられる。しかし、コンタ自身、この像が十分と考えていたようには見えない。その後、コンタはこのテーマに関する考察を進展させ、『存在と無』にナチズムへの抵抗の哲学を読み取ろうとした[26]。実際、サルトルがデモクラシーに何らかの形で寄与したとするなら、それはこの制度が拠って立つ根本的な理念に立ち返りそれを造形し直すという哲学本来の作業においてではなかったか。ナチズムへの抵抗の哲学とは、人間の存在をも差別によって否定する非・思考に対する存在論の戦いにほかならなかった。そして、今もそれは終わっていない。

コギトは哲学史的には様々に批判され、修正を加えられてきた。中でも、カント、フッサールの「われ思う Ich denke」ないし「エゴ・コギト」がデカルトのコギトとどう異なるかは哲学本来の問題として重要で、サルトルもこれに注目し自身の存在論的立場から独自の分析を加えている[27]。だが、注目すべきは、彼がそれを近代的主

(23) Michel Contat, « Sartre était-il démocrate ? », *Etudes sartriennes*, VI, 1995, p. 285-301.
(24) *Ibid.*, p. 298.
(25) *Ibid.*, p. 301.
(26) ミシェル・コンタ「『存在と無』とレジスタンス」、生方、前掲書所収、一〇～一一頁。
(27) デカルト、カント、フッサールの「コギト」ないし Ich denke を比較し、サルトルはその違いについて以下のように述べている。「カントの『われ思う』は可能性の条件である。デカルトとフッサールのコギトは事実の確認である」。*La transcendance*

体の原点と言えるデカルトのコギトの切り崩しを図るという大きな意図のもとで行っているということである。すでに竹内芳郎は、一九五六年の『サルトル哲学入門』の中でサルトル哲学が決して悪しき「近代的自我主義」の最後の表れなのではなく、逆にその超克を目指していると指摘していた。[28] この見方はより具体的に微視的に展開する必要がある。以下の第一章では、それも含めてサルトルによるデカルト的自我の解体の試みを見ていく。

他方、『存在と無』出版からまもない一九四八年、マルクーゼはこう指摘していた。「自由な主体というサルトルの概念は、出発点ではデカルトのコギトの再解釈だ。しかし、その展開はフランスの合理主義よりもドイツの伝統を受け継いでいる」[29]。ドイツの伝統とは、いわゆる「観念論」という語から想起されるような抽象的で思弁的な体系を意味しない。むしろ、カント、ヘーゲルからニーチェへと受け継がれてきたキリスト教的他律性からの脱却を念頭に置かねばなるまい。同時に初期フッサールが打ち出したコギトの非実体化、ハイデガーが探った「われあり sum」により重きを置く主客分離の乗り越え[30]を批判的に継承しているという意味にも解せるだろう。その意味では「主体」という語は「近代的自我」と同義ではない。他方、いかなる点でデカルトの「再解釈」から出発したのかという点も細かく見なければなるまい。マルクーゼはサルトルによる双方の継承について概念的記述に立ち入った子細な検証はしていないが、『存在と無』がコギトを具体的な歴史状況の中に置き、それでも自由が屈しないことを示した点を評価する。ナチス・ドイツ占領下でのユダヤ人の自由について述べていることを取り上げ、以下のように意義を強調している。「デカルト的コギトとしての対自は、全体主義的抑圧の世界のただ中にあって自由の中軸となった。もはや知的世界と物質的世界の制覇の起点ではなく、屈服と失敗の不条理の世界における個人の最後の隠れ家になった」[31]。このように、マルクーゼはサルトル的コギトに大きな倫理的価値を見ている。

では、コギトの再解釈という点で先に挙げた竹内芳郎はどのような見方をしていたか。彼によれば、サルトルはデカルトが「反省的コギト」と「非反省的コギト」の区別をせず両者を混同しており、そのためにコギトを実体化するという誤りに陥ったと考えていた。[32] そして、それを乗り越えることができたのはフッサールがブレンターノから借りた意識の志向性という概念を「レス・コギタンス」という概念に代えて提示したからであり、サルトルはそれを継承しコギトを実体ではなく運動として定義し直したと主張する。(33)

ただ、竹内のこの読みには若干の誇張があるように思われる。サルトルはデカルトが二つのコギトを「混同」したとは言っておらず、正確には「導きの糸なしに機能的側面から実存的弁証法へと移行しようとしたために実体主義の誤謬に陥った」(EN115/109) と言っているのである。それはどういう意味か。筆者の解釈では、この「移行」は主に『方法序説』第四部および『省察』の第二部においてなされるもので、自己意識から世界に対する意識への移行とも言える。すなわち、自己の存在を認識するという意識の反省的機能の発見の段階から自分がそこにいる世界をみずからの意識で再確認しようとする段階への移行である。「弁証法」という語はここではわ

---

de l'ego (écrite en 1934), in *Recherches philosophiques*, n° 6, 1936-1937 ; J. Vrin, 1965, p. 26（竹内芳郎訳『自我の超越』、一九五七年／二〇〇〇年、三〇頁）。以降この著作からの引用は、TE26 と略号に続けて一九六五年版原書ページ番号で示す。訳書には原書のページが付記されているので注記しない。これら両者のコギトの区別は、その後の著作でも修正されていない。カントとフッサールの Ich denke をめぐるサルトルの考察については、生方、前掲書、一四七〜一五〇頁、三六六〜三六八頁を参照。

(28) 竹内芳郎『サルトル哲学入門』河出書房、一九五六年／『サルトル哲学序説』、盛田書店、一九六六年／筑摩書房、一九七二年、五九頁。

(29) Herbert Marcuse « Existentialism: Remarks on Jean-Paul Sartre's *L'Être et le Néant* », in *Philosophy and Phenomenological Research*, Volume VIII, No.3 March 1948, p. 311.

(30) Heidegger, *Sein und Zeit*, S. 45-46. この課題はこの書全体を通して探られているが、特にこの部分にはその意図が顕著に示されている。

以下、『存在と時間』のページ番号は原書初版の番号のみを示す。いずれの邦訳書にもこの番号が記載されているためである。

(31) Marcuse, *op. cit.*, p. 322.

(32) 竹内芳郎、前掲書、一五頁。

(33) *Ibid.* 一五頁、四七頁。

れと世界との試行錯誤的な対話といった意味で使われていると思われる。世界とは、『方法序説』では「天、地、光、熱など私の外にある多くのもの」[34]であったり「三角形」[35]であったり、『省察』では「ミツロウ」[36]であったりするのだが、われはそれらを知覚しそれらの物体としての変化や観念としての抽象性を考慮に入れながら明晰判明に理解する。そこに介在する「神」は置いておくとしても、その移行の際に欠けていたのがまさしく現象学的な「志向性」という導きの糸であった。この点では、竹内の指摘は正鵠を得ている。志向性が自己に向かい自己の存在を反省的に捉えたのちに改めて世界に向かうならば、移行はスムーズである。ところが、デカルトはその代わりに「どんな物質的なものにも依存しないひとつの実体」[37]という概念を持ち出した。この苦し紛れの概念化は、非物質性を主張しているにもかかわらず実体主義として多くの批判を浴びてきた。そこに、実体に代わって志向性というまさに非物質的な概念を導入し、決定的な解決をもたらしたのはフッサールだった。それを踏襲するサルトルがこの点でデカルトと一線を画しているのは事実である。しかし、デカルトの実体主義の原因をサルトルは反省的意識と反省以前の意識との区別の欠如に求めているわけではない。そうではなく、改めて反省以前の意識という概念を練り、デカルト的コギトを継承しつつその前提としてこの概念を取り込んで言わば再造形したのである。この点を含めて、より詳しく見ていくが、まずは再造形の輪郭を素描しておこう。

　サルトルは、デカルトのコギトを基本的には踏襲しながら変成とさえ呼べるような根本的な修正を施している。特に、新しい概念として提出したものが三つある。その第一が、今述べた反省以前の自己意識であり、それを彼は「前反省的[38]コギト *cogito* préréflexif」と呼んでいる。『存在と無』序論第三節で、あらゆる意識は何ものかについての意識であるという現象学的命題を敷衍しつつ、サルトルは対象を定立しない意識もあると主張する。そして、この意識を「非定立的自己意識」と規定すると同時に「前反省的コギト」と名付け、「それがデカルトのコギトの条件となっている」(EN20/19)と述べる。このコギトはデカルトのコギトに反駁を加えるものではなく、むしろ補強するものとして提示されている。

　第二は、目立ちにくい形で遠慮がちに提出されているのだが、他者を含みこむ「拡張コギト」という概念である。「デカルトのコギトは、私の存在という事実の絶対的真実を肯定するに過ぎない。同様に、ここでわれわれが用いる少々拡張したコギト le *cogito* un peu élargi は、他者の存在と他者にとっての私の存在を事実として示してくれる」（EN342/322）。この修正もデカルトを決して否定しない形でなされているが、実は他者の存在そして私と他者との共存という観点から重要な発想の転換を含む。サルトルのコギトは、単独では存在しえず、他者の影をまとっているのである。

さらに、第三として特に名前を与えられない再造形があることも見逃してはならない。それは、私が私であるという自己同一性を二重の意味で解体するコギトである。まず、時間論において、現在のみならず過去と未来にまたがるものとして描き直されたコギトがある。「デカルトの反省的獲得物であるコギトは無限小の瞬間に限定されるべきではない。（…）思考とは過去を取り込み、未来によって予め素描されるものだからである」（EN202/191）。そこにおいて、コギトは「脱自的 ek-statique」な次元で捉えられている（EN204/192）。さらに、対自存在におけるコギトと対他存在におけるコギトとの間にサルトルは亀裂を見る。対自的コギトと他者を取り込んだ拡張コギトとの間のずれと言っても良い。サルトルは時間性と拡張性を取り込んで二重に自己同一性を解体するこのコギトに名を与えていないが、私たちはこれを「脱同一性コギト」[39]と呼ぼう。

サルトルがデカルトのコギトに施した修正は、少なくとも以上三点に及ぶ。しかし、デカルトとの違いはそれにとどまらない。『存在と無』の全編を通して繰り返し描かれる多様な「人間現実」の姿は、揺るぎなく自己を

（34）デカルト『方法序説』AT, VI, 34.
（35）*Ibid.*, AT, VI, 36.
（36）デカルト『省察』AT, VII, 30 / IX, 23.
（37）デカルト『方法序説』AT, VI, 33.
（38）または、「反省以前的」と訳してもよい。
（39）フランス語で言うなら *cogito se désidentifiant*, ラテン語なら *cogito ex ecceita* となろうか。

肯定するデカルト的コギトと多様な点で異なる。それは、自分に欠けたものを自覚し、そうありたい自分へと向かって自由に未来へと自己を投げかけるという積極的な姿も見せるが、他方で恐怖や不安に怯え、自分に嘘をつき、言い逃れし、自己欺瞞に陥り、偶然性と不条理に打ちひしがれ、所有や支配への欲望に満ち、ときに虚偽や悪や暴力を選ぶ。それは、絶えず自分を選び自分を変えていくが、一瞬の先も見えない危ういコギトである。それはむしろ、パスカルが語る悲惨な人間に近い。等しく良識を備えデモクラシーの主体であるはずの人間存在は、サルトルによれば人間がそうなろうとしてなれない絶対者と言える。しかし、だからといってサルトルはこのコギト概念を無効化したわけではなく、また私たちもデモクラシーを放棄するのでない限り、この基盤を葬り去ることはできまい。逆に、デモクラシーの担い手としてこの永遠に未完の絶対者を守らねばならず、そのためにこそ、コギトの苦難と危うさを明らかにする必要があるのではないか。

先に触れたように、竹内芳郎はサルトル哲学の中に近代的自我の超克の試みを見て取ったが、コギトの再造形はまさにその試みの一環と考えられる。竹内は『存在と無』で記述される「行動」にその試みの具体的表われを求めているが[40]、そのような「行動」の条件として、デカルト的コギトの再造形が必要であったと考えられる。それは同時にカントの Ich denke、すなわち「超越論的統覚」に見られる究極の主観主義とそこから脱却しきれなかったフッサールに対する批判の根拠ともなっている[41]。

そこで、以下この章では、まずサルトルにおける「自己」概念を確認し、デカルトのコギトを彼がどう受け止めているかを見る。そして、デカルトを補強する形で「前反省的コギト」と「拡張コギト」、そして「脱同一性コギト」という新しい概念を提出する論理の流れを明らかにする。その過程で、狭義でのサルトル研究の枠に囚われず「自己」の起源を求めて古代ギリシャや旧約聖書に目をやり、また現代の発達心理学にも一瞥を与え、さらに中世哲学や近代ドイツ哲学における自己同一性概念にも触れて、どのような意味でサルトルがそれらを受け継ぎ、ないし解釈し直しているかを探っていこう。

1. 前反省的コギト

(1) 単一性かつ二重性である自己

「われ思う」と言っても、人は必ずしも自分を意識していない。何らかの対象に向かう意識は、常に反射して自己へと帰ってくるわけではない。つまり、私は何かを見ている自分を常に見ているわけではない。特に自分に意識を向けていない状態の方が多いかもしれない。単に無自覚な場合もあるし、対象に没入しわれを忘れている場合もあれば、精神分析において「無意識」や「否認」、「検閲」、「抑圧」と呼ばれる場合もある。いずれにしても、何かを意識する自分とその自分を意識する自分という二重構造は、常に顕在しているわけではない。サルトルは、そこに着目して意識の二重構造を新たな仕方で捉えようとした。世界とわれを主客の分離で捉える西洋哲学の伝統の中にあって、必ずしも主客の構造で捉えられない自己意識のあり方に新しい可能性を見出したのである。『自我の超越』から『存在と無』へと続くサルトル初期哲学において、カント、ヘーゲル、フッサール、ハイデガーの継承と乗り越えの試みをとおしてひとつの縦糸となっていたのがこの考え方だった。

「あらゆる意識は何ものかについての意識である」(EN17/17)。フッサールから学んだこの命題[42]がサルトルの意識の理論の出発点である。『存在と無』では、そこにサルトル独自の以下のような考え方が加わる。何かを意識している時、私は何かを意識する自分を漠然と意識している。その何かとは、実在する物体でも生物でもよいし、

(40) 竹内、前掲書、五九頁。
(41) 生方、前掲書、一四七〜一五〇、三六六〜三六八頁。
(42) 正確には、レヴィナス経由のフッサールから学んだと言うべきかもしれない。生方、前掲書、三〇四〜三〇六頁。

不在の人物や事物でもよい。また、想像上の事物でも抽象概念でも構わない。それが私の意識に浮かぶということは、そこに意識を向けている自分を何気なく意識しているということである。自分についてのその意識とは、決して明確ではなく、淡く漠然として不透明である。この自己意識の状態をサルトルは「前反省的 préréflexif」と形容し、これが「デカルトのコギトの条件」(EN20/19) であると主張する。すなわち、私が自分の存在を疑い、そして肯定するということは、自分で自分をしっかりと見つめるということであり、自分を認識の対象として定立することだが、それが可能になるためには、前提条件として自己をいまだ明確に定立することなく何かへと向かっている意識が存在しなければならない。この意識をサルトルは、「非定立的自己についての意識 conscience non positionnelle *de soi*」と呼ぶ。そして、より正確を期して de をカッコに入れ「自己(についての)意識 conscience (de) soi」と名付ける (EN20/20)。「この自己(についての)意識、それをわれわれは(…)何ものかについての意識の唯一可能なあり方と見なさなければならない」(EN20/20)。サルトルが「(について)」とカッコを用いたのは、この意識がはっきりと対象としての自己を把握しているわけではないという理由からである。にもかかわらず、それこそが「何ものかについての意識の唯一可能なあり方」(EN20/20) である。対象に向けられた定立的意識とは、対象を定立する自己(についての)意識に他ならない。『存在と無』の重要な基盤となるこの命題は、デカルトのコギトという伝統を受け継ぎつつフッサール現象学を用いて補強をすることによって示されたのである。[43] こうした意識のあり方をサルトルは「前反省的」と呼び、「半透明 translucide」(EN621/582) とも形容している。意識は方法的懐疑を経たデカルトのコギトのように常に透明で明晰判明なのではない。その段階に至らない非反省的で半透明な状態があるとの主張である。

他方、私が自分自身を顧み、考察の対象とするならば、そこには主客分離を伴った「認識 connaissance」が成立する。自己についての反省的意識とは認識である。このことは、『存在と無』では十分に論じられておらず、「自己認識」という語[44]は否定的な形で用いられるか (EN17/17, 290/273)、精神分析に関連して用いられるか (EN535/502) である。

一九四七年のフランス哲学会におけるサルトルの発表[45]は、それを補う形で以上のようなコギトの再造形に焦点を当てより詳しく論じ直したものである。ここでは、「前反省的コギト」ではなく「非措定的《コギト》« cogito non thétique »」という用語を用いているが、指すものは同じである。また、自己を定立しない場合が「意識」であり定立する場合は「認識」であるとはっきり区別をしている[46]。合わせて、「この意識〔非定立的意識または非措定的意識〕には主客の区別がない[47]」との明言もなされている。

これによって解決できたのが、「『意識についての意識』についての意識」についての意識……といった無限に続く一種のメタ認知の連鎖の不条理である。完全な平行状態で向かい合った二枚の鏡がお互いを無限に映し出す現象と言っても良い。『存在と無』ではスピノザの「イデアについてのイデアについてのイデア idea-ideae-ideae」(EN118/112)やヘーゲルにおける無限の自己回帰が例として挙げられ、無限に続くという考え方への依拠は、「意識の存在を即自の存在へと還元する」(*ibid.*)ものだとして斥けられる。この点、サルトルの説明はごく簡略だが、意図を汲み取るならば、意識という現象を生命なき物質に生じる現象のように物理的に捉えてもその特殊性は理

(43) コールビテールは、以下、注45のテクストへのコメントにおいて、これについて「措定的で反省的なデカルトのコギトと前反省的で非措定的なサルトルのコギトとの対立は必ずしもサルトルによって守られていない」と述べている(“Notes” par V. de Coorbyter, in Sartre, *La transcendance de l'Ego et autres textes phénoménologiques*, Vrin, 2003, p. 212)。しかし、「前反省的コギト」はデカルトのコギトにそもそも「対立」するものではなく、むしろ補強と言えよう。すでに備えているはずの次元をそのように命名して取り出し明示しようとの意図であろう。

(44) ヘーゲルが自己意識を自己認識と同一視していると批判している箇所はあるが(EN298/281)、両者をここでサルトルが改めて定義し直しているわけではない。生方、前掲書、二四五～二四七頁。

(45) Sartre, « Conscience de soi et connaissance de soi », 1947, in *La transcendance de l'Ego et autres textes phénoménologiques*, introduits et annotés par V. de Coorbyter, Vrin, 2003.

(46) *Ibid.*, p. 149.

(47) *Ibid.*, p. 150.

解できない、という主張だと考えられよう。そして、この無限の反射作用に代わって提示されるのが、あえて単純な合理性を無視した「単一性である二重性 une dualité qui *est* unité」(*ibid.*) という考え方だ。何かを見る意識とその自分を見る意識との関係を二枚の鏡の向かい合いではなく、両者の同一性によって一体化したものとして捉えることを提唱するのである。ただ、それは単なる隙間のない密着といったものではない。二つの意識がぴたりと二枚重ねになっているのではない。そこには亀裂が入り込んでいる。では、その亀裂とは何か。それが「何でもないもの rien」であり、「無 néant」である (EN120/113-114)。意識には亀裂が入っているが、その隙間に何かがあるわけではない。無しかない。この一体化はまた、「自己への現前 présence à soi」という概念でも表される。意識は、対自存在として「自己へと現前しているという形で自分自身である」(EN119/113)。そして、「へと à」という隙間には無しかないのである。「(…) 意識の存在、それは自分から距離を置いて、自己への現前として存在することである。そして、存在が自分の中に抱えるこのゼロの距離、それが〈無〉である」(EN120/114)。この矛盾をはらんだ、詭弁すれすれの議論、それがサルトルによる意識の再定義であり、彼の現象学的存在論の基盤になっているのである。

(2) 自己知——発展的考察

ではここから、このサルトル的コギトがもつ意味をサルトル自身の意図に限定せずに考え直してみる。まずは、時代を遡ってみよう。ヨーロッパだけでなく世界の各地で創世神話が生まれ伝えられてきたという事実は、人間が古来宇宙の成り立ちを問うていたこと、そして想像力を働かせ、その疑問に寓話をもって答えようとしていたことを示している。古代ギリシャにおけるそうした物語産出の想像力はミュートスと呼ばれるが、北欧神話にも日本の神話にも同様の想像力は見出される。世界へと問いかける視線と空想の物語を紡ぐ言葉は、文字に残されていないとしてもおそらく文明の初期には至る所に存在したであろう。

他方、人はどのようにして自分自身を問うようになったのか。西洋哲学史は、問いかけが次第に人間自身へと向けられるようになった特別な場を古代ギリシャに見る。ギリシャ神話は、自己意識が人間にもたらしうる不幸をナルキッソスの神話に託した。鏡がいまだ存在しなかった時代、それでも人は水面に映る自分の姿に動揺し、その過剰な自己意識が破滅へとつながることを示したのである。だが、神話は人間による世界表象と自己表象に関して哲学に場を譲る。イオニアの地にミュートスを一歩超えてロゴスによって自然現象を解き明かそうとした人々がおり、その視線を今度は自己へと回帰させたソクラテスがいた、という西洋哲学史の周知の物語である。自然哲学から人間を問う哲学へ。それは分かりやすく単純化された図式であり、その背景には今に伝えられているもの、伝えられていないものを含めて何百年もの知の足跡があったはずだ。身体の中に目に見えぬ「魂 プシュケー ψυχή」といったものを宿す人間存在への問いは、いつからか確かに立てられていた。それをプラトンは対話篇の中でソクラテスに語らせている。「魂というものがいかなるものか、その真実を突き止めねばならぬ」[48]。プラトンはまた、ソクラテスをとおして自己の自己に対する無知を語る。デルフォイの神殿に刻まれていたとされる「グノーティ・セアウトン γνῶθι σεαυτόν」という言葉、すなわち「汝自身を知れ」とは、宇宙を問うていた人間が自分自身に問いを向けた時に、自らが自らについていかに無知であるかに気づいたその証言である。人間とは何なのか。心とは何なのか。そして自分の存在とは何なのか[49]。プラトンは幾多の対話編の中で、「存在ウーシア οὐσία」について問うのと同等に人間の魂や知や徳についての問いを発している。ハイデガーが取り上げた「ウーシアをめぐる巨人たちの戦い[50]」と同じほどに、いやそれにも増して人物たちに魂とは何かを語らせている。ただ、彼はグノーティ・セアウトンの命題については、自分が発見したのではないものとして提示してい

(48) プラトン『パイドロス』245C.
(49) プラトン『パイドロス』229E-230A.
(50) プラトン『ソフィステス』246a ／ハイデガー『存在と時間』序論の冒頭に引用。

る。自分ではなく、ソクラテスでもなく、より昔の人々がもたらしたのだとする。『プロタゴラス』においては、七賢人がアポロンの神殿に無知の知という捧げものをしたとされる。[51] さらにその七賢人は、クレタとラケダイモンの知恵者たちを崇め、彼らから学んでいたとする。「グノーティ・セアウトン」はクレタとラケダイモンの知恵者たちから七賢人へ、七賢人からソクラテスへ、そしてソクラテスからプラトンへと伝言されていく。幾多の中継を経て、次第に形を取ってきたものとして提示されている。

　自己と世界。さらには自己と自己を見つめる自己。この二重の主客分離が人間意識の特異性であることの認知は、近代に固有のものではなかった。グノーティ・セアウトンの伝承は、自己を対象として定立する意識、すなわち自己認識の発見の物語である。セアウトンは、σεαυτοῦ（セアウトゥー）という二人称の再帰代名詞の対格である。つまり、動詞 γιγνώσκω（ギグノースコー）の命令法 γνῶθι（グノーティ）の目的語であり、そこには主客関係が成立する。同様にアリストテレスは、「思惟は自分自身を思惟する　ハウトン・ノエイ αὑτὸν νοεῖ」、「思惟とは思惟の思惟である　エスティン・ヘー・ノエーシス・ノエーセオース・ノエーシス ἔστιν ἡ νόησις νοήσεως νόησις」と述べる。[52] この思惟は、中世以来しばしば神的知性、至高の知性と解釈されてきた。[53] しかし、実はそれは「プロネーシス（思慮）の目的になることによって、魂全体のそして人間のあり方を決定する」のであり、「自己を意識する働き」だとも解釈されうる。[54] 自分自身を思惟するのは神だけではない。そうではなく、人間こそが自分自身を思惟する。アリストテレスはすでにそれを発見していたのであり、キリスト教神学によって神の属性とされる以前に、この知性、自己を思惟する思惟は人間のものだったのである。

　ところで、ユダヤ＝キリスト教にもこの自己知の二重構造の発見の痕跡が見出される。「創世記」が語る楽園追放は、自己意識の発見による無知の幸福からの追放の寓意として解釈しうる。人類が他の動物と異なり「自分」という概念をもち、自分の身体の存在に気づき羞恥心を抱いたこと、また自分が自ら考え、神の命令に背くこともできると知ったこと、そして自分が死すべき存在であると認識したこと、それは生命四〇億年の歴史の中で実に特異な出来事だった。後世が進化論によって説明することになる知的生物のこの出現をすでに古代ヘブライ人は特筆すべきものとして認識していたと言える。サルトルは、旧約聖書においてアダムとイブの「失墜」の比喩を用いて寓意的に説明されているのは、その出来事、すなわち「対自の出現」という「絶対的な出来事」に他ならないと考えていた。[55] 古代ヘブライの人々はまた、「われ」の在り方の自覚、すなわち自己意識の発見が悪の選択と不幸の始まりであることを知っていた。だからこそ、それはユダヤ＝キリスト教において神による禁止の侵犯、そして罰としての楽園追放という劇的な事件として表象されるのではないか。

古代ギリシャに話を戻すならば、そこにおいて自己意識の発見は、太陽神への捧げものという形で表された。それは、神の言葉ではなく自らのロゴスによって生きようとする人間たちの自立の宣言であり、神への感謝と別れの挨拶であったとも考えられる。アポロンはそれを認め、罰を与えなかった。いや、自らの神殿に銘として刻むことによって推奨さえした。ただし、一方で人間に知恵の火を与えたプロメテウスは、ゼウスによって際限のない懲罰に苦しむことになる。古代ギリシャもやはりヒトの知的進化を神からの自立と見ると同時に代償の必然

(51) プラトン『プロタゴラス』343a-b.
(52) アリストテレス『形而上学』1074b, 33-35.
(53) ジュール・トリコによれば、「この著名なくだりで示されているアリストテレスの考え方は（…）あらゆる神学的思弁、とりわけ聖トマスの形而上学の基盤であり続けた。この形而上学は、それゆえにアリストテレス主義とキリスト教の教義との最も完璧な統合を実現した」とされる。Note par Jules Tricot, in Aristote, *La Métaphysique*, Tome II, J. Vrin, 1992, p. 701.
(54) 坂下浩司『アリストテレスの形而上学』、二〇〇二年、岩波オンデマンドブックス、二〇一六年、一一頁。
(55) CM17 ; EN713/667, 715/669. 生方、前掲書、二六七〜二六九頁。ここで筆者は、サルトル存在論とそれによる楽園追放の解釈との整合性を確認するため、「対他存在」の自覚には自己意識の発見が前提となると主張した。それは、自己が先にあり続いて他者が現れるという意味ではない。そうではなく、他なる意識が存在し、私を見、「対他存在」として構成するということを発見するには、同時に自己意識がなければならない、という意味である。ただ、このような楽園追放の解釈がサルトル独自のものかどうかについては、筆者は検証できていない。別の概念を用いた類似の解釈は十分にありうるだろう。

性を認めているのである。

ソクラテスからプラトンへ、そしてアリストテレスへと受け継がれていった人間の自己知をめぐる問いは、神話と宗教によって寓意的に語られたこれらの物語の解体や否定ではない。ミュートスからロゴスへの転換(56)がなされているにしても、根底には同じ探求心があると言える。のちに、スコラ哲学は、同様の探求心をもって人間の意識に「第一志向 prima intentio」と「第二志向 secunda intentio」という「知的行為 actus intellectus」を見ることになる。前者は「対象を直接的に目的として知覚する知的行為」であり、後者は「反省によって何かが認識される知的行為」である。(57)われと世界との関係という問題に関して、「志向」という捉え方がなされ、意識が直接的に対象へと向かう場合と反省という迂回路を通る場合が区別され、後者において「反省 reflexio」という自己回帰的な視線が生じることが明言されていたのである。そこには、カントにおける「反省概念 Reflexionsbegriffe」の予告とも取れるものが含まれている。カントにとって反省とは対象の諸概念を得るに際して「主観的諸条件」を見出すための「精神の状態 Zustand des Gemüts」である。(58)悟性によるものにせよ、感性によるものにせよ、事物の認識と判断はことごとく反省を必要とする。近代以降において、このことは何の抵抗もなく受け入れ可能だったかもしれない。

だが、ひとつ疑問が生じる。スコラ哲学がこれを先取りしていたとするなら、そこには偉大さとともに神学としての自己矛盾もあるのではないか。自己へと「反省的」な目を向ける「第二志向」は自由な主観的判断へとつながる一歩であり、神という超越的な存在のもとにあった他律的な人間存在が自律性を発見し肯定することへと道を開く。「創世記」において、自分の身体の発見はヒトにおける自己意識の発生を表すものであり、その後、人間が超越者から離反していく最初の一歩だった。自分の知の自覚も無知の自覚も同様である。私は世界を自分の眼に映すと同時に、そのように世界を映している自分を捉える。中世哲学は、そのことを二種類の「志向」という語によって概念化し、人間の「自己に対する知」のさらなる「知」として定式化したと言える。神の特権であった知が人間の中にも見出され、神の超越性は揺らいでいく。人間に反省的な知を認めることは、人間の外部にある超越概念を侵食することでもある。プラトンとアリストテレスにおける超越からキリスト教的超越を発明したはずのスコラ哲学は、実は人間自身の知の卓越を示すことで神の学としての自己崩壊の契機をはらんでいたことにならないか。

しかし、中世哲学研究の泰斗であるエチエンヌ・ジルソンはこれを中世哲学の崩壊の契機とは見なさない。彼によれば、中世哲学は人間の知性に働きかけて人間の運命を語り、それに従うのか、またはそれを作るのかと問う。だからこそ「キリスト教の影響を受けた哲学は自由の哲学になる」[59]とジルソンは主張する。中世哲学もまた、世界と人間とそのあり方に合理的な解釈を与えようとした。その「反省 réflexion」という営みこそがデカルトに引き継がれ、近代哲学に「理性の権利」を与えた[60]。このようにジルソンは考えている。

カントはその超越論的観念論において「志向」という概念は用いなかったが、人間が限られた経験を越えて純

(56) ヴェルナンは、古代ギリシャにおけるミュートスからロゴスへの移行の契機として、共同体の中で言葉を共有し、「対等な武器」で論戦を交わすというデモクラシーの要請があったと分析している。魅惑的な物語を作る才能のあった者が一方的に語り聞かせ人々を魅了するのではなく、皆が同じ論理に則って「知的ゲーム」を演じることにより相手を説得するというポリス社会の在り方がロゴスを優位にしたのだという。確かに一面を言い当てている。だが、逆にそのような民主的な共同体が形成されるためにはすでにロゴスが共有されていることが必要条件だったとも言える。さらなる考察を加えるべきテーマだろう。Jean-Pierre Vernant, *Mythe et société en Grèce ancienne*, Maspero, 1974 ; La découverte, 1992, p. 196-200.

(57) Rodolphi Goclenii, *Lexicon Philosophicum, quo tanquam clave philosophiae fores aperiuntur*, 253, Intentio, 1613.（ゴクレニウス『哲学辞典』：https://play.google.com/books/reader?id = 2etMAAAAcAAJ&pg = GBS.PP16&hl = ja）

(58) Kant, *Kritik der reinen Vernunft*, A 260, B 316.（以下、カント『純粋理性批判』からの引用については、慣例に従ってフォルレンダー版に依拠し、一七八一年の第一版をA、一七八七年の第二版をBとしてページを示す。邦訳は数多くあるので、いずれかのページ番号を示すことはしない。）

(59) Etienne Gilson, *La philosophie au Moyen Age*, Payot, 1922 ; 2011, p. 12.

(60) *Ibid.*, p. 772-777. Gilson, *La liberté chez Descartes et la théologie*, J. Vrin, 1913, 1982.

粋理性によって自己と世界を認識する能力を「超越論的」と呼んだ。神学において神の属性を表していた語を人間に当てはめたのである。他方、「志向」概念は、スコラ哲学からブレンターノを経由し、フッサールとシェーラーを経てサルトルへと届いた。よく知られた経緯だが、改めて確認しておくならば、ブレンターノが『経験的立場からの心理学』の中でこの「志向的 intentio[nal]」という語に着目したのは、様々な心的現象に共通するものとしてであった。「あらゆる心的現象を特徴づけるもの、それは中世のスコラ哲学者たちが対象の志向的内在(…)と呼んだものである」[61]。その「内在 inexistentia」[62]を「対象へと向かう導き」[63]へと読み替えることにより、彼は意識を何ものかへと向かう作用として規定した。フッサールは『論理学研究』においてブレンターノを批判的に継承し、すべての心的現象に共通するものとして志向の「作用的性格 Aktcharakter」を示した[64]。しかし、その後『イデーン』においてはこれを撤回し、作用として表れない潜在的な志向性もあると修正することになる[65]。「作用」と言った時には必ず対象が定立され明確な主客構造が生じてしまうため、それを避けようとしたことがそこには見て取れる[66]。

(3) 超越概念の見直し

ここで再びサルトルに戻ろう。彼は志向性概念のこうした不具合に比較的早く気づいたと思われる。そのため、『自我の超越』以降、想像力論などでは対象の定立という点を捨象して純粋に運動のみを示す「自発性 spontanéité」[67]という語へと乗り換えていくのだが、さらに『存在と無』においては、自己自身の「超越」という捉え方へとシフトしていく[68]。この際に特筆すべきは、サルトルがカントの「超越的 transzendent」と「超越論的 transzendental」との間の区別を無効化したことである。カント自身が極めて多義的な用い方をしている両概念を一定の定義に押し込むのは無謀かもしれないが、根本的には経験による検証が不可能なものが「超越的」であり、「超越的」なものを純粋理性によってアプリオリに捉えることが「超越論的」であると区別しておこう。しかし、サ

(61) Franz Brentano, *Psychologie vom empirischen Stantpunkte*, 1874, T1, S. 115; Meiner Verlag, S. 124-125. *Psychologie du point de vue empirique*, traduction par Maurice de Gandillac, nouvelle édition revue et présentée par Jean-François Courtine, J. Vrin, 2008, p. 101.（ブレンターノ『経験的立場からの心理学』）

(62) inexistentia は通常、非存在という意味だが、ゴクレニウスは『哲学辞典』の「生命 vita」の項目で内在という意味で用いている。筆者は中世哲学には暗いので十分な根拠は示せないが、実在ではなく見えない内なる存在という意味をこめて用いられているのではないかと推測する。Goclenii, *op. cit.*, p. 328.

(63) Brentano, *op. cit.*, S. 115.

(64) Husserl, *Logische Untersuchungen*, Zweiter Band, S. 366*sq.*（立松・松井訳『論理学研究３』一六三頁以降）。

(65) *Ibid.*, S. 368（一六五頁）。

(66) Husserl, *Ideen I*, S. 168-169（渡辺二郎訳『イデーンI－II』八五～八七頁）。

(67) サルトル自身の用法には多少の揺れがあるが、このように括れると考える。TE25, 32, 41, 50-53 ; IM33-34（澤田直・水野浩二訳『イマジネール』六〇頁）; EN26/25, 194-195/183-184.

(68) 「志向性 intentionnalité」という語は、最初期の哲学的著作では中心的な位置を占めていた。ベルリン留学中の一九三三年から翌年にかけて書いたとされる『フッサール現象学の基本理念、志向性』という短い論文は、この語を中心に置いてフッサール現象学を紹介している。だが、『自我の超越』では早くもかなり後方に退いてしまう。フッサールを語る文脈でごく数回のみ使われるだけである。しかも、自己を乗り越えるという意味でも用いられている。「それ〔＝意識〕は志向性によって自己自身を超越する」（TE21）。シルヴィー・ルボンは、このページの注釈で「超越概念と志向性概念は実際、相関的である」と解説している。「相関的」という控えめな表現が用いられているが、それ以上に、前者が後者を駆逐すると言っても過言ではない。一九三六年発表の『想像力』と一九四〇年発表の『イマジネール』では、志向性概念は掲げられてはいるが、実際の論述においてさして大きな役割を担っていない。さらに『存在と無』においても、フッサールの用語として用いられることがほとんどで、サルトル自身の論理の展開には特に重要な役割は果たしていない（EN28/28, 62/60, 153/145, 389/364, etc.）。他方、「あらゆる意識は何ものかについての意識である」という命題は少なくとも四回繰り返されている（EN17/17, 27/26, 28/28, 29/28）。フッサールからの借用という形を取っているが、フッサールにはこれほどシンプルな表現は見出せない（生方、前掲書、三〇四～三〇六頁）。これらの記述は確かに志向性と関連するが、この語自体は使われていない。比重が移動しており、『存在と無』で重視されるのは、意識が何ものかを志向して発生するということ自体ではない。何ものかについての意識は何

ルトルにとっては、自己の外にある何かが第一義的に超越である。そして、その超越的なものを自分ではないとして否定し「無化」すること、ないし認識し「現実化・実感 réaliser」することが第二の意味での超越である（EN228/216）。さらに過去の自分をもはや自分ではないとして否定し「無化」していくことが第三の意味での超越である（EN267/252）。[69]

ハイデガーもまた、世界という存在者および自己の存在に対する現存在の関わりを「超越」概念を用いて捉えた。「現存在の存在の超越は（…）卓越したものである。存在 Sein を超越者 transcendens として開示することは、その度に超越論的認識なのである」[70]。この点でハイデガーはカントとフッサールを継承している、ないし継承する素振りを見せているが、他方では「意識 Bewußtsein」という語を追放し「了解 Verstehen」という存在様式に取って代わらせることにより、主客分離の図式に陥ることを避けた。[71]現存在は、外界にも自己にも志向性といった意識の運動のベクトルを向けることはない。そうではなく、存在を「了解」し、さらにそれを問う自分を了解する。そこには、「グノーティ・セアウトン」以来の分離はない。

それを踏まえてか、誤解してか、無視してか、サルトルが行ったのは、前述したように「意識」を再導入し「反省」概念を生かし、かつ主客の分裂を復活させない、という一見矛盾した挑戦だった。その旗印として先頭を切ったのが「前反省的コギト」だったのである。実際、前反省的状態においては、意識は自己を対象として定立しない。意識が向かっている「何ものか」は、じかに対象として定立されるのではなく、前反省的コギトを通して間接的に認識される。そして、これに伴ってスコラ哲学に発しカント、フッサールに至るまで経験に拠ることなく普遍性、本質へと至るという意味で「超越論的」であった意識は、自己を超えるという意味での「超越的」なものへといわば脱至高化される。[72]それは同時に、カントとフッサールにとって「純粋」でありえた意識の非純粋化でもあり、コギトが欺瞞や誤謬にまみれながら不安の中で自己を捨てては新たに見出す、危うくさまよえる存在として記述される前提ともなっている。

エデンの園やデルフォイの神殿に発し現代まで連綿と続いてきた、人間の知をめぐる問い。果てしない変奏と注釈。それは、哲学固有の問題として重要であり、はるかに詳細な展開が必要だろう。とは言え、ここで目を向けたいのは、むしろそれがデモクラシーとの関係で何をもたらしたかということである。サルトルによるデカルト的コギトの修正は、純粋に哲学的な概念の焼き直しを超えて私たちの共同体運営に何を突きつけたのか。

ここで「前反省的コギト」に当てはめられるもう一つの重要な性質があることに目を留めよう。それは「超現象的 transphénoménal」という性質である。つまり、このコギトは私にとって現象として表れない（EN29/28）。そのため、この領域は「無意識」と見なされやすい。それは言い逃れの口実となり、欺瞞や無責任がそこに巣くう。逆に言えば、私にとって明確に自覚されない心理的領域を意識化以前の状態と見なすことにより、サルトルは「無意識」概念を無効化し、免責の余地を排除して各人に自らの意識における責任を全面的に負わせようとした

ものかを意識する自分についての漠然とした意識としてしか現れない、というこの命題こそが重要であり、志向性はこれを導くための前提となっているに過ぎないのである。

「志向性」が現れなくなるとともに、それに代わって「自発性」が登場すると先程述べたが、さらにこの語に代わるものとして「超越 transcendance」という語が多用されるようになる。この語は『自我の超越』および『存在と無』第一部では、意識の外にあるという意味で使われているが、そこから次第に意味を広げ、自己から自己外の対象へと向かう作用をも意味するようになる（生方、前掲書、三九〇頁〜三九四頁）。筆者はここでサルトルにおける「超越」に三つの意味を見出し、『自我の超越』においては意識の外部という第一の意味で用いられていると述べた。だが、自分を超えるという第二の意味もすでに素描されていることを付け加えねばならない（TE21）。

（69）生方、前掲書、三九二〜三九四頁。

（70）ハイデガー『存在と時間』S. 38.

（71）*Ibid.*, S. 53, 62, 142*sq*.

（72）生方、前掲書、三九一頁。transcendens と transcendentalis をめぐるこの注は、問題の複雑さに比して不十分であった。今後、多方向から補強していく必要がある。本書のここでの記述はその一環と見なしていただきたい。

ということである。無意識は意識へと容易に移行しないが、前反省状態は一瞬にして反省へと移行しうる。いや、私たちの意識は、常に前反省状態と反省状態の間を揺れ動いている。人は常に自己を見つめ、自らを反省しているわけではない。しかし、ふとわれに返ってわれを見つめる。「前反省的コギト」からデカルト的コギトへの移行である。そこにおいて、超越とはもはや、人間たちに掟を与える「神」の特権的な属性なのではない。人間は自分を認識の対象とし、今ある自分をもはやない自分とし、未だない自分を求めて自分を乗り越えていくはずである。その超越こそがサルトルにとっては超越の究極的な意味である。神や絶対的な支配者はもはや居場所をもたない。自分たちを見下ろす別格の存在などいないと考える人間たちは、自分で自分を見つめ直さなければならない。

ところが、人は反省的意識においても自己を欺き、言い訳をし、不安に襲われ、責任を逃れる。「純粋な反省」や「浄化的反省」ばかりではなく、「不純な反省」へと逃避する(EN201-209/190-197)。デカルト的コギトの変形としての「前反省的コギト」は、特権的な誰かではなく一人一人の人間こそが人間の主であることを示すと同時に、そこに欺瞞や不安や逃避がはびこりうることを告げる。デモクラシーを担っているのは、このように危ういコギトたちなのである。常に明晰判明に物事を認識し判断する確固たるコギトではない。無意識とは別の闇、自らがあえて光を当てようとしない場を闇として目をそむけ放置しているのである。このことは、第二章でより詳しく見ていこう。

2. 拡張コギト

(1) 自己の二つの顔

自分にとっての自分と他人にとっての自分はひとつの自己意識の中にどのように共存しうるのか。自己が二つの異なる顔を持つがゆえに、私の自己意識は引き裂かれ、私は「本当の自分」を見失うのではないか。いや、ひとつのアイデンティティーの上に安住する「本当の自分」など存在しないのではないか。

　自分の二つの顔、二人の自分は、『存在と無』でも主要なテーマの一つとなっている。私はいわゆるセルフイメージを持っている。なりたい自分の姿も目標として描いている。私は日々自分と向き合い、反省したり言い訳をしたり、不安を覚えたりそれを自分自身にごまかしたり、足りないところを自覚してもっと努力しようと誓ったりしている。そのようにこれまでの自己を見つめ、それを乗り越え未来へと自己を方向づける私の意識は、「対自存在 être-pour-soi」と呼ばれる。だが、もう一方で私は他人の目が気になる。人は私をどう見ているのだろう。私は不本意にも恥ずかしいところを人に見られてしまった。あの人は私を色眼鏡で見ているようだ。人々は私の本当の姿やこうありたいと思う姿を分かってくれない。このように、他者に見られその視線によって自分が歪められることを意識する私の意識は「対他存在 être-pour-autrui」である。意識のこれら二種類の在り方はどう両立しうるのか。

　この問いへの答えをより難しくしているのが『存在と無』の論述の順序である。この著では、第二部で対自存在が定義され論じられたあとに第三部で対他存在が登場するため、あたかも意識がまず対自的に存在し、続いて他者が現れて対他の次元が付け加わるかのように解釈されうる。この点は、多くの批判を浴びてきた。F・ヴォルムスは、サルトルの他者論がしばしばメルロ゠ポンティやレヴィナスの他者論と比べて浅いと批判されてきたことに触れ、それに異を唱えている。(73) サルトルに不手際があったとすれば、それは論述の最初に他者を登場させ

(73) Frédéric Worms « Une théorie radicale des relations humaines », in *Sartre. L'Être et le néant. Nouvelles lectures*, Textes réunis par Jean-Marc Mouillie et Jean-Philippe Narboux, Les Belles Lettres, 2015, p. 159-165. ヴォルムスはサルトル研究者ではなく、むしろベルクソンを中心に研究してきた哲学者だが、人間関係を探求のテーマとしており、その立場からサルトルの他者論を高く評価している。筆者が二〇一五年から二〇一六年にかけてパリに滞在した際、若手のサルトル研究者らが度々彼の名を口にするのを耳にしたが、エコールノルマルの教授として学生たちに大きな影響力を持っているとのことであった。

なかったことであって、「サルトルは《対自》から《対他》を導き出しているわけではない」と主張する。その上で「《対他》、いや〔他者との〕関係自体からこそ対自が出現すると考えるべき[74]」との読みを提示する。すなわち、まず対自、次に対他というのは論述の順序であって自己概念の成立の論理的な順序ではないという解釈である。ヴォルムスはその順序の不手際を批判する一方で、サルトルの対他概念は「人間同士の関係性をあるがままに具体的かつ網羅的に考える類まれな根源性[75]」を備えたものだと断言している。筆者もこの見方を共有する。

ところで、デカルトはわれと他者の関係をめぐる問題を扱わなかった。そのことについて『存在と無』ではとりたてて批判をしていない。サルトルはカントにおける他者論の欠如には不満を表明したもの[76]の、デカルトに対しては批判を向けていない。むしろ、他者についての理論を構築するにあたっても「唯一可能な出発点はデカルトのコギト」(EN308/290)だと述べている。他方、一九四七年の学会発表『自己意識と自己認識』の中では「デカルト的コギトは、自己自身の思考を発見させるが、他者の存在は少しも発見させない[77]」と指摘することになる。「他者の存在に対する私の確信は直接的である[78]」にもかかわらず神を介入させているとしてデカルトを批判するのである。デカルトにおいては、すべてを疑ったあとに出会う疑いを入れないものが「われ」である。疑っているこの私自身の存在は疑いえない。そこから出発して世界の確実性が改めて肯定されていく。その中で、他者の存在の確実性も証明なしに自明の理として肯定されていくはずであるのに、それをせず神という絶対的な他者へと議論をずらしているとして、「神をとおし神の保証のもとに[79]」しか他者の存在を証明しなかったという皮肉を投げつけている[80]。

とは言え、『存在と無』でまず「対自存在」としての自己が論じられ、続いて他者たちの中で生きる「対他存在」としての私が語られるのは、あたかもデカルトのこの手順を踏襲しているかのようだ。ただ、デカルトと異なるのは、そこで他者の「魂」といったものが本当に存在するのか、つまり意識を備えた身体として存在するのか、という問いが発される点である。そして、実在論もカントの観念論もこれに答えておらず「独我論」を否定できていないとして批判される(EN/261-263)。これに照らし合わせるならば、サルトルはデカルトによる他者存在の肯定にも決して満足していたわけではなかったと推察される。

こうしたデカルトへの敬意と隠された不満との間でごく遠慮がちに語られているのが「少々拡張したコギト le *cogito* un peu élargi」（EN342/322）という考え方である。この「少々」という語はまさにサルトルのデカルトに対する遠慮を表している。ここでは、その心情の部分を取り除いて、「拡張コギト」と呼ぶことにしよう。このリメイクは、まさにデカルトにおいて不在の他者をコギトに何らかの形で取り込む目的で提出されている。

以下、それを検証していくが、まず確認しなければならないのは、対他的に存在するという事実が対自の存在論的構造として加えられるわけではない、という点である。サルトルは予想されるこの誤解の機先を制して「対他存在は対自存在の存在論的構造なのではない」（EN342/321）と述べている。また、一方が他方に従属するのでも一方から他方が派生するのでもなく、両者は併存しているとする。すなわち、自己とは自己自身にとっての私であると同時に他者にとっての私である。「反省的意識に現われる存在は対自対他的である」（EN342/322）。言い換えれば、『存在と無』の自己とは定点観測しえない複数の射影から成る揺らぎをもった存在なのである。

サルトルが若干のためらいを示しつつもコギトを「拡張」しようと試みているのは、「われ思う」だけではなく、他人に何かしら思われている私を含みこんだコギトを構想しているからである。それは、デカルトにおけるようには自己完結せず、他者を取り込んで増幅されたコギトである。そこには、私の自分に対するイメージとは

（74） *Ibid.*, p. 164.
（75） *Ibid.*
（76） 生方、前掲書、一六七頁、四一四頁。
（77） Sartre « Conscience de soi et connaissance de soi », *op. cit.*, p. 142.
（78） *Ibid.*
（79） *Ibid.*
（80） 前年に「デカルトの自由」において、時代的制約を考慮しデカルトは神に託して人間の自由を語っていると称賛したのと対照的ではある。« La liberté cartésienne », *op. cit.*, p. 307-308（二八五頁、九一頁）。

異なる見知らぬ人物像、時として認めがたい姿が入り込んで私の存在を形作っている。私は純粋な対自としては存在しえず、常に外から与えられる規定や形容を被っている。ヴォルムスも指摘していたように、『存在と無』の章立てを見る限りでは、対自存在は対他存在に先立って独立して論じられているため、あたかも単独で存在しうるような印象を与える。しかし、それは大きな構築物を組み立てていく上での一段階において対他をいったん捨象して論じられているからに過ぎず、論述手順の上での「前」ではあれ、論理的に先立つわけではない。対自は、実は常に対他の影と二重写しになって成立する存在である。その意味で、サルトルのわれとは他者を含みこんだわれであり、サルトルのコギトはあたかも「拡張現実」のように非在を取り込んで拡張されたコギトなのである。それは他と完全に切り離された個ではない。他者の視線を好むと好まざるとにかかわらず取り込んだ意識である。それはデカルトのコギトを否定する形ではなく、以下のように付加する形で提出されている。「デカルトのコギトは、私の存在というひとつの事実の絶対的な正しさを肯定するに過ぎない。同様に、私たちがここで用いる少々拡張したコギトは、他者の存在と他者にとっての私の存在を事実として示してくれる」(EN342/322)。このようにサルトルは、デカルトがわれの明証性を発見した方法を借用して、われと他者の明証性を提示し、同時に対自存在と対他存在の共存を主張している。

　ここで興味深いのは、サルトルがこの拡張コギトという概念をそれ以上展開せずに「私たちが言えるのはそれだけだ」と言い捨て、唐突に別の問題へと話題を変えていることである。しかもその別の問題とはすでに第二部で展開された時間性と歴史性なのだが、それが他者を取り入れて再展開されるわけではなく、十数行で終わっている。これはどうやら反論の矛先を逸らす陽動作戦のように見える。サルトルの議論には、反論を先取りして正面から受けて立つ姿勢が目立つが、ここでは不思議とそれがない。逆に逃げているのである。サルトルは、積極的に前反省的コギトの概念を提出した際のようにこのコギトがデカルトのコギトの条件だと主張することができなかった。それはおそらく、前反省的コギトが反省的なデカルトのコギトに内包されうるのに対し、拡張コギトが文字通り外付けによって作られているからであろう。推測の域を出ないが、外部への拡張は恣意性のそしりを免れない可能性があり、そのためにサルトルはそれ以上立ち入らなかったのではないか。

とは言え、サルトルは続く議論で、実質的にこの拡張を大いに適用して議論を進めている。私が他なるものを「ない」という形で自己の中に取り込んだ存在でもある、と主張するとき、それはコギトの拡張に他ならない。私の中には常に否定的な形で他者がいる。私は彼ないし彼らの目に映る私でもあり、そうでない私でもある。私は彼ではないところのものであり、彼であるところのものでない。「対自は自己自身として、その自己の存在が他者でないものとして問われる限りにおいて、他者の存在を自己の存在の中に包み込む」（EN343/323）。またしても自己撞着的な表現ではあるが、このように言語表現の限界にぶつかりながらも主張したかったのは、私は他の誰でもないこの私として存在するが、それはまさに他の誰でもない、という否定を含みこんでこそ成立する、ということであろう。これはサルトルがしばしば引き合いに出すスピノザの「あらゆる規定は否定である *omnis determinatio est negatio*」を当てはめた定義である。それは、個を規定するために他との間に引く境界線ではない。地図上の国境のように自国と他国を分ける分断線ではない。自国である、ということは他のいかなる国でもないということである。私はあの人とは違うし、この人とも違う。他の人すべてと異なる存在である。自己の同一性とはA＝Aという肯定で表しきれるものではなく、A＝¬B∧¬C∧¬D∧¬E∧¬F…と無限級数のように永遠に続き決して完結しない何かなのである。

コギトに加えられたこの第二の修正も単なる哲学概念の手直しにとどまらない。前節では、自己意識の発見を超越者からの自立として捉え、その帰結としての不安や欺瞞や逃避に着目したが、今度は他の人間たちとの関わりにおいて考え直さなければならない。その手掛かりとして、いったんサルトルのテクストから離れ、発達心理学的人間理解に一瞥を与えてみよう。

（2）発達心理学における他者認識

人は誕生後まもない発達の過程において、自己を見つめ自己を問う前に、周囲に目を向け周囲を問う。新生児は早くから外界に興味を示し、動くものを目で追ったり、物音や人の声に反応を示したりする。だが、「自分」ということに気づくのは二歳前後になってからであると言われる。自己意識の成立に至る過程は発達心理学の領域で多くの実証研究がなされてきたが、それによれば[81]新生児は生後三か月頃、まだすわることもできない状態で自分の手をまじまじと見つめる「ハンドリガード」と呼ばれる行動を起こす。視界に入った自分の手に目をとめるのだが、その正体が分からないまま、次第にそれが動くこと、そしてその動きがどうやらコントロール可能であることに気づいていく。「能動的感覚と受動的感覚の両方を一度に感じる」[82]のであり、その体験を通して新生児は、この何かを動かしている何らかの主体があるということを察知する。もちろん、そのように概念化された形で捉えているわけではなく、感覚として体得されていくのだが、それは自己の発見への一歩なのである。その後、一歳半頃からは、鏡に映った自分の姿に気づくようになり、帽子をかぶせて「かわいいね」などと言うと鏡の前に駆け寄っていくといった行動が見られるようになる。こうした発達段階は、心理学では「口紅課題」、「おもちゃ課題」などのテストによって臨床的、実証的に検証されている。また、二歳頃から「じぶんで」という言葉を多用するようになり、着替えや食事の際などに養育者から手伝ってもらうことを嫌う時期があることもよく知られている。まだ行為主体としての「わたし」は成立していないが、「自分」という実体の存在はつかんでおり、他者と区別しているのである。保育園などでの共同生活の体験はまた、自己理解を促進すると同時に、「おともだち」が自分とは異なる存在であることも理解させる。自分の方に寄ってきて手をつないで遊ぼうよと誘ったり、どこかで摘んだ花をプレゼントしてくれたり、おもちゃを横取りしたり、自分には作れない立派な砂の城を作ったり、などなど様々に行為する仲間たちを見て、あるいはいつも先生にほめられる子や叱られる自分、大きくて強い子や小さくて弱い自分を比較して、戸惑いながら自己評価と他者評価をそれぞれの方向へ進めていく。

哲学においても、このテーマは自他未分化の状態から自他の区別へと移行し、さらにそれらの関係性を認識する過程として考察されてきた。ラカンによって「鏡像段階」と呼ばれ、アンリ・ワロンらの実証研究を踏まえつつメルロ＝ポンティによって深化されたのもこのテーマである。それらの研究によれば、生後九日から一一日の乳児はもう人間の顔に対して反応を示す。[83] 次第に人の声や眼差しや微笑みに反応するようになり、生後二か月頃には身近な養育者を認識するようになる。[84] 三か月頃には鏡に映った養育者を認識し、六カ月を越すと鏡の中の養育者に微笑みかけるようになる。[85] 他方、鏡に映る自分を認識するのは、もっと後になってからである。他者との関係性の発達については追って立ち入らねばならないが、まずここで確認したいのは、人間の意識の生成においては「初めにわれありき」ではないということである。

言語発達という面からもそれは言える。幼児は一歳半前後で物に名前があるということに気づき、対象を指さしては言葉にならない「ん、ん」といった発声で大人に訴えかける。その物の名を教えてほしいとせがんでいるのである。大人がその名を発音してやると、幼児は満足してそれを模倣する。そのようにして日々多くの単語を

（81）多くの専門書、啓蒙書、解説書が扱っているが、ここでは比較的入手しやすく読みやすい以下の著作を挙げる（以下、発達心理学の知見に関する参照、引用は、そのような方針で行う）。佐久間路子「自己意識はどのように発達するのか」、内田伸子編『よくわかる乳幼児心理学』所収、ミネルヴァ書房、二〇〇八年、一二六～一二七頁。

（82）同書、一二六頁。

（83）Merleau-Ponty, *« Les relations avec autrui chez l'enfant »*, 1951, in *Merleau-Ponty à la Sorbonne Résumé de cours 1949-1952*, Cynara, 1988, p. 303-396（以下の邦訳は題名はこの原文の題と同じだが、別の版をもとにしている。意味内容的には同じだが、構成や既述の順序、文章表現などが異なる。メルロ＝ポンティ「幼児の対人関係」、滝浦静雄・木田元訳『眼と精神』、みすず書房、一九六六年、九九～一三九頁）。

（84）*Ibid.*, p. 313.

（85）*Ibid.*, p. 315.

覚える「語彙爆発」の現象が生じる。[86] 他方、発話において「わたしは」、「ぼくは」、「オレは」といった一人称の主語が使用されるようになるのは三歳前後と遅い。同じ二語文でも、「わんわん、きた」など目についた対象を描写する発話より「オレ、できるよ」といった主体としての自分を表明する発話の方が出現が遅いのである。一人称の主語が使われる以前には、自分を指すのに「〜ちゃん」、「〜くん」と周囲の者から呼ばれる名前を用いることが観察される。[87] 欧米の言語でも、多くの子どもに一人称の使用が見られるのは三歳頃とのデータがある。[88] それ以前には、やはり人が自分を呼ぶ名前を用いて三人称で自分を指したり、フランス語の場合には主語人称代名詞 je の代わりにその強勢形 moi を用いたりすることも観察されている。[89] moi は広義での意味論的には je を独立した実体ないし対象として捉える代名詞なので、やはり三人称で自己を捉える行為と見なしうる。

さらに、幼児はごく幼い時期から、動植物、気候、天体などに興味を示す。様々な自然現象や物理現象に強い関心を示し、「なんで?」、「どうして?」と次々に大人に質問を浴びせる子もいる。また、自然の驚異や美しさに感応し、絵に描くなどして再現しようとする子もいれば、想像や虚構の物語に目を輝かせる子もいる。様々な形で非自己である世界に意識を向けているのである。それに対して、自己に目を向け、自己の出自や存在理由や内面を真剣に問うようになるのはずっとのち、多くは思春期にさしかかってからである。自分が何を知っており何を知らないかを自覚するメタ認知でさえ、可能になるのは幼児期後期の五、六歳であると指摘されている。[90] とは言え、その緩慢な自己の確立の過程において、取り込まれるのは他者の世界である。それは否定性を伴って取り込まれるが、それなしに自己の確立はありえない。このように、サルトルによるコギトの拡張は、発達心理学によって示された知見と共通性をもつ。それが、フロベール論においてどのように示されるかを次に見ていこう。

(3) フロベール論における「他者」と特異な自己の形成

子どもは他者の世界を取り込んで自己を形成するが、その取り込みは必ずしも肯定的な形ではなされず、しばしば否定による。『存在と無』は幼少期における自己意識の形成を扱っていないが、晩年の大作『家の馬鹿息子』(91)においては、ギュスターヴ・フロベールというひとりの作家の幼少期における自己形成がつぶさに検証されている。扱う対象は前者では抽象的な意識一般、後者では具体的な個人のケースと相違があるものの、コギトの拡張という概念との関連で見るならば連続性があり、それは上記の発達心理学の知見と決して矛盾しておらず、むしろ一種の具体例とも取れる。

この作家をサルトルは一九世紀フランスの地方のブルジョワ社会の否定的産物と見ている。「小説」を自称する評伝である『家の馬鹿息子』は、内発的な動機に導かれ自らの力で苦難を乗り越えて自己を形成する作家のビルドゥングスロマンではなく、他者から受動的に受け取った自己の姿に打ちひしがれ、反発し、否定することで

(86) 小林晴美「幼児期以降の語彙発達」、岩立志津夫・小椋たみ子編『よくわかる言語発達』所収、ミネルヴァ書房、二〇〇五年、四〇〜四一頁。
(87) 幼児の言語発達については、最近ではウェブ上に様々な言語のコーパスが存在し、音声資料を提供している。無料のオープンソースも少なくない。ただ、必ずしもテーマごとに整理されていないので、三人称から一人称への移行という現象を抽出するには相当な労力が必要で、筆者は成しえなかった。今後、専門の研究者らによって体系的なデータ収集と分析が進められることを期待したい。
(88) Boulard Aurore, Gauthier Jean-Marie, « Quand l'enfant dit "je" », *Enfance*, 2012/2 (N° 2), p. 233-246. DOI : 10.3917/enf1.122.0233. URL : https://www.cairn.info/revue-enfance2-2012-2-page-233.htm（二〇二四年一一月一日最終閲覧）。
(89) *Ibid.*
(90) 郷式徹「メタ認知能力：自分が何を知っているかを知る」、子安増生編『よくわかる認知発達とその支援』所収、ミネルヴァ書房、二〇〇五年、三二〜三三頁。
(91) *L'idiot de la famille*, 1971, 1988（鈴木道彦、平井啓之、海老坂武、蓮實重彥、黒川学、坂井由加里、澤田直訳『家の馬鹿息子』一〜五、人文書院、一九八二〜二〇二一年）。以後、同書からの引用はIFとして原書のページ番号と邦訳のページ番号を示す。原書ページは三巻を通して連続した通し番号になっているので、巻番号は示さない。

成長した一個人を描くいわば反教養小説である。出世主義の父親、夫に服従する母親、優秀な兄、そのような家族の中で、次男のギュスターヴは、彼らが体現するイデオロギーを被り、取り込み、それに照らして自分を劣った者と見なす。家族という他者の世界を引き受けつつ、想像や演技を通してそれを作り替え、他者性の刻印を打ち消しながら自己を形成していく。のちに大作家として歴史に名を残すこのひとりの人間は、置かれた環境の幸運な助けによって内発的に自己を開花させたわけではなく、反対に逆境において他なるものを受動的に取り込み、満身創痍になりながらひそかに逆らうことによって、AでもなくBでもなく…と無限に続く否定を内蔵した自己を形成したのである。「否定は彼ら〔他者たち〕から来るが、彼はそれを自ら引き受けることによって（…）先鋭化し、その殉教者になる」[92]。この否定的自己形成は、確かに長い時間をかけてなされたものとして語られており、一瞬一瞬の自己のあり方を存在論的に記述したものではない。だが、「われ」がいかに他者を否定的に取り込んで成立するかが語られるという点では、意識の波乱万丈の冒険譚である。それは、根本に「拡張コギト」という考え方があってこその物語だと言えるし、逆に『存在と無』においてごく控えめにしか語られなかった「拡張」というデカルトのコギトへの修正が、三〇年後にこの評伝の中で十全に展開されたとも言える。

ギュスターヴの自己形成の物語は、共同体の中で皆の愛情を受けながら、その風土に同化し、かつ個性を尊重されて育つ個人、といった美しい成長の物語の真逆である。サルトルがこの特異な個人に託して語ろうとしたのは、各自が普遍的枠組みの中にあってそれを差異化して新しい普遍性の構築に寄与するということであり、その否定性自体が普遍性であるということでもある。誰しもが、多かれ少なかれ、その生まれた時代社会や家庭環境、教育環境、そこに生きる他者たちの個性とぶつかり合いながら、あるときは流され同調し、自己を失い、あるときは孤立し沈黙し、あるときは刃向かい傷つきながらも他者との関係を維持して生きていく。そのように具体的で異化的な独自性をもつということも万人に共通していると言える。このことをサルトルは「特異的普遍 universel singulier」[93]として概念化している。その極めて抽象的な定義をかみ砕くなら[94]、普遍的であるとは、個々人が同じ時代社会の枠組みの中で一定の条件を共有しているということであり、また逆に個々人が生み出す独自性が時代社会全体の一部として取り込まれ新たに共有され、その二つが延々と循環していくことだと言えるだろう。こうした考え方は、今では意外でも逆説的でもなく、むしろ自明の理と映るかもしれない。特に社会学においては、マックス・ヴェーバーを持ち出すまでもなく、一定の慣習や価値やイデオロギーを共有する集団とその内部の特定の個人の関係はそのような双方向性で捉えられる。その見方に親しんでいる人々からすると、あたかもサルトルは、すでに確立された考え方に抽象的で難解な用語を当てはめて新奇性を装っているかのようでもある。また、最近の経済学では、個人の自由な動機による行動が集団的にどのような結果をもたらすかをミクロ、すなわち個別のレベルとマクロすなわち全体性のレベル、及びそれが発生させる「ティッピング・ポイント」という観点から捉え直した非常に興味深い研究もある。[95]

また、西洋哲学史の文脈に置き直すなら、特異的普遍概念の背景にはアリストテレスのプラトン批判や中世の普遍論争があることも無視できない。普遍的なイデアに個々人が与るとしたプラトンに対して、普遍性と個別性

(92) IF843（二巻、一二三〇頁）。

(93) 前掲、竹本研史『サルトル「普遍的特異」の哲学』はこの概念を中心に据えてサルトル哲学を読み解いている。特に、第9章ではこの概念の使われ方をサルトル思想の変遷に沿って詳細に辿り、ていねいに解きほぐしている。これまで「単独的」、「独自的」などと訳されてきた singulier に「特異的」という語が当てはめられているのは、この概念の射程を広げるものとして評価できる。ただ、もう一歩具体的にこの「異」ということの意味を突き詰め、フロベール論も視野に入れ異化・差異・他者といった否定性に関わる諸概念を組み込んで展開する余地はあるだろう。

(94) サルトルはいくつかの定義を試みているが、以下のフロベール論序論の定義が最終的なものと考えられる。「自己の時代によって全体化され、そこからして普遍化され、彼は時代の中に特異性として自己を再生産し、時代を再全体化する」（IF7（第一巻、三頁））。

(95) Thomas C. Schelling, *Micromotives and Macrobehavior*, Norton, 2006（村井章子訳『ミクロ動機とマクロ行動』、勁草書房、二〇一六年）。本書の第三部では、この経済学者・国際政治学者の他の著書を取り上げ、対立する個人や共同体の合意形成に関する議論をサルトルの他者論と比較するが、こちらの著作にまでは踏み込めなかった。今後の課題としたい。

を峻別したアリストテレス[96]や普遍と個はどちらが先かといった中世哲学の論争をおそらくは想起しつつも、サルトルは大胆に普遍と個の関係を異次元に置き直して見せる。人間存在のあり方という次元で両者を有機的に結びつけたのである。それが可能になったのは、まさしくサルトル存在論が個人を閉ざされた実体的主体と見ることに異議を唱えていたからであろう。これを歴史哲学の領域に移し変えるに際しては、確かにディルタイの影響があったことも考慮しなくてはならない[97]。しかし、個と普遍の循環構造が単に借り物ではなくサルトル自身の概念として練り上げられたのは、存在論において意識を「拡張コギト」として捉え、個人を他者との格闘の中で揺らぎながら自己を超越していく存在として再概念化したという前提があってこそと言える。

このように、他者を否定的に取り込んだ拡張コギトという考え方は、その後「特異的普遍概念」の核心をなすものとして保持されていく。キルケゴール論でもフロベール論でも、この概念が前面に立てられる一方で拡張コギトは必ずしも明示されていない。だが、そこではこの再造形されたコギトを基盤に個人の実践の異化的作用が描かれていると考えられる。「異化的 différentiel」とは、他者との同化を拒み、その拒否自体によってネガの刻印を自己に与え、差異を作りだす否定的行為のあり方である。自分が生きる社会の中で、あの人ともこの人とも異なる自分、真似をしたくてもできない自分、あるいは逆にそうありたくない自分、社会の通念に疑問を覚え反抗する自分、仕方なく同調する自分、そのような形で常に様々に具体的に他者のネガを取り込んでいく自分のあり方こそが「特異的 singulier」という形容詞のサルトル固有の意味と言えるだろう。南コニーは、サルトルによるキルケゴール解釈に関する論文の中で、この概念を「単数で在りつつ複数であるような存在、他者と比較されることで初めてその特異性が浮き彫りになるような単数の一者であると同時に、共同存在として一人ずつ存在するような複数の個々人[98]」と注釈しているが、「他者」の介在はまさにそのようにも表現されうるだろう。

序論でも簡単に触れたように、「特異的普遍」という概念はオクシモロン（矛盾語法、撞着語法）である。それは、アリストテレスが当時の学問に求めた二者択一、すなわちアルキビアデスか人間か、という選択[99]を無効化する。サルトルはギュスターヴか人間か、という二者択一には応じない。ヘロドトスは「アルキビアデスが実際に何を為したか、何を為されたか」[100]という個別的なことしか語っていない、とするアリストテレスに対して、サルトルはギュスターヴが何をしたか、されたかを通して普遍性を語る。そして、時代社会がもたらした普遍性とそれらを超える普遍性を通してギュスターヴという個別性を語る。『詩学』の二分法は長きにわたって歴史学を呪縛してきたが[101]、『家の馬鹿息子』はそれを解いたとも言える。

さらに別の角度から見て、この概念にひとつ数理的なイメージを与えるなら、微分と積分の関係に似ていると言えるかもしれない。一方には常に作られていく微細な差異があり、もう一方にはそれを無限に組み込んでいく統合がある。微積分の場合はせいぜい三つの座標軸しかありえないが、人間とその共同体の場合はそれらが無数にあると考えればよい。無限にある微小な個別の変化を虫眼鏡で観察しながら、それらが全体に組み込まれたときどのような風景が生まれるかを広角カメラで捉えていくと言っても良い。両者は常に連動していて、一方の変化は必ずや他方の変化を招く。一種の逆演算の関係があるとも言える。個人の実践と全体化という『弁証法的理性批判』で多用されるペア概念もこれに連なる発想である。積分された全体が常に崩壊し新たな全体が生じ、それがまた新たな差異を生み、新たな全体を作り出し…と続いていくという点で、サルトル的「非全体化」はx軸

(96) アリストテレス『形而上学』1033-1034.
(97) ディルタイとサルトルの間には、社会科学分野の実証的・数理的な方法論と歴史哲学の方法論の区別、前者への批判、他者の心理の理解、可知性の追求、個別性と普遍性との間の行き来といった点で明らかに共通性がある。ディルタイの主張にサルトルがどの程度依拠し、どのように取り入れたかについて、詳しい検証の余地があるが、筆者はこの点まだ勉強不足である。
(98) 南コニー「『単独的普遍者』――サルトルのキルケゴール解釈をめぐって」、キェルケゴール協会、『新キェルケゴール研究』第一三号、二〇一五年、九二頁。
(99) アリストテレス『詩学』1451b.
(100) *Ibid.*
(101) A. Momigliano « History and biography », in Moses I. Finley, *The Legacy of Greece*, Oxford University Press, 1981; « Histoire et biographie » in *L'Héritage de la Grèce*, Robert Laffont, 1992, p. 271.

のどこかで止まってしまわない無限に続く積分なのである。サルトル哲学の概念を数学的に捉えるのは不適切とする見方もあるだろうし、確かに形式から逃れてしまう諸相はあるが、ライプニッツの微積分学が彼の世界観と通底していたように、サルトル思想のどこかに数学的発想との親和性が潜んでいると考えてもおかしくはあるまい。

（4）共同体のアイデンティティーにとっての他者

他者を否定的に取り込み自己を異化し続けるコギトは、往々にしてデモクラシーに対立と分断の種をまく。デモクラシーの主体として理想の人間像には程遠い。人々は、それぞれに考えを持つのは良いが、異なる考え方の調整が難しく、時としていがみ合い、時として同調圧力をかけたり、それに屈したりする。デモクラシーは、このような個人たちのせめぎ合いの場であり、感じ方や考え方の多様性を認めれば認めるほど全員一致は難しく、決定は遅く、また常に覆される可能性をはらむ。

このような制度にいったいどこまで信頼を置けるのか。根本的な疑義が生じることは無視できない。分裂した不安定なデモクラシーには、調和と安定へのノスタルジーがつきまとう。優れた強力な指導者を待望する声、その下で人々が共同体の調和にとって好ましい規格に沿った人間へと教育されること、皆が指導者を信頼し、和して従うことを望む声。他方で、それこそがディストピアだとする見方もあるだろう。そこでは異質性が許容されず常に同調圧力にさらされながら自由な思考を自ら抑圧して生きねばならない。それを望まないなら、私たちの選択は、さまざまに歪んだ規格外のコギトたちからなる社会で、紆余曲折の不安定な道を歩むことに向けられる。これら両極の間で、デモクラシーは自己を疑い、それでもかろうじて自己を肯定して生き続けている。デモクラシーは、その欠点と共に危うく受容され続ける。

共同体のアイデンティティー形成において、他なる共同体との相違を発見することは自己のみをひたすら見つめることよりも大きな飛躍をもたらす。古代ギリシャ人は、「バルバロイ」という概念を発明したことによって、この他者との差異の自覚から「ヘレネス」という自らのアイデンティティーを確保したと言われる。そして、古代ギリシャの民主制は、ヘレネスがバルバロイであるペルシャ人に勝利したことで誇りをもって自己肯定されたとされる。しかし、その根拠はどこにあるのだろうか。[102] ヘロドトスの『歴史』は確かにペルシャ帝国に打ち勝ったギリシャの民主制を讃えている。アテナイの軍が戦ったペルシャの艦隊を「バルバロイ βάρβαροι」と呼び、アテナイがギリシャの自由を守ったと述べている。[103] ただ、ヘロドトスはヘレネスとバルバロイの区別を初めて持ち込んだのではない。この悪徳の異邦人という像はすでにあり、ヘロドトスはそれを用いたに過ぎない。では、いつ誰がこの他者像を民衆の中に持ち込み広めたのか。イーディス・ホール[104]によれば、それはアイスキュロスをはじめとする悲劇作家たちの演劇である。ホメロスには不在だったこの区別[105]が、アイスキュロスの『ペルシア人』をはじめとして紀元前五世紀の悲劇作品に盛り込まれ、少なくとも半世紀にわたって繰り返し上演され民衆と共有された。[106] おそらく前時代と同時代の詩作品や旅行記をもとに邪悪な異人が造形され、[107] 彼らの登場する劇が大衆の前で繰り返し上演されることによって、この他者とは違うわれわれ、という集団的意識が生まれたのだと

(102) 古代ギリシャ人が自らをヘレネスと呼び、異民族をバルバロイと呼んで区別した、さらには軽蔑した、ということは、日本では何十年にも渡って中等教育の多くの世界史の教科書に記されてきた。ただ、その根拠や出典は示されず、不明なまま周知のこととして広まっていた。これに対して、「バルバロイ」とされた人々の文明を研究する立場からは、異なるアプローチがなされ、より鋭角的な問いが発されている。最近の研究のみ一例として挙げるならば、阿部拓児『アケメネス朝ペルシャ――史上初の世界帝国』(中公新書、二〇二一年)がある。さらに、この書では下記注104の研究書が紹介されている。
(103) ヘロドトス『歴史』第七巻一三九節。
(104) Edith Hall, *Inventing the Barbarian: Greek Self-Definition through Tragedy*, Oxford University Press, 1989; 2004.
(105) 「ホメロスの詩の世界はペルシャ湾によって分けられているが、民族集団や言語グループを区別してはいない」。*Ibid.*, p. 14.
(106) *Ibid.*, p.63.
(107) *Ibid.*, p.74-76.

される。「ヘレネス」の優位性の自覚は「バルバロイ」という他者を造形することでなされたのである。ホールは「ギリシャ文明に敵対するものとしてのバルバロイという一般概念は、ペルシャの台頭によって引き起こされたギリシャ人の自己意識の高まりの結果であった」[108]と述べるが、双方向的に異人像の形成・普及と相まって自己像が明確化されたとも言える。

もう一つ例を挙げよう、フランスの歴史家ドニ・ド・ルージュモンによれば、「ヨーロッパ人 Europenses」という言葉が初めて記された文書は、七三二年のトゥール・ポワチエ間の戦いを記録した『モサラベ年代記』である[109]。ピレネー山脈を越えてフランク王国に攻め入ってきたイスラム教徒の軍を阻んだのは、ヨーロッパ各地からフランク王国の宮宰カール・マルテルのもとに集まった兵士たちだった。そのいわば多国籍軍の兵士たちがこの年代記の中で「ヨーロッパ人」と呼ばれたという。ルージュモンはこのことに着目して、この文書を「歴史的・政治的ヨーロッパの出生証明書」と形容している[110]。地理的ヨーロッパに属するという一致点しか持たなかった人々は、異教徒であるアラブ人に立ち向かって初めて、キリスト教という共通性で結ばれたヨーロッパ人としてのアイデンティティーを固めたと解釈しているのである。

イスラムという他者との対峙はその後もヨーロッパの歴史に刻まれ、その都度、ヨーロッパの自己認識は非イスラムという否定的な形で維持され続けてきたと考えられる。史実の細部には立ち入らないが、トゥール・ポワチエ間の戦いに続く、十字軍、スペインのレコンキスタ、ベネツィア・スペインとローマ教皇の連合艦隊がオスマントルコを破ったレパントの海戦といったイスラム勢力との武力衝突の根底には、非イスラムとしての結束を介し、他者を否定的に取り込んだキリスト教世界としてのヨーロッパの自己認識と自己肯定があるのではないか。

そして二一世紀の今も、デモクラシーの自己肯定は他者との相違の自覚と敵対意識の上に成り立っている。デモクラシーを自認する国々は、異質な他者たちに違和感と不安を覚えながらも武力衝突へのエスカレーションを避け共存を模索することに自己の正当性を見出している。イスラムだけではない。「強権政治」と呼ばれる国家もまたデモクラシーを掲げる国家にとって非・私として自己のアイデンティティーの一部を占め、自己の存在意義を強化する。デモクラシーはそれ自体で全き肯定性のうちに存在しているのではない。非デモクラシーを他者として否定的に取り込むことで、自らの価値を自己確認しているのである。

3．脱同一性コギト

（1）私＝私という等式の解体

『存在と無』は「私＝私」という等式を二重に解体している。サルトルにおいて、私は対自的にであれ対他的にであれ不動の実体ではない。対自存在としての私は絶えず現在の自己との間に亀裂を生じさせながら別の何かへと自己を超えていく。私は自分がそうであるものではなく、そうでないものである。「あらぬところのものであり、あるところのものであらぬ存在」（EN97/93）と定義される対自存在が、この定義自体によって「私」の恒常性を壊している。私は常に自分を脱ぎ捨て、新しい私を作っていく。一刻一刻が自己破壊であり、同時に自己創造である。現在の私は過去の私ではもはやなく、未来の私ではまだない。時間性の次元において私は常に変化していく。過去の私はすでに即自存在として凝固している。「われ思う」と言った次の瞬間に私はその自分を抜け出て新しい現在を生きている。だから、サルトルにおいてコギトは過去形で語られる。「過去、それは実体である。この意味でデカルトのコギトはむしろ《われ思う、ゆえにわれありき》と定式化されるべきであろう」

（108） *Ibid.*, p. 9.
（109） Denis de Rougemont, *28 siècles d'Europe. La conscience européenne à travers les textes d'Hésiode à nos jours*, Christian de Barrillat, éditeur, 1990, p. 47.
（110） *Ibid.*

(EN163/154)。サルトル的な「私」の意識は自己を絶えず否定し、乗り越え、新たな自己を創造していく。私は刻々と自分から脱出していく。「前反省的コギト」の項目でも述べたように、それがサルトルにおける「超越」の第三の意味であり、その意味において私の永続的な同一性は破棄されている。初期サルトルにおいて「超越」はまず意識にとっての外部という意味で用いられ、次に『存在と無』で意識が外部の何かへと向かう運動にこの概念が当てはめられた。そして、時間性を対自存在にもたらすためにハイデガーから借用したのがこの第三の意味の超越である。(111) プラトンとともに始まり、アリストテレスによって書き換えられ、スコラ哲学によって神格化された「超越」は、その後カント、フッサール、ハイデガーを経てサルトルによって全面的に脱神学化され、人間存在の在り方そのものとなる。

さらに他者との関わりにおいて、「私は私の外へと流れ出る」(EN319/300)。他者の視線の下に構成される対他存在もまた、私＝私という等式を解体する。他者に見られている時に私自身に現われる私、すなわち対他存在は、私自身にとっての私、すなわち対自存在と異なっている。私は対自存在でもあれば対他存在でもある。その両者にはズレがある。そしてそのズレもまた刻々と変わっていく。対他存在とは他者が見る対象そのものの私ではない。他者の目に映っているであろう自分の姿を意識する私のあり方である。それはあくまで私自身の意識のあり方であって、他者の意識における私のあり方ではない。無数の他者の目に映る自分を想像する私は、ときにその像を否定し、ときに受け入れ、あるいは取り込んで刻々と変化していく。

この第二の解体の議論は、他者論を欠くデカルトには直接向けられず、ヘーゲル批判を通してなされている。念頭に置かれているのは、『精神現象学』の「自己意識」の章である。(112) この章において、意識は分裂して自己意識となり、「主人」と「奴隷」の死闘、ストア主義、懐疑主義、そして「不幸な意識」を経験して自らに帰り、普遍的な自己意識、すなわち「理性」へと成長する。サルトルは、この章の冒頭に記された命題「私は私である Ich bin Ich」(113) と私の中に生じる葛藤と、その乗り越えに目を向け、特に主人と奴隷の弁証法を取り上げてそれに反論を加えている。それによって、自分の提出する自己意識概念の特徴を際立たせている。すなわち、他者との関係においても決して自己との完全な一致に至らず、「私は私がそれでないところのものであり、あるところのものでない」というあり方をやめないサルトル的コギトを浮き彫りにする。

ヘーゲルは、精神の生成において繰り返し「われ」を他なるものとの闘争の中に置き、また自ら他なるものを取り入れることで自己の同一性が揺さぶられる過程を描いて見せた。主人と奴隷の弁証法においては、自己意識は二つの契機に分裂して葛藤を起こし互いの死を追及する。[114] これらの試練を乗り越えてヘーゲルの意識は「普遍的自己意識」へと生成する。しかし、それは結局、空疎な自己同一性に戻ることでしかない、というのがサルトルの批判である（EN294-295/277-278）。

これは何を意味するか。『存在と無』におけるヘーゲル批判は多分に戦略的であり不当な点もあるが、[115] コギトの脱同一化という目的でもサルトルは戦略的にヘーゲルを利用しているのである。ヘーゲルにおける他者の承認では、他者の対象としての私と対他存在としての私の区別がなされていない。そのため、他者から承認された自分が本来の自分に戻るというのは幻想に過ぎない。「《私は私である》という自己同一性の普遍的な純粋定式は我々が記述を試みた具体的な意識との共通性を一切持たない」（EN294/277）。ただ、サルトルは他方で啓蒙における自己疎外とフランス革命における自由の暴発に関しては、否定性および否定の否定というキー概念をここから入手している。[116] これは、第三部で論じるが、『弁証法的理性批判』の集団論に活かされる。

（111）生方、前掲書、三九〇〜三九四頁。
（112）Hegel, *Phänomenologie des Geistes*, S. 133-171（ヘーゲル『精神現象学』、ホフマイスター版）。以降、この書からの引用はホフマイスター版のページ番号で示す。
（113）*Ibid.*, S. 134.
（114）*Ibid.*, S. 144.
（115）生方、前掲書、二三七〜二五一頁。
（116）同書、二七二〜二七三頁。

以上のように、サルトルはデカルトのコギトに直接的な変成を施すだけでなく、ヘーゲルの他者論をも利用して「われ」の同一性に亀裂をもたらしたと言える。コギトはサルトルにおいて恒常的な同一性から脱し、脱同一性コギトに書き換えられる。

（2）個性原理の破れ

今ここにいる自己、他でもないわれわれの存在の在り方、という概念は哲学の歴史においていつから明示されるようになったのか。同じ人間ではあるが、「カリアスかソクラテスか」[117]。他でもないこの人、ソクラテスをソクラテスたらしめているものは何なのか。アリストテレスにおいて「トデ・ティ τόδε τι」[118]という多義的な言葉は、ひとつの意味として「他でもないこのもの」という意味をもつ。ラランドはこの語をドゥンス・スコトゥスとその後継者たちの「個性原理 *haecceitas*」と同列に置き、ゴクレニウスの解釈を引用している[119]。ゴクレニウスはスコトゥスの定義を確認する箇所でアリストテレスの倫理学に触れているが、それ以上は立ち入っていない[120]。しかし、いずれにしても中世においてさえ、この原理は神ではなく誰でもよい一個の人間に当てはめられていた。人はどのような名もない民であれ、その人自身であり、他の誰でもない。それは、一人一人がかけがえのないこの人であるという近代的人間観の原型とも言える。ジルソンが繰り返し語っているように、中世哲学は決して神を讃えて人間を隷属させたのではなく、近代の自由で主体性を持つ個人という人間観を予告していたのである[121]。

その後、デカルトは人間という存在に他の存在者たちとは異なる特別な属性を与えた。疑い、考え、良識をもって判断するという能力である。「われ」はその能力を他の人々と同等に分け与えられているが、同時に他でもないこの私である。ただ、各人の自由意志と神の意志との矛盾という問題を彼は突き詰めようとしなかった。のちにパスカルに「ひとはじき」で片付けようとしたと批判された所以である。

アディ・リスクは、この還元不可能な個人という概念が近代において、デカルトではなくむしろライプニッツをとおして強化されたとする。ライプニッツは「実体としての主体に対する属性の内属」によって各人は自ら内在的に自己を決定すると考えた。[122] そのような個人は、「実体、主体、力」の三要素を備えて個別性を維持する。そしてこのライプニッツ的個性原理がまさに「サルトルによって脱構築された」[123]とリスクは考えている。

確かにライプニッツ以降、神学的世界観の希薄化と共に独自の意志をもった個人という概念は正当化の困難な特殊な概念ではなくなっていた。哲学は教会に細心の配慮をすることなく、自由意志をもった人間の個別性を思

（117）アリストテレス『形而上学』1033b, 1034a.

（118）アリストテレス『形而上学』1001b, 32. ジュール・トリコは、この語に以下のような注を付している。「トデ・ティという表現はラテン語では hoc aliquid, つまりここにある何ものかを意味し、ウーシア、存在と同じ意味を持つ。ただし、それは第一のウーシア、個別の実体、ここにあるこれ、一定のもの、具体的な個別者である」。*La métaphysique*, Traduction et commentaire par J. Tricot, J. Vrin, 1991, Tome I, p. 160-161. W・D・ロスもこの語を「あるこのもの a this」と解釈している。*Aristotle's Metaphysics, A Revised Text with Introduction and Commentary* by W. D. Ross, Volume I, p. 248.

（119）André Lalande, *Vocabulaire technique et critique de la philosophie*, PUF, 1926 ; 1985, p. 257.

（120）Goclenii, *op. cit.*, 626.

（121）Etienne Gilson, *op. cit.*, p. 12, 777.

（122）Hadi Rizk « Etre et faire, la liberté comme principe de l'individuation », in *Sartre. L'être et le néant, nouvelles lectures*, Les Belles Lettres, 2015, p. 197-198.

（123）*Ibid.*, p. 198.

（124）現存在概念が個性原理に由来すると断定できる根拠をハイデガー自身の言明の中に見出すことはできないかもしれないが、少なくともドゥルーズは以下のように指摘している。「ハイデガーは〔フッサールとは〕逆にドゥンス・スコトゥスの側について、存在の Univocité〔他の何ものでもないこれであること〕に新しい輝きを与えた」。Gilles Deleuze, *Différence et répétition*, PUF, 1968, 1981, p. 91（財津理訳『差異と反復』、河出書房新社、一九九二年、一八八頁）。他方、ハイデガー自身は、トデ・ティについては、アリストテレスが時間の特性を表すものとしてこの語を用いたとしている。なぜ、あえて個別者という意味を見なかったのか疑問は残る。『存在と時間』*S.* 432.

考の中心に置く。カントにおける超越論的主体も、特定の誰のものでもない普遍的な「われ」であると同時に、一個の代えがたいこの私である。フッサールのコギトも普遍的な意識でありかつこの私のコギトである。ハイデガーは、この今、その都度、自らそれである存在者に「現存在 Dasein」という名を与えた。[124] 心理学は別の角度からそれを自我ないし自己同一性という概念で捉え直す。

ところが、サルトルの人間存在は、まさにこの個性原理を破棄しているように見える。他でもないこの具体的な私の「この者」性とでも呼ぶべき原理は、まず私が生み出す私自身の否定、自己自身の無によって脅かされる。私は今この「私」ではない別の私を目指し続ける。かけがえのないこの「私」とはそのように確固たるコアのない不定形の運動に過ぎないのだろうか。対自のあり方に個性原理の完全な放棄を認めるならば、意識は一瞬一瞬の断片へと分解してしまい、統一性を確保することができないのではないか。実は、『存在と無』の第二部「対自存在」に「自己性の回路 circuit de l'ipséité」(EN146/139) という奇妙な概念が登場する理由はそこにある。『自我の超越』においてカントの超越論的統覚を乗り越えるために「自我」をいったん意識の外に放逐した[125]サルトルであったが、『存在と無』では未来へと向かう意識において人称性が確保されるという新たな見解を示している。[126]

「私たちの人生は長い待機に過ぎない。まずは自分の目的の実現を待つことであり(…)、何より自分自身を待つことである。(…)それは自らを時間化する限りで《存在する》対自の性質そのものに由来する。(…)それは自己性の構造そのものだ。自己であること、それは自己へと向かって行くことなのだ」(EN622/582)。

ハイデガーから借用したこの「自己へと向かって行く venir à soi / auf sich zukommen」という考え方が[127]、いったん解体した個性原理に対自を改めてつなぎとめ直したと言える。

他方、逆説的なことに、個性原理と対をなす通性原理はサルトルにおいて解体されていない。対自存在以外のすべてを特徴づけるものとして利用されているのである。アリストテレスの「あったところのものであること ト・ティ・エーン・エイナイ τὸ τί ἦν εἶναι」[128]、それを受け継ぐアヴィセンヌの「通性原理 quidditas」、そしてトマスにおける「本質 essentia」は、サルトル的「即自」概念に投入され、人間存在の特異性を示すための比較対象として用いられている。さらにヘーゲルも本質を「あったところのものである was gewesen ist」[129]と言い表しているが、サルトルの「あるところのものである」という即自存在の定義は、そのもじりでもある。「実存は本質に先立つ」[130]と言うときの「本質」は長く受け継がれてきた通性原理によって支えられた本質概念を批判し解体するものではなく、逆にそれに便乗したものなのである。

このことが、意識以外の存在の「凍結」ないし「眠り」をもたらしたことはすでに前著で述べた。[131]そこで筆者が主張したのは、この「即自」概念がもっぱら「対自」を輝かせるための引き立て役を担わされていること、人間意識がそれ以外の存在者を「無化する」という捉え方の影で、人間がこの存在者たちを現実に破壊してきたことに注意を向けるすべを提供しないということだった。そして、そこに『存在と無』の限界を見ざるを得なかった。この問題は残る。だが、他方で人間が「即自存在」になろうとするという批判においては、「即自」概念は有効性を発揮している。自由がもたらす困難に耐えられず、自ら自由を捨てて「本質」に安住しようとするとき、人は「即自」に堕すという指摘である。[132]

また、これは以下第二章の第2節で改めて論じるが、対自でありながら即自でもありたいと望むとき、それは

---

(125) TE36-37.
(126) 生方、前掲書、三六九頁。
(127) 生方、前掲書、三八八頁。
(128) アリストテレス『形而上学』983a28.
(129) ヘーゲル『大論理学』第二巻「本質論」、一八一三年、アカデミー版全集第一一巻、S. 241. 生方、前掲書、二〇六～二〇九頁。
(130) 講演『実存主義とは何か』の中で発されたものとして有名な言葉だが、その原型は『存在と無』の末尾近くの「実存的精神分析」に関する記述の中にある。「自由とは存在すること existence であり、存在することは自由において本質に先立つ」(EN655/613)。すなわち、自由な人間においては、存在することが本質に先立つ、ということである。
(131) 生方、前掲書、三一九～三五七頁。
(132) 生方、前掲書、四五四頁。

「神になりたい」(EN654/612)という不可能な望みに他ならず、決して実現できず、「無益な受難」(EN708/662)に終わる。サルトルは人間のあくなき欲望の愚かさに対して半ば寛容、半ば自嘲の言葉を向けるとき、この「即自」という概念を上手く使っているのである。それは、あだな欲望を捨てよといった命令法を決して発しないサルトル哲学が人々の反省意識へと向けて放った精一杯の警告とも言える。

以上、この章では、デカルトのコギトをサルトルがどのように書き換えたかを見てきた。サルトルは、デカルトのコギトこそがデモクラシーの基盤であると述べながらも、このようにずらしを持ち込む。私は常に明晰に自己を顧みているわけではなく、常に他を寄せ付けない確固たる自分でもなく、時間の流れと他者たちとの関わりの中で不動の自己同一性を保っているわけでもない。私の中には、自分を見ない自分もいれば、否定された形で無数の他者もいる。今ここの私は絶えず過去から未来へ、ここからよそへ、自分にとっての自分から他者の目に映る自分へ、また逆へと動き続ける。サルトル的コギトは、確固として一定の場に安住することなく、常に動的であり続け試行錯誤をやめない。デモクラシーを担う主体は、実はデカルト的な良識と理性に支えられた確固たる主体ではなく、揺らぎ続ける危うい存在でしかない。

それは、さらに多くの不確実性を抱えている。デカルトにおいて明晰であったコギトだが、その透明さは自明の理ではない。世界を見る私の意識は、その自分を漠然としか見ない「半透明 translucide」(EN621/582)な存在である。そして、時に自己をだまし、人に嘘をつくとき、その意識は逆に明晰になりうる。意識は非合理な状態に陥ることもあれば、それを装うこともできる。サルトル的コギトは、苦境に投げ込まれ、迷走する。以下第二章では、その迷走するコギトが出会う数々の困難を見ていく。「自由の刑」に処され、偶然性と必然性に翻弄される私たち、自己の存在理由を求め、より完璧であることを願いながら挫折する私たち、だまされ操られる私たち、欲望の充足を追求し悪を選ぶ私たち。その危うさを知った上で、それでもデモクラシーが蜃気楼でないと言えるのかを問うていく。

第二章　サルトル的コギトの迷走と受難

デモクラシーの担い手である私たちは、明晰に思考する人であろうとしながら、しばしば哀れな愚か者でしかない。自己意識と良識を備え、合理的に考えることができるはずなのに、しばしば騙され、偽りを信じ、自己を欺き、過剰な欲望に動かされ、他者と争い、悪をなす。パスカル的な偉大さと悲惨さの円環は、サルトルのコギトにも当てはまる。

デモクラシーにおいて基本的人権として保障された自由とは、思想・信条の自由、言論の自由、学問の自由、表現の自由、職業選択の自由、居住移転の自由、等々、いずれも根本的には自己決定権の尊重である。それを他者や公権力が妨害しないことの保障である。そこには、他者の自由を妨害する自由はないということも含まれる。個人の自由を制約することは、それ自体制約されている。しかし、その心地よさの中に生きる私たちは、それを享受することによって逆に自ら自己を脆弱化させ、自己決定的思考を放棄していないだろうか。サルトルが語る自由にはその問いかけがある。

デカルトの自由とは、サルトルによれば「自律的な思考」[133]であり、それは平等であって「ひとりの人間の置か

(133) Sartre « La liberté cartésienne », in *Situations, I*, p. 290（二七一頁、七四頁）。

れた状況や彼の権限が、彼の自由を増大させたり制限したりすることはない」[134]。自分の哲学体系に神の場を作らねばならなかったデカルトは、神の自由に託してしか人間の自由を語れなかったが、だからこそ、自由の概念は創造や立法、諸価値や真実を定立する意志へと及ぶものとして提示されえたとサルトルは見なす[135]。他方、サルトル自身が提示する自由は、価値を作り出し、在りたい自分を目指す自由であるとともに、現にある自分と世界に対する無化作用でもあり、自己決定に対する不安の意識であり、自己を欺く自由でもあり、自分の欲望を追求し悪を選ぶことも可能にする自由である。それは束縛の不在ではなく、逆に人間一人一人が背負う重荷であり、逃げられない条件である。よく知られた「私は自由の刑に処されている」(515/484)[136]という言葉は、そのことを意味する。サルトル的コギトは、自由という重荷を負いながら迷走する。では、そのルーツを求めて時代を遡ってみよう。

1. 自由の刑

(1) ギリシャに遡る自由と無のルーツ

「ギリシャを語ることなしに自由を語ることはできない」と述べたのは、二〇世紀フランスの著名なヘレニスト、J・ロミリーだった。実際、この言葉を記した著書『古代ギリシャにおける自由の発見』[137]の中で彼女自身が明快に示しているように、自由という概念は、古代ギリシャの政治、社会、文学、哲学の中に様々な形で現われ、変遷を経て、後世へと継承されている[138]。

サルトルもまた、自らの自由概念のルーツを古代ギリシャに求めている。『存在と無』において独自の自由概念を提示する際、サルトルはストア派の影響を自認している(61/59)。では、いつどのようにしてサルトルはストア派と親しんだのだろうか。ストア派に限らず広い意味でのヘレニズム的要素がサルトルの著作に登場するのは、遅くとも一九二七年である。最初期の作品『エンペドクレス』(139)では、この古代シチリアの哲学者の名を借りた籠職人を生業とする賢人を登場させ、彼に「自由が閑職だと思ってはならぬ」(140)と語らせている。ここには、すでにサルトル独自の自由概念の萌芽が見える。気軽さ、気まま、束縛の不在といった広く共有されている意味とは真逆の形で自由を捉えていたのである。アトレウス伝説に取材した戯曲『蠅』でも、ドラマの核心をなすのは主人公のオレステスが「あまりにも軽い」自由を捨て「鉛」のように魂に重くのしかかる犯罪行為を選ぶという転回(141)である。自由の意味の反転である。T・G・ローゼンマイヤーは、サルトルの演劇と古代ギリシャの悲劇における自由概念を比較し、その異質性を指摘している。「(…)強制の力にあらがう自由にサルトルが与えた称賛は、古代の作劇法理念とは何の共通点も持たない。古代の作劇法では、選択の自由は悲劇と相容れないのであ

(134) *Ibid.*, p. 294.（二七五頁、七九頁）。

(135) *Ibid.*, p. 305-307.（二八五～二八八頁、九一～九四頁）。

(136) 小説『自由への道』第二部「猶予」でも、セーヌ川の橋、ポンヌフの上にたたずむ主人公のマチューに同じ言葉を独白の形で言わせている。Sartre, *Les Chemins de la liberté, II. Le Sursis, Mardi 27 septembre*, in *Œuvres romanesques*, coll. « Bibliothèque de la Pléiade », 1981, p. 1058（海老坂武・澤田直訳、第四巻、三一八頁）。

(137) Jacqueline de Romilly, *La Grèce antique à la découverte de la liberté*, Editions de Fallois, 1989, p. 9.

(138) 古代ギリシャ・ローマの「自由」をめぐる研究はこの他にも少なくない。例を挙げるならば、以下のような研究がある。Pierre Grimal, *Les erreurs de la liberté*, Les Belles Lettres, 1989. Moses I. Finley, *The Legacy of Greece*, Oxford University Press, 1981. 筆者はこれらすべてを熟読するには至っていないが、サルトルの自由のギリシャ的ルーツについて少なからず示唆を得ることはできた。

(139) Sartre, « Empédocle » in *Etudes sartriennes*, n° 20, 2016.

(140) *Ibid.*, p. 37.

(141) Sartre, *Les Mouches*, 1943, in *Théâtre*, 1947, p. 115 ; *Théâtre Complet*, coll. « Bibliothèque de la Pléiade », 2005, p. 67（『蠅』第三幕第三景、加藤道夫訳『恭しき娼婦』所収、一九五二年／改訂版、一九七七年、八二頁）。

る[142]」。とは言え、サルトルの演劇はどれも「悲劇」ではない。悲劇的事件は自由な選択によって引き起こされるが、その悲惨を主人公は自分の責任で引き受ける。一切の希望がないように見える『出口なし』でさえ、「悲劇」とは言えない。それは、滑稽ささえ含む「自由の刑」の物語なのである。

『存在と無』は、これらの虚構作品と共鳴し合う独自の自由概念を構築しているが、その際、無を生み出すことができるという人間の可能性に注目した哲学者として、デカルト以前にストア派の人々がいたと主張する。「自己を孤立させる無を分泌するという現実存在にとってのこの可能性、デカルトはストア派に引き続きそれにひとつの名を与えた。それが自由である」(EN61/59)。

この一節を読み解くための先行研究として注目したい最近の論文として、O・ジェラニアンの「『存在と無』の隠れたストア主義[143]」がある。『存在と無』だけでなく戦中日記『奇妙な戦争』や戦後の『道徳論ノート』にも目を向け、古代ギリシャのストア派の遺産がサルトルにいかに深く刻み込まれているかを問うた研究である。それによれば、『存在と無』は二つの軸をめぐってストア派哲学を取り入れている。一つは道徳論の軸であり、もう一つは存在論的な軸だという。どちらにも興味深い指摘ではあるが、いくつか疑問点もある。

まず、サルトルはストア派の「レクトン λεκτόν」[144]、つまり単なる言葉上の存在という概念に依拠しつつそれに背を向けて無のルーツを見出したと著者は主張する。否定判断が先か現実の構造としての無が先かという二者択一の問いにおいて、サルトルは、「レクトン」概念を批判することで後者を採用したとの解釈である。しかし、果たしてそうだろうか。『存在と無』の該当箇所(EN41/41)でレクトンという概念が用いられているのはフッサール批判の文脈においてである。『イデーン』第一〇六節および『経験と判断』第二一節に見られるように「ノエマ的相関者」に否定作用を担わせた場合、それによって生じる意味上の無概念にはレクトンのようなわずかな現実性さえ見出せなくなる、と批判しているのである。サルトルは、「無」に実体的な現実性を持たせようとしていたわけではないが、対自存在の無化作用という行為を存在構造的な現実と見なし積極的命題として打ち出そうとしていたため、無をレクトンやノエマなど意味内容の領域で捉えることに異論を唱えたのである。

このように、独自の無概念の構想に際して、レクトン概念批判はフッサール批判に付随したものに過ぎない。また、『存在と無』がハイデガーの『形而上学とは何か』における無への問い[145]に歩調を合わせて自らの無の概念を構築したことも考慮に入れる必要があり、その文脈で読むなら、サルトルの最終的な答えは二つの選択肢のどちらでもない。この二者択一の問い自体がその後乗り越えられていくことを見逃してはならない。無概念は、レクトンといった近似的非存在概念の批判に由来するわけではなく、「現実の構造」としての無を指すのでもない。そうではなく、人間が自己を無化する存在として世界に無をもたらす、というのがサルトルの答えなのである。

[146]

また自由概念に関しては、同論文は自分次第でどうにもなること、ならないことを区別する、というエピクテトスの考え方が『存在と無』の「状況へと疎外される自由の概念を培った」とする。[148]確かに奴隷という身分にありながら精神の自由を語ったこの有名な言葉はサルトルの自由と状況の逆説と同様の響きを発している。だが、サルトルは自分の自由概念の先駆者として「ストア派 les Stoïciens」と複数形で名指している（EN61/59）。念頭に置いていたのはエピクテトスだけではあるまい。

[147]

(142) T.G. Rosenmeyer "Dramatic Art" in Finley, *op. cit.*, trad. fr. p. 248.

(143) Olivier D'Jéranian, « Le stoïcisme caché de *L'être et le néant* », in *Etudes sartriennes*, n°. 21, 2017, p. 149-176. この論文より以前にJ・シモンはサルトルが道徳論の面でいかにストア派から影響を受けながら自己批判をとおしてそこから脱却したかをドゥルーズのケースと対置しながら論じている。『存在と無』が自由の概念のルーツを彼らに求めていることにも触れているが、特に深くは立ち入っていない。Juliette Simont, « Le stoïcisme chez Sartre et Deleuze », in *Etudes sartriennes*, VI, 1995, p. 175-191.

(144) D'Jéranian, *op. cit.*, p. 150.

(145) Heidegger, *Was ist Metaphysik ?*, 1929 ; 16 Auflage, 2007, S. 29-45.

(146) 生方、前掲書、三一一〜三一七頁。

(147) ただし、「ト・パーン」と「ト・ホロン」の区別にはこの概念が関与している。下記注166参照。

(148) D'Jéranian, *op. cit.*, p. 150.

ここで、ストア派が名指されるこの一節、自由を人間が生み出す無と結び付け、そのルーツをストア派およびデカルトに求める『存在と無』の一節を改めて検討し直してみよう。まず基本的な疑問がある。懐疑の伝統で言えば、デカルトに先立つのはストア派ではなくむしろ懐疑派であると思われるが、なぜサルトルは懐疑派ではなくストア派にデカルト的懐疑の先駆者を見たのか。即座に見出しうる答えは次の通りである。つまり、デカルト自身が方法的懐疑の提唱に当たって「私は疑うためにしか疑わず常に煮え切らない態度を装う懐疑学派を模倣しているのではない」[149]と明言し、逆にストア学派について「彼らは自分たちの力が及ぶものは自分たちの思考しかないということを完璧に確信していた」[150]と讃えているということだ。サルトルはおそらくそれを踏まえている。また、ヘーゲルが『精神現象学』で自己意識における自由の出現をストア派のうちに認め[151]、「自由な自己意識の否定性」[152]と呼んでいることが念頭に置かれている可能性もある。[153]だが、そのような哲学史的理由だけではあるまい。ストア派に対するサルトル自身の見方も確認せねばならず、それには、彼がいかにギリシャ哲学を学んだかということも視野に入れる必要がある。

パリの高等師範学校の図書室に残る貸出簿を精査したG・ダソンヌヴィルによれば、四年間の在学中、サルトルは多くのギリシャ哲学の著作を手に取っていた。[154]ローマ時代の著作や研究書、哲学史の著作も含めれば、七〇冊以上に及ぶ。中でも特に多いのはプラトンで、対話篇のほぼすべてを複数のフランス語訳だけでなくギリシャ語対訳版[155]でも手にしている。[156]ストア派のセネカ(190)[157]、エピクテトス(327, 330)、マルクス・アウレリウス(325)などのフランス語訳も借りている。多くはひと月から半年で返却しているが、時として返却の日付は借りた日付のほぼ一年後になっている。

さらに注目したいのは、古代哲学を専門領域に収める二人の学者、当時それぞれソルボンヌ大学で教壇に立っていたレオン・ロバンとエミール・ブレイエの複数の研究書を繰り返し長期間に渡って借りていたことである。[158]ロバンの著作は、一九〇八年に出版された博士論文『プラトンにおける愛の理論、プラトンにおけるイデアと数の理論に対するアリストテレスの見解、歴史的批判的研究』[159](126, 489, 597)、一九一九年出版の『プラトンの哲学におけるピュシスの意味と位置』[160]（487）、一九二三年出版の『ギリシャの思想と科学的精神の起源』[161]（132, 192）の三冊で、ブレイエの著作は一九一〇年の『クリュシッポスと初期ストア派』[162]（573）、一九二五年の『アレクサンドリアのフィロンの哲学・宗教思想』[163]（581）、一九二六年の『哲学史　第一分冊古代と中世』[164]（616）の三冊である。[165]

---

(149) デカルト『方法序説』第三部 AT29.

(150) *Ibid.*, AT26.

(151) ヘーゲル『精神現象学』S. 152.

(152) *Ibid.*, S. 155.

(153) サルトルが『存在と無』執筆時点でヘーゲルをどのように読んでいたかについては、生方、前掲書、第二部第二章参照。

(154) « Liste des emprunts de Jean-Paul Sartre à la bibliothèque de l'Ecole Normale Supérieure (1924-1928) », établie par Gautier Dassonneville, in *Etudes sartriennes*, nº 28, 2018, p. 255-299.

(155) 在学中に手にしたプラトン全集の中で少なくとも一九二〇年代前半に Les Belles Lettres 社から出されたものは、フランス国立図書館の現在のカタログ：https://catalogue.bnf.fr /ark:/12148/cb31121582w（二〇二四年一一月一日最終閲覧）から調べた限りではギリシャ語とフランス語訳の対訳である。このカタログと貸出簿との間でギリシャ語原典の校訂者として記されている複数の名前には一致が見られる。

(156) Dassonneville, *op. cit.* このリストの作成者は、貸出順に整理番号を振っている。以下の整理番号はプラトンの著作である。6, 8, 41, 178, 180, 183, 492-498, 500, 503, 504, 519, 520, 522, 526, 609-612, 633.

(157) 以下、（ ）内にリストの整理番号を記す。

(158) ロバンの著作は 126, 132, 192, 487, 489, 597、ブレイエの著作は 573, 581, 616 である。

(159) Léon Robin, *La théorie platonicienne de l'amour. La théorie platonicienne des idées et des nombres d'après Aristote : étude historique et critique*, Alcan, 1908.

(160) Léon Robin, *Etude sur la signification et la place de la physique dans la philosophie de Platon*, Alcan, 1919.

(161) Léon Robin, *La pensée grecque et les origines de l'esprit scientifique*, La Renaissance du livre, 1923.

(162) Emile Bréhier, *Chrysippe et l'ancien stoïcisme*, Félix Alcan, 1910.

(163) Emile Bréhier, *Les idées philosophiques et religieuses de Philon d'Alexandrie*, J. Vrin, 2e édition revue, 1925.

実際にどの程度ていねいに読み解いていたか確認するすべはないが、少なくとも関心と意欲が十分にあったことは伺われる。サルトルが、古代哲学の知識と見解をこれら二人の専門家に大きく依存していたと証明するのはむずかしいが、ひとつの根拠になりうることとしては、『存在と無』の結論部（EN716-718/670-672）に登場する「ト・パーン τὸ πᾶν」と「ト・ホロン τὸ ὅλον」がある。この両者の区別は、その特殊性からしてほぼ間違いなくロバンからの借用であろう。[166] サルトルは「ト・パーン」を宇宙の実態、「ト・ホロン」をそれを取り巻く無限の虚空をも含めたものとしていた（EN716/670）。これは、プラトンの定義でもアリストテレスの定義でもない。パルメニデスのものでもない。ところで、ロバンによればストア派の人々は物質的で個別性を持つ現実の存在と非物質的で言葉の上での存在である「レクトン」とを区別していた。[167] ストア派によるト・パーンとト・ホロンの区別にはこの対概念が取り入れられている。宇宙を個別的な実態として捉えた場合、それはト・パーンだが、「物質的なものと非物質的なものの全体」として捉えるならばト・ホロンである。[168] サルトルはこの規定を借りて、即自存在を前者に、自己原因者としての即自対自存在を後者に投影したと考えられる。ロバンは、もちろん即自存在、自己原因者といった概念は用いていないが、サルトルはロバンがストア派に見るこの区別を活かして自らが提出した新概念にギリシャ的なコノテーションを持たせたと言える。

また、ロバンとブレイエとは共に、懐疑派よりもストア派をはるかに重視しており、とりわけ古代の自由市民の政治的自由とは異なる自由概念の誕生を初期ストア派のクリュシッポスに見ている。人間の意志作用に注目することで、自然哲学的な決定論に風穴を開けたというのである。すなわち、クリュシッポスは、事物の必然的な流れを認める決定論を奉じながらも、「必然性 nécessité アナンケー ἀνάγκη」と「運命 destin モイラ μοῖρα」とを区別し、運命は当人が同意することによって初めて成立すると考えたという。

もう少し詳しく説明するなら以下のようになる。ブレイエによれば、ストア派の中心的な主張の中には、以下の相矛盾する命題がある。ひとつは一種の決定論で、「われわれの行為は、世界の秩序に依存しており、必然的である」[169] とする考え方、もうひとつは、認識や道徳において人間自身の自律的な力を認める考え方で、「われわれの合理的な欲求や同意はわれわれにかかっており、われわれの力の内にある」[170]とする考え方である。これら二つの相反する命題を両立させようと最初に試みたストア派の哲学者がクリュシッポスで、そのため必然性と運命とを区別し、「必然性が運命から帰結する[171]ということを否定し、運命は我々自身の自己制御と合致することを示す」[172]という方法を用いたとする。そして、クリュシッポスの「運命」概念は「因果関係の法則と自由とを同時に認めることを主張するものだ」[173]と結論付けている。

これに呼応するかのように、ロバンもまたクリュシッポスが運命と必然性を区別し、「意志の自発性」という考え方を提出していたことに注目し、以下のように述べている。「クリュシッポスは、極めて巧妙にその特異な

---

(164) Emile Bréhier, *Histoire de la philosophie*, fascicule 1, *L'Antiquité et le Moyen-Age*, Alcan, 1926（渡辺義雄訳『哲学の歴史』1～3、筑摩書房、一九八五～一九八六年）。

(165) 前述のジェラニアン論文 p. 150 では、ブレイエの主著 Emile Bréhier, *La théorie des incorporels dans l'ancien stoïcisme*, 1925（江川隆男訳『初期ストア哲学における非物体的なものの理論』、月曜社、二〇〇六年）からサルトルが「レクトン」概念をめぐる考察を受け継いだとの推測が示されている。この著書は少なくとも貸出簿には記載がないが、他の方法で入手し読んだ可能性は排除できない。

(166) Léon Robin, *La pensée grecque et les origines de l'esprit scientifique*, *op. cit.*（筆者は、前著でこの対概念に言及した際、その出典について様々に推測したが、ロバンの著書は見落としていた。生方、前掲書、二五七～二六〇頁。）

(167) *Ibid.*, p. 414-415.

(168) *Ibid.*, p. 415.

(169) Bréhier, *Chrysippe et l'ancien stoïcisme*, 1910, p. 189 ; Réimpression de l'édition de 1951, p. 187. 以下、この著書からの引用のページは、初版／一九五一年の版の順に記す。

(170) *Ibid.*

(171) 正確には、運命が必然性から帰結する、と言うべきだろう。

(172) Bréhier, *op. cit.* p. 189/187.

(173) *Ibid.*, p. 196/194.

運命論をメガラ学派的な必然主義と区別し、エピクロス派の自由やカルネアデス的な自由とも対峙させようと努めた。しかしそれでもやはり、意志の自発性を守ろうとしたのである」[174]。ロバンがここで用いているのはあくまで「意志の自発性 spontanéité du vouloir」という表現であり、クリュシッポスの哲学に「自由」概念があるとは直接的に言っていない。だが、後の別の著書ではロバンはより明確に「自由」という語を用いている。すなわち「必然性とは（…）《束縛》の原理だが、運命は逆に諸々の出来事を《結び合わせる》ことしかせず、出来事それ自体は純粋な可能性である」[175]と説明した上で、ここに人間は事物の因果関係にそのまま流されるのではないという考え方、それを受け止め同意するかどうかは各人にかかっているという考え方が示されているとして、それはまさに「自由に場を与える」[176]ことなのだと言明している。

事物の必然的な因果関係と人間によるその受け止め、同意ないし拒否との間に区別をつけること。それは、『存在と無』がストア派を引いて語っていることと符合する。「人間現実が変化をもたらしうること、それはこの存在と自分との関係である。（…）この存在との関係について自分を回路の外に置くこと」（EN61/59）であると『存在と無』では述べられている。無としての自由の概念の起源を語るこの部分をより分かりやすく読み砕くなら以下のようになるだろう。まず、「存在は存在しか生み出しえない」と言うときの「存在」とは存在の二領域のうちの「即自存在」、「あるところのもの」を指す。つまり即自存在から無が生じることはない。「この生成の過程に人間が包摂されているとするなら人間からは存在しか生じない。」言い換えれば、人間が即自存在の必然的な因果関係に支配されているなら、人間は即自存在の一部におとなしく収まっているはずである。ところが、人間は問いを発する。「これこれの存在者」、つまり世界のある側面、所与、現状といったものから距離を取り、面と向き合って認識の対象とし、自分との関係を問い、受け入れたり自分の力で変えようとしたりする。それを即自の世界は引き止めることはできない。人間はそうして「存在の存在構造を弱体化させる」。人間のせいで存在という構造物に亀裂が入るのである。ストア派は人間が事物の必然性に従わず運命を自分の手に握っていることを示すことで、そしてデカルトも方法的懐疑によってすべてをいったん疑いにかけることで、人間を事物から引き離した。人間がそうした事物の即自的なあり方との間に導き入れる距離、それが「無」であり、その導入が可能であることこそが、人間が自由であるという意味である。自らの自由概念のルーツを語る一節は、以上のようにかみ砕くことができよう。サルトルは自分独自の「自由」概念のルーツをこのような意味でストア派まで遡って位置づけていると考えられる。

ここでさらに問いたいのは、「ストア派」が具体的に誰を指すか、ということである。ブレイエとロバンは共に、ストア派の哲学者たちの祖とされるキプロスのゼノン（前三三四年頃―前二六二年頃）からマルクス・アウレリウス（紀元後一二一年―一八〇年）まで広く見渡し変遷を探っている。そして共にクリュシッポス（前二八〇年頃―前二〇七年頃）を重視し、彼からエピクテトス（紀元後五五年頃―一三五年頃）への影響を指摘している。ロバンは、クリュシッポスによる運命と必然性の区別がエピクテトスの「私次第でどうにでもなり、私が主要な原因であること」[178]という自由の定義につながったとする。[179]ブレイエは、エピクテトスがいかにクリュシッポスから学ぼうとしていたかについて、以下のように述べている。「エピクテトスは、哲学の師たちがクリュシッポスの解釈に終始し、単なる文献学者にとどまっていたことを繰り返し非難している」[180]。つまり、エピクテトスはクリュシッポ

（174）原文では「カルネアデスの *de Carnéade*」となっているが、カルネアデスはクリュシッポスより後の人なので、ここでは、カルネアデスが後に主張したような、という意味に解する。
（175）Robin, *La pensée grecque et les origines de l'esprit scientifique*, p. 419.
（176）Robin, *La morale antique*, PUF, 1938 ; 3e édition, 1963, p. 165.
（177）*Ibid.*
（178）エピクテトス『要録』（Ἐγχειρίδιον Ἐπικτήτου）第一章冒頭。*Manuel*, in *Les Stoïciens*, coll. « Bibliothèque de la Pléiade », p. 1111（鹿野治助訳『語録　要録』、中央公論新社、二〇一七年、一八七～一八八頁）。
（179）Robin, *La morale antique*, *op. cit.*, p. 166-167.
（180）Bréhier, *Histoire de la philosophie*, Edition revue et mise à jour, PUF, 2012, p. 379.

スの思想それ自体を学ぶことを欲していたのだと訴えているわけである。こうした背景を考慮するならば、サルトルが「ストア派 les Stoïciens」と複数形で書いた理由も納得できる。エピクテトスの自由の定義は確かにサルトルのそれと親和性をもつが、それは必ずしもジェラニアンが言うような直接的な借用ではなく、クリュシッポスの今は失われた膨大な著作とその影響を介してのことだと考えられる。

ただ、注意しなければならないが、「自由 liberté」という語を用いたのはブレイエとロバンであって、クリュシッポス自身が「自由　エレウテリアー ἐλευθερία」という語を使っているのではない。この点、サルトルの記述も微妙に距離を置いているのが興味深い。「自由という名を与えた」という言葉の主語はデカルトであってストア派ではないのである。「デカルトは、ストア派を受けて、それにひとつの名を与えた。自由である」(61/59)。のちにエピクテトスはこの ἐλευθερία という語を用いて内面的な自由というものを概念化するが[181]、クリュシッポスにはまだ、そのような明確な概念化があるわけではない。サルトルは、二人の師がクリュシッポスの行間に読み取った新しい何かに「自由」という語を当てはめたこと、そしてそれがエピクテトスの自由へとつながったと指摘していることを少なくともひとつの根拠として、デカルトに先立つ「自由」の発見をストア派に見ているのではないか。

このように考えると、ジェラニアン論文がエピクテトスとの関連を主張した自由と状況のパラドクスに関しても、やはり二人の師の研究とのつながりが見えてくる。サルトルが直接エピクテトスからこの考え方を借りたというよりは、二人の師がストア派における運命と自由との共存という解釈を示していたことが大きかったのではないかと思われる。以下、それについて考察を加え、さらに「自由の刑に処せられている」という考え方の根底に何があるかについても述べていきたい。

(2) 偶然性と必然性——プラトンのくじ引き

状況とは、人間が選べず一方的に被るしかないという意味で必然性である。しかし、必然性は自然の原理が理由なくそうなっているという意味で偶然性である。偶然に与えられたものは、私にとって拒むことのできない必然性と映る。クリュシッポスは運命と必然性とを区別したというが、彼の時代には「偶然は運命と同一視されていた」[182]とブレイエは述べる。偶然性と運命と必然性。この三者の定義と相互関係は自明ではない。偶然性＝必然性≠運命なのか、偶然性≠必然性＝運命なのか、偶然性＝運命≠必然性なのか、はたまた偶然性＝必然性＝運命なのか。偶然性概念は小説『嘔吐』において大きなテーマとなるが、実ははるか以前、すでに学生時代から独自の哲学的思索の中に萌芽として含まれていた。しかもそれは古代的な世界を舞台にした寓話として展開されている。

サルトル最初期の習作『エンペドクレス』の中に挿入された「偶然性の詩」[183]では、籠職人が偶然性の女神に託して「私は忘却をもたらし倦怠をもたらす」という「偶然性の詩」を主人公の青年に歌い聞かせる。「人間たちは私の獲物。最も強い者は自分の内に（…）私の力を感じる。（…）あなたの苦しみも愛も情熱も気まぐれも私の腹から生まれ私の胸に消える。（…）人間たちの仕業は朽ち果てる。しかし私は私の歌をやめない。（…）なぜなら私こそ永遠を握っているのだから」[184]。

あたかも、プラトンの必然性の女神アナンケーと彼女の紡錘が奏でる音楽に合わせて歌われる運命の女神たちの歌[185]のようである。それを聴いた主人公の青年は打ちのめされ、「世界はもはや私にとって同じではなかった」[186]と語る。自分自身が被っている偶然性に思いを致し、絶望に襲われたのである。『嘔吐』における偶然性は事物

（181）上記注178参照。
（182）Bréhier, *Chrysippe et l'ancien stoïcisme*, *op. cit.*, 182/180.
（183）Sartre, « Empédocle », *op. cit.*, p. 39-41.
（184）*Ibid.*, p. 40-41.
（185）プラトン『国家』617B-C.
（186）Sartre, « Empédocle », *op. cit.*, p. 42.

の存在と人間存在とに共通する無根拠性のことである。[187] そして、『存在と無』は状況という概念に託して私が被る偶然性を語る。それは、誰しもが思い当たる所与の不条理である。描き方は、抒情的なものから説話的なものへ、そして理論化へと変遷しているが、意味内容的には一貫したものがある。

私は、この時代のこの国に、この親のもとに生まれた。しかし、それは自分で選んだのではない。私は平和で豊かな国に生まれたかったが、そうではなかった。私は裕福な両親のもとに生まれたかったが、そうではなかった。私は端麗な容姿や鋭敏な頭脳や輝く才能を持ちたかったが、どれも与えられなかった。私は健康でいたかったが、病弱である。健常者でありたかったが、障害に苦しんでいる。私の意志や努力ではどうにもならないこれらの事実、運命と呼びたくなる事実、それを私はどう受け入れればよいのか。幸運に恵まれた人々は、日々公共の場で、職場で、学校で、あるいはSNS上で自分を誇示しているように見える。それに押しつぶされそうになりながら、自分の不運をどう受け止めればいいのか。あるいは逆に、私は多くの幸運に恵まれている。それは、私の努力で得たものではないが、私はそこからどこまで利益を受け取ってよいのだろうか。

人が受動的に被るこうした所与は、しばしば籤（くじ）に喩えられる。最近では俗に「ガチャ」とも呼ばれる。運が良ければ当たり、運が悪ければ外れる。くじ引きは神話の時代からあった。神々もまた自らくじ引きをしたり、人間たちに引かせたりしていた。アポロドーロスは、「彼ら〔神々〕はどこを支配するかについてくじを引き、ゼウスは天空を、ポセイドーンは海洋を、プルートーンは冥府の支配権を当てた」[188] と伝えている。古代に生み出されたもうひとつの表象であるユダヤの神もまた、十二の民族に土地を分け与えるためにモーセに告げた。「この人々にその地は（…）相続地として割り当てられねばならない。（…）ただし、その地はくじで割り当てなければならない（…）」[189]。支配権にせよ、土地にせよ、誰が何を手に入れるかを決めたのは、神でさえなく「くじ」という小道具だったのである。時代が下っても、人間たちはくじを引き続けてきた。くじがもたらす偶然性は、一獲千金を夢見る人々にとって好機であり、希望者多数や定員超過などの際に行われる無作為の抽選は、公正さの保障となる。外れた場合にも誰かの責任を追及することはできない。

しかし、生まれた時にすでに引いているくじは、より受け入れがたい。引いた覚えもないのに、好んで選んだわけでもないのに、何かがあてがわれている。サルトルはこのように各人が自らの意志で選ぶことなく所与として与えられている条件をハイデガーから借用した語を転用して「事実性 facticité」と呼ぶ。(190) 私の持つ身体とそれが置かれた状況は、偶然だが紛れもない事実である。私が生まれた環境、属する人種、民族、共同体、容貌、性別、これらは事実性である。それは偶然に決まり、それを消去することはできない。(191) 事実性とはまた「偶然性 contingence」でもあり、「無根拠性 gratuité」でもある。理由なしに、たまたまそうなるのである。しかし、偶然性を被る者にとって、それは理由なき事物の動かしがたい必然性でもある。先にわずかに触れたが、サルトルはそれを小説『嘔吐』で主人公に発見させる。「嘔吐」とは、主人公が自分自身も含めた存在の偶然性を目の当たりにして覚える不快感の表現である。それを乗り越えるために『存在と無』以前の当時のサルトルが主人公に与えたのは芸術作品の創作、という道だった。これが作者の真正なメッセージなのか、あるいは芸術至上主義への批判をこめたパロディなのか、という解釈論はここでは置いておこう。むしろ、必然性を備えた芸術作品を創造することにより、偶然でしかない自分の存在を救おうとするところにギリシャ的な問いへのひとつの答えがあると考えよう。

---

(187) 生方、前掲書、三四九頁。
(188) アポロドーロス『ギリシャ神話』、第一巻、II－1。
(189) 民数記、二六、五三〜五五。
(190) この語は『存在と無』だけでもかなり広い意味で多用されている。対自の存在も他者の存在も事実性であり、さらには過去や社会状況や文化にもこの概念が当てはめられる。しかし、ここでは自由に選べない所与という意味で使われた箇所を念頭に論じる。
(191) 流動性の高い社会では、与えられた環境から脱出することは可能であるし、SOGIという概念の導入によって、性は自ら選べるという考え方も浸透しつつある。ただ、出発点での所与それ自体は、克服可能でこそあれ、なかったことにはできない。

ところで、フッサールもまた「事実性 Tatsächlichkeit, Faktizität」と「偶然性 Zufälligkeit」を同義に用いたが、それは経験科学の対象となりうるより広い事物に当てはめられる概念であった[192]。それに対して、ハイデガーは、事物の事実性と現存在のそれとを厳密に区別し、現存在の事実性とは世界内に放り出されて在ること、すなわち「被投性 Geworfenheit」であるとした[193]。サルトルは戦中日記でこの概念をあたかも自分が発見しそう名付けたかのように誇示しているのだが[194]、実は、『存在と無』から振り返って見てもこのハイデガー的事実性からの借用である。『存在と無』の自由と事実性を巡る節では、「私たちは自由の刑を宣告されている」という言葉を「自由の中に投げ込まれている」と言い換え、さらに「投げ込まれている」をハイデガーの délaissé / geworfen と同義であるとしている（EN565/530）。異なるのは、サルトルがここで概念的な記述にとどまらず具体的な状況の例を挙げていることだ。現存在は「世人の大衆性 Öffentlichkeit des Man」[195]のうちへと被投され、空談や好奇心によって頽落しているが、サルトルの対自存在はそれぞれ具体的な状況に投げ込まれ、それぞれに「特殊な所与」（EN567/532）を負わされている。「誕生が私に割り当てた場」（EN570/535）があり、「私の国籍、私の人種、私の容貌」（EN592/555）があり、私が選んだのではない人々が周囲におり、私が作ったのではない慣習や規則や技術や言語が私に与えられる（EN591-592/555-557）。幼児期にかかってしまった病気の例（EN579/543）[196]も示されている。しかし、この点が独自なのだが、事実性は自由を制限するものではないというのが『存在と無』の主張である。事実性が私の前に立ちはだかる「岩壁」（EN568/533, 592/555）のように感じられるとすれば、それは私が自由に何かを望み、何らかの目的を立て、それに照らし合わせてこれこれの所与を困難と見なし、乗り越えを探るからである。人は自由だからこそ、置かれた状況を事実性の壁として受け止める。また逆に、事実性の中に縛られているからこそ自由が発揮されるチャンスがある。サルトルの自由と事実性は相互補完的なのである。

　ここでサルトルの偶然性は、クリュシッポスの運命からさらに遡り、プラトンのくじとの間に妙な親和性を帯びる。『国家』において、死者の魂、プシュケーは生まれ変わるために「くじ　クレーロス κλῆρος」を引く[197]。プシュケーは不死であるため、あらゆる生き物は死して再び別の生き物となって地上に戻る。その際にプシュケーたちは冥界の必然の女神アナンケーとその娘である三人の運命の女神モイラたちの下でくじを引く。神官が投げ与えるくじ、それは番号札なのだが、それを拾い、その順番に幾多の見本の中から自分が次に生まれ変わる姿を選ぶ。そこには、あらゆる生物の見本があったが、人間だけ見ても富、美貌、健康、強さ、といった点で無数の差異があったという。その中から、強大な権力を手にすることを選ぶ者もいれば、平凡で平穏な人生を選んだ者もいた。白鳥として生まれ変わることを選んだ者もいた。選ぶ順番は運によって左右されるが、遅い者にも十分に広い選択の範囲があって、各人はそこからひとつを選ぶことができる。こうプラトンは語っている。

サルトルは『存在と無』の事実性を論じる箇所でこれを引き合いに出し、プラトンにおいてプシュケーたちは自分の条件を選べるが、私たちは選べないと言う。「事実性がなければ、意識は『国家』において魂たちが自分の条件を選ぶように世界との結びつきを選ぶことができただろう。『労働者に生まれる』とか『ブルジョワに生まれる』とか自分で決めることができただろう」(EN126/119)。

ここにはプラトンとサルトルの親和性ではなく、むしろ根本的な違いを見るべきだろうか。確かに冥界の神官はこう叫ぶ。「選択は各人にかかっている。神に責任はない」[198]。プラトンによれば、人々は現世での所与を生まれる前に自ら選んでいたのである[199]。他方、サルトルの意識たちは自分で選んだのではない条件のもとに生まれてく

(192) *Ideen I*, S. 9, 315.
(193) ハイデガー『存在と時間』S. 135.
(194) CDG1940.219.
(195) ハイデガー『存在と時間』S. 167.
(196) 百日咳の例が挙げられているが、さらに深刻な病気や事故や障害へと読み替えることもできよう。
(197) プラトン『国家』第一〇巻、617C-618B.
(198) プラトン『国家』617E.
(199) レオン・ロバンの解釈はこれとは異なる。彼は、プラトンの魂たちには真の選択の自由はないとして次のように述べている。「(…) プラトンにおける道徳的行為とは、つまるところ世界の必然的な秩序を前にした偶然的個別性の放棄なのだ。その上、選択の自由は本当にはない」。Léon Robin, *La Morale antique*, *op. cit.*, p. 158.

る。一見対照的である。しかし、そこには通底するものがある。実は、プラトンのプシュケーたちは忘却の河の水を飲み、雷鳴と共に生まれ変わった姿で地上に戻った後、皆、自分の選択を忘れてしまう。だから、自分の生まれた境遇は不条理にしか見えない。意志的な選択は忘れ去られ、いわれのない偶然性へと転化する。

さらには、運命の女神たちが与える選択肢の中には「プシュケーそのものの序列を決めるものはなかった[200]」という。生まれつき徳の高い者や生まれつきの悪人といった道徳的な高低が含まれた選択肢はなく、何らかの姿に生まれ変わったのちに善を選びながら生きていくか、悪を選びながら生きていくかは各人のその後の自由なのである。しかし、プラトンはその箇所では「自由　エレウテリアー ἐλευθερία」という語を用いなかった。『国家』には運命の女神は登場するが、自由の女神は登場しない[201]。プラトンは、自由に選択せよとは言わず、各人が自らより善い生涯を紡いでいくよういざなう。富に目をくらまされることなく、悪事をはたらくことなく、より善い方向を選ぶようにと諭す[202]。それは道徳的教訓かもしれないが、宗教的な掟でもなく、定言命法でもない。そうではなく、各人の善き選択へのさりげない促しなのである。いや、プラトンが黄泉の国の寓話を語ることで最も訴えたかったのは、まさしくこの善き選択ということではないか。生まれついた条件は変えられないが、そのもとで善を選んで生きるか悪を選んで生きるかは本人次第である。そして、善を選んで生きることこそが幸福をもたらす。「なぜならば、そのようにしてこそ人間は幸福になれるのだから[203]」。それこそプラトンが今日に至るまで残してくれている究極のメッセージではないかと思われる。『国家』の正義論、理想国家論、そして魂の不死といった考え方は現代においてそのまま受け取ることができないとしても、比喩的に語られた運命のくじと自由で自発的な善の選択という命題は、今も全面的に有効である。それは、サルトルの状況における自由という命題に通じている[204]。

サルトルは、明示的には自らの「自由」概念に不可欠の「無」概念の源泉をストア派に求めていて、プラトンには求めていない。高等師範学校在学中にプラトンの対話編を繰り返し読んでいたサルトルだが、自らの自由概念を展開する際にその影響を自認することはなかった。両者の親和性は確かに認められるにもかかわらず、である。そして、ここにもロバンとブレイエという二人の師は関係していないだろうか。

（200）プラトン『国家』618B.

（201）古代ギリシャ神話においてもローマ神話においても、自由の女神という表象は存在するがマイナーである。それはなぜなのか。ピエール・グリマルによれば、古代において自由の女神への信仰が存在しなかったわけではなく、アテナイと同盟を結んでいた都市国家プラタイアでは、「四年に一度、自由の女神の祝祭を催すことが許可されていた」という。Pierre Grimal, *Les erreurs de la liberté*, Les Belles Lettres, 1990 ; 2001, p.92. 他方、ローマ神話のリベルタスは槍を持ち、しばしばフリジア帽を被った姿で描かれる。この自由の女神という表象は、大いなる矛盾をはらんでいる。神といった外的で超越的なものによる拘束がないからこそ人間の自由があるのだが、それにもかかわらず神という表象を与えられているのは撞着に他ならない。この表象にはフランス革命の矛盾のひとつが表れている。ミシュレは「自由よ、汝の名のもとに何と多くの罪が犯されたことか」という言葉を断頭台に上るマノン・ロランの呟きとして伝えている。Jules Michelet, *Histoire de la Révolution française*, 1847-1853 ; coll. « Bibliothèque de la Pléiade », 1952, Tome II, p. 620（桑原武夫責任編集『ミシュレ』、中央公論社、一九七九年、三九六頁）。実際、恐怖政治の下では自由が神格化され、それに反する考えや行為が裏切りとされ、処罰の対象となった。自由の女神に逆らう自由はない。これはサルトルの「自由でない自由はない」（EN567/531）と似ているようでいて全く異なる。前者は人を、民衆を導くが、後者は突き放し、途方に暮れさせる。『民衆を導く自由の女神』というドラクロワの名画の価値を否定する意図はないが、もし自由の女神が存在したならば、彼女は革命の民衆をひとつの方向へと導くことなく、人々の右往左往を黙って眺めていたことだろう。古代ギリシャ・ローマの人々が自由の女神を大々的に祭り敬わなかったとすれば、それは彼らが運命論的・決定論的思考に支配されていたからではなく、自由は導かず、命令しないということを知っていたからかもしれない。

（202）プラトン『国家』618C-619A.

（203）*Ibid.*, 619A.

（204）ただし、ひとつ大きな違いがある。プラトンは人が善き生き方を選ぶためには、自分自身による探求のみではなく「善悪の条件を見分ける能力と知識を授けてくれる人を見出す」（『国家』618C）ことが必要であると述べている。エミール・シャンブリーは、この一節に「人々は通常、自ら良い選択をすることができない。道徳においても政治においても哲学者のみが大衆を導く能力があるのであり、人々は哲学者に指針を求めるべきである」という注を付している（in Platon, *La République*, VIII-X, Les Belles Lettres, 1982, p. 120）。しかし、プラトンの言葉をこのように解釈するのは、彼のメッセージを過去の遺物として廃棄するに等しい。そうではなく、これを現代に生かすためには、このような狭い解釈を超えて、人は皆、良き人的環境に置かれれば善を学びうると解すべきであろう。

前項で述べたように、ロバンとブレイエは、クリュシッポスが「必然性」と「運命」とを区別し、そして「運命」の中に「同意 assentiment」と「意志の自発性 spontanéité du vouloir」を見ていたと主張する。つまり、運命は私の自発的で意志的な同意があって初めて私の運命になると見なしたという点を一致して指摘していた。(205) 二人はクリュシッポスがそこで「自由」に場を与えており、それがエピクテトスに引き継がれて、有名な「われわれに依拠するものと依拠しないもの」という区別につながったとする。(206) ただし、どう評価するかという点で二人の見解は異なる。ロバンは、クリュシッポスのこの議論がクレアンテスの『ゼウスに捧げる歌』の中で語られ、それをラテン語に訳したセネカが「運命の女神たちは彼女らに逆らわない者の手を取って導く。逆らう者は荒々しく振り回す」と述べたことを紹介している。(207) そして、「われわれを強制はしないにしても決定づけるものに同意することでしかないこの自由とは何なのか」と疑問を呈する。(208) 運命に自ら従うことを説いたストア派の道徳には「深いアモラリズム」(209)があると考えているのである。他方、ブレイエは、運命に同意するにしてもその人自身のあり方によって結果は異なると主張する。回転するシリンダーの例を挙げて、同じ力が加わったとしてもシリンダーの形態によって回転の仕方は異なると指摘する。(210) 運命を被る者自身のあり方でその結果も異なるという見方であり、そこに積極的な自由を認めていると言える。ブレイエがクリュシッポスに見た運命における自由、これはサルトルの「状況における自由」と同じ逆説を提示しており、サルトルがここにヒントを得たと考えることもできよう。

他方、クリュシッポスはプラトンが寓話に託したものを概念的に論述していると言える。「必然性　アナンケー」はプラトンにおいては女神だが、クリュシッポスにおいては抽象概念であり、「《束縛》の原理 principe d'une « contrainte »」(211)である。「運命　モイライ」はプラトンにおいては女神の娘たちだが、クリュシッポスにおいては「共宿命性 confatalités」(212)であり、複数の要因が重なることで生じる事態である。それは我々に依拠せず、我々の力では変えられない。それをサルトル用語に置き換えれば、「事実性 facticité」となる。必然性はまた、偶然性を与えられることにほかならない。これこれの必然的な事実を私は偶然に与えられてしまうのである。一方、運命は様々な可能性の連鎖ないし我々がそれを結び付ける仕方である。したがって、そこには人間の意志があり、自発性があり、引き受けがある。サルトル用語で言えば、それが「状況」である。だから、「自由は状況の中にしかないし状況は自由によってしかない」（EN569/534）。偶然性、事実性に由来し、それを人間が自由に引き受けることによって「状況」となる「運命」、その中にこそ自由があるのである。

プラトンが死者の国の物語として描き、クリュシッポスが「巧妙な議論」を展開し、クレアンテスが『ゼウスへの賛歌』にうたい、セネカによって注釈され、そして二〇世紀初頭にソルボンヌで講じられ著書に記されたこの運命と自由の逆説。サルトルの自由と状況の逆説の背後には、これらが綴ってきた長い歴史が見え隠れしている。これらと遠いこだまのように呼応する。カルネアデスにとっては、クリュシッポスの自由は「決定論にごくわずかな亀裂も入れることなく」、「巧妙な手管によって」場を与えられたものに過ぎない[213]。しかし、ロバンは疑問を呈しながらもクリュシッポスを弁明し、彼こそが運命の諸条件のもとで行為する人間たちの「自発性」を見

（205） Robin, *La Morale antique, op. cit.*, p. 166. Bréhier, *Chrysippe et l'ancien stoïcisme, op. cit.*, 193-194/191.
（206） *Ibid.*
（207） Robin, *ibid.*, p. 167.
（208） *Ibid.*
（209） *Ibid.*
（210） Bréhier, *Chrysippe, op. cit.*, 194/192.
（211） Robin, *La Morale antique, op. cit.*, p. 165. もとのギリシャ語は不明。ただし、この解釈はロバン自身のものではない。クリュシッポスの著書を直接読むことができないため、ロバンはストア派を批判したアカデメイア学頭のカルネアデス（前二一九―一二八頃）が伝える限りでのクリュシッポスの考え方を紹介しているのである。しかし、カルネアデス自身の著作も残されておらず、彼の思想はアカデメイアを継いだクレイトマコス（前一八七―一一〇頃）によって伝えられている。
（212） *Ibid.* 元のギリシャ語については上記の理由からやはり不詳。
（213） *Ibid.*

出したのだと主張する。[214]

実は、「自由の刑に処せられている」という表現自体にも、かすかながらロバンの影がさしている。この印象的な表現はサルトル独自のものと見なされてきたが、ロバンのプラトン読解と無関係ではないかもしれない。無を生み出す意識、それは自由であるが、それゆえに不安であり、欺瞞へと逃げ込みやすく、間違いを犯しやすく、常に悪を選択する可能性がある。「自由の刑に処せられている」とは、その苦難を端的に表す言葉である。まさにロバンは、プラトンの冥界の物語を論ずる箇所で、死者の魂が運命のくじを選ぶことに関して、「選ぶという呪われた〔＝冥界の〕自由 la liberté infernale du choix」[215]という表現を用いている。ロバンは古代ギリシャにおける自由の系譜を探って、ソクラテスから後期ストア学派まで時代を下り直しているが、それによれば、プラトンは自由の苦しさを描きこそすれ、エピクロスのような「個人の自由に対する深い願望」[216]を語ることはなかった。サルトルの自由はまさにエピクロス的快楽の自由ではなく、苦しい重荷としての自由である。サルトルの自由は、ロバンを介してプラトン的自由の陰影をまとっているのかもしれない。

プラトンの冥界の旅の物語において運命を決めるのは、実は運命の女神たちではなかった。彼女らが与えた枠の中で自分がいかに振舞うかにかかっていた。サルトルの語る状況の中の自由は、まさにこの運命のくじが与える自由と共鳴する。「自由は状況の中にしかなく、状況は自由によってしかない」という逆説は、クレーロスの逆説と同じトーンを奏でている。対自にとって自分の境遇は不条理な偶然性の結果である。生まれ変わったプラトンのプシュケーたちにとっても、自分の境遇は偶然にしか見えない。そして、生まれつきの善人や生まれつきの悪人といった選択肢はなかった以上、対自が自由に自己を選んでいくように、各人が自分を作っていくしかない。いかにそれが苦しみであろうと、自由が呪いや刑にしか思われなくとも、人はそれを引き受けるしかない。

「運命」と「自由」をめぐるサルトルとプラトンの親和性はこのように排除しがたく存在する。しかし、若い日に親しんだプラトンについてサルトルが特に影響を明言せず、むしろストア派を自由の根源に求めたのはなぜか。自ら繰り返し読んでいたプラトンを差し置いてストア派に親近性を自認したのはなぜか。古代哲学最大の巨人の系譜に連なろうとする安易さへの警戒があったからかもしれないし、あるいは、実際に二人の師の著作をとおし、またソルボンヌでの講義内容の直接的ないし間接的摂取を通じて、ストア派、特にクリュシッポスを意識しながら自由の逆説の最初の素描を試みたからかもしれない。それは推測の域を出ないが、少なくともサルトルの自由と状況の逆説には、ロバンを通したプラトンの刻印が残っていると見ることは可能だろう。

サルトルがプラトンとの共通性を自ら記した稀な箇所としては、『道徳論ノート』の以下の一節がある。「紀元前四世紀にプラトンに対してなされた反論と今日実存主義に対してなされている反論は変わっていない。それは、これこれの哲学を狙うものではなく、単に改心の権利を狙うものだ」[217]。この言葉を正確に解釈するには、プラトンへの当時の反論の詳細とそれをサルトルがどの程度、どのように知ったかを踏まえる必要があり、少なくとも今の時点では筆者の力は及ばない。しかし、おおよその見当をつけるならば、以下のようになるだろう。

プラトン哲学の根本に横たわっているのは、富や地位に汲々とするな、知と真実を求めよ、それを通して最高の価値である善を目指せ、というメッセージだ。そしてサルトルの道徳論探求の根本にあるのも、欺瞞と悪にとどまるな、各自が自由に純粋な反省を行うことによって、抑圧も暴力もない世界を目指そう、というメッセージである。いや、サルトルの場合は、それを道徳的価値として理論化できないがゆえに、様々な別の方法で伝えようとしている。そこで二人に共通して問題になっているのが改心、すなわち富と地位の追求や欺瞞と悪への囚われから善への転換である。しかし、どこにその権利、ないし転換を促し保証する規範性があるのか、という疑問が生じる。プラトンにとって、それは第三部第三章で述べるように「エペケイナ・テース・ウーシアース」とい

(214) *Ibid.*, p. 166.
(215) Robin, *La Morale antique*, *op. cit.*, p. 158.
(216) *Ibid.*, p. 160.
(217) CM13.

う言葉に表された善の超越性に見出される。他方、サルトルは「人間の普遍的本性[218]」と答えようとするが、根拠は示せない。「人類の根源的堕罪、すなわち社会の成立という歴史的出来事[219]」によって不平等が発生し抑圧が生じた、という認識を多くの哲学者と共有しつつ、そこから人類が立ち直る道は見えない。この困難は、プラトン以来、カントの壮大な倫理学構築の試みを経てなお、少しも変わっていないとサルトルは考えているのではないか。

ここで、概念の生成という問題から離れて現実の場面に目を転じよう。そこには大きな疑問が残る。人はたしかに与えられたくじを自由に引き受けてこそ、その中で自分の道を選びうる。どのような悪しき条件のもとに生まれようとも、人は常に自分の意志で生き方を選び、善き人生を歩むことが可能だ。逆に、いかに恵まれた条件を与えられても善き人生が保障されているわけではない。その通りである。しかし、スタートラインに悪しき必然性「アナンケー」があったとき、私は自由にそれを引き受けられるだろうか。投げられたくじを拾うプシュケーたち同様、サルトル哲学では、人間はみな存在論的に平等である。そして自由である。『存在と無』が語らせる「私 je」とは、人種、性別、社会的・経済的状況等々とは無関係な、誰でもよい誰かである。パリのカフェやピエールという名の人物がしばしば登場するとは言え、この書がフランス人なり白人のブルジョワジーを人間一般として想定しているとは限らない。この書の「私」は多分にパリ人としてのサルトル自身を反映していると言えるが、それを世界のどこかの誰でもよい誰かに置き換えたとしても理論的主張に何の支障も生じないからである。人間存在はみな、その対自的かつ対他的なあり方という点で完全に等しい。しかし、現実には人間たちは、とてつもなく不平等なくじを引いている。人間は存在論的には平等であるが、現実的には不平等である。ロミリーは、ギリシャ人たちが受け入れたアナンケーは現代においても存在し続けていると指摘する。「私たちは、運命［神々の力］を歴史、社会、相続物、遺伝子、または幼少期のトラウマといったものに置き換えた[220]」。この言い方を借りるなら、サルトルは運命を「状況」という概念に置き換えた、ということになる。

人間は自由に状況を乗り越えていけるはずだが、実際には多くの者が挫折し絶望している。どれほど苛酷な境遇を与えられても自由に乗り越えよ、と諭し突き放すのか。存在論的平等が与えられている以上は、すべての人は偶然性による不平等を引き受け、自由に乗り越えねばならないのか。そうだ、希望をもて、というのがサルトル哲学の最終的なメッセージなのだろうか。それを聞き取り、力づけられるとしたら、それはそれで幸いと言える。しかし、人はしばしば納得せず、怒り、暴力に訴え、罪を犯す。人間とその歴史に付きまとう悪の問題は、最後までサルトルを悩まし続け、それがサルトル哲学のその後の進展に深みと複雑性を与えているのも事実である。それは、『道徳論ノート』やマラルメ論を経て『弁証法的理性批判』へ、『家の馬鹿息子』へとつながっていく。この問題は、第三部で悪や暴力の問題との関連で見ていく。

2.「神になりたい」とは

『存在と無』の「人間は神になろうと企てる存在である」(EN653/612)という言葉は、大きな誤解を招いてきた。デリダは、サルトルが人間を神になろうとする企てとして記述することで「存在神学」的ヒューマニズムに陥ったと批判する。[221] しかし、「神になる」という言葉は皮肉な比喩である。デリダは故意か否かそれに気づこうとしない。筆者は前著において、ここでの「神」が自己原因者という不可能な概念を指しており、キリスト教的な「神」概念の虚構性と共にその虚構を究極の理想とする人間の挫折の必然性をサルトルは語っているのだと主張

(218) *Ibid.*
(219) *Ibid.*
(220) Romilly, *op. cit.*, p. 172.
(221) Jacques Derrida, *Marges de la philosophie*, Les Editions de Minuit, 1972, p. 138(髙橋允昭、藤本一勇訳『哲学の余白』、法政大学出版局、二〇〇七年、上巻二〇八頁)。

した。(222) ここで、この比喩に込められた深いイロニーに改めて注意を向けよう。この一句と呼応する別の一句と照らし合わせてみよう。それは、本論の末尾の「人間は無益な受難である l'homme est une passion inutile.」(EN708/662) といういかにもシニカルな言明である。サルトルはなぜ、どのような意味でこうした比喩を用いたのか。ここにはキリスト教的な響きと冷笑的なニュアンスが混ざり合っている。神に喩えられたのは、第一義的には欠けるところのない優れた存在という理想像であろう。人はそれを目指してひた走る。そこにこそ自由な各自の自己投企があるが、それは際限なく理想の自分を追い求める自由の暴走、迷走でもある。他方、スピノザの自己原因者としての神、またおそらくヘーゲルの即且対自としての精神も念頭に置きながら、サルトルは人間を「意識が自分自身に対して持つ純粋な意識によって自己自身の即自存在の基盤であるような意識という理想」(EN653/612) を追う者と形容する。つまり、人は完全に自律的で自足的で揺らがない存在を目指す。そして、「この理想こそ神と名付けうるものだ」(EN653/612) と述べる。これが第二の意味である。これら二つの意味を含む比喩には警告が含まれている。『存在と無』は、自由の負の側面に具体的に踏み込んでいないが、自由な投企が常に正しく道徳的であるとも言っていない。その空白地点に身を置いて解釈するならば、人間は自由な自己の乗り越えにおいて、欠けるところのない完全な姿になりたい、価値と美徳を体現したい、皆に賞賛の眼差しで見られたい、等々と願う。また、他者や社会環境によって受動的に作られてしまうのではなく、自分自身で自分を作りたいと願う。それはあたかも人間が神になりたがっているかのようだとサルトルは言う。逆に、自己評価が低く、願望自体を放棄している者であっても、そこに失望感が伴うのは自分にとって不可能な「神」を想定しているからこそではないか。このように実現不可能な願望の表象としてサルトルが「神」という語を用いたのは、半ばスピノザの名残り、半ば人を食った謎かけであろう。

そう考えると、もう一つの謎、「人間は無益な受難である」という本論最後の台詞も理解しうる。人はある程度は理想に近づけても、決して完璧にはなれない。「神」にはなれない。なろうとすれば必ずや挫折し、失望する。失意のうちに死を迎える。ここにあるのは、人間の際限ない欲望に対する警告でもあり、それでもひたすら走り続けることをやめない人間をめぐるあきらめにも似た静かな記述である。それは、欲に満ちた「われ」に対するパスカルの嫌悪、「われは憎むべきものである」[223]という一句と通底している。

サルトルは人間の欲望の組立てには少なくとも三段階があるとする（EN654/612）。まずは、経験的で基本的で具体的なあれこれの欲望。その上にこれこれの人間でありたいという存在欲求、そしてさらにその上にあるのが「神」という「自己原因者」でありたいという欲望である。そして、この三段目に到達する者はおそらくいない。到達したと自覚する者がいたとすれば、その人は生きている限りそこから失墜しないために手段を選ばない恐怖の神になることだろう。「神になりたい」とは、人間がいかに不完全であるかを皮肉に語った言葉なのである。

このように見ると、サルトルは近代的主体性を肥大させていたどころではない。逆に、その危うさを警告していたと言える。この点について次にいくつかの角度から見ていこう。

（1）「主体性」か「無意識」か

サルトル哲学は「主体の哲学」とも言われてきたが、実は『存在と無』が「主体 sujet」、「主体性ないし主観性 subjectivité」という概念に与える役割はごく小さい。前者は頻繁に用いられているが、独自の意味を担ってはおらず、ごく一般的な定義の範囲内で便宜的にしか使われていない。後者はライプニッツやカント、ヘーゲル、フッサール、フロイトなどへの批判に関連して用いられたり、自説への反論を予想して機先を制する場合などでも使われているが、サルトル自身の定義は「自己の自己に対する内在性」（EN24/23）である。また「厳に主観性と名付けうるもの、それは意識（についての）意識である」（EN29/28）ともされる。それは、外的対象を定立す

（222）生方、前掲書、三二〇～三二一頁。
（223）パスカル『パンセ』B455/L597.

るために自己を乗り越えることもできなければ、自己自身を明確に対象として定立することもない淡い内向きの何かに過ぎない。ときとして「対自」と同義で用いられることもある（EN237/224）が、少々厳密性を欠いた言い換えであり、積極的に「対自」との等価性を主張しているようには見えない。「実存主義的」人間観によれば、人間は世界に向き合うとともに常にその自己にも向き合い、自覚的に主体的に自己を選択する、ということになろうが、そのような主体性概念が『存在と無』で提出されているわけではないのである。

　では、この著作が積極的な主体性概念を前面に押し出さなかった意味はどこにあるのか。それは何より、カントの超越論的主観性という概念と決別するためだったと考えられる。サルトルは認識する主体と認識される対象という伝統的な主客分離の発想で世界を見ることに根本的な疑問を抱いていた。デカルトのコギトに対しては、前反省的で非定立的な自己意識のあり方が前提となっていると見て原理的に否定しないサルトルだが、カントの究極の主観主義は受け容れないのである。なぜなら、あらゆる表象に「伴いうるのでなければならない」とする「われ思う Ich denke」は、主客分離以前の前反省的なレベルを積極的な形で含みこんでいない。つまり、「伴いうる」ということは、必ず伴うということではないが、伴わない状態がある、ということを積極的に主張しているわけでもない。実際、カントの超越論的主観性と純粋統覚の理論は常に明晰に目覚めた自己意識を想定していて、没我の瞬間などは見出せない。私は常に「諸表象をひとつの自己意識において統合する」[224]のであり、「統覚の統合こそ、人間のあらゆる認識の中で至高の原則である」[225]。このような「主」としての人間と「客」としての世界の表象という認識至上主義的な二分法こそ、サルトルが脱却を目指していたものだった。そこで、彼は現象学に依拠し、意識が向かう先を対象ではなく「相関的 corrélatif」な何かと見なし、主客関係に縛られた思考の枠を乗り越えようとしたのである。

　だが同時に、主観性・主体性概念の弱体化は「無意識」に安易に場を与える危険を伴う。主体的自己制御の不在のもとに責任を逃れようとする発想が許容されやすくなる懸念がある。この点に関して、『存在と無』は相当に注意深く対処しているように思われる。意識は必ずしも自己へと回帰しないとサルトルは考えるが、それはフロイト的「無意識」概念を受け入れるという意味ではない。

「無意識」概念への批判的言及は、一九三四年に書かれた『自我の超越』で開始される。まずは冒頭で、カントの「われ思う」への批判にからめてなされている。この超越論的統覚が当時のフランスの新カント派において、主観にとって外的な上位の意識の想定といった非合理的な解釈を招いているとして警鐘を鳴らし、その非合理の例として無意識概念に言及しているのである。そして、この解釈が誤りであると主張しつつも、やはりカント的「われ」は個々の経験的意識を超えた超意識を想定するといった非合理に陥る危険を伴うとサルトルは主張する。[226] そこで、この危うい考え方を破棄して、フッサール現象学による意識概念へと目を転じようというのが、この著作の最初の一歩だった。[227]

同書はまた、自我の非人称性を論じる過程でも付随的に「無意識」に一瞥を与えている。フロイト学派は非人称的な領域があることを理解していたが、そこに無意識という概念を当てはめており、それは「粗削りで物質主義的」[228] だとする。だがこの書では、それ以上の精緻な理論的反論はなされていない。

その後、一九三八年の『情動論粗描』では、精神分析の学説の批判的検討に一章が割かれ、行動の因子として「無意識の衝動」や「抑圧された欲望」といった外的な意味づけを認めず情動作用の意味をあくまでも意識自身に求めるという明確な態度表明がなされている。[229] 精神分析は「無意識」を想定することで、何らかの外的な原因

(224) カント『純粋理性批判』B134.
(225) *Ibid.*, B135.
(226) TE14-15.
(227) 生方、前掲書、一四八〜一四九頁。
(228) TE78.
(229) *Esquisse d'une théorie des émotions*, 1939 ; Hermann, 1965, p. 33-38（竹内芳郎訳『情動論粗描』、人文書院『自我の超越　情動論粗描』所収、二〇〇〇年、一一六〜一三三頁)。邦訳書の頁の下部には一九九五年版の原書のページ番号が示されており、丁

によって意識の中に意図されない結果が生じると見なし、物質の因果関係を解明するようにそれを読み解こうとする。しかし、それは意識をモノ化することであり、受動性に還元することである。コギトであるならば「意識は自らを作り出すのであり、そうである以上、自らに現われるもの以外の何ものでも断じてない」[230]。このようにサルトルは「無意識」概念を斥ける。そして「無意識」と見えるものは、実は「非措定的意識」であるとする。「非反省的な行為とは無意識な行為ではない。それは非措定的に自己意識なのである」[231]。ただ、この段階では『存在と無』の序論で議論のカギを握る非反省的意識の「超現象性 transphénoménalité」という概念が導入されていない。そのため、いまだ自覚されない、または自覚から除外された感情をどう位置付けるかという問題が解決されていない。サルトル自身、「精神分析への全面的な反論は難しい」[232]と告白している通りだ。また、『存在と無』に先立って「自己欺瞞 mauvaise foi」という言葉は使われているが、ここでは自分に対して誠実でない、といった通常の意味で使われているに過ぎない。この現象が起きる仕組みをどう説明すればよいのか、また、そこから脱却するにはどうしたらよいのか、という問いはまだ明示的に立てられていない。それには、まさしく「超現象性」を含みこんだ新たな自己意識理論の完成が必要であり、それが実現したのが『存在と無』においてだったと言える。

『存在と無』における「無意識」批判は第一部第二章「自己欺瞞」および第四部第二章のI「実存的精神分析」において本格的になされるが、この著作全体における大まかな流れを以下に整理してみよう。まず、序論に「自己自身を知らない意識、無意識的意識、それは理に合わない」(EN18/18)という言明がある。序論ではフロイトは持ち出されていないが、その後の批判の布石と思われる記述が数か所にあり、意図しない行為や意識の受動的状態を「無意識」を用いずに説明するにはどうすればよいかという模索がある(EN20/20, 22/21, 23/22)。次に、「不安」について論じる箇所でも「無意識の影に隠れて」現実の動機が分からなくなるために私は不安になるのだといった説明を斥けている(EN71/68)。無意識ではなく、「自己欺瞞」という概念で説明しようとしている(EN82/79)のだが、そのためのもっともまとまった本格的な議論は、自己欺瞞の章をとおしてなされていく(EN88/84*sq.*)。

ただ、「超現象性」概念は、いったん定立的意識と自己(についての)意識の一体性の議論に用いられたきり、無意識概念批判には表立って登場しない。その後も、「無意識」や「エス」、「自己検閲」、「超自我」、「リビドー」といった概念は全編をとおして繰り返し批判されていく。[233] その最もまとまった議論のひとつとして挙げられるのがアドラー批判である。

アドラーの劣等コンプレックスについての考え方、つまり人は自分の「深い劣等感を埋め合わせたり覆い隠したりするために」しばしば「錯綜した不均衡な行動を取る」（EN552/518）という考え方に対して、サルトルは以下のように主張する。まず、深いと言っても劣等感は無意識なのではない。非反省的状態にあるだけであり、当人がそれを無意識と見なすのは自己欺瞞である。検閲、抑圧、無意識という概念は自己欺瞞という概念に置き換え可能である。したがって、劣等コンプレックスは自分が意識的に選び取るものであり、それを覆い隠そうないし埋め合わせようとして取る行動もまた意識的に選び取られる。（EN553/518-519）。このように、サルトルは人の心の奥底に密かに巣くっているとされる劣等感とそれがもたらす行動を、本人には見えない病理のようなものではなく、彼自身の意識的な選択であると考える。

このアドラー批判には不当な部分もある。フロイトの提出した「無意識」概念を否定するため、それを受け継いで応用したアドラーの方に批判を向け、劣等感について語られた非常に意義のある知見を低く評価している。この点は、心理学の専門的見地から精緻な反論をする必要があるが、それは本書の枠を超える。むしろ注目したいのは、この「無意識」批判が理論的批判のレベルを超えて道徳的危険性の告発となっているということだ。フ

付けは一九六五年版と同じなので、本書では以下、原書ページ番号のみ示す。

（230）*Ibid.*, p. 36.

（231）*Ibid.*, p. 42.

（232）*Ibid.*, p. 36.

（233）本書ではそこまで踏み込まない。『存在と無』における精神分析批判の詳しい分析は今後の研究課題のひとつである。

ロイトやアドラーにかこつける場合に限らず、無意識概念は都合よく濫用されている。意識を主客構造に限定する限り、そこに収まらない部分は無意識として自己の管轄の外に出されうる。それが言い逃れの温床となる。「無意識でやってしまった」と。サルトルはそれを認めない。何かをするとき、人はその自分を漠然とであれ意識している。いや、何かをする、とはその行為を選んだ自分に対して漠然とであれ意識を抱いていることに他ならない。そこには人間の根本的な自由がある。外的な何らかの力に操られているわけではない。そして、一瞬の後にその自己に反省的に向き合うことは可能なのである。それが「浄化的反省」である。だから、この意識概念は、実は行動の責任と道徳に直結している。主体性を確固たるものとして立てる時、サルトルはカントの超越論的主観性への逆戻りを懸念する。しかし、決定の主体としての意識に全権を与えない限り、無意識概念への安易な依拠がのさばる。意外にも弱いサルトルの主体性概念は、その中間に見出したバランスの上に成り立っている。人は常に何かを認識する自己を意識し、反省し、主体的に生きているわけではない。非反省的であったり、無自覚であったり、不当な自己弁護をしたりする。しかし、そこから純粋な反省へと移行することは常に可能だ。そのためには必ずしも精神分析医の助けを借りる必要はなく、ただ一人、自己と向き合うだけで十分なのである。

ところで、心理学では、誤認、錯視、認知の歪み、偽記憶などを無意識と呼ぶこともあるが、フロイト的な無意識とは区別すべきだろう。それらは犯罪、冤罪など重大な事態につながりうる。心神喪失のケース、サブリミナル、ブラインドサイト、微小な知覚と閾値などについては、実証的・経験的にデータを集めて分析しない限り何も主張することはできない。観察・実験なしに哲学的思弁のみを働かせても無意味であろう。この問題については後日、場を改めて論じたい。

逆に、日常的に気軽に使われる無意識概念については自戒すべきところがある。例えば気の進まない仕事をしていてミスを連発するといった場合、ミスは無意識だろうか。正確さを心掛けていてもミスをしてしまうのは、無意識の反発や拒否があるからだろうか。いや、多くの場合、それほど大袈裟なことではなく、注意力が足りないからではないか。仕事のミスに限らず、様々な場面で不本意な失敗や失言をすることは多々ある。それは無意識ではなく、意識による制御が十分な効果を発揮していないだけであって、自分も知らない闇に自分ではない非人称の何かがあるといったことではない。それを非人称の闇の力に帰するのは確かにサルトルが主張するような自己欺瞞であり、自分が全力を尽くして集中していなかったことを認めるのは浄化的反省に当たるだろう。

同様に、様々な場面で生じる言い間違いも、大小の多様な理由が誘因になりうるので、無意識を読み取ろうとするのは徒労であることが多い。文学研究では意味を持つかもしれないが、日常生活や職場において言い間違いに無意識を探ろうとするのは害こそあれ、あまり積極的な意味がない。滑稽な場合もあれば、他者への敬意を欠くこともある。

ここで話をサルトルに戻そう。自己の主客構造は、ハイデガーにおいては意識概念を捨てることで解体された。サルトルはそれを拾い直した上で、認識ではない自己意識概念、反省以前の自己（についての）意識、という概念を提示した。それは、グノーティ・セアウトンという命令によって表される自己認識が成立する以前に、自己と自己との間に主客関係なしの意識の在り方が成立していることの指摘である。

ただ、これもまた、サルトルが初めて発見したものではないかもしれない。先に引用した「思惟は自分自身を思惟する」[234]という言葉の少しあとで、アリストテレスは「思惟するもの（ノエーシス）と思惟されるもの（ヌーメノン）はひとつである ἡ νόησις τῷ νοουμένῳ μία」[235]とも言っている。ここにはサルトルの意識の理論の遠い震源のようなものがある。田中美知太郎は、ここでの「思惟の対象」とは『形而上学』の先立つ章で述べられた対象ではないと注釈している。[236]すなわち、実体ではなく、美といったものでもなく、思惟自身なのである。アリストテレスにおいても何ものか（＝思惟されるもの）についての意識は、何ものかを意識する自分（＝思惟するもの）への意識と

(234) アリストテレス『形而上学』1074b.
(235) *Ibid.*, 1075a.
(236) 田中美知太郎責任編集『アリストテレス』、中央公論社「世界の名著」、一九七九年、四九九頁。

一体である。アリストテレスからの継承を明言するハイデガーと異なり、サルトルは沈黙を守る。しかし実は、サルトルの存在論からは、処々にアリストテレスの残響が聞こえてくる。ここにあるのはそのごく一例に過ぎない。[237]

ともかくも、主体性に関してここで言えるのは、サルトルは「主体」、「主観性」といったものを実体として前面に押し出していたわけでは全くなかったが、自由と責任の担い手としての自己意識の理論を確立するために、自己のコントロール外に無意識といったものを想定することの危険を指摘したということである。その点を見ずに、サルトルが西洋形而上学の悪しき伝統を受け継いで主体としての人間を称揚しているとする解釈が一時期かなり流布しており、今も残っている可能性がある。それに対して有効な反論をするためには、サルトルのテクストを丹念に読み直すしかあるまい。

（2）欠如と欲望（所有・支配）

サルトルは、「欲望 désir」というものに対しても人間存在のあり方に立ち返った考察を施している。「人間とは基本的に存在への欲望である」、「欲望とは欠如である」(EN652/610)。それはいかなる意味か。現実世界において人間たちは所有をめぐって戦ってきた。土地、海、資源、水源といった富の所有と支配権を目的とした抗争である。他方、哲学において問題になってきたのは、存在をめぐる戦いの方である。中世神学における普遍論争も実在とは何かをめぐる対立であった。その源流となるプラトンにおいては、エレアからの客人の語る「ギガントマキア」が「存在　ウーシア οὐσία」をめぐる戦いである。[238]「あらゆるものを目に見えない天の領域から地上へと引きずり降ろす」[239]人々と「真の実在をなすのは思惟によって捉えられるが非物質的なある種の形相であると主張する」[240]人々との論争である。後者はプラトン派の形相主義者たち、前者はそれに対立する物質主義者たちであるが、その二派の論争を真正な哲学者たるエレアの客人は、巨人族とオリンポスの神々との戦いに喩えているのである。[241]

ハイデガーが『存在と時間』の冒頭でこの戦いを再燃させる必要を主張したのは、現象学的還元によって哲学の思考回路から遮断された「存在」を再び最前面に呼び戻すためであった。[242] そのために、直接フッサールを批判することなく、プラトンにかこつけて反論を向けたのである。忘却の淵に沈んだ「存在　ウーシア」に再び目を向け、その意味を問わねばならない。そこには、フッサールが現象学的還元によって「在ること」への問いをカッコに入れ、在るかないかにかかわらず意識の相関物として現れる何かを扱うとした方法論的刷新への根本的な反発があった。ハイデガーは逆に「意識」を排除し、「在ること」そのものへの問いをいかに復活させるかに賭けたのだった。これら真っ向から対立する二つの立場を行き来しながら独自の存在論を構築したところに『存在と無』の意義がありまたキメラ性もあったということはすでに前著で述べたとおりだが、それを念頭に置きつつ、今問いたいのは、哲学は所有をめぐってはこのような壮大な戦いを交えなかったのか、ということである。

「存在　ウーシア *οὐσία*」とは、動詞「在る　エイミ *εἰμί*」[243] の現在分詞の女性形 *οὖσα* ウーサに抽象名詞を表す接

（237）『イマジネール』で用いられた「アナロゴン」という語も元はギリシャ語 *ἀνάλογον* であり、アリストテレスにおいても類比という意味で用いられている（『形而上学』1072b）。筆者は前著三〇五頁においてそれに気づかず、もともとドイツ語であると述べたが、訂正する。

（238）プラトン『ソピステス』246a.

（239）*Ibid.*

（240）*Ibid.*, 246b.

（241）神々と巨人族がそれぞれ誰を指しているかという疑問は生じるが、藤沢令夫はそれを問うのは無用であると述べている（藤沢令夫訳『ソピステス』訳注、『プラトン全集』第三巻所収、岩波書店、一九七六年、九五頁）。仏訳者のレオン・ロバンもまた、特定は難しいと述べているが、ここに示された反イデア論とキニク学派との間に類似性があるとも指摘している（*Le Sophiste*, traduit par Léon Robin, in Platon, *Œuvres complètes II*, note, Gallimard, coll. « Bibliothèque de la Pléiade », 1950, p. 1461）。

（242）ハイデガー『存在と時間』S. 1.

（243）哲学書ではしばしばエイナイ（εἶναι）と不定形で示されるが、代表形として辞書の見出し語になっているのは直説法現在能動相一人称単数形エイミ（εἰμί）である。

尾辞 -ία がついて名詞化された語である。しばしばドイツ語に das Seiende、フランス語に l'étant と現在分詞を名詞化した形で訳される所以であろう。しかし、この語は富、財という意味にもなる。ἔχω οὐσίας（エコー・ウーシアス）とはウーシアを所有することだが、この場合、ウーシアとは単なる存在ではない。良きもの、富、財産を意味する。『神統記』では、巨人族とオリンポスの神々との戦いは世界の支配権をめぐる戦いであった。「神々は（…）ティターンたちとの権勢をめぐる争いを力ずくで解決した。」そして「ゼウスに彼が神々を治めるようにと懇請した」[244]。ギリシャとトロイもやはり所有と支配をめぐって戦った。トロイ戦争の原因とされるギリシャで最も美しい女性ヘレネーとは、何らかの富の寓意であろう。彼女はスパルタ王メネラオスの妃とされるが、それは王が豊饒な土地や海の支配権、そこにある鉱物資源や水資源、食料資源といったまさに「ウーシア」を所有していたことを示している。神話である以上、唯一の正しい解釈はあり得まいが、ひとりの女性をめぐる戦争として語られたトロイ戦争は、まさに「ウーシア」をめぐる戦いと見ることもできよう。

創世記においても、神とアブラハムとの契約は「所有」の契約である。「私はカナーンの土地をすべてお前とお前の子孫に所有として与える」[245]と神は告げる。アブラハムはこの神の約束を繰り返し聞くが、最後に九九才で聞いたこの言葉には「所有」という語が含まれている。[246]つまり、神はユダヤの民に単にカナーンの地への居住可能性を与えたのではなく、所有権を与えたのである。それは「約束の地」とされ、周知のように紀元前六世紀のバビロン捕囚後から二〇世紀に至るまでディアスポラのユダヤ人にとって祖先の故郷への帰還という悲願の支えとなってきた。これをめぐって、二一世紀の今も抗争はやまない。

このように、西欧の神話と宗教が語る戦いは現実の所有と支配権をめぐる戦いと二重写しになっている。所有は悪しき欲望を呼び覚まし、人々を相対立させる。だからこそ、他方で、キリスト教は所有しないこと、清貧の思想を説きかつ実行させてきた。富は神に属すものであり、人は信仰によってその分け前に与ることができる。マルクス主義が生産手段の共有を階級闘争の解決策と見なしたのも、現代において「コモン」の復活という考え方に共感が集まるのも、所有への欲望が悪を生むという古来の考え方が根本にあるからであろう。

それは、すでにプラトンにも見出される。「ウーシア」に財産という意味があることは先程述べたが、意外なことに、プラトンにおいてもこの語がこの意味で用いられている箇所がある。[247] まさに、富める者たちが支配する寡頭制国家がいかに惨憺たるものになるか、ということを主張する文脈においてである。ここでプラトンは、物質的豊かさの対極に「善」を置いている。[248] いや、ここに限らず、プラトンの著作では至る所で金銭への欲望に対して知と真実、そして善を追い求める精神が戦いを挑んでいる。『ソクラテスの弁明』において、死刑宣告の瀬戸際に立たされたソクラテスは、裁判官たちを前に、アテネの市民たち一人一人に向けた言葉を叫ぶ。「君は、より大きな財産や評判や名誉を手にすることに汲々としていて、恥ずかしくないのか。君は、理性と真実と魂をたゆまず磨こうとせず、気にかけようともしないではないか」[249]。しかし、この言葉は裁判官たちの心を動かすことはなかった。

ところで、ガブリエル・マルセルは『存在と所有』において、哲学が所有を「不純」なものと見なし、正面から扱ってこなかったことを指摘した。[250] 自我の存在が所有に依存し、所有が権力となり、疎外をもたらす所有の悲

(244) ヘシオドス『神統記』881-884.
(245) 旧約聖書「創世記」一七章八節。
(246) ギリシャ語訳では εἰς κατάσχεσιν αἰώνιον, ラテン語訳では in possessionem aeternam（恒久的な所有として）という語が用いられている。元のヘブライ語は残念ながら筆者にはまったく心得がなく皆目見当がつかない。
(247) プラトン『国家』、551b. デプラスは、プラトンが数え切れぬほど用いた「ウーシア」という語を意味によって四つに分類している。実在、イデア、実体、そして財産の四つである。この第四の意味で使われたその他の例として、『ゴルギアス』の中でソクラテスに語らせる「ぼくの財産である真理」（472b）という言葉も挙げられている。ここでは「財産」は比喩的な意味である。Edouard des Places, *Lexique de Platon*, Les Belles Lettres, 1964, 1989, p. 391-393.
(248) *Ibid.*, 562b
(249) プラトン『ソクラテスの弁明』29d-e.
(250) Gabriel Marcel, *Etre et Avoir*, 1935（『存在と所有』マルセル著作集第二巻所収、渡辺秀、広瀬京一郎、三嶋唯義訳、春秋社、一九七一年、一六一、一六九頁）。

劇を語るとともに、「持つということは、自分が（それで）ないものである一つのあり方だ」[252]といった指摘も見られる。[251]彼の断片的で非体系的な考察には、サルトルの存在論に組み込まれた所有の理論と類似した箇所が多々ある。他方、マルセルが所有を身体と結び付けた点は、[253]サルトルと対極的である。サルトルにとっての所有とは、物質的なものであれ、非物質であれ、根本的に意識による「我有化」であって、それゆえ、「もつ」は「ある、である」に還元されうる。それはどういうことか。

『存在と無』によれば、「所有」ないし「我有化」、およびそれに対する「欲望」は人間存在の在り方の一部である（EN678-690/635-646）。私が所有するものは私の存在の延長、すなわち「私の外、あらゆる主観性の外の私」である（EN681/637）。根拠を持たない偶然的な存在である人間は、物を所有し、それに根拠すなわち存在理由を与えることによってそれを言わば創造する。「なす faire」とは「もつ avoir」ことである。行為は所有へと還元可能である。所有することは創造することであり、私の所有物は私の外部の私である（EN680-681/636-638）。所有は「即自－対自」という人間の見果てぬ夢を代替する。所有欲求を伴わない存在欲求はない。そして存在欲求を伴わない所有欲求はない（EN689/645）。それゆえ、サルトルは欲望を全面的に悪しきもの、解脱すべきものとして否定する立場を取らない。

同様の考え方はアリストテレスにすでにあった。『政治学』は、理想の共同体の姿を探し求める中で、人々が財を共有にすべきかすべきでないかという問いを投げていた。そして、以下のように共有の罠を指摘していた。「人々は自分のものは大いに気に掛けるが、共同のものはそれほどでもない。（…）他の人が気にかけてくれると考え、放置するからである」[254]。アリストテレスが反共産主義的であるなどと俗に言われるゆえんである。それは人間存在から解放され、無駄なものを持たず、本当に必要なものだけを共同で所有する社会といった夢。所有欲のあり方からして不可能なのだろうか。だとすれば、富を必要に応じて公平に分配する社会、格差の生じえない経済の仕組みは実現から程遠い。存在と所有を分かちがたく結びつけた『存在と無』の人間観からは、共有と共生、連帯と相互扶助の社会というヴィジョンは根本的に導き出されないと言うべきだろうか。確かに『存在と無』の提示する人間存在のあり方と格差なき社会の実現は、そのままでは矛盾に突き当たる。

以下、（4）でもう少し立ち入るが、ここで簡単に触れておくなら、『弁証法的理性批判』は、格差が生じる原因として「稀少性」という物質的な要素を挙げている。だが、そこには暗黙の前提がある。『存在と無』で記述された人間存在の基本的なあり方としての欲望をいったんカッコに入れる、ということである。そのため、サルトルは「欲望 désir」の代わりに「欲求 besoin」という概念を導入した。(255) では、欲望はどこに行ったのか。『弁証法的理性批判』では欲望はほとんど問題にならない。しかし、人間存在の条件としての欲望は消えることはないはずだ。欲求以上の何かとしてくすぶり続け、社会が物質的にまた文明的に豊かになればなるほど肥大しかつ多様化していく。格差と分断という問題は、欲求だけでなく欲望をも視野に入れない限り理解できないし解決の見通しが立たない。(256) より広く見ても、実現可能で持続的な社会構想は、多様で複雑で厄介な人間の欲望というテー

（251）*Ibid.*, 一六三、一七二、一七五頁。
（252）*Ibid.*, 一五八頁。
（253）*Ibid.*, 八〇頁。
（254）アリストテレス『政治学』1261b.
（255）CRD194, 453-454.
（256）欧米のポピュリズムには、「欲求 besoin」だけではなく、人間存在の条件としての「欲望 désir」がないがしろにされていることへの怒りを見なければなるまい。すでに指摘されているように、それは単に生活苦や経済政策への不満からのみでは説明しきれない。自分たちは、精一杯生きている中で、何が不正で何が悪か、誰が悪いのかを実感している。それなのになぜ、単純思考だ、知識がない、学歴がない、科学的リテラシーがない、など侮蔑され嘲笑されなければならないのか。「リベラルなエリート」や「エスタブリッシュメント」への敵意の根底には、おそらくそうした憤怒がある（ヤン＝ヴェルナー・ミュラー著、板橋拓己訳『ポピュリズムとは何か』、岩波書店、二〇一七年参照）。この錯綜した問題をここで全面的に扱うことはできないが、哲学の立場から言いたいのは、どれほど歪んで見えようと、そのコギトの声を真摯に受け止めることから始めなければならないということである。人々の怒りを受け止め代弁しているようでいて利用する政治家たちがデモクラシーにとって脅威であればあ

マを無視しては論じえないだろう。同書の革命論が皮肉にも革命の挫折の必然性を語ることになるのも、そこにひとつの理由がある。革命は欲求の充足によって成就するわけではない。各人は自由な欲望を抱き続ける。ある人の満足は他者にとって不満となる。充足の可能性の剝奪となるだけでなく、充足のレベルを引き上げてしまう。サルトルは、万人の自由な実践が各人に刃向かい、「反実践」となって集団を解体しつつ惰性的に制度化する過程を記述するが、そこには、物質の反弁証法だけでなく、自由な人間同士の欲望の相剋もあるはずだ。「万人の複数の自律」[257]は理想として素晴らしいが、本当に可能なのだろうか。理想主義的な共同体論はサルトル的欲望論と根本的な矛盾をきたす。革命的暴力による社会変革の史実を踏まえ、そこに新たな希望を見出す人々に共感を示しながらも、サルトルは理想への疾走がもたらす矛盾と袋小路におそらく自ら気づいている。

では、そこからの脱却には何が必要だったのか。確かに、それには金銭・商品・サービスを媒介とした人間関係について経済学的な専門知を視野に入れた分析を加える必要があるだろう。しかし、それだけでも何かが欠ける。やはり、生存のための物質的欲求にとどまらず、意識のレベルも含めた所有・我有化への欲望というテーマを再導入しなければなるまい。このテーマは重要だが、あまりに重要で本書では論じ尽くせないため、機を改めて、新自由主義経済学やミシェル・フーコーの新自由主義批判[258]などとも比較しながら論じたい。

(3) だまされ操られる私

私たち、デモクラシーの成員であるコギトは、みな等しく良識をもち、物事を明晰判明に認識するはずだった。しかし、私たちは間違う。しばしばだまされ、真を真と見ず偽を真と見る。あらゆることに疑問を抱き検証し直すのは不可能なので、流布する情報や誇大広告を信じ、フェイクに踊らされ、マインドコントロールに乗り、陰謀説を信じる。他方で、複雑なことは理解困難なので、学術研究の成果や科学的エビデンスは無視する。コギトがだまされやすいことは、デモクラシーの致命的な弱点である。デモスがより親しみを持つのは学問的な知、エピステーメーではなく臆見、ドクサなのである。エリート達はそう考えてため息をつく。

デカルトがコギトを発見した第二省察とコギトが明晰判明に見ることは真であるとした第四省察の間には、神の存在証明があった。真偽を見分ける能力は、神によって与えられたものとされた。神に依拠して初めて、人間は真を踏み外さずにいられる。ところが、サルトルにとって、そして多くの現代人にとって、まさに依拠すべき神はいない。パスカルはデカルトの神への依拠をカムフラージュと見たが、デカルトがコギトの絶対的な拠り所として持ち出す超越的存在が、その時代において神以外にあっただろうか。現代において、神の存在証明の無効化は、デモクラシーを上からつなぎとめるものを解体しコギトたちを漂流させる。では、神に代わる絶対的な拠り所はないのか。教育だろうか。しかし、教育はまたその外部を作る。全員に等しく与えようとすればするほど、そこに馴染まず、反発し、逃れる者が出てくる。だまされないために学ぼう、良き教育を受けよう、自分の頭で考えよう、と呼びかければ呼びかけるほど、それに応える者とそれに背を向ける者との間に格差を作り出す。一体、どうすればよいのか。かつて身体的弱者が淘汰されてきたように現在では既存の教育制度における弱者が淘汰されるとでも言うのだろうか。それは断じてあってはならない。

『弁証法的理性批判』[259]において、サルトルは偽情報を信じてしまう理由を「集列性」、や「他者性」の概念を用いて説明している。この点は、同書の功績のひとつである。偽情報以前に、世論というものがすでに「無限の集

るほど、哲学は迎合的でない受け止めがどのようなものかを探る必要がある。自分たちが本当に理解され、かつ利用されることがないと知るならば、そのとき初めて、怒れる人々は自らより良い答えを探すためのスタート地点に立つだろう。

（257）北見、前掲書I、一九〜二一頁。II、一七一頁。

（258）Michel Foucault, *La naissance de la biopolitique. Cours au Collège de France (1978-1979)*, Seuil, 2004（慎改康之訳『ミシェル・フーコー講義集成〈8〉生政治の誕生』筑摩書房、二〇〇八年）。Geoffroy de Lagasnerie, *La dernière leçon de Michel Foucault. Sur le néolibéralisme, la théorie et la politique*, Fayard, 2012.

（259）CRD404*sq*.

列性[260]」である。それは誰かわからない他者たちの持つ情報や意見が全体化されて提示される「実践的惰性態 le pratico-inerte」であり、お互いに、皆がそう言うからそうなのだろうと考える。そして、自ら考えることなく、拡散させる。各人が他者の真理の「実践的惰性態的伝達者[261]」になる。この他有化のからくりは、特にフランス革命初期の大恐怖という出来事を例に挙げ、歴史家ジョルジュ・ルフェーブルの研究に依拠して論じられているが、それについては、第三部に譲る。

(4) 不平等はなぜ生じるか

存在論的に本来平等であるはずの人間の中に不平等が生じた原因は何か。『弁証法的理性批判』のテーマの一つはそれを突き止めることにある。ただし、問われるのは現代のような多方面に分散しながら絡み合う不平等ではなく、「階級」という形に表現された集団間の格差である。サルトルが特に問題とするのは貧富の差であり、「あらゆる政治体制の下で、社会主義であっても生じている栄養不良という今日の現実[262]」である。「地球の人口の四分の三が十分に食べられていない[263]」。巨万の富を手にする者がいる一方で、なぜ飢える人々がいるのか。こうサルトルは問う。『弁証法的理性批判』によれば、格差は、各人の能力の差に由来するのではなく、市場の不完全性のためでもなく、物質的な事実性としての「稀少性 rareté」に由来する。富が「全員に行き渡るほど十分にない」ことが第一の原因なのである。この考え方は、マルクス主義に反するとして批判され、現代でも、スティグリッツやピケティが告発する格差生成のメカニズムとも合致しない。サルトルは人間同士の格差の原因をあくまでも物質の媒介による歪みと考える。物質世界の偶然性である稀少性とそれに働きかける人間の実践が「反弁証法」によって再生産する稀少性に原因を求めようとする。これが暴力の誘因になることについては第三部で論じるが、経済学的知見との照らし合わせが必要な部分については次の著作の課題とする。ここでは、その弁証法の過程において、各人に与えられた資質といった偶然性をサルトルが持ち出していないことに注目しよう。限られた富の争奪戦における敗者は、反弁証法の犠牲者でこそあれ、くじ運の悪い者でもなく自己責任による落伍者でもない。

この点で、彼の議論は、『弁証法的理性批判』とほぼ同時代に出版されたミルトン・フリードマンの『資本主義と自由』[264]と対照的である。新自由主義の旗手と言われるフリードマンは、生まれながらに備わった能力の格差が所得の格差の原因になり得るとして、「運による不平等の方が実力による不平等よりもはるかに受け入れやすい」[265]と述べている。つまり、親の財力や遺伝的能力など偶然的な条件に起因する格差はあきらめて受け入れるしかないが、実力が足りないために収入が低いという事態を受け入れるのはつらい、ということである。しかし、だからこそ運に恵まれた者から分けてもらうのではなく努力して実力で勝て、というのが新自由主義の基本理念である。そのために政府による市場をゆがめる規制を撤廃し自由に競争させることが必要とされる。その条件で勝ち負けが生じるのは正当なことと見なされ、それが所得格差の正当化の根拠のみならず、富の再分配に反対する根拠ともなっている。

フリードマンが語る自由には奇しくもサルトルの自由と類似する点がある。本書ではそこには立ち入らないが、類似した自由概念から真逆の方向性が生じるのはなぜだろう。そして勝者の論理がより広く受け入れられてしまったのはなぜなのだろう。サルトルがこのような勝者の論理を持ち出さなかったこと、それは確かに彼の存在論的平等の概念に合致している。しかし、偶然性は幼少時からの生育環境や教育の機会の不平等をもたらす。不

(260) CRD400.
(261) CDR404.
(262) CRD257.
(263) CRD235.
(264) Milton Friedman, *Capitalism and Freedom*, The University of Chicago Press,1962 ; 2020. p. 195-198（村井章子訳、日経ＢＰ社、二〇二一年、二九七〜三〇一頁）。
(265) *Ibid*., 198（三〇一頁）。

運な場合は、それが職業選択の幅を狭めて貧困を再生産する。このことにも目を向けるべきだったのではないか。この点でも、『弁証法的理性批判』の格差理論は不十分と思われる。そして、サルトルが分かりにくい抽象的な議論を長々と続ける間に、フリードマンは明快で簡潔で少々軽薄な議論によって一世を風靡し、世界経済の流れを実際に変えてしまったのである。二一世紀の今、単なる「階級格差」ではないより巧妙に細分化され正当化された格差生成の仕組みが富の極端な偏りを作り出している。真の哲学を欠く軽快で魅力的な強者の理屈に多くの者が飛びつき、からめとられた結果、私たちは世界の一パーセントの人間が九九パーセントの富を握る世界[266]を作ってしまったのである。

　人間の存在自体に優劣があり、それが社会的・経済的格差をもたらすのは当然だ、という考え方をサルトルが拒んだのは、人はすべて欠如の存在として差異こそあれ平等だからである。すべての人間が不完全でありながら一人一人絶対者だからである。この命題を打ち出したことは、彼の哲学の確固たる功績と言える。実際、人間たちの無限に多様な能力を柔軟に測りうる無限のモノサシはない。私にとっての私の欠如は刻一刻変化していき、また他者の目に映っていると私が思う私の欠如とも異なっている。だから、どのような尺度を当てはめようとも、測れるのはごく一面的で一時的な側面でしかない。私のこれこれの能力の低さが収入の低さにつながっているとしたら、それは人間の実に多様な能力の中で特にこれこれの能力が金銭の取得に有利さをもたらす社会・経済構造があるからではないか。その構造と結びついた尺度を当てはめたとき、フリードマンの言うような能力差が可視化され、経済格差が正当化される。しかし、まったく別の社会・経済構造のもとで別の尺度を当てはめるなら、優劣は逆転するかもしれない。地球をあらゆる地点、あらゆる観点から測定し、目に見えないところをも含んだ精密なデータマップを作成することは可能でも、人間たちをその内部まで探ってデータ化し分類することはできない。人間に関しては、定量的方法は限定的には必要で有効だろうが、限界がある。

　現在では、かつてのように人間の能力のごく一部である記憶力、数理能力や言語能力を偏重する測定が疑問視され、それに代わって多様な能力に目を向け、各人の強みを生かす方法が提唱されるようになった。ハワード・

ガードナーの多重知能理論[267]をはじめとして、社会的知性や心の知能の理論、コンピテンシー理論、ヒューマン・アセスメント等々があり、今も改良が続けられている。モノサシが多くなるのは望ましいことだろう。ただ、どれも人間の複雑に入り組んだ無数の能力を測りきれるものではない。数量化、類型化によって見えなくなるものは多い。コギトたちの欠如は無限に変幻し、散逸する。サルトルの存在論的平等の理念は否定されないが、生存上の平等には必ずしも結びつかない。だからこそ、格差を正当化することや再分配の中に勝者の傲慢さを持ち込むことを妨げるために、このような脱一元化の推進は必要だろう。その上でこそ、デモクラシーの成員であるすべてのコギトに本来の明晰判明さを返すことができるのではないか。

(5) 自由が悪を選ぶとき

サルトル的自由は、悪を選ぶこともできる。性善説か性悪説といった二者択一を超えて、人は一瞬一瞬、善と悪のどちらに転ぶこともできる。より正確に言うなら、人は与えられた善悪の価値観ではなく、自分自身で判断する価値観に基づいて行為を決められる。その際に、自ら、これは悪と見なしながらもそれを選びうる。無意識の悪への傾斜ではない。意図的選択である。「悪」とされる行為を明晰な意識で断固として選ぶ人間たちをサルトルは繰り返し描く。パリの市街地で見知らぬ通行人を銃撃する『エロストラート』のポール・イルベール、母を殺害する『蝿』のオレステス、窃盗と売春によって生きる『聖ジュネ』に描かれたジャン・ジュネ。彼らは、明晰な意識のもとで自ら自由に犯罪を選んでいる。『存在と無』は、自由に今の自己を乗り越え、自分の求める

(266) Joseph E. Stiglitz, *The Price of Inequality*, 2012(スティグリッツ著、楡井浩一、峯村利哉共訳『世界の99%を貧困にする経済』、徳間書店、二〇一二年)。
(267) Howard Gardner, *Frames of Mind: The Theory of multiple intelligences*, 1983.

価値へと向けて自己を投企し未だない自己を作る人間存在を語っている。しかし、奇妙なことにサルトルの文学作品にはそのような模範的な人物は登場しない。いわゆる教養小説の主人公のように苦難を乗り越え成長し、目標を達成して社会に貢献する、といった肯定的人物はどこにも見出せない。『存在と無』で描ききれなかった自由による負の価値の選択をサルトルは文学作品に託しているとも言える。また、自由は、しばしば暴力という悪を選ぶが、これについては、第三部で詳述する。

(6) 迷走する自由

サルトルにおける自由の迷走は、ハイデガーの非本来性よりもパスカルの気晴らしに近い。サルトルは、パスカルが狩りや球技といった様々な無償の活動、いわば遊びに単なる他愛なさではなく「人間が気晴らしを必要としている」という意味を見て取り、それが「人間一般の現実と彼が背負う条件を指し示す」と考えた、と述べて賛同を示している(EN649/608)。今ならレジャーという概念があり、休息やストレス解消、職業外の文化的・社会的活動をとおした自己開発や人間関係の構築など積極的な意味が与えられているが、それを差し引いても過度に楽しみを追い求めるのは人間の弱さかもしれない。パスカルが鋭く指摘したように、真に向き合うべき重要なことから目をそらし、先送りし、気づいたときにはもう遅い。「人間の惨めさを慰めてくれる唯一のものは気晴らしである。しかし、これこそまさに人間の惨めさの最たるものだ。(…)気晴らしをしていると、気がついたときには、死がそこまで来ている」[268]。サルトルの念頭にあるのは、こうした言葉だろう。

サルトルがこのようにパスカルを喚起しているのは、「実存的精神分析」の節においてだが、ここでハイデガーの非本来性を喚起しても良かったかもしれない。しかし、それではなくパスカルの気晴らしの方を例示したのはなぜか。サルトル自身の説明によれば、ハイデガーの非本来性への頽落は自らの死から目をそらすことだが、サルトルが求めているのは、根源的選択、すなわち各人が自分の人生を生きるための根本的な欲望を彼のあらゆる活動の中から探すことだからである。この意味では、サルトルのパスカル解釈は一見歪曲されているように見えるかもしれない。パスカルもまた、人間が自分の死を見つめないことを告発していたのではないかと。確かに、「狩りは死や悲惨を見ることからわれわれを守ってくれる」[269]と述べている。だが、パスカルにとって、人が目をそらす対象とは自分の死だけではない。「自分自身について考えること」[270]それ自体である。「自分を見つめ、自分がどのような者か、どこから来てどこに行くのかを考える」[271]ことである。この点で、パスカルの冷徹な人間観察はサルトルの「人間理解への情熱」と交差する。狩りに精を出す国王の心の奥底にパスカルは反乱や病や死からの逃避を見る。同様にサルトルはあるスポーツに熱中する男〔ボートが好きなピエール〕に単なるそのスポーツへの趣味、愛好を超えてその奥にある何かを見極めようとする。そして、個々人それぞれの根源的な要求のさらに根本にひとつの人間共通の要求を見出す。それは、人間が自分に欠けているものを入手しようと限りなく奔走すること、「欠如」を自覚しそれを埋めようとすること、それを突き詰めると「即自対自 en-soi-pour-soi」という完璧な存在、つまり「神」になりたいと欲することであるとサルトルは言う（EN653-654/611-612）。この「神になりたい」という表現がどのような意味の比喩であるかについては前述したが、繰り返しておこう。この言葉は、悪しき人間中心主義の表れであるかのようにしばしば誤解されてきたが、そうではない。逆に、際限のない人間の欲望に対する皮肉な警告なのである。

（268）パスカル『パンセ』B171/L414.
（269）*Ibid.*, B139, L136.
（270）*Ibid.*
（271）*Ibid.*, B143, L139.

エピローグ——自己決定するデモクラシーの条件

サルトルはデカルト的コギトを補強するどころか、逆にその弱点をあぶり出した。サルトル的コギトは、自由な自己の乗り越えではあるが、パスカル的な「われ」の惨めさも抱えて危うく揺れ動く。そもそも偶然に根拠なく存在し、「一体化的二重構造」をもち、欲望に満ちて、今ない自分や今持たないものを追い求め、自己完結せず、他者を含みこんで引き裂かれている。自由であるがゆえに悪を選ぶこともできる。自己欺瞞に陥ることもあれば、騙されることもある。幻想も抱く。思考停止し、与えられた指示や命令に疑問を持たず服従したりもする。デカルトのコギトのようにすべてを一旦疑うとは限らず、常に明晰判明に物事を見るとは限らない。ハイデガーの現存在の理想のように本来的に生きられない。静かに調和的に他者と共存することが困難で、絶えず相争い、集団的実践や意思決定は容易でない。そんなコギトに、私たちは現代の共生の困難な社会と崩壊するデモクラシーと富の追求にいそしむ資本主義の中で喘ぐ哀れな人間の姿そのものを目の当たりにする。

人間が自分たちの共同体の行方を自ら決める制度を作るには、超越的で絶対的な法からの解放、ないしその法を隠れ蓑にする権力者からの解放が必要だった。つまり、人間たちの頭上に立法者がいて、その禁止や命令に従わねばならないとする発想から抜け出る必要があった。それは他律性から自律性への人間の歩みを表しており、西欧はそれを何千年もの時間をかけて実現してきた。ホメロスやヘシオドスの時代から現代までを数えるなら、二八〇〇年と言えるだろう。もちろん、他律的思考はすっかり消えたわけではなく、様々な形を取って残っている。それは完全に排除すべきものとは限らない。日本もまた、この西欧の歩みを採用した。日本にもともと素地があった部分もあるだろうし、意図的に学び取り入れた部分もあるだろう。他方で、今も超越的立法者として神的存在を仰いでいる国家や組織が存在することは事実だ。また、現実の個人を超越的存在として崇拝することを強いている国や共同体もある。こうした事態を歴史上の歩みの過程と見なし、将来の進歩を期待して支援と対話を試みることは可能だろう。だが、その前に問うべきことがある。西欧的人間観は、やはり傲慢に陥っているのではないか。自らの歪みを棚に上げて優位を主張し、遅れていると見なす他なる文明に教えを垂れているのではないか。コギトは歪みだらけであり、それに依拠するデモクラシーは極めて不完全であるにもかかわらず、自己の正しさを確信してよいのか。

近代経済学が想定してきた「合理的経済人 homo economicus」が虚構であったことが認識されるようになって久しい。常に自分と集団の利益のために必要なあらゆる情報を入手し、正確に理解し、最適な経済行動を選ぶとされる人間。それは経済という現象を可能な限り数理的に解明するための学説上の想定であったのだが、次第に独り歩きをし始め、現実の消費者、労働者として行動する無数の人々の非合理性とのギャップを浮き彫りにした。現実には様々なバイアスの罠が最適な経済行動から人々を遠ざけるのである。同様に、デカルトにとってあくまでも方法的であった懐疑が生み出したコギトは、やはり自己と集団のためにあらゆる物事を明晰判明に理解し、最も合理的な決定を下すことが期待された。それは近代のデモクラシーを構成する主体的近代人、いわば「理性的人間 homo rationalis」として独り歩きしてきた。しかし、現実の国家社会においては、数知れぬ有権者たちが誤った情報や単純化された説明に騙されて非合理的な行動を取る。あるいは、その混乱の中で何が正しいかが見えず、有権者としての行動を放棄する。

ポピュリズム、デマ、フェイクニュースの拡散、陰謀論、悪の形象化、マインドコントロール、世論の他有化など、多くの非合理な現象の根本に何があるかを問うならば、結局は、デカルト的コギトが、理想形でこそあれ現実ではないとの結論に至りうる。冒頭で述べたように、デモクラシーが語られる中でデカルトが不在であるのは、これが大きな理由かもしれない。

　それに対して、サルトル的コギトは迷える近代人の生々しい姿そのものに見える。それがはらむ問題は、西欧的デモクラシーだけでなくより広い意味での「民主主義」や「共和国」がはらむ問題と重なっている。逆に、それらがはらむ危うさはサルトル的コギトに示された人間存在の危うさに立ち返ることでより鮮明にあぶり出されるとも言える。

　だが、それでは良識と理性が公平に分け与えられているという命題自体を否定しなければならないのか。人間は存在論的には平等でも、認識論的には不平等だと言わねばならないのか。デカルトは、様々な考え方があるのは人々の理性の度合いに差があるからではなく、思考の対象や道筋が異なるからだとして、「良き精神を持つのみでは十分でなく、それを良く適用することが原則である」[272]と述べていた。この「良く適用する bien appliquer」というさり気ないひと言には多大な重みがある。人間は良き精神を備えていても錯覚を抱き、事実に反することを信じ、だまされ、好ましくない自己決定をする。だからこそ、デカルトは知的指導の諸規則を提示した[273]。それは現代でも決して古びていない。ある特定の目的のもとに有用な一領域の学問のみを学ぶのではなく、互いに結びつき依存しあっている諸領域を広く視野に入れること[274]、数理的な確実性に依拠すること[275]、古典の読書を含め広く知識を求めること[276]、無秩序な探求や漠然とした考察ではなく確かなメソッドに従うこと[277]、複雑なものは細かく分

(272) デカルト『方法序説』AT, VI, 2.
(273) Descartes, *Regulae ad directionem ingenii*, rédigées en 1628, éditées en 1701（デカルト『知的指導の規則』一六二八年執筆、一七〇一年ラテン語版出版）.
(274) *Ibid*., AT, X 361.
(275) *Ibid*., AT, X 365-366.
(276) *Ibid*., AT, X 366.
(277) *Ibid*., AT, X 371-372.

解して考えること……。[278]これらの勧めは、執筆から四〇〇年近く過ぎた今でも、驚くほど新鮮さを失っていない。

そこで今言えるのは、認識におけるデモクラシー（démocratie cognitive）なしに自己決定するデモクラシー（démocratie auto-déterminante）はない、ということである。デモクラシーにおいて、その担い手である各人に真の自己決定ができ、そこから共同体にとって望ましい自己決定がなされるためには、まず世界に対する制約なき透明な認識の可能性が各人に平等に与えられていなければならない。そして、その可能性の条件としては、偶然性による不平等の解消、情報の非対称性の克服、情報の真偽や意見の妥当性を判断する手段の偏在の克服といった大きな課題がある。

しかし、目指されるのは全員の一致ではない。西欧型デモクラシーにとって、社会を構成する個々人は平等な絶対者であり、互いの間には相違があり思考や行動の自律性がある。異論を含まない完璧な共同主観性の成立はごくまれな例外的状況を除いては期待できない。したがって、目指すのは全体性の確保ではなく全体性の困難を認めた上での差異や対立の調整となる。[279]

このモデルは極めて非効率的で実効性に乏しく欠陥に満ちたものと見えるため、これを取り入れない国々が存在するのは驚くに当たるまい。その立場からは、むしろ優れた資質に恵まれた個人がその聡明さと指導力で恵まれない人々、迷える無学な人々を長期にわたり導いていくのが正しく現実的な統治方法と映る。卓越した指導者のもとで安心して豊かさを享受できる社会、議論せずとも最良の解が指導者から与えられる社会、その夢は、西欧型デモクラシーを採用した社会の中でもくすぶり続けている。

デモクラシーは、大いなる革命の夢と同様に美しく、かつ矛盾に満ちている。人々は突き放される。自分で考えなさい。考えて選びなさい。そして自分の選択に責任を持ちなさい。あなた方には等しく良識と自由な精神と思考力があるはずだ、と。だが、サルトル的観点からすると、西欧型デモクラシーは自己の不完全性の十分な自覚の上にこそ成り立ちうる。コギトとしての人間は、いかに学ぼうと完璧にはなれない。誤謬に陥ることもあれば、自己の欲望をひたすら追求することも故意に悪を選択することもある。無謬の人間は存在せず、したがって無謬の指導者もいない。だからこそ、役割分担と相互チェックと定期的な交代が必要となる。モンテスキューは、その意味でデカルト的コギトの弱点を補強したとも言える。三権分立は現代の西欧型デモクラシーにおいても必ずしも守られていないが、それはこのモデルの適用がいまだ不完全だということでありこのモデル自体の無効性を証明するものではない。

ポピュリズムの台頭は、確かにデモクラシーにとって脅威であり、デモクラシーの根本的な脆弱さを見せつける現象である。万人にコギトが与えられていると認めるからこそデモクラシーは成り立つが、同時にそのコギトはデモクラシーを破壊しうる。しかし、苦しみ、怒り、迷えるコギトたちを頭から批判することは事態をより悪化させることである。何より、ポピュリズムに走る彼らとそれを嘆く私たち、という構図自体を放棄する必要がある。誰でも、いつでも、ポピュリズム的思考に傾くときはある。異質な人々に軽蔑心を抱くとき、自分の価値観や道徳心が絶対に正しいと信じるとき、安易だが魅力的なスローガンに心高ぶるとき、もしかしたら私たちはデモクラシーの危機に加担しているのかもしれない。

不完全ではあれコギトに信を置く社会と不完全であるがゆえにそれを信じない社会。数千年の歴史に根ざすコギトを今や空気のように取り込みながらも諸悪に喘ぐ国々とやはり数千年の歴史に由来する別の人間観に立ちながら人権を踏みにじる国々。その相互承認はかつての資本主義と共産主義の相互承認以上に難しく見える。これについては、第三部でもう一歩踏み込むが、その前に合理性を越える意識のあり方、「非理性」[280]ないし「狂気」と呼ばれる意識、さらには自らのコギトの声に耳を傾けることを拒否する「さかさまのデカルト Descartes à rebours」

(278) *Ibid.*, AT, X 379*sq.*

(279) 第三部で見るが、『道徳論ノート』(CM93-95)は、アメリカ合衆国においてまさに不可能な全体性が国民統合の夢となって疎外を引き起こしていると指摘している。

(280) *Saint Genet, comédien et martyr*, 1952, p. 47(白井浩司、平井啓之訳『聖ジュネ』、新潮文庫、一九七一年、上巻六八頁。)以下、SGと略し、原書ページと訳書の頁を示す。

に視線を移し、それがサルトルの現象学的存在論においてどのような位置を占めるのか、またコギトを基盤とするデモクラシーという観点から見た場合、その位置がどのような意味を帯びるのかを問いたい。

第二部　狂気の現象学——さかさまのデカルトたち

プロローグ——理性とその外部

人間理性への信頼に基盤を置くデモクラシーにとって、「非理性 déraison」の場はどこにあるのか。デカルトは、良識がすべての人間に平等に分け与えられているとしたが、そこに精神疾患や精神障害、知的障害[1]においても良識は失われないという意味を読み取ることはできるだろうか。サルトルが示す存在論的平等は、どのような意味で「狂気」を排除しないと言えるのだろうか。理性と狂気、正常と異常、健常と障害、それらはしばしば光と闇のように対比され、二分される。闇は合理性の世界の外部に追放され、疎外され、忘れ去られる。闇が合理性の世界に忍び込むことを私たちは恐れる。非理性はデモクラシーにとって躓きの石[2]となる。このことに対して、サルトル哲学はどう向き合い、何を語り、どのような可能性を提示するのか。

第一部で述べたように、知と思考なしに自己決定はない。コギトは価値へと向かって自己を投企しながら欺瞞や誤謬や悪に陥り迷走しうるが、それをも織り込んで認識可能性におけるデモクラシーを充実させることが自己

（1）これらは医学、法律、福祉の観点からそれぞれに区別がなされているが、本書ではそのいずれにも特に準拠せず、理性にとって他者と見なされるものという大きなくくりの中で、人間存在の根本に横たわる異質性の問題に踏み込んでいく。
（2）この表現はいくつかの異なる意味で用いられているが、本書では、共感、理解、達成を妨げかねない困難という意味で用いる。「躓く石も縁の端」ということわざにおける意味やドイツ語の Stolperstein とはまったく別の意味である。

決定するデモクラシーの必要条件であると筆者は主張した。確かに、国家は人々に教育を与え、合理的思考を育てようとする。コギトは迷走もするが、学び、成長もする。失敗や過ちから学ぶ。しかし、他方で「人間ではない」、「生きる価値がない」と切り捨てられる人々がいることに私たちは無関心ではいられない。隔離され、ひっそりと生き、誰にも惜しまれずに死を迎える人々がいる。さらには、虐待を受け、命を奪われる人さえいる。重度の精神疾患や知的障害は、「正常」な人々にとって「他者」となる。「健常者」は、得てしてそのような他者の存在さえ意識したくない、関わりたくない、と思う。静かに目立たず秩序を乱さずにいてくれさえすればよい、と考える。さらには、幼少期から虐待を受け、自己肯定感の発達を阻害され、自らのコギトの声を信じられず生きにくさに苦しみ、ときとして犯罪へと走る人々がいる。第一部の末尾で触れた「さかさまのデカルト」とは彼らに広く当てはまりうる表象だ。このように「異常者」や「狂人」や「犯罪者」を排除することでデモクラシーは成り立ってきたのではないか。

　合理主義に基づく西欧近代社会の成立が狂気の隔離と軌を一にしていたことを見事に示したのはミシェル・フーコーだった。彼によれば、狂気の放置はまず経済的合理性に合致しなかった。一七世紀ヨーロッパでは、生まれつつある資本主義経済が早くも危機に見舞われていた。狂気の監禁は、その「打開策の一環」[3]だったと彼は指摘する。狂人は社会的有用性に欠け治安を脅かす者として、失業者や物乞い、怠惰な者、放浪者らと同類と見なされ、監禁される[4]。「協働によって保障される社会的内在性において、狂気は無為に対する倫理的断罪を通して知覚される」[5]。監禁は、信仰をもたず、道徳的な生き方ができない者を矯正するという目的のもとになされる。絶対王政の下で収容施設は美徳を教える「道徳の国」[6]となり、罰を与えるのではなく、救おうとする。フランス革命は人権を称揚したが、皮肉なことに狂人を人間ではなく「有害な動物」[7]として扱うことになる。人間は理性を持つからこそ自由であるとされ、「理性が損なわれたとき、自由は制限されうる」[8]。

　フーコーによれば、一七世紀においてデカルトのコギトは狂気を排除していた[9]。良識は万人に平等に分け与えられているとされたが、その万人に「狂人」は含まれていないことになる。膨大な歴史的資料に基づいた彼の研究からは、狂気の隔離、そして医学的アプローチが「非理性」の豊かさを抹殺してしまうことへの危機感が伝わってくる。そこには、近代の合理性にとって「他者」と言える狂気が計り知れない豊かさを秘めていることの再発見と評価へのいざないがある。同時に、そこにはデモクラシーの理念そのものを蝕む偽善の告発を聴き取ることもできる。

精神疾患がもたらす異質な思考と創造性は、デモクラシーをこの偽善から救うことができるだろうか。だが、フーコーが挙げる一握りの狂気の天才たちの背後には、ひたすら苦しむことしかできない無数の人々がいる。それをどう受け止めるのか。存在論的平等に基盤を置くデモクラシーは、この「他者」をも平等の地平に取り戻すことができるのか。

精神疾患というテーマはサルトルの中でそれほど目立つものではないが、想像力論や小説、戯曲ではこのテーマが取り上げられており、『存在と無』との関連性も認められる。いや、実は精神疾患がもたらす多様な心的現象についての研究と考察を経てこそ、『存在と無』の意識の理論は可能になったとさえ言える。ここでは、以下その点を検証しつつ、デモクラシーとの間で生じる疑問に対し、サルトル哲学と文学の中に考察のヒントを求めていきたい。

(3) Michel Foucault, *Histoire de la folie à l'âge classique*, Gallimard, 1961 ; coll. « Tel », 1972. p. 77（田村俶訳『狂気の歴史』新装版、新潮社、二〇二〇年、九五頁）。
(4) *Ibid.* p. 77-78（九五～九六頁）。
(5) *Ibid.*, p. 85（一〇三頁）。
(6) *Ibid.*, p. 87（一〇六頁）。
(7) *Ibid.*, p. 443（五一九頁）。
(8) *Ibid.*, p. 458（五三六頁）。
(9) *Ibid.*, p. 57-58（七四～七五頁）。この点については、この第二部の第一章2（3）で論じる。

サルトルの意識の理論は、一見、健常な人間にしか当てはまらないように思われる。不安や自己欺瞞や他者への敵愾心といった意識のあり方もあくまで「正常」の枠内で記述されているように見える。意識に生じうる「異常」な歪みや逸脱を捨象して、合理性の範囲内で揺れ動く意識を想定していると見なされうる。しかし、本当にそうだろうか。サルトルが自らの現象学的存在論を構想する際に依拠したフッサール現象学は、「純粋意識」を対象としている。この「純粋 rein」という概念は、経験に拠らないという意味でカントの「純粋理性」から受け継がれたものだが、フッサールにおいてさらに重みを帯びた。意識は、現象学的還元によって自然的世界の雑多さから自己を引き離し、ア・プリオリなものとして純化されたのである。純粋性とア・プリオリへの志向は、ルドルフ・オイケンによればアリストテレスに始まり、中世哲学を経てライプニッツに受け継がれカントにおいて頂点に達したとされるが、[10] その後も、少なくともドイツ哲学とその影響下にあるフランス現象学では踏襲されている。哲学は、近代において経験科学と一線を画すはるか以前から本質や理念を語る言葉を紡いできた。純粋理性、ア・プリオリ、超越論、形而上学、これらは同じ一つの根本的な知のあり方の規定であり、経験、実験、実

（10） Rudolf Eucken, *Geistige Strömungen der Gegenwart*, Walter de Gruyter, 1904; 1920. S. 81-83. Trad.fr. *Les Grands courants de la pensée contemporaine*, Felix Alcan, 1912. p. 110-111.

証、統計といった近代科学の方法の対極にあって、人間のイデアルな普遍性の砦を守っている。サルトルはその伝統を継承し、純粋で普遍的な意識の学をさらに磨き上げるべく非合理性や「狂気」を度外視したのだろうか。

実は、サルトルの哲学的探究の最初の領域は心理学だった。まさに経験的な意識の学である。フッサール現象学[11]との出会いの物語の影で忘れられがちだが、このことはもっと強調されてよい[12]。ただ、それはサルトルが意識に哲学的関心を抱く以前に情動や心的イメージに心理学的関心を抱いた、ということを意味しない。むしろ、カント研究が主流だった当時のフランス哲学界の影響で「超越論的主観 das transzendentale Subjekt」としての意識概念および「超越論的統覚 die transzendentale Apperzeption」としての自己意識概念を叩き込まれたサルトルが、あえてその抽象性に背を向け、経験的で具体的な意識作用としての心理現象に目を向けた結果だったと思われる。そして、純粋な形式性と合理性に還元されないその多様性の中に、自らに刻印されたカント哲学を乗り越えるひとつの手立てを探していたのではないかと推測される[13]。

当時のフランスの高等教育では、哲学の下位区分として形而上学、論理学、心理学、倫理学という四領域が設定されていた[14]。高等師範学校ではそれらすべてを講じていたが、サルトルが修了論文のテーマとして選んだのは『心的生におけるイマージュ　役割と性質』という心理学の領域のテーマであり、指導教官も心理学を専門とするアンリ・ドラクロワだった[15]。もちろん、心理学は必ずしも「狂気」の研究に直結するわけではない。実際、初期サルトルが精神異常や精神疾患にどのような関心を抱き、どのような考察を加えていたのかは再確認する必要がある。またそこにカント批判が見え隠れしていないか、さらにそこから打ち出した立場は後の主著『存在と無』で展開される意識の理論と整合性をもつのか問う必要がある。これに応えるため、まずは彼の具体的な体験および文学作品から「狂気」のテーマを取り出し、それと関連する想像力、罪悪感、引きこもり、家族との葛藤といった諸テーマと合わせて検討していこう。

1. 精神病院訪問

まず着目したいのは、学生時代のサルトルがしばしば精神病院を訪れていたという事実である。高等師範学校在学中、彼はパリ一四区の高い塀と柵に囲まれた精神科専門のサンタンヌ病院でジョルジュ・デュマの講義を聴いていた。(16) ジョルジュ・デュマは、心理学分野の哲学教授であり、精神医学の研究者かつ臨床医でもあった。サ

(11) フッサールの出発点にも心理学があったことは周知のとおりである。ただ、彼が心理学的分析を当てはめた対象は数学基礎論であり（鈴木俊洋『数学の現象学』、法政大学出版局、二〇一三年、四四頁）、その後『論理学研究』において現象学的方法の提示によって心理学から距離を取る。両者の出発点に心理学という共通項があることは確かだが、その内実も以降の方向もまったく異なっている。

(12) 以下でもこの点が指摘されている。澤田直・水野浩二訳、サルトル『イマジネール』、訳者解説、講談社学術文庫、二〇二〇年、四三二頁。

(13) サルトルにおけるカントの刻印とそこからの脱却という課題については、生方の前掲書、一四三～一四六頁を参照。

(14) フランスの哲学教育制度の礎は、七月王政下の一八四〇年に公教育相を務めた哲学者ヴィクトール・クザンによって築かれたとされる。哲学教育の下位区分としてこれら四領域を設定したのもクザンと言われる。これについて間接的な情報は多く見出されるが、筆者は直接的な法令等の資料は確認していない。一方、エコールノルマルおよびソルボンヌ大学の教壇に立ったブートルーの時代に、実際この四領域が教えられていたとする証言は以下のボシールの論文に見出される。ブートルー(Emile Boutroux, 1845-1921) はサルトルにとって間接的な師でもあり、そのカント論は『自我の超越』の冒頭で言及され肯定的に評価されている。ボシールによれば、ブートルーは心理学に他の三領域とは異なる専門性を見ており、専門の教授が必要だと考えていたという。サルトルの指導教官であったドラクロワはまさにそうした意図に沿って配置されていたことになる。Émile Beaussire, « L'Enseignement de la philosophie dans l'Université de France », in *Revue des Deux Mondes*, 3e période, tome 78, 1886 (p. 82-121). https:/fr.wikisource.org/wiki/L'Enseignement_de_la_philosophie_dans_l'Université_de_France（二〇二四年四月二〇日最終閲覧）。

(15) Sartre « L'image dans la vie psychologique : rôle et nature », Mémoire présenté pour l'obtention du Diplôme d'Études Supérieures de Philosophie, 1926-1927, in *Etudes sartriennes*, n° 22, 2018. 綿密な研究論文として以下がある。Hiroaki Seki « Pensée, image et langage. Sartre et Henri Delacroix », *Etudes Sartriennes*, n° 25, 2021.

(16) Michel Contat, Michel Rybalka « Chronologie » in *Œuvres romanesques*, coll. « Bibliothèque de la Pléiade », 1981, XLIII.

ルトルは、上記修了論文の中でデュマから直接聴いたという見解を紹介しており、[17] 個人的な交流があったことも伺える。また、日曜の朝には、ニザンやアロンと共に同病院で、医師と患者の公開面談[18]を傍聴していたとも言われる。[19] 一七世紀にパリに設立されたこの病院は、長い間フランスの精神疾患療養の一翼を担う場であった。フーコーはビセートル病院やサルペトリエール病院の果たした役割を詳述した一方でなぜかサンタンヌ病院についてはほとんど語っていないが、実は同様に重要であった。サンタンヌ病院は二〇一九年に「パリ精神医療・神経科学大学病院群 GHU Paris」の一部として統合され、今もフランスの精神医学の拠点であり続けている。[20] 残念ながらサルトルの定期的な訪問に関して詳しい資料は見つかっておらず、精神疾患へのどのような関心で何を学び何を考えたかについて明らかにならない。他方、同時期にサルトルはヤスパースの『精神病理学総論』の翻訳[21]に参加している。事実であれば、精神疾患と哲学というテーマに関する彼の最初の小さな仕事ということになる。ただ、これについても情報が不足しており、どの程度の貢献をしたのか、著書の内容からどの程度影響を受けたかについても判断できない。[22] アニー・コーエン゠ソラルの詳細な『サルトル伝』にも、「ヤスパースの『精神病理学総論』の校正刷の見直し」[23]という一言があるのみだ。

その後、一九三五年二月、サルトルはサンタンヌ病院で幻覚を引き起こすメスカリンの注射を受けることになる。[24] 想像力論の出版を準備中だった彼は、知覚異常を自ら体験して論文に活かそうと、ここでこの薬物投与を受けたのである。担当したのは高等師範学校の同級生で卒業後に精神医学の道に進んだダニエル・ラガッシュである。サルトルは彼にこの薬物は不快ではあるが特に危険はないと言われ、せいぜい数時間「奇妙な行動」をとるだけで済むと予想していたという。[25] しかし、この楽観的な見通しに反して効果は長期間続き、その後半年から一年ほど知覚の歪みや幻視、そして不安感に悩まされることになる。

のちに戦中日記でサルトルはこの体験の翌月頃、それまでの陰鬱な気分が「狂気 folie」へと変わったと述べている。[26] この「狂気」は、オルガという少女への「情熱」と並行して語られているため判別しにくい部分もあり、コーエン゠ソラルはそれらを同一視している。[27] しかし、そこには様々な要因が絡んでおり、その一つとしてこの薬物摂取体験があったことは十分に考えられる。合理性の上に成り立つ西洋近代哲学に浸りきっていたはずのサルトルは、なぜ自ら幻覚という意識の非合理的なあり方を体験することを望み、この体験から何を得たのか。精神に対する物質の作用をどう考えるようになったのか。彼の「狂気」は二冊の想像力論にどのように反映し、さ

（17）Sartre « L'image dans la vie psychologique : rôle et nature », *op. cit.*, p. 218.

（18）「公開面談　présentation de malades」は、フランスの精神医療における一九世紀以来の伝統で、病院において入院患者の了解のもとに医師と患者が一問一答を繰り返す面談場面を医療チームや学生らが傍聴する臨床的実践である。日本の「精神科面接」や「医療面接」とは異なる。ラカンやフーコーも取り上げているが、ここでは立ち入らない。この方法についての最近の論文として以下を参照した。Yorgos Dimitriadis, « Sur la présentation des malades par des psychanalystes », in *Revue du collège de psychiatrie*, 2020 | https://hal.archives-ouvertes.fr/hal-02913357/document（二〇二四年一〇月二〇日最終閲覧）。

（19）Annie Cohen-Solal, *Sartre 1905-1980*, *op. cit.*, p. 108（上一五四頁）。これがデュマの講義とは別のものだったかどうかは明らかでない。また、その情報の出所は同書には示されていない。

（20）Stéphane Henry (sous la direction de), *L'hôpital Saint-Anne : Pionnier de la psychiatrie et des neurosciences au cœur de Paris*, Somogy éditoins d'art, 2017.

（21）*Psychopathologie générale*, par K. Jaspers, professeur de philosophie à l'Université de Heidelberg. Traduit d'après la 3e édition allemande, par A. Kastler et J. Mendousse, Librairie Félix Alcan, 1928.

（22）『存在と無』に一箇所のみヤスパースの「了解可能」概念への言及があるが、これについてコメントするには現時点では十分な資料が入手できていない。

（23）Annie Cohen-Solal, *op. cit.*, p. 108（上一五四頁）。

（24）*L'imagination*, Alcan, 1936（平井啓之訳「想像力——デカルトからフッサールまで」、『哲学論文集』所収、一九五七年）。

（25）Simone de Beauvoir, *La force de l'âge I*, 1960 ; coll. « Folio », 1982, p. 240. *Mémoires I*, coll. « Bibliothèque de la Pléiade », p. 546（朝吹登水子、二宮フサ訳『女ざかり——ある女の回想』上・下、一九六三年、上一九六頁。以降同書からの引用はプレイヤッド版のページと朝吹・二宮訳の頁を示す）。

（26）CDG1939.12.1.

（27）Annie Cohen-Solal, *op. cit.*, p. 157（上二二六頁）。

らに『存在と無』で示される意識理論にどう結び付くのか。

サルトルが自らの「狂気」を語ったと言えば、自伝『言葉』の末尾も思い起こさねばなるまい。「私はほぼ十年来、長く苦い甘美な狂気から回復し目覚めた人間である」[28]という記述である。ただ、こちらは意味が異なる。この「狂気」は紛れもなく比喩的な意味で使われていて、少年時代にキリスト教信仰を喪失した後、その代償として生まれた文学への信仰、つまり文学作品を創作することによって自分の存在を救おうとする願望を意味する。それに対し、一九三五年から翌年にかけての「狂気」は実際に精神機能の変調を伴うものであり、サルトルは自分が「慢性幻覚性精神病」にかかったのではないかと不安を口にしていたという[29]。では、この体験から彼は人間の精神作用への物質の影響をより重視するようになったと言えるだろうか。

ボーヴォワールによれば、薬物は「幻覚の型を与えた」[30]だけであり、深い理由は自分が壮年期を迎えることへの抵抗感だったという。原因を外ではなく内に求めるこの解釈は「私たちは（…）と考えるようになった」[31]と一人称複数形を主語として述べられており、それを信じるならばサルトル自身も薬物の作用には決定的な重要性を見ていないことになる。実際、戦中日記でも、一九三五年の「私の狂気」として語られる事態は、メスカリン注射のすぐ後に始まり明らかな時間的一致があるにもかかわらず、その後遺症として説明されてはいない。むしろ、高校教師としての生活に安住できずもっと桁外れのことをしたかったという思いに苛まれていた結果として説明されている[32]。薬物摂取といった物質的で他律的な原因を前面に出してはいないのである。

もうひとつ、精神病院との積極的な関わりとして無視できないことがある。一九三六年、サルトルはボーヴォワールおよび彼らの教え子二人と共にルアン近郊の精神病院[33]を訪問し、入院患者の様子を目の当たりにしていた。訪問を提案し、許可を求めるなど計画を具体化したのはサルトルのようである。しかし、この体験についてもサルトル自身は記録を残していない。少なくとも、見つかっていない。ボーヴォワールはサルトル個人の反応について、とりたてて伝えていないが、四人全員を指して「私たちは嫌悪感と疲労に打ちのめされていた」[34]と述べている。「嫌悪感」と言っているのは、決して患者たちへの嫌悪感ではない。彼らの置かれた悲惨な状況に心を痛め、医療体制の不備に疑問を呈しているのである。二六〇人の入院患者に対して医師は一人しかおらず、「回復する人はいるか」という質問に対し、案内してくれた医師は肩をすくめることしかできなかったという。医師自

(28) *Les Mots*, 1964 ; coll. « folio », 2016, p. 204. *Les Mots et autres écrits autobiographiques*, coll. « Bibliothèque de la Pléiade », 2010, p. 138（澤田直訳、二〇〇六年、二〇二頁）。以降、『言葉』からの引用はプレイヤッド版のページと澤田訳の頁を示す。

(29) *La force de l'âge I*, *op. cit.*, p. 547（上一九七頁）。この時期のサルトルは、文学による救済を真剣に求めていたので、それを冷めた目で見て「狂気」に喩えたとは考えにくい。むしろ、本当に精神疾患を疑っていたのであろう。

(30) *Ibid.*, p. 243 / p. 548（上一九八頁）。

(31) *Ibid.*

(32) CDG1939.12.1.

(33) 回想録は病院名を示していないが、ルアン近郊のソットヴィルという自治体に現存する Centre hospitalier du Rouvray（ルヴレー医療センター）の前身と思われる。同センターの公式ウェブサイトによれば、この施設は一八世紀にキリスト教学校修士会、いわゆるラ・サール会がルアン市内の館に創設した学校で、精神障害のある若者にも教育を提供していたという。革命により修道会は追放されて、一八〇八年に公立の浮浪者収容施設、のち一八二二年に精神病院となった。そこではピネルとエスキロールの人道療法が実践されていた。しかし、次第に収容者が増えて、近郊のキャトルマール地区に別館が作られた。一九世紀末には男性用と女性用の二つの施設が別々に運営されていたが、一九二〇年に統合され、一九三八年までは Maison de Santé Départementale（県立療養院）という名称だったという。サルトルらが訪れたのはこの時期であり、市内の館ではなく郊外の別館の方である。一九三八年以降は Hôpital psychiatrique Départemental（県立精神病院）と改称され、より快適になったが過密状態は変わらなかったと公式サイトには書かれている。当時の建物は第二次世界大戦中の空爆により破壊されたが、戦後再建され、何度かの精神医療改革、再編およびそれに伴う工事を経て現在、ノルマンディー地方の精神科拠点病院となっているということである。https://www.ch-lerouvray.fr/ch-du-rouvray/culture-et-sante/histoire（二〇二四年一〇月二〇日最終閲覧）。一八五四年から一九二〇年まで専ら男性患者を受け入れていたキャトルマール精神病院の医療記録はフランス国立図書館に保管されている（https://data.bnf.fr/fr/10763174/asile_d_alienes_de_quatre-mares_sotteville-les-rouen__seine-maritime/. 二〇二四年一〇月二〇日最終閲覧）。サルトルらが訪問した時期の記録は見出せなかった。

(34) *La force de l'âge I*, *op. cit.*, p. 589（上二三七頁）。

身が精神疾患を不治の病と見なして諦め、治療らしい治療を施さず、対話もせず、理解しようともしない。その状況を見て、憤慨したのである。拘束衣を着せられベッドに縛り付けられている者もいた。不当に強制入院させられた場合も含め、一度入れば二度と生きて出られる可能性はなかった。「これらの人々の中には不治ではない人もいたはずだ。彼らを救おうとする試みは一切なされていなかった[35]」とボーヴォワールは憤りを表している。サルトルも二人の生徒もおそらくこの思いを共有していたのであろう。

この時代、フランスの精神医療施設では、フィリップ・ピネル（一七四五―一八二六年）とその弟子たちの理論に基づいた人道的医療が実施されていたはずである[36]。そのことについて、デュマ医師の講義を聴き公開面談を傍聴していたサルトルがまったく無知であったとは考えにくい。ピネルは、一八世紀末の革命期において精神病者を身体的拘束から解き放ち対話によって理解するという姿勢を打ち出し、フランスの近代的精神医療の礎を築いた医師として高く評価されてきた。その博愛主義的理念と方法論は、二〇世紀後半になってもフランスの精神医療の現場で受け継がれ発展していた[37]。他方で、ピネルをイギリスに精神病院を開設したテューク[38]と並べて、彼らが精神医療にもたらした改革を「伝説」と呼び、厳しく批判したのはフーコーだった。人道的であるどころか、それは狂気を医学的かつ道徳的視線の下に対象として閉じ込め、決定的に疎外したというのである。ピネルの名声を高めた「精神病院、やすらぎの場 asile」とは、その名に反して狂気という罪を罰する「司法的空間[39]」であり、彼が行ったのは、「解放」どころか「巨大な道徳的収監[40]」だったとフーコーは述べている。哲学思想史上でこの書が画期的であったことは周知のとおりだが、それとは対照的に当時の精神科臨床医の世界では激しく反発する者もおり、アンリ・バリュックはこれを「誹謗中傷」としてピネルとその後継者のエスキロールを擁護している[41]。『狂気の歴史』以前にピネルの考え方に異論を唱えた研究者や別の方法を提唱した臨床医がいなかったかどうか、断定はできないが、少なくともこれほど挑戦的な否定は見られなかったのであろう。ボーヴォワールが語る患者との対話と理解という考え方も、まさにピネルが理想としたものに他ならない。そこから類推するなら、サルトルの訪問の目的にもピネルの理念がどの程度現場において実践されているかチェックすることが含まれていた可能性がある。地方都市近郊の広大な敷地に建つこの病院に、サルトルはパリ市内で壁に囲まれた手狭なサンタンヌ病院とは異なるより望ましい環境を期待していたのかもしれない。しかし、目の当たりにした現実は、人道的医療からは程遠いものであった[42]。それをボーヴォワールが代弁しているわけだが、その批判は、フーコーの描く

（35）*Ibid.*, p. 289 / p. 587（上二三五頁）。

（36）実際にルヴレー医療センターも前掲の公式サイト（注33）で、この精神病院では「ピネルとエスキロールの新理論がことごとく実践された」と述べている。

（37）Henri Baruk, *La psychiatrie et la Science de l'Homme*, 1961-65. p. 12.

（38）フーコーの記述では、「テューク」は親子三代に渡ってヨークで精神医療に関わったウィリアム、ヘンリー、サミュエル・テュークの誰を指すのかが明快でない。サミュエルについては、その著書の引用の際にファーストネームも記しているが、それ以外では三人の区別がつきにくい。邦訳者は、巻末の固有名詞索引でこれら三人及びサミュエルの子のダニエルを明確に区別し、フーコーが「テューク」と呼ぶのはサミュエルであると解釈しているが、ピネルと最も年齢が近いのはヘンリー（一七五五―一八一四）である。ヘンリーとサミュエル（一七八四―一八五七）がまとめてテュークと呼ばれていると思われる箇所もある。他方、中井久夫は一家が代々同じ事業に関わっていることを考慮して「テューク家」という言い方を取っている（『西欧精神医学背景史』、みすず書房、一九九九年、二〇二二年、七一～七二頁）。

（39）Foucault, *op. cit.*, p. 523（田村訳、六一一頁）。

（40）*Ibid.*, p.530（六二〇頁）。

（41）« L'œuvre de Pinel, d'Esquirol et la psychiatrie d'aujourd'hui », *Le Monde*, le 12 mars 1971. アンリ・バリュック医師の発言を引用した記事。同医師はミシェル・フーコーを直接に名指ししてはいないが、「精神医学のパイオニアたちに対して、彼らが精神病院を作ったことを昨今、人は非難している」と述べており、「人 on」という漠然とした主語を用いているが、フーコーと彼に賛同する人々を指していると思われる。

（42）一九三〇年代フランスの精神医療について当時の資料をもとに論じた研究によれば、フランス各地の病院で新しい治療モデルの導入や専門の看護師によるケアなど新たな改革が進められたが、こと統合失調症の患者に対しては、理想どおりの関係構築は困難だったとされる。ピネルの理念は受け継がれていたが、実行は必ずしも容易ではなかったことが見て取れる。Hervé Guillemain « Le soin en psychiatrie dans la France des années 1930. Une observation à partir des dossiers de patients et des manuels de formation

大きな排除と監禁のドラマとは対照的に、ミクロな観察に基づく気づきである。彼女の憤りの根本にあるのは、あまりに極端な人手不足の現実への驚きである。いかに広大な敷地に快適な環境を整え、人道的な対応をしようとしたところで、二六〇人の患者に医師一人では対話も理解もできるはずがない。人材育成が不十分だ。ということは、そこに十分な公的予算がつぎ込まれていないことも意味する。具体的な現実の悲惨さを目の当たりにしてサルトルとボーヴォワールが見て取ったのは、理念の過ちではなく、その実行の難しさだったと思われる。科学的理性による非理性の封じ込めではなく、科学的知見の十全な活用の前に立ちはだかる人的・物的な壁だったのだ。

2. 引きこもるピエールと想像力論

この訪問の前後に当たる一九三〇年代半ば以降、サルトルの著作には哲学か文学か伝記的作品かを問わず[43]狂気や幻覚というテーマが度々登場するようになる。そこでサルトルは非合理的な意識のあり方を問い、描写している。ただ、隔離という措置や医療のあり方に対する直接的な告発は見られず、また病理の原因は何か、精神活動がいかに薬物ないし物質に依存するかという問いを正面から投げかけているわけでもない。メスカリン注射の際に執筆中だった『想像力』は翌年に出版されたが、ここにもこの体験が特に活かされた形跡はない。テーヌの学説を批判する中でわずかに幻覚に触れられるのみである[44]。この体験のある種の反映を見るには、むしろ次のより本格的な想像力論『イマジネール』[45]に目を向ける必要があるだろう。しかし、そこに立ち入る前に、まずメスカリン体験およびルアン近郊の精神病院訪問からまもない時期に執筆された短編小説『部屋』[46]で扱われた幻覚の例を見てみよう。この作品が収録された短編集『壁』には、他にも異常性を呈する人物が複数登場するが、その異常性が最も顕著に精神疾患として描かれているのはこの作品である。

（1）『部屋』

『部屋』には、精神異常をきたし自室に引きこもる若い男ピエールと彼を世話する妻エヴ、そして彼女の両親という主に四人の人物が登場する。叙述はピエールを除く三人の視点からなされていて、ピエールの有り様は三人の視点を通して語られるのみである。作者がピエールの内面に立ち入って語る箇所は皆無で、彼の病理に「神の視点」から判断を下すこともない。舞台はパリだが、一方には古いアパルトマンで昼夜カーテンを閉め切ってお香を焚くピエールの部屋に象徴される狂気の世界があり、その対極には秋の日差しに照らされ人々が行き交うサンジェルマン界隈がある。それは父親が属する「健全」な世界である。その中間点にいるのが「不明の病」でやはり部屋に閉じこもりながら読書生活を送る母親であり、ピエールの部屋とそれ以外の「通常」の生活空間を行き来するエヴである。また、第三の場として、ハンブルクがある。ピエールにとってかつて妻と一緒にいた思い出の町であり、彼はそれを繰り返し話題にする。しかし、エヴの視点からは、そこは二人とも一度も訪れたこ

infirmière » in *Histoire, médecine et santé. Revue d'histoire et culturelle de la médecine, de la santé du corps*, 7 / Printemps 2015, p. 77-90. https://journals.openedition.org/hms/804（二〇二四年五月四日最終閲覧）。

（43）『部屋』、「占領下のパリ」、『聖ジュネ』、『アルトナの幽閉者』等。

（44）*L'imagination, op. cit.*, p. 96-100.

（45）Sartre, *L'imaginaire*, 1940 ; coll. « idées », 1975 ; Nouvelle édition, 2005（澤田直・水野浩二訳『イマジネール』、講談社学術文庫、二〇二〇年）。以降、略号 IM を用い、二〇〇五年刊行の原書のページと翻訳の頁を指示する。

（46）« La Chambre », in *Mesures*, 3e année, n° 1, 15 janvier 1938, p. 119-149. Reprise in *Le Mur*, 1939 ; *Œuvres romanesques*, coll. « Bibliothèque de la Pléiade », 1981, p. 234-261（白井浩司訳、『短編集　壁』所収、一九五〇年）。以降、略号 CHA を用い、プレイヤッド版のページと翻訳の頁を指示する。

とがないことが示される。この第三の場とは、幻想の場なのである[47]。父親は娘の人生が犠牲にならないためにはピエールを精神病院に隔離するほかないと考えている。エヴは夫を愛していて狂気の世界を共有したいと願っているが、それが不可能であることも分かっている。物語は、ピエールが「降伏」という語を発して眠りにつき、それを見ながらエヴがいつか病状が最悪になる前に夫を殺害しようと独語するところで終わる。

謎として描かれたこの狂気について、ミシェル・リバルカは深い理由があると説明する。すなわち、裕福なブルジョワである妻の両親が彼を物のように扱い、「石化」させてしまったのであり、そこには狂気をめぐって社会的かつ道徳的な視点によるブルジョワジー批判がある、という解釈である[48]。ごく短く示唆されたのみだが、この解釈は成立するだろうか。まず、『部屋』では先に述べたように狂気の意識が他者の視点から描写されていることに注意しよう。ピエールの義母にとって、彼の異常性は自分を誰よりも頭が良いと考える傲慢さと人を見下した態度、そして人とのコミュニケーションの拒否に起因する[49]。彼の人格的歪みが病を招いたのであって、彼自身に責任があるという考え方である。言わば一種の人格障害が病的に変異したということになろうか。他方、義父は精神医学の専門家である主治医の所見を信じて、ピエールの異常性は遺伝性疾患であり、進行性であり、本人に責任はないと考える。そのため、同情はするものの回復の見込みはないと考えている。他方、妻のエヴは原因も責任も問おうとしない。あるがままに受止め、共感性をもって接し、夫の幻覚を共有したいと願う。また彼女は、夫の言葉や態度の中に作り話や演技、自覚的な部分があることにも気づいている。それも受け入れつつ、それは症状がまだ進行しきっていない故であり、数年後には意識は完全に明晰さを失うであろうと予測している。この献身的な妻について、G・イットはアルトーやブルトンらシュルレアリスト同様に「狂気に卓越した知的能力と新しい意味を作り出す力を見ている[50]」と述べている。この時期のサルトルがシュルレアリスムの文学理論を意識していたことは確かだが、ただ、エヴという人物にそれを託したと考えるには根拠が希薄と思われる。そのような解釈の余地は、いかに行間を読もうとも見出しにくいのである。

（2）精神疾患への社会的視線と薬物

エヴの両親の視点は、それぞれ当時の社会の精神疾患に対する一般的な見方を反映している可能性がある。それを実証的に証明することはここではできないが、サルトルが狂気に対する当時の「健常」な人々の視線にも関心を抱いていて、それをこの人物たちに託して再現しようとしたということは推測できる。しかし、注目したいのは、そこに二つの重要なテーマが不在であることだ。まず、一つが薬物である。エヴと父親はピエールについて医師に相談をしているが、投薬治療を受けているか否かについては何も触れられていない。

では、当時のフランスの精神医療における薬物使用の実態はどうだったのか。専門領域の学術論文[51]によれば、本格的な投薬治療が開始されたのは一九五二年だが、一九世紀前半から鎮静作用のある阿片や大麻などの投与は試みられていたという。一九世紀後半には化学工業の飛躍と共に臭化カリウムやパラアルデヒドなど化学合成薬が作られ、処方されるようになった。いずれも根治を目的としたものではなく対症療法であるが、患者の苦痛を

（47） ハンブルクについて、リバルカは注釈で「当時の文学的想像力において特権的な場の一つだった」と述べている。Rybalka, in *Œuvres romanesques*, coll. « Bibliothèque de la Pléiade », p. 1839. このドイツの港湾都市は『アルトナの幽閉者』の舞台でもあるが、一六二〇年にフランスに先立って精神病患者を含めた社会の「厄介者」を収容する大規模施設の建設が始まったことでも知られている。Klaus Dörner, *Bürger und Irre: Zur Sozialgeschichte und Wissenschaftssoziologie der Psychiatrie*, CEP Europäische Verlagsanstalt, 1969 ; 1984 ; 2018, p. 44. サルトルが精神科臨床医の授業などを通してそれを知り念頭に置いていた可能性も完全には排除できない。

（48） *Ibid.*, p. 1837.

（49） CHA237/九五。

（50） Geneviève Idt, *Le Mur de Jean-Paul Sartre : techniques et contexte d'une provocation*, Larousse, 1972, p. 191.

（51） Baratta Alexandre, Morali Alexandre, « Les traitements biologiques en psychiatrie entre la seconde moitié du XIXe siècle et la première moitié du XXe siècle », *L'information psychiatrique*, 2010/6 (Volume 86), p. 539-547. DOI : 10.3917/inpsy.8606.0539（二〇二四年一〇月一九日最終閲覧）。

多少なりとも和らげることは可能だったとされる。二〇世紀になると、バルビツール酸系催眠薬に加えて、神経梅毒による認知症の進行を食い止める治療薬や統合失調症に対するインシュリンショック療法なども登場した。いずれも、現代では用いられていない治療法だが、サルトルらが訪問した病院で用いられていた可能性は十分にある。ちなみに、のちに彼が『弁証法的理性批判』執筆の際に使用したアンフェタミンもこの時代に開発されている。『部屋』では、こうした薬物の存在さえもまったく触れられていない。

(3) 暴力性、幻覚、自己意識

もう一つの不在は暴力性である。精神疾患に伴う最も対処の難しい問題として、患者の暴力性の発現がある。犯罪や自殺に結びつきかねないだけに深刻であり、そのために隔離、監禁、拘束といった強制措置が取られてきた。ピネルがビセートル病院の患者を拘束から解いたというエピソードが神話的に語り継がれてきたのもまさにそれ故であろう。サルトルも一九三六年の訪問ではベッドに縛り付けられ呻きを上げる患者を目の当たりにしている。他方、ピエールの描き方には暴力性へのわずかな暗示さえ認められない。触れられることを拒みこそすれ、自傷行為、暴力、暴言などとは無縁の人物として提示されているのである。

妻の視点を借りたピエールの「狂気」の描写には、実際の症例に対する知識に基づいていると思われるものもある。うなりながら部屋を飛ぶ彫像たちという幻覚もそのひとつだ。ピエールには彫像たちは見えないが、うなりが聞こえることからその襲来を感じている。つまり、幻視を伴わない幻聴である。また、ジュール・セグラ[52]が「言語性精神運動幻覚 hallucination verbale psycho-motrice」と名付け、その後、多くの精神病理学者が記述した症状に適合する描写もある。調音器官の不随意運動[53]によって表現される幻覚で、ひとり言として表われる場合もあれば唇だけが動き音声が発されない場合もある。ピエールにはまさにこの後者の症状がある。赤いランプの霧のような光の中で唇だけが動き続け、エヴがそれに魅了されるといういささか倒錯的な場面である[54]。

実は、この症状は、『イマジネール』において「言語性運動幻覚 hallucination motrice verbale」という省略形で言及されている。[55] この著作の「想像力の病理学」と題する節では、統合失調症についてのジャネやラガッシュの研究が参照され、様々な幻覚症状の例が知覚との関係から考察されている。『部屋』で語られる幻覚との符合は他にもいくつか見いだされる。ピエールは空中を飛ぶ彫像を追い払うために段ボールを切り貼りして蜘蛛のような物体を作り、「ジュートル」と名付けている。[56] これは、『イマジネール』で「患者が幻覚を妨げるのに用いる《仕掛け》[57]」として言及されている一種の護符のようなものである。

さらに、これが最も注目すべき点だが、ピエールの部屋には鏡がある。[58] 戯曲『出口なし』に描かれた死者たちのサロンに鏡がないのと対照的である。その鏡はもともとエヴのものだったが、ピエールが私物化してしまったという。鏡を『出口なし』のそれと同様に反省的自己意識を可能にするものと見なすならば、狂気の中にあってもピエールには自己意識への立ち戻りの契機があり、逆にエヴの自己意識はピエールに絡めとられてしまったと解釈できる。[59] 他有化とも取れるエヴのこの意識については後述するとして、精神錯乱における意識のあり方に目

(52) Binet Alfred. Paul Garnier et le Filiatre, Coexistence d'hallucinations auditives et verbales psycho-motrices. In: *L'année psychologique*, 1895, vol. 2. p. 865-866 ; https://www.persee.fr/doc/psy_0003-5033_1895_num_2_1_1763（二〇二四年一〇月一九日最終閲覧）.
(53) 加藤敏「統合失調症の診断を考える——分子生物学および精神病理学の見地から」、『精神経誌』、二〇一一年、一一三巻三号。https://journal.jspn.or.jp/jspn/openpdf/1130030323.pdf（二〇二四年一〇月一九日最終閲覧）.
(54) CHA256/一一五。
(55) IM290-293/三四〇～三四三。
(56) CHA255/一一三。
(57) IM287/三三九。
(58) CHA253/一一〇。
(59) 本章（5）自己意識の消失への不安

を向けるなら、『イマジネール』はそれを意識一般と根本的に変わらないものとして見ている。病的な幻覚においても、「〔非現実的な対象に向かう〕意識の自発性はこの自発性についての意識と一体をなしている」[60]のであり、したがって「非現実的対象の産出はその対象の非現実性についての意識と一致する」[61]。すなわち、幻想であれ何らかの対象へと向かう意識は、それを意識している自分についての意識として表れる、ということであり、これは『存在と無』においてより精密に定式化されるサルトル独自の意識理論の一足早い適用に他ならない。この自己意識は、非反省的なあり方で出現するとしても容易に反省的水準へと転化する。[62]錯乱するピエールは、「ぼくは憑りつかれているんだ」[63]と一人称で自己を語る。幻覚を覚える自己についての明晰な意識をもっているのである。『イマジネール』が「デカルト的コギトは精神病者においてもその権利を保持している」[64]と断言するのは、この意味においてである。

ここには、コギトと狂気をめぐるフーコーの考え方との対照性が見られる。『狂気の歴史』において、フーコーはデカルトの懐疑からは狂気が除外されていると述べている。[65]それによれば、デカルトに代表される一七世紀合理主義において、考える我は自分を狂人であると考えることができない。コギトは狂気を不可能にしてしまう。「彼〔デカルト〕は疑う者の名において狂気を追放する。疑う者は、自分が思考せず存在しないと考えられないのと同様に理性を踏み外すことができないのである」[66]。すなわち、コギトにおける私は必ずや合理的な意識の持ち主であり、狂気に陥っていない。それは、言い換えれば、狂気の人は自らコギトに到達することはできない、という意味になる。疑わない人は理性を踏み外していないとは言えないし、理性を踏み外していないからといって懐疑を実践するとは限らないが、理性を踏み外している人は懐疑を実践しコギトの明証性を得ることがない、とデカルトは見なしていた、という解釈である。デカルトの「われ」は、自己の二重化によってコギトを発見するが、フーコーによれば、狂人に対しては医師が彼を夢と幻想と狂気から引き離すことで「コギトの瞬間を再現する」[67]。すなわち、明晰な理性の人が、すべてを疑った上で疑い得ない真理に自ら到達するように、狂気の人は権威的な医学の介入によってしばしば強制的にコギトへと導かれる。この介入とは、得てして乱暴な治療であるとフーコーは訴えており、それには確かに意味がある。ただ、それを通して彼は、狂気の人もまた外部からの押し付けなしに自らコギトを発見しうる、と主張しているわけではない。

これに対してサルトルは、デカルトが狂気を排除していないと見なし、上述のように精神疾患においても自己意識は明晰でありうると主張する。『イマジネール』は知覚と想像との相違と一致を様々な具体例を通して現象学的意識の理論から説明する試みであるが、同時に『自我の超越』で見出された非定立的意識[68]を『存在と無』における定式化へとつなげる橋渡し的な役割を担っている。想像、夢、狂気といったテーマはその試金石となっていると言える。ここで病的な想像力を分析する中で、サルトルは、のちに『存在と無』で前面に提示される命題、何かについての意識はその何かを意識する自分についての漠然とした非定立的意識としてのみ存在する、という命題を事前の試練にかけ、それが通常の意識だけではなく病的な幻覚においても成立するかどうかを検証してい

(60) IM293/三四二。
(61) IM293/三四三。
(62) ただし、「影響妄想 psychose d'influence」には同様の反省への立ち返りを見ていない。(IM308/三五六)。ピエールにはこの妄想は見られない。現代ではこの病名は使われなくなったが、サルトルは複数の著作で多用している。背景には、一九二〇年代におびただしい症例研究があったことが考えられる。Jean-Paul Durand, « Délire d'influence et syndrome démentiel, à propos d'un cas », *L'information psychiatrique*, 2010/1 (Volume 86), p. 67-71. DOI : 10.3917/inpsy.8601.0067. https://www.cairn.info/revue-l-information-psychiatrique-2010-1-page-67.htm（二〇二四年一〇月一九日最終閲覧）.
(63) CHA254/一二二。
(64) IM287/三三七。
(65) Foucault, *op. cit.*, p. 57-58（七四～七五頁）。
(66) *Ibid.*, p. 58（七五頁）。
(67) *Ibid.*, p. 348（四〇五頁）。
(68) TE24.

る。ジャネやラガッシュらの研究と自らの幻覚体験をもとに、サルトルは自問自答しながら自分の意識の理論がどこまで適用できるか思考実験をしているようである。その過程で繰り返し、命題の信憑性と普遍性を確認しているのである。それによれば、「意識が《病的》であるか否かは重要でない。非現実的な対象が非現実的なものとして構成されるのは本質必然性である。意識の自発性は、(…)この自発性についての意識と一体をなす(…)」[69]、「精神衰弱者は意識の自発性についての意識を一瞬たりとも失わない」[70]、さらには、「病んでいる意識は意識であり続ける。すなわち、無条件の自発性であり続ける」[71]。この一連の検証作業を足元で支えていたのは、デカルトのコギトが狂気を排除しないとの確信であり、懐疑と自己省察の普遍性に対する信頼に他ならない。

『イマジネール』では、いまだ非反省的意識、自己(についての)意識、反省的自己意識、といった概念が正確に定式化されておらず、表現の揺れがあるため少々分かりにくいが、ここにあるのは紛れもなく『存在と無』の基盤となる普遍的な人間意識の理論であり、「存在論的平等」概念に根拠を与える考え方である。『存在と無』には狂気の問題を正面から扱っている箇所はないが、対他存在の記述や実存的精神分析の提唱の文脈でしばしば精神疾患に言及がなされている。その中から次の言葉に注目しよう。「狂人は彼なりの流儀で人間の条件を体現する以外のことをしているわけでは決してない」[72]という一文である。これは、他者に対する具体的な関係を論じた箇所で言語に関連して述べられている。脚注での言及ではあるが、軽視できない。「狂人 un fou」という語が使われているが、特にこの文脈で指しているのは、自分の考えが他人に盗まれる、ないし誰かが私に考えを植え付けるといった「影響妄想」を伴う患者のことである。人は言語を用いて他者とのコミュニケーションを図るが、その発話は受け取り手によって解釈され、しばしば発話者の意図とは異なった意味を帯びる。このごくありふれた事態と自他の思考に相互浸透を見て恐れる病的な信念との間にサルトルは基本的な連続性を見ているのである。『イマジネール』においても、前述のように反省的意識への立ち返りについては「影響妄想」を他の症状と区別しているものの、やはり意識一般と同様の機能を認めている。「患者にとって《影響》というこの思い込みは、やはり彼の思考とあらゆる心的行為の自発性を主張するひとつのやり方だ」[73]というのである。『存在と無』でもこうした精神異常は人間が誰しも経験する疎外〔他有化〕という「大きな形而上学的事実[74]」を作話の形で表現しているとする。その表れ方こそ違え、自分が他者の中で違う自分になってしまうという現象においてサルトルは「正常者」と「異常者」との間に線引きをしていない。それどころか、「異常」と見なされる心的現象に人間意識の普遍的なあり方を求めているのである。

しかし他方で、コギトが明晰判明に理解するもの一切が真であるという命題に対してサルトルは決して賛同を示してはいない。コギトは、理性においてであれ、狂気においてであれ、錯覚を抱き、幻想や幻覚を覚え、虚偽を真と思い込む。つまり、デカルトが第二省察において発見したコギトをサルトルは「正常者」、「異常者」といった区別を持ち込むことなく普遍的なものとして認める一方で、同じ第二省察において要求され、第四省察において証明される命題、「われわれが明晰判明に理解するものはすべて真である[75]」という命題を暗に斥けているのである。このことは、デモクラシーがドクサの横行によって危機に陥るという深刻な問題を考える上で不可欠となる。徹底した懐疑ののちに発見されたわれの存在を認め、それをデモクラシーにおける主体と見なすことには同意しても、その主体が明晰判明に見出したことがみな常に真であるとは言えない。そこにもデモクラシーの根本的な弱点がある。

---

(69) IM292-293/三四二。
(70) IM298/三四七。
(71) IM301/三五〇。
(72) EN442/414.
(73) IM301-302/三五〇。
(74) EN442/414.
(75) デカルト『省察』AT, IX, 10.

（4）非理性の排除か受容か

ここで、リバルカの解釈に戻ってその妥当性を検証しよう。『部屋』は狂気を描きつつ、人を精神の病に追いやる社会の道徳を批判している、という解釈である。ピエールの「狂気」は彼の妻の家族に責任があるのだろうか。確かに、父親は善良なブルジョワである。心身ともに健康で論理的、理性的で良き夫、愛情深い父として描かれている。裕福であることは、海辺でのバカンスの思い出や広い住居や住み込みの家政婦といった裕福さの徴がちりばめられていることから見て取れる。(76) 自分の健脚ぶりに満足を示したり、言うことを聞かない娘に困惑したりすることもあるが、何より娘の身を案じている。家族の幸福のために可能な限りの努力をしようと奔走している。この立派な父に『嘔吐』に描かれたような「俗物 salaud」の典型を見てよいと考えるならば、リバルカの読みは成立しうる。

それを考えるには、まず『嘔吐』における「俗物」批判が、決して一刀両断になされているわけではないことに気づく必要がある。少なくともマロニエの場面以前には、ロカンタンはブーヴィルの裕福な人々に対して両義的な感情を抱いている。日曜日の散歩で出会う和やかな家族連れや町の名士たちに一方では幻惑されている。一瞬ながら「自分はこの人々に愛情を抱き始めているのではないか」(77) と自問する。しかし、次の瞬間には、自分と彼らの間の壁に気づく。ロカンタンは羨望と同時に疎外感を覚え、反発しているのである。町の博物館でその功績と栄誉を称えられた人々の姿を前にしたときの感情も同様だ。そこで吐く「さらば、俗物どもよ」という言葉は、確固とした倫理的見解に基づいた冷徹な批判ではない。いまだ何者でもない自分自身の惨めさを思い知らされた彼の精一杯の捨て台詞なのである。そこに理屈がつけられるのは、マロニエの根を前に存在の偶然性を発見したあとである。それを人間存在にも当てはめ、自らの存在の偶然性に気づかず、当然のように自己の権利を信じ、満足に浸っている人々を「俗物」と定義し直す。(78) 自分が抱いた彼らへの反発心の正体を理解したのである。

『部屋』の父親は、やはりブーヴィルのブルジョワジーと同類と言ってもよい人物だ。ただ異なるのは、この人物が外からの視線ではなく彼自身の視線で描かれている点である。彼は妻を「ぼくの可哀想なジャネット」[79]と心の中で呼び、娘に「パパを信用してくれ」[80]と語りかける。『嘔吐』の「俗物」たちは外からの視線により客体化され尽くして必死に娘を健常な世界に引き戻そうとする。演劇の一場面と言っても良いほどこの父親は言葉を尽くして必死に娘を健常な世界に引き戻そうとする。『嘔吐』の読者にとって「俗物」批判が理解しやすく反感を共有しやすいのに対して、『部屋』の読者にとって父親に同様の批判的眼差しを向けることは自明のことではない。逆に感情移入することは容易である。とは言え、この良き父親が恐るべき考えを持っていることを見逃すわけにはいかない。「ピエールはもはや人間ではない」[81]という確信である。もはや人間でない以上、人間世界から排除し、見捨ててよいという考えである。彼がサンジェルマン大通りを歩きながらすれ違う人々に抱く好感とヒューマニズムの感情は、精神病者は人間ではない、という排除の思想と表裏一体なのである。リバルカの指摘は、このように敷衍することができるだろう。

これに対して、エヴは「私は彼をあるがままに愛している」[82]と言う。彼女は夫をひとりの人間として扱い、食事の世話をし、わがままを聞き入れ、妄言を否定せず、静かに寄り添っている。無償の愛を捧げているのである。彼女の両親は、彼女がピエールに性的に執着しているのではないかと疑っているが、彼女の視点からはそうでな

（76）一九三六年、レオン・ブルームによる人民戦線内閣が有給休暇の制度を創設するまでは、海辺での休暇は限られた富裕層にのみ許された贅沢であった。
（77）*La Nausée*, 1938, in *Œuvres romanesques*, coll. « Bibliothèque de la Pléiade », 1981, p. 65（鈴木道彦訳、九二頁）。
（78）*Ibid.*, p. 155（二一八頁）。
（79）CHA244/一〇五。
（80）CHA245/一〇六。
（81）CHA248/一一一。
（82）CHA246/一〇八。

いことが明らかにされる。ピエールは身体的接触を嫌っていて、エヴはそれを尊重し、幻覚に怯える彼を両腕で抱きしめてやりたいという思いをじっとこらえているのである。[83]

しかし、果たしてこのような絶対的な献身が現実に可能かという疑問は湧く。エヴとピエールの世界は、フィクションとは言え、現実に私たちが見聞きする家族の介護の実態からあまりにもかけ離れている。現実世界では、精神疾患であれ、知的障害であれ、認知症であれ、家族の介護を担っている人々の苦労は計り知れない。日々の絶え間ない苦労が介護者を疲弊させ、無償の献身の持続を困難にする。ところが、この若い夫婦は働いて生計を立てる必要もなく、家事は家政婦に任せ、子育てとも無縁で、世間体を気にすることもない。無意味な仮想と思えても無理からぬ話である。しかし、この作品でサルトルは物質的な障害物を捨象し、いわば純粋な心理実験室を描いたとも言える。ロカンタンが金銭的な心配から解放されているがゆえに人間存在の根本へと目を向けることができたのと同様である。もちろん、文学作品である以上は哲学的理念の説明図に還元されるわけではなく、謎や矛盾そのものが想像力をかき立て多様な解釈を可能にする。だが、現実に精神に不調をきたして引きこもる人を抱えた家族に何らかの解決のヒントを与える実践的なメッセージを含むかと言えばそういうわけではない。社会政策によってどう解決しうるかといった問題意識も提言もない。そうではなく、サルトルがエヴという人物をとおして垣間見せているのは、解明しきれない深淵であると同時に彼の意識の哲学の根幹をなす考え方でもある。エヴは異常で不可解な意識の通訳者でもある。この狂気の意識は、『イマジネール』で語られる意識の自発性と同じく世界に向かって炸裂する意識のあり方であり、現実の知覚であれ、夢想であれ幻想であれ変わらない人間意識の作用の普遍性を表わす。さらには、のちに『存在と無』において確立される人間の絶対的な存在論的平等という考え方も垣間見える。エヴという人物はそれを予告していると考えられる。

逆に、「精神病者は人間ではない」とする父親の考えは、一見穏やかで温かい人物のヒューマニズムの冷酷な裏面として告発されているとも見なしうる。父親は、ピエールをフランショという名の医師のいる病院に強制入院させたいと思っているが、「法律が非常に悪く出来ていている」[84]とも言う。家族が同意しなければ入院させられないため、妻であるエヴの意に反して入院させることができないからである。このことは、一九三六年の精神病院訪問の際にボーヴォワールが証言した危機感の裏返しである。彼女は本人の意に反する「不当な入院」[85]に人権侵害を見ていたのだが、エヴの父親は、本人の同意だけでなく家族の同意も不要と考えているのである。この医師の病院には「大きな緑地がある」[86]とされているが、そこにはルアン近郊の病院の広大な敷地の記憶が重なっているかもしれない。フランショ医師にもまた、その際に案内をした医師の無力さのイメージが投影されていると思われる。

精神障害者も知的障害者も人間意識の普遍的な鏡の構造の中に生きているということ、自己についての意識をもち、それゆえに苦しむこともあれば自尊感情も抱いているということ、他のすべての人間同様に嘘をつくこともあれば自己欺瞞に陥ることもあるということ、それらすべてを含めて、紛れもない一個の人間存在であるということ、サルトルはそれを正面から声高に主張することはなかったが、彼の著作にはそのような訴えがひしめいている。ここにあるのもその一つの例である。

(5) 自己意識の消失への不安

しかし、それでは、エヴの最後の言葉は何なのだろう。夫の病状が極限まで進んだ時には、自らの手で彼の命を絶つしかない、という思い、それは敗北を受け入れることではないだろうか。彼女だけの敗北というより、彼

(83) CHA257/ 一二六。
(84) CHA236/ 九三頁。
(85) *La force de l'âge I, op. cit.*, p. 587 (上二三五頁)。
(86) CHA237/ 九四頁。

を救えなかった医学の敗北、そして彼女を孤立させ、無関心から絶望に追いやった社会全体の敗北に甘んじることではないだろうか。さらには、『存在と無』で表明されることになる狂気への差別なき視線をあらかじめ拒絶し自滅することではないだろうか。ピエールが不本意にも発してしまったという「降伏」という言葉は、そうした敗北の予感を表しているとも思われる。先に、エヴがピエールに鏡を奪われていることに注意を喚起したが、それは彼女の意識がもはや独立し自己完結した自己意識ではないことを示唆する。『存在と無』において「他有化 aliénation」という概念で説明される事態を先取りしているとも言える。人間の存在論的平等を代弁していたはずの彼女が、献身の末に疲れ果て、絶望へと追いつめられる。他有化され、それを自ら引き受け直した彼女は、ピエールを消すことにより、彼の意識へと自己を投与した自分自身をも消すことになる。それは自滅ではないか。それとも他有化からの脱却となりうるのか。自己自身へと回帰できるのか。

さらにもう一つの深刻な問いがある。精神疾患の重症化は、自己意識の喪失へと行き着くのだろうか。サルトルはジェリコーやエゴン・シーレの筆になる狂人の姿よりさらに深刻な姿を描写する。それは、しばしば「あなたは誰？」という言葉に表される他者認識の不成立を超えて、さらに「自分とは」という問いの不可能性へとつながるように思われる。狂気とは、究極的には意識から反射の構造、より正確には「自己への現前」が失われて自己意識が成立しなくなることなのか。

医学的・生化学的な問題が絡むため、哲学の見地のみからは答えられない問いだが、ひとつだけ言えるのは、このように虚構において具象化された意識、ときとして非合理的で自己破壊的な意識が、世界を合理的に構成するカントの純粋意識の対極にあるということだろう。実際、『イマジネール』の結論の冒頭においてサルトルは、想像的な意識は「カント的展望から」、つまり可能性の条件を求める方法によってではなく、「現象学的観点から」、すなわち事象の具体的な記述をとおして解明すべきだと主張している。(87) フッサール現象学の「純粋意識」ではなく「現象学的記述」の側面に目を向けているのだが、サルトルはそれを文学的フィクションの場で狂気の人物の意識に向き合って実践している。しかし、自己意識の破壊は、現象学的存在論にとって、まさしく崖っぷちである。サルトルは、自らの意識の理論を構築する前に、その原型をあえて崖っぷちに立たせているとも言える。『部屋』および『イマジネール』が書かれた一九三〇年代においては、精神疾患、とりわけ統合失調症は不治の病と見なされていた。しかし、先にも触れたように、一九五二年にフランスで統合失調症などの幻覚症状を抑える効果の高い治療薬が作られ、患者たちは完治とは言えないまでも退院し社会生活が送れるようになる。入院患者は劇的に減少する。だとすれば、『部屋』は医療の進歩による物質的解決を未だ知らなかった時代の刻印を押された悲劇ということになる。サルトル的自己意識は、崖っぷちから救われたのだろうか。狂気の自己意識はあらゆる人間の自己意識と同じように、死と共に消失するのだろうか。それとも、以下で見るようにピエールの崩壊しかけた意識は彼の幻想の思い出の地、ハンブルクへと飛び、そこでエルベ川に飲み込まれるのだろうか。

(87) IM343/三九七。

第二章　『アルトナの幽閉者』における狂気

1．「人間ではない」

『部屋』の父親は精神を病むピエールを「もはや人間ではない」と考えていた。実はこれと同様の言葉が他の作品にも見出される。『部屋』と同じく、幻覚の世界に生きるフランツ・フォン・ゲルラッハという男を扱った戯曲『アルトナの幽閉者』である[88]。『部屋』より二十年以上あとに発表された作品であり、舞台はドイツのハン

(88)　Sartre, *Les séquestrés d'Altona*, 1959 ; repris in *Théâtre complet*, coll. « Bibliothèque de la Pléiade », 2005, p. 857-993（永戸多喜雄訳、一九六一年）。

この戯曲は、一九五九年九月二四日にパリのルネッサンス劇場で初演されて以来、上演が数百回にのぼるという大成功を収めた。その間、多くの新聞雑誌がサルトルにインタビューをし、作品について多くを語らせている。そのいくつかは日本でも邦訳紹介された。（鈴木道彦訳「帰還者の沈黙――『アルトナの幽閉者』について」など。『サルトル対談集Ｉ』所収、人文選書、一九六九年。）そこでの作者自身の言明は、以来、作品解釈に大きく反映している。しかし、本書ではそれに縛られることなく読み解いてみたい。

先行研究はすでに数多いが、特に対照的な二つの読みに目を留めよう。ひとつは、ヴェルストラーテンの政治哲学的な読みであり（Pierre Verstraeten, *Violence et éthique. Esquisse d'une critique de la morale dialectique à partir du théâtre politique*, Gallimard, 1972, p. 143-217）、

ブルクで、形式も規模もまったく異なるが、不思議な共通点がいくつも見受けられる。どちらも裕福な家庭で自室に閉じこもる[89]青年期から壮年期にかけての男が主要人物として登場し、二人とも幻覚や妄言がある。その描き方には類似性が認められる。『アルトナ』は一九五九年発表だが、ここにも一九三〇年代の心理学研究および精神病院への訪問から得た知見が反映している。しかし、この点は追って見ることとし、まずは「人間ではない」という言葉に注目しよう。『アルトナ』では、少なくとも二か所でその言葉が発せられる。ただ『部屋』とは異なり、引きこもる者に対して向けられた言葉ではない。ひとつは、一家の父親が自分の娘のレーニを指して言う「レーニは人ではない」(SA901/四九)[90]という言葉である。ここでは通常の「人間 être humain」ではなく、人口などを示す際に用いられる âme という語が用いられている。魂を意味するこの語は、生き活動する存在としての人間を意味するが、まさにレーニはそれに値しないと父親は考えている。「人でなし」に近い意味で使っている。それはなぜか。もう一つの箇所は、一九四一年、ナチスドイツ軍に入隊にする前のフランツが強制収容所を見に行き、父に訴えた「父上、あの者たちはもはや人間ではありません」(SA884/三二)という言葉である。それは何を意味するのか。

まずこの後者から見て行こう。フォン・ゲルラッハ家はハンブルクで造船所を経営する大資本家一家でルター派のプロテスタントという設定である。その企業のトップを務める父親は、ヒトラー政権下で海軍に船舶を提供してきたが[91]、さらに一九四一年春、所有する土地の売却をヒムラーに求められ、そこに強制収容所が作られると知りながら、要求に応じる。一八歳のフランツ[92]は、その収容所をこっそり見に行き、柵の向こうに収容された

もう一つはルエットの一連の『アルトナ』論に示された精神分析的な読みである(Jean-François Louette, *Silences de Sartre*, Presses Universitaires du Mirail, 1995, p. 199-249 ; « Du *Sénario Freud* aux *Séquestrés d'Altona* », in *Ecrits posthumes de Sartre, II*, Coordination scientifique par Juliette Simont, in Vrin, 2001)。前者は特に戦争責任という歴史問題と家族内の葛藤という個人的問題が相互に作用する弁証法的な劇として読み解いており、『弁証法的理性批判』や一九五〇年代のサルトルの政治論文との関連性も指摘している。

後者は対照的に精神分析的な視線によって「文学的官能性 libricité」やフロイトの影響を見出そうとする読みである。ルエットは、プレイヤッド版での出版に際してそれまでの研究に細かく目配りをした詳細な解説と注を付けてもいる。筆者はそれらを参照し、部分的に取り入れながら、根本的に異なった読みを提出したい。

(89) フランス語の séquestré は、自らの意思で閉じこもっているのではなく、誰かによって監禁されているという意味であるとしばしば指摘される。しかし、se séquestrer という代名動詞の過去分詞と見なすなら、自ら閉じこもっているという意味にもなる。日本語の「引きこもり」が連想されるが、それが表す現実は極めて多様であるため、ここではそのテーマではなく、「狂気」の問題を中心に扱う。狭義の精神疾患だけでなく演じられた非理性も含めて「狂気」と呼ぶことにする。

(90) 以下、この章では、『アルトナの幽閉者』からの引用元は本文中で（ ）に入れて題名の略号、プレイヤッド版のページと永戸訳の頁を記す。

(91) 実際、ハンブルクには両大戦で主要な戦力となったUボートをはじめ海軍に船舶を提供した造船会社が複数存在する。またナチスに協力した重工業部門での大企業と言えば、シーメンス社やダイムラー社が挙げられる。両社とも、一九世紀にドイツの産業革命の到来とともに設立され、第二次大戦中はナチスに協力し、外国人に強制労働をさせている。しかし、ニュルンベルク裁判ではいずれも戦争責任を免れた（田村光彰「ドイツ企業の戦後反省」、金沢大学教育開放センター紀要、第一七号、一九九七年、https://ci.nii.ac.jp/naid/110004826906（二〇二四年一〇月二九日最終閲覧）。

サルトルはこの状況全体を念頭に置きながら、ある特定の実在の企業がモデルと見なされることを避けて複数の要素を組み合わせて架空の企業を作り出したと思われる。

(92) 一九四一年のドイツで一八歳だった男子は、一九三六年のヒトラーユーゲント法および一九三九年の青少年強制奉仕法に基づき、不適格と判断されない限り、ヒトラーユーゲントに加入していたはずである。遅くとも一六歳の時点で加入し、ヒトラーへの忠誠を誓わされ、一八歳を超えれば国防軍ないし労働奉仕団に強制的に入れられたはずである。拒否した場合には保護者に多額の罰金が科せられたが、ナチス思想に賛同する父親が息子の入隊を拒否し罰金を支払ったというのは整合性がとれない。またフランツが不適格だったことを示す言葉は見当たらないので、彼が自宅で自由に暮らし、洗脳と無関係な状態にあったというのはかなり不自然に思われる（ヒトラーユーゲントについては、以下を参照。平井正『ヒトラー・ユーゲント——青年運動から戦闘組織へ』、中公新書、二〇〇一年）。

これに限らず、この戯曲には史実と矛盾することがいくつか見られる。東西ドイツ分断のさなかに父親がハンブルクからライプツィヒに飛行機であたかも平時の出張のように旅行するといったエピソードもそのひとつだ。また登場人物の軍曹の名前が途中で変わったり、拘束した捕虜の人数が変わったりなど作品内部の不整合も見受けられる。『弁証法的理性批判』の執筆

人々の無残な姿に衝撃を受けて、「あの者たちはもはや人間ではありません」という言葉を発する。それは、『部屋』の父親の言葉とは逆に、蔑みの言葉ではなく同情の言葉である。人間から人間らしさを奪ってしまったことへの告発であり、協力すべきではなかった、と父を非難しているのである。「あなたには他人の苦しみが分からないのですね」（SA885/三二）と訴えるフランツは、良心と共感力を持つ若者だったのである。[93] ところが、皮肉なことにそれが彼の転落の始まりとなる。ある日、収容所から脱走して邸宅の敷地内に隠れていたユダヤ教祭司をフランツは自室にかくまった。それが発覚し、フランツは身柄を拘束される。いったんは釈放されるものの、入隊と引き換えとなり、中尉として独ソ戦の前線に向かう。そして、終戦まで多くの「手柄」をたてることになるのである。かつて人間が人間とは言えなくなってしまう悲惨さに心を痛めた純真な若者は、入隊後ヒトラー崇拝者になり、ナチス犯罪に手を貸す。その変貌の過程は、父親との十数年ぶりの再開の場面で、本人から語られる（SA982-983/一三六〜一三八）が、幻覚ないし虚言と思われるものと明晰さとがないまぜになっており、まさにブラックボックスである。

では、「レーニは人ではない」という言葉は何を意味するか。レーニは、父親さらにはゲルラッハ家全体に対して両義的な感情を抱く娘として描かれている。一族への愛を語りながら父親を深く憎んでいる。彼が癌で余命[94]半年と知ってもまったく悲しむ様子がなく、父が愛情のこもった態度を取っても終始冷たく皮肉な反応を返すばかりである。しきりと作り話をし、嘘をつき、脈絡なく突然父に向って「電車にでもお轢かれになったらよろしいのでは」（SA894/四二）といった言葉を放つ。家に火をつけるのが子どもの頃の夢だったという発言もある（SA871/一八）。その娘を父親は困惑した様子で、あの娘は人でなしだよ、と嘆いている訳である。この文脈において、「人ではない」とは人間性の喪失ないし疎外を意味する。しかし、彼女がそうなった原因を父親は探ろうとしない。おそらく「ゲルラッハ家では女は黙っている」（SA870/一七）という掟どおり、幼少時から常に抑圧されてきたのだと思われる。権威的で娘に主体性を許さない父、彼は自分が娘の非人間性の原因を作ったことに気づこうとしないのである。このように一種の非理性を生きている、ないし演じているレーニは、『聖ジュネ』で語られた自らのコギトの声に耳を傾けられない「さかさまのデカルト」[95]のひとりと言えるかもしれない。[96]

の合間に急いで書いたという事情もあるだろう。とは言え、それによってこの作品の本質的な価値が失われるものではない。「狂気」というテーマに関して作者の思考を汲み取ることは十分に可能と考える。

(93) 実際、ヒトラーユーゲントによって洗脳されなければ、どれだけ多くの少年少女が彼のような良心と共感力を持ち続けたことだろう。

(94) ルエットはこの病気に象徴的な意味を見出し、「彼の企業の制御不能な拡散」（プレイヤッド版の注 p. 1507）の表現であるとする。また、ラビを絞め殺させたことと咽頭癌に関連性を見ている（p. 1536）。だが、病苦に関するそのような因果応報的な解釈には疑問を禁じ得ない。フィクションである以上、自由な解釈は可能であるし、人権や倫理の名において読み方に規制をかけるのは文学研究にそぐわないが、とは言え現実社会での差別や偏見を助長しかねない解釈は避けたいと思う。興味深い領域として「病跡学 pathographie」といった病理のセミオロジーやも存在するが、どうこの陥穽をかわしているのか、探求の余地がある。「病跡学」については鈴木道彦『余白の声――文学、サルトル、在日――鈴木道彦講演集』、閏月社、二〇一八年、六二～九四頁にプルーストの喘息に関連した意義深い考察がある。

(95) ジュネとレーニを一括りにすることには抵抗があるかもしれない。だが、その落差はまさに「疎外」と呼ばれる事態のとてつもない不定形性を表わしているのではないか。

(96) この人物の造形には様々な背景が想定できる。一九世紀以降の欧米の富裕層における女子の抑圧の典型とも言えるし、ボーヴォワールが語った親友「ザザ」の悲劇的な夭折が念頭にあるとも考えられる（Simone de Beauvoir, *Mémoires d'une jeune fille rangée*, 1958. reprises in *Mémoires I*, coll. « Bibliothèque de la Pléiade », 2018, p. 257*sq.*, 337-338 : 朝吹登水子訳『娘時代』、紀伊國屋書店、一九六三年、二五六頁～、三三八～三三九頁）。ボーヴォワールが一九五四年に執筆し、生前に刊行されず最近になって出版された自伝的小説でも、ブルジョワジーの家庭でキリスト教的価値観に縛られ、自由な願望や意志を抑圧され疎外されて死に至った若い女性が描かれている（*Les inséparables*, L'Herne, 2020 : 関口涼子訳『離れがたき二人』、早川書房、二〇二一年）。死後出版の編集者であるシルヴィー・ル・ボンによれば、サルトルはこの作品を読んだが、出版には値しないと見なしたという。

さらには、現実に欧米社会の富裕層で起きた、娘による両親殺害事件とそれを題材にした小説や映画などを下敷きにしている可能性も排除できない。探索の余地がある。

『部屋』と『アルトナ』に見出されるこれら三つの「人間ではない」という否定文に共通するのは、発話者があるべき人間の姿をまず想定しており、それに合致しない存在に対してこの言葉を向けているということである。ただし、『部屋』の父は嫌悪感と軽蔑心をもってそう言い、『アルトナ』の父は困惑をこめてそう言い、フランツは同情心と共感性と憤慨をこめてそう言う。このフランツの言葉は、同じ頃、サルトルが『弁証法的理性批判』の中に綴る「人間より下の人間たち sous-hommes」、「人類より下の者たち sous-humanité」にも通じる。それは、人間でありながら人間らしく生きられない人々のことである。植民地で搾取される人々、工場で日々単純作業に明け暮れる労働者たち、彼らは『弁証法的理性批判』によれば、他者によって人間とは言えないような存在として作り出される。「女はしゃべらない」[97]というゲルラッハ家の掟も、この戯曲と同じ時期に執筆されていたこの後期哲学の主著が語る恐怖による沈黙の掟と通底する。同書はマルクスを念頭に、産業革命初期のイギリスの工場において劣悪な環境の中、作業中に近くの人と言葉を交わすことが厳しく禁じられており、守らなければ解雇される恐れがあったという例を挙げている。二〇世紀のフランス植民地でも植民者は現地の人々を恐怖によって支配していた。そうサルトルは述べ、そのような自由の剥奪が人間を人間以下の存在へと貶めたと告発する。ドイツの大資本家である父親もまた、娘だけでなく二人の息子からも自由を剥奪し、権威と強制によって支配し、服従させ、彼らの中に憎しみを植え付けた。長男を自分の後継者にすべく思い通りに仕立て上げようとし、次男は差別した。妻がなぜ早世したのかについては、次男の妻の口から皮肉な一言が漏れるだけだが（SA869/一六）、やはり「家長」の権威主義と無関係ではないことを示唆している。長男のフランツにとって父親は「老いたフューラー」である。つまり、一家にとってのヒトラーなのであり、彼は自殺せねばならない（920/六九）。次男のヴェルナーは、父の不治の病を知らされた時こそショックを受けるが、自分が企業を継ぐことになると知って人が変わる。彼はルエットが注で指摘するように[98]『家の馬鹿息子』のギュスターヴにも比すべきルサンチマンを抱き、兄に嫉妬し、自分は一家の「くず」だと思っていた（SA946/九七）。しかし今や、父の死が自分にもたらす利益を早くも先取りして味わい、「大声で話し、豪勢に飲み食いしている」（SA935/八五）。父親によって作られた

「人非人」のレーニはまた、兄の閉じこもりの直接の引き金を引いた人でもある。戦争から帰ったフランツはすぐに自室に閉じこもったわけではなかった。ある日、レーニをかばって自分が彼女の罪を被ったことがきっかけとなったのである。家に泊めていた米軍将校[99]をレーニが故意に挑発し、暴行されそうになったところにフランツが駆けつけ、彼女から将校を引き離して一緒に床に倒れる。将校がフランツに覆いかぶさったところで、その後頭部をレーニが瓶で殴り、大けがをさせたのである。しかし、その責任はフランツに転嫁される（SA891/三八〜三九）。そのため、フランツはアルゼンチンに逃亡し死亡したことにされ、戸籍上抹殺される（SA872/一九、892/三九）。そして、整合性を保つためにフランツは社会的な死である引きこもりを続けているのである。だが、そのことをレーニはまったく負い目に感じていない。それどころか、兄のもとにシャンパンや中枢神経興奮剤を運んでいき、[100]彼が中毒になるのに手を貸している。弟は元女優の美しい女性と結婚しているとの設定だが、レーニはフランツに対して、彼女は「せむし」で、「占領者たち」と共謀してフランツを殺そうとしていると虚言を吐く（906/五四）。この大富豪の令嬢はおぞましい人生を生きている。幼少時から従属を求められて育ち、自由と主体性を身に付けることなく、虚言と憎しみをまき散らし、妄想の世界をさまよっている。他有化された世界に「幽閉」されているのだ。

（97）　CRD 821-822.
（98）　Louette in Sartre, *Théâtre complet*, coll. « Bibliothèque de la Pléiade », p. 1541.
（99）　実際には、終戦後のハンブルクはアメリカではなくイギリスの占領統治下に置かれた。ハンブルクに近いブレーメンは一九四七年に米占領下に移行したが、ハンブルクは英占領下に残った。しかし、何らかの理由で米の軍人を家に泊めるという事態はまったく考えられないわけではない。史実との一致を過度に求める必要はないが、一応確認しておく。
（100）　運んでいく現場は直接には描かれていないが、一二年間フランツの部屋に出入りしていたのがレーニだけだとすれば、部屋にあるボトルや錠剤はレーニが持ち込んだ以外に考えられない。

2．類似したドイツの戯曲

この複雑怪奇なドラマを解きほぐすため、類似点が多く下敷きになった可能性のある戯曲、ヴォルフガング・ボルヒェルトの『戸口の外で』(101)に一瞥を与えたい。二つの戯曲には偶然とは言い切れない共通点が多い。戦後まもなく発表されたドイツ語のこの戯曲でも、主人公は独ソ戦から戻った帰還兵の青年である。ベックマンという名で、もともと反戦の立場だったが強制的に入隊させられ、下士官として独ソ戦に送られ、部下を死なせ、その責任に苛まれつつ徒歩でドイツに戻る。しかし、故郷に戻ると、ナチスに加担していた両親は自殺し、幼いわが子は爆撃で死亡し、妻は他の男と暮らしている。人心は荒れ果て、誰も戦争責任に向き合おうとしていない。ベックマンは自分がもはやこの社会の外にしか居場所をもたないと感じ、絶望してエルベ川に身を投げる。ドラマの展開の順序を捨象して物語の骨組みのみを取り出すならば、このようになる。この作品は、邦訳者の「解説」によれば、一九四七年にドイツでラジオ放送されて反響を呼び、同年一一月から翌一九四八年にかけドイツの複数の都市で六〇回余り上演され、一九四九年には映画化もされている。サルトルが読んだないし観たという確証は得られなかったが、一九四八年二月にベルリンを訪問し『蝿』について講演会と討論会を開いていることから、その際に情報を得ていた可能性は排除できない。双方の戯曲に共通するのが、戦争犯罪に手を貸した罪の意識に苦しみ、自らの戦争責任に向き合おうとしない人々に違和感を覚え、自分の居場所を社会の中に見出せない復員兵の疎外感と絶望というテーマである。不本意の入隊、独ソ戦への参戦、中尉ないし伍長という身分、部下を死なせたことへの自責の念、社会からの孤立、エルベ川への投身といった要素も共通している。ただ、『戸口の外で』には不在で『アルトナ』にあるもの、それが狂気というモチーフである。前者においても、戦場での記憶はフラッシュバックによって喚起され、主人公は恐怖と罪悪感に苛まれ、自死を願う。しかし、そこに「もう一人の男」という人物、つまり彼の分身が現れ「闇の中に光明(102)」を示し、生きよと説く。また彼は夢と現実の境をさまよいつつ擬人化された「エルベ川」や「神」とも対話するが、それは決して狂気ではない。「神」との対話は、もはや信仰による救済が不可能であることを示している（第五場）。「エルベ川」との対話は、投身自殺の誘惑にかられる自分とそれを思いとどまらせる川＝老女の対話として描かれるが、ベックマンの内心の葛藤に他ならない（序幕）。かつての上官とされる人物の家に入り込む場面では、温かい部屋で食卓を囲む一家に向かって自分は自責の念から不眠と悪夢に襲われていると苦境を訴え、娘をはじめ家族に狂人扱いされる（第三場）。しかし、この一家の平穏さとベックマンの悪夢との落差が表すものは、ベックマンの「狂気」ではなく、自らの責任を問おうとしない人々の欺瞞と言える。ベックマンは苦しみの中でも常に明晰なのである。対してフランツは、明晰さと狂気の間を絶えず唐突に往復する。以下、これを念頭に置きながら、サルトルが狂気ないし非・理性を彼の存在論のどこに位置付けたのか、または外部に置いたのかを見ていきたい。

3．戯曲としての三層構造と狂気の出現

『アルトナ』において狂気の問題はどのようなレベルで登場するのか。まず、全体を大きく見るならば、この作品は以下のように三層構造になっている。それを展望しながら理性の崩壊と自己意識の変容の様相を探っていこう。

（101） Wolfgang Borchert, *Draussen vor der Tür*, 1947 ; *Dehors devant la porte*, traduit par Pierre Deshusses, Agone, 2008（小松太郎訳『戸口の外で』、『ボルヒェルト全集』全一巻所収、早川書房、一九七三年）。研究論文ないし研究書としては以下がある。井上修一「家なき子ベックマン――『戸口の外で』試論」、一橋大学『言語文化』第一五号、一九八七年、六五～七二頁（https://hermes-ir.lib.hit-u.ac.jp/hermes/ir/re/9054/gengo0001500650.pdf. 二〇二一年九月一三日閲覧）。加納邦光『ヴォルフガング・ボルヒェルト――その生涯と作品』、鳥影社、二〇〇六年。

（102） 小松、前掲訳書、解説五二六頁。

（1）ブールヴァール劇の要素

この戯曲にはまず、フランス演劇史に根ざす側面がある。一八世紀の「ブルジョワ劇」の伝統を受け継いで深刻な家族の不幸を描いているが、加えて一九世紀から二〇世紀にかけて隆盛を極めた大衆的な娯楽もの、いわゆる「ブールヴァール劇」に見られる軽薄なトーンや風俗喜劇的な要素も取り入れている。モリエールやマリヴォー、ミュッセ、ボーマルシェなどが用いた隠れ聴き（écoute aux portes）の手法（SA925-927/七四～七六、971-975/一二五～一二九）が用いられている。また、取り違え（quiproquo）ではないが、それに近い誤認ないし錯覚の場面（SA916-917/六五～六六）もあり、緊張感と滑稽さを醸し出している。

ヨーロッパ屈指の大企業を所有する一家は、実は深刻な家庭内問題をひた隠しにしている。広い敷地にたたずむ豪邸には、引きこもりの長男がおり、死んだことになっている。ある日、父親が不治の病で余命半年と宣告され、相続問題が発生する。父の死後も屋敷を売却せず秘密を守ってもらわねばならない。それを受け容れたくない長女と次男は抵抗し、すべての人物の相互間に軋轢が生じる。企業の後継者に指名された次男は最初こそ尻込みするが、まもなくすっかり社長気分になり、豪勢に飲み食いをする。しかし、その見通しに暗雲が立ち込めると不満を隠さない。このような通俗的な筋の中には、ブールヴァール演劇の定番である近親相姦や不倫といったメロドラマ的要素も取り入れられている。レーニは自分を抑圧してきた家に対しても屈折した感情を抱いており、ゲルラッハ家の人間以外は愛せないとして（SA926/七五～七六）、引きこもる兄に恋愛感情を抱き、近親相姦の関係を持っていると主張する（SA912/六一）。直接的に性行為の場面が描かれているわけではないが、性的なコノテーションを発する会話やしぐさが観客の想像をかき立て、自由な解釈を可能にしている。(103) 二人が実際に近親相姦の関係にあると解釈することも可能であるし、(104) 彼女の虚言または妄想のひとつと解釈することにも決定的な矛盾はない。(105)

これらの要素には人物たちの病的な妄想を見ることもできるし、フロイトの精神分析を借りて読むことも可能だ。実際、Ｊ－Ｆ・ルエットは、先に触れた研究書[106]とは別の論文においても、サルトルの死後出版物のひとつでフロイトを主人公にした映画の脚本『シナリオ・フロイト』と比較しながら、たいそう穿った読みを披露している[107]。それによれば、父親は典型的なフロイト的「父」で、娘は彼に両義的な愛憎の感情を抱いており、「近親相姦的」である。また「もうひとつの近親相姦的カップル」がレーニと兄のフランツであり、次男の妻ヨハンナは

(103) サルトル自身は『言葉』において、フランツとレーニは実際に近親相姦の「行為に至る」と述べている（p. 28/ 四五頁）。作者が自分の作品に対して自分の解釈を述べてはならない、とは言えないが、彼自身が『文学とは何か』で明言していたように（« Qu'est-ce que la littérature ? », 1947 ; *Situations, II*, 1948 ; 1987, p. 96-105 : 加藤周一、白井健三郎、海老坂武訳『文学とは何か』、一九九八年、五五～六四頁）、作品はいったん発表されたなら読者の自由に委ねられ、読者によって創造される。唯一の正しい読みを作者が押し付けることはできない。また、一九六〇年代～七〇年代の批評理論を借りるならば、「現実の作者」の自己解釈と「潜在的作者」の意図に対する解釈は同じにはならない。

(104) 翠川はこの解釈を取り、レーニが『出口なし』のイネスや『悪魔と神』のゲッツに連なる〈単独者〉であると見なし、後期哲学の重要な概念のひとつである「特異的普遍」における特異な個人と比較して論じている。翠川博之「サルトル演劇における〈単独者〉の系譜」、『サルトル研究　エレウテリア』、日本サルトル学会発行電子版学術誌、第二号、二〇二四年一二月、日本サルトル学会ＡＪＥＳ（https://sites.google.com/view/ajes1905/ ホーム / 学会誌 / 第2号）。

(105) レーニにキスされた口をフランツがハンカチで拭うという場面がある（SA926-927/ 七六）。ルエットは「フランツはレーニと性的関係を結んでいるが、彼女に嫌気がさしている」という解釈を示しているが（*Silences de Sartre, op. cit.*, p. 210）、それはおそらくこの場面から引き出したものであろう。これに限らず、同研究書は、この戯曲の至るところに性的意味を見出そうとし、フランツが父親に対して同性愛的妄想を抱いているとまで述べている（p. 214-215）。しかし、このように人物の言葉や服装のあれこれを常套的な性的シンボルやパターンに還元する「精神分析」は作品を無残に貧困化させてしまう。もっとも、ルエット自身も二〇〇一年の論文（注107）では性的な読みを拡大しつつ相対化しており、プレイヤッド版の解説と注109ではそのような観点は放棄している。

(106) 上記、注88。

(107) Jean-François Louette « Du *Scénario Freud* aux *Séquestrés d'Altona* », in *Ecrits posthumes de Sartre, II*, Coordination scientifique par Juliette Simont, in Vrin, 2001, p. 163-185.

フランツに対して「精神分析医」の役割を演じ、治療を試みるのだとされる。フランツはそれに乗せられて過去を振り返る自己分析を行い、聞き手に対して恋愛感情をいだく。ルエットはそのような解釈を実に歯切れよく整合的に披露するのだが、ここではそれが唯一の正しい読みであるとは主張していない。そうではなく、半ば遊びのような軽快さで、「夢」、「エディプスコンプレックス」、「ヒステリー」、「催眠術」といった一般にも良く知られた精神分析のトポスとの符合を探し、想像力を働かせながら自由に面白く読める作品であることを示していると言える。

『文学とは何か』で読書について述べられたことは観劇にも当てはまる。演出家は自由な発想で舞台を作り、観客もまた自由に作品を「開示し創造する」[108]。アンガジュマン文学の理論は、必ずしも大義のために立ち上がることを直接的に呼びかけるものではない。むしろ、サルトルはこの作品が硬い「傾向劇」と見られることを避けて、あえてブールヴァール演劇のメロドラマ的要素をちらつかせていると思われる。劇作上の一種の牽制球、ないし陽動作戦である。こうした比較的分かりやすいドラマの筋があるため、その部分だけを楽しもうとすればそれも可能だろう。ロングランとなった理由のひとつはおそらくここにある。

ただ、フィクションとは言え一九五九年のドイツで従業員一〇万人を抱えるヨーロッパ随一の大企業のトップ交代がまるで非上場の町工場の後継者選びのように家族会議で話し合われるというのは少々不自然ではある。同時代のドイツ資本主義の現実の企業統治とはあまりにかけ離れた前時代的な後継者選びである。しかし、疑問を抱えつつ読み進めていくと、ようやく最終幕になって実はもはや世襲制が無効であったことが明かされる。「私は所有しているがもはや指揮しない」(SA988/一四三)と父親はつぶやく。つまり、資本と経営の分離という二〇世紀資本主義における大企業の統治の原則が結局は当てはめられた訳であり、世襲を望んだ父親は創業者の子孫であり大資本家でありながら、最適な企業統治を追求する資本主義の論理の前では無力だということが示される。問題の顚末としては拍子抜けだが、これはサルトルが最後までポーカーフェイスを決めこんだ結果に違いない。

（2）戦争責任というテーマ

さて、この娯楽劇の層の下に現れるのが戦争責任を問うという深刻な問題である。父親とフランツは過去にそれぞれナチズムに加担し戦争協力をしているのだが、その責任をめぐる二人の態度は対照的である。父親の態度は一貫しており、自分は企業の利益を優先してナチスへの協力を選んだとして、それに対して当時も今も何の罪悪感も覚えていない。指導者は罰すべきだが、ドイツ全体の責任ではない、と考える（SA881/一一八）。自分は仕方なく権力者に従っただけであり、むしろ犠牲者だと主張する（SA882/一一九）。他方のフランツの考えは、彼自身の視点からだけでなく、他の人物の視点からも描かれ、様々な思いに引き裂かれているように見える。フラッシュバックの場面で父親の記憶の中に現れて語るときは、そもそも第一次世界大戦の戦勝国がドイツをナチズムに追い詰めたのだと主張し（SA882/一一九）、自分自身のフラッシュバックにおいては、廃墟となったドイツの村に見知らぬ黒衣の女が現れ、ドイツが負けたのはお前たちが十分に戦わなかったからだと責める（SA962-965/一一五〜一一七）。それは、フランツの内心の自責の念の投影とも読める。だが他方では、自分が犯した戦争犯罪に罪悪感を覚え、それと同時に罰を受けることに恐怖を抱いている。罪悪感とその否認、隠蔽、逃避、そして自己処罰とに引き裂かれている。彼は、中尉として部隊を率い独ソ戦に加わったが、部隊は全滅し、ひとり敗走する。その途中、スモレンスクでロシアの農民をゲリラ兵だとして拷問にかけ死なせるという戦争犯罪を犯している。しかし、その事実を告白したのは、十数年間の引きこもりの末にようやく父親と再開した時である（SA983/一三七、989/一四四）。それ以前には、フランツは自分の罪を否認し続け、ヨハンナに向かっては、逆に部下が拷問をしようとするのを強く制止したという偽りの物語を創作していた（SA967-970/一一九〜一二三）。父親によれば、ドイツ降伏から一年半

（108）« Qu'est-ce que la littérature ? », p. 94（加藤、白井、海老坂訳、五三頁）。

過ぎた頃、ソ連からポーランドを通って徒歩で帰宅したというフランツは、自宅にこもり、酒に溺れるようになる（SA880/二七）。その後、上述した米軍将校傷害事件が起き、フランツは妹の代わりに責任を被って、南米に逃亡し死んだということにして自室から出なくなる。そうして始まるのが、閉ざされた空間における狂気のドラマであり、そこで一二年間、フランツは自分自身の戦争犯罪の記憶と幻覚と罪の意識、そして父親への両義的感情の間を行き来し続ける。

この錯綜した罪悪感について、ルエットは注釈[109]でヤスパース[110]を引き合いに、フランツは「刑法上の罪」と「政治上の罪」は免れるが「道徳上の罪」と「形而上の罪」に苦しんでいると指摘する。死亡したことになっている彼は、裁判にかけられることもなく、ドイツという国家のいわば外に隠棲しているためドイツ全体の政治的罪を負うこともない。しかし、彼の意識が彼を裁く。そこからは逃れられない、という指摘である。非常に的を射た比較であるが、少々私見を加えるならば、フランツはドイツ全体が政治上の罪を被って衰退し瀕死の状態にあると思い込み、嘆き苦しみつつその不幸の中に喜びに近い慰めを見出している（SA903/五二、924/七三、932/八一、950/一〇一、983/一三七）。集団的な「政治上の罪」と罰に対して両義的な感情を抱いているのである。また、「道徳上の罪」と「形而上の罪」はより明瞭に区別する必要がある。前者は自己の良心や身近な人によって裁かれる罪であり[111]、フランツはまさにその意味での罪悪感に苦しんでいる。ヨハンナや父親に対して「ぼくを裁いてくれ」（SA959/一二一、983/一三七）と言うのはその意味においてである。他方、「形而上の罪」とは、自分が犯したのではない罪に対してまで連帯責任があると感じ、その罪を阻止できなかったことや自分が生き残ってしまったことに罪悪感を覚えるその意識のことである[112]。フランツは部下を死なせ自分だけが生きて帰ったことに苦しんでいる。まさにこうした重層的な罪の意識が狂気とないまぜになっている。それが示されているのが、次に述べる第三層である。

（３）罪の意識と狂気

フランツは、一二年来、ヒトラーの肖像が掲げられた部屋でボロボロになった軍服を着て過ごしている。その彼のもとには、かつての部下の幻が拷問の命令を求めてやってくる。負傷した見知らぬ女性が「あなたに罪がある」と暗闇から叫ぶ。天井には犠牲になった人々が蟹の姿で住んでおり、彼らにフランツは話しかける。(SA903/五一、909/五八、912/六一、948/一〇〇など)。毎日テープレコーダーに演説を吹き込み、聴いてはダメ出しをしてまたやり直す(SA904/五三)。夜は眠らずに部屋を歩き回る(SA898/四六)。全歴史が刻まれている黒いガラス板がここにあるとし(SA907/五六)、また、自分は家もろとも監視されていると訴える(SA908/五六)。彼は狂気と正気の間を絶え間なく行き来し、突然の幻覚に襲われたかと思うとまた明晰さを取り戻す。彼が発する言葉は、多分に両義性や矛盾を含んでいる。それを解きほぐして、彼の「狂気」の表れと映るものを取り出してみよう。

まず、彼は向精神薬を使用している。ベンゼドリン、正式名アンフェタミンである(SA914/六三、919/六八)。サルトルが『弁証法的理性批判』を執筆しながら摂取し続けていた、かの有名な中枢神経興奮薬だ。これをサルトルは自分の摂取と同時期にこの人物にも大量摂取させているのである。フランツの部屋にはレーニが持ち込んだシャンパンのボトルとグラスが複数置かれている(SA903/五二)。錠剤をボリボリと噛んでシャンパンで流し込むのである。それを彼はいつとなく繰り返す。つまり、常に酩酊かつ興奮状態にあると言ってよい。緩慢な自殺行

(109) Louette in Sartre, *Théâtre complet*, p. 1510.
(110) Karl Jaspers, *Die Schuldfrage*, 1946(橋本文夫訳『われわれの戦争責任について』、ちくま学芸文庫、二〇一五年)。
(111) ヤスパース、同書五四頁。
(112) ヤスパース、同書五五頁、一二三頁。サルトル自身、戦中日記『奇妙な戦争』に、「自分はこの戦争を妨げるために何もしなかった」(CDG1939.10.17.)と自責の念を書き留めている。まさにヤスパースのいう「形而上の罪」の意識を覚えていたと言える。

為である。第一章第二節で見たように『部屋』は本格的な治療薬がまだ登場していない時代に設定されているが、この戯曲の現在地点である一九五八年には幻覚症状や妄想を抑制するバルビツール酸系の医薬品はすでに使用されている。しかし、作者サルトルは登場人物にそれらは使用させず、逆に興奮剤を与えている。精神に対する物質の作用を度外視したわけではないが、それを解決手段として提示せず、逆に物質によって自ら症状の悪化を招き寄せる人物を描いている。

その状態において、この人物には知覚と幻覚の交互の現出が見られる。彼が最初に登場するとき、彼は「天井の仮面をかぶった住人たち」に話しかけている（SA903/五一）。人類の滅亡が決定された、といった台詞を語りながら酒を飲んでいる。そして突如、恐怖におびえたように立ち上がり「これはまた後にしよう」と正気に戻ったかのようにつぶやく（SA904/五二）。このような突然の変化は、全編を通じて幾度となくト書きで示されている。目まぐるしい気分の変化や動作の衝動性、話題の飛躍と相まって、唐突性は描写的発話ないし心情吐露の発話と幻覚を示す発話との間の双方向で生じる。歴史が刻まれた黒いガラス版について語りながら、「突如」フランツは「映画だよ。いいかい、丸くなっている蟹たちはローマが燃え、ネロが踊るのを見るんだ」（SA908/五六）と言い放つ。弟の妻のヨハンナに自分の真の姿を愛してほしいと懇願したかと思うと、突如、妄想の蟹たちを思い出し、「ぼくは中庭を這っていた」、「ぼくは蟹だ」と言い、軍隊式の敬礼をする。そしてまた突如正気に帰ったかのように「いやあ、ごめんだね」と「うちとけて」語る（SA959/一二一）。また、ト書きはないものの突如として幻覚が現れる場面もある。フランツがヨハンナに父はぼくを「命令する機械」にしてしまったんだ」と訴えていたとき、突如、「兵隊さん」と呼ぶ女の声が響く。ヨハンナには聞こえない声だが、フランツはそれに反応し、ピストルを出して「呼んでいるのは誰だ?」、「そこで何をしているんだ」と尋ねる（SA962-963/一二五〜一二六）。そして、その女に戦争責任をひとしきり追及されたあと、フランツは急に目を見開き「夢」だったと言う（SA965/一二八）。それは、過去の記憶のフラッシュバックとして示されるが、単なる回想ではなく幻覚が混じっている。出征中の部下ヘルマン軍曹の出現は睡眠中の夢として描かれ、フランツは目を閉じたまま敬礼し、気を付けの姿勢を取り、明瞭な発話で命令を下す。そして、こっくりと頭を落とした後、「恐るべき叫び」をあげて目を覚ます（SA914-915/六三〜六四）。「レム睡眠行動障害」ないし「パラソムニア」と呼ばれる異常行動の発現である。フランツが登場する場面では、このような異質な意識状態の交代が次々と生じているさまが描かれている。『イマジネール』において、「幻覚は知覚された現実の唐突な無化と同時に生じる」[113]とされるが、実際サルトルはそれに合致するような演出の指示を与えている。幻の女が出現する場面では、舞台が暗闇に包まれて家具や小道具は姿を消し、幻覚が去ると再び光が戻り舞台風景が見えるように指示している（SA963-965/一二五〜一二八）。『イマジネール』では幻覚は「意識全体の根本的な変成」[114]との仮説も提示されているが、フランツも明晰な覚醒状態から覚醒中の幻視、回想に伴う幻視、睡眠中の夢に合わせた異常行動へと意識の根本的変成の様相に対応した動きを見せる。サルトルは、かつて触れた精神医学の知見を活用して狂気の場面を創作していると思われる。

『イマジネール』には、「側面的思考 pensées latérales」[115]によって一貫性が攪乱されるという現象も精神錯乱のひとつの特徴として挙げられている。まとまりのある思考をするために、人は通常、横から入り込んでくる雑多な別の考えを斥け可能的な状態にとどめ置くが、幻覚者の意識においてはそれらが現実化されてしまう。意識がその統一性を失うわけではないが、付帯的な偶有概念が思考の流れを一瞬ごとに乱してしまう。サルトルはここでは「統合失調症 schizophrénie」という語を用いていないが、それに近い症状と言えるだろう。その具体的表現と思われる記述も少なからず見受けられる。一例を挙げるなら、第二幕第二場の独白は、フランツが蟹たちに向かって話すという設定だが、まったくもって支離滅裂である。「怪しい証人」から始まって自分を眠らせない「火」を語り、ヒトラーの肖像に向かって貝殻を投げつけたかと思うと軍隊式の気をつけをして「フューラー、

(113) IM290（澤田、水野訳、三三九頁）。
(114) IM294（三四三頁）。
(115) IM300（三四九頁）。

自分は兵士であります」と言い、次にはバラの花束とカーニバルを語る、といった具合である。この場面には『イマジネール』で言及された影響妄想ないし関係妄想と呼ばれる症状[116]も含まれている。「奴らがぼくの頭の中に綿を入れたんだ。霧だ。白い」(SA914/六三)とフランツは言うが、それは戦場の霧へとつながり、霧に守られて地面を這うおそらく兵士たちのイメージを喚起し、そして「今夜は血が流れるぞ」という言葉を最後に彼は直立不動のまま眠りに落ちる(SA914/六三)。

フランツは戦争後遺症の症状も呈している。現代でもベトナム戦争やイラク戦争の帰還兵の心的外傷後ストレス障害PTSDとして問題になっており、より詳しい研究が進められているが、『イマジネール』ではデュマに依拠して特に「譫妄 délire confusionnel」が取り上げられている。[117]紹介されているクリヴェリという兵士の症例は、帰還兵特有の症状を考察するためではなく知覚と幻覚との交代現象を裏付けるものとして引かれているのだが、デュマによって報告された症例を模倣したと思われる記述が『アルトナ』にはある。譫妄を誘発していた部屋の装飾が第三者によって変更された場合でもやはり同様の譫妄の出現がある、というものだ。フランツの部屋には命令の言葉などが書かれた貼り紙が貼られていたが(SA903/五二)、第四幕ではそれが消えている(SA948/一〇〇)。しかし、天井の住人という妄想は以前と同じである。ただ、『イマジネール』では戦争後遺症の記述はこれ以外にはなくごく乏しい。『アルトナ』ではそれを超えて、フランツ戦時中の記憶が繰り返し喚起され、彼の精神全体がPTSDの諸症状を示すものとして描かれている。

次に、フランツが『存在と無』で語られるような「普遍的時間 le temps universel」[118]を拒否していることに着目しよう。彼は、「この世紀では、二〇年来ずっと真夜中だ」(SA913/六二)という矛盾したひとり言を吐く。矛盾というのは、時間が進まなくなっていれば二〇年と数えることは不可能だからだ。可能とすれば、時間の次元が存在する別の空間からその時間軸を当てはめて二〇年と測らねばならない。その別の次元とはどこなのか。おそらく、外界のことであろう。彼は、外界では二〇年もの長い時間が経っているに違いないのに自分が閉じこもる空間では、ずっと止まっていると言いたいのだろう。実際、少し先の場面では、「ここには決して時間はない。

永遠だ」（SA929/七九）と言う。それでいて、実はこっそりと時計を見ている。誰かからプレゼントされたという腕時計（SA949/一〇〇）で、他者たちと共有される普遍的な時間の象徴である（SA950/一〇一）。彼は五年かけてそこから時間を追放したのに、ヨハンナが持ち込んでしまったと言う（SA950/一〇一）。ここから何が読み取れるだろうか。『イマジネール』は、時空的特徴のない心的幻覚について語っているが、狂気における時間性の欠落という問題に本格的に踏み込んではいない。ごく簡単に触れているだけである。[119] ここには、哲学的な背景がある。当時のサルトルはフッサールが『イデーン』で予告し『内的時間意識の現象学』で提出した時間性概念を採用し、要約紹介している。[120] しかし、そこからまだ自分自身の時間論へと発展させるに至っていない。[121] 不十分さはこのことに起因すると思われる。

4. 父親という問題

(1) 父の戦争犯罪と罰

フランツの苦しみ、それはまず、父親による正真正銘の戦争犯罪を正面から告発できないことへのやましさだ。

(116) IM301（三五〇頁）。
(117) IM289（三三九頁）。
(118)『存在と無』においては、「普遍的時間」は対自によって世界にもたらされる。EN174/164, 255/240.
(119) IM292（三四二頁）。
(120) IM149-150（一八八～一八九頁）。
(121) 生方、前掲書、三八三～三八四頁。

しかし、もう一歩掘り下げれば、自分の思い通りの型に息子をはめ込み、神が人を作ったように「自分の姿に似せて作った」(SA920/六九)ことへの「ルサンチマン」(SA922/七二)である。強い指導者に育てようとして、逆に父の権力に逆らえない人間、たてつく強さをもてない人間にしてしまったことへの恨みでもある。だからフランツは、引きこもることによって父を罰しているとも解釈できる。父の期待を裏切り不幸な思いをさせることで間接的に父を告発しているのである。彼の狂気はそのための有力な手段であり、半ば意図的であり、演じられている。妹のレーニの加担は、その芝居への全面的協力である。レーニが捏造して語り聞かせ、フランツが信じるドイツの没落と滅亡の物語も二人にとって父への復讐である。ドイツの没落とともに父親の企業が破綻することを父への罰と考え、溜飲を下ろしている。だから、弟の妻のヨハンナは、ドイツの奇跡の復興の事実を知ったときフランツは絶望するだろうと推測する。その通り、大きな転換点となるのは、レーニがついに事実の暴露を決めた時である。フランツに「ドイツを復興させた巨大企業」という記事が掲載された新聞を手渡す(SA975/一二八)。父親への罰を望んでいたフランツは、現実の歴史に見事に裏切られる。父はドイツの奇跡の復興の担い手だったのだ。フランツは蒼ざめ、「ドイツ万歳」と皮肉をこめてつぶやく(SA977/一三〇)。隠していた拷問の事実を認め、一二年ぶりに父親に会う決心をするのはその時である。フランツはロシアの農民たちを拷問し殺してしまったことを父に告白し、父にもフランツの目の前でユダヤ教祭司を殺害させた責任を認めるよう促す。しかし父は認めず謝罪しない。とは言え、この父との対話の中でフランツの心は次第にほぐれていく。まず、拷問をした自分を父が裁かず、軽蔑しないと言ったこと。そして、逆に「哀れな息子よ」(SA985/一四〇)と思ったということ。この一言は決定的である。それを聞いてフランツは父親の肩の上に泣き崩れる。凍りついていた心が氷解し、堰を切って涙があふれたのだ。これを境にフランツは胸につかえていたことをぶちまける。こんな息子でも愛してくれるのか。あなたは結局は自分のエゴで、自分の思惑を実現するために息子を利用し、だめにしてしまったのではないか。あなたは事業を成し遂げ歴史に名を刻んだが、ぼくは無価値だ。だからこのまま死にたくない。フランツはようやく偽りの演技をやめて、真の思いを語る(SA986-988/一四〇〜一四二)。父はどう答えるか。「おまえは何ものでもない。何もしない。何もしなかった。何もできないんだ」(SA988/一四二)と答え、長い間をあけて「許してくれ」(SA988/一四二)と漏らす。この言葉を父の息子に対する不満の表明と受け取り、言いにくいことをはっきり言ってしまったことに対して一言詫びたに過ぎないと解釈するならば、この作品の深い意味は逃げ去っていくだろう。しかし、この言葉ははるかに重い意味を持つ。父は息子に対する勝手な期待をすべて捨て去り、あるがままの息子を受け容れていることを告白したのである。そして、息子をそこまで追い込んだのは自分の責任であることを認め、許しを乞うているのである。フランツは父の謝罪が本心かどうか一旦疑うが、父がいかに親として自分が愚かだったかということ、いかに自分の育て方が大間違いだったかということを語るのを聞いてその偽りのなさを確信する。「ぼくがあなたから聞きたかったのはそのことです」(SA989/一四三)。つまり、長男を王子のように育てることで逆に無力で何も役に立たない人間にしてしまった、と認め謝罪することをフランツは望んでいたのだ。彼が吹っ切れるのはこの時点である。それなら、父の望み通りにこの世から本当に消えようと、ただし共に連れだって消えようと持ち掛ける。父親は、それほど急がなくても、と言いつつ承諾し、二人は最高時速一八〇キロのポルシェに乗り、エルベ川沿いの道路エルブショッセを走って死亡事故の名所であるというトイフェルスブリュック[122]へと向かう。父親は、結局ナチスに協力した責任を認めないままである。彼らが家族に別れを告げて走り去った後、彼らの転落死をまるで透視するかのように告げるのはレーニである。そして、その後フランツの演説の声がテープレコーダーから響く。自分が時代の罪をすべて背負うという宣言である。人類の罪をすべて背負って十字架にかけられるイエスのように、神々の罪をすべて背負って火の中に飛び込むワーグナーの

(122)「悪魔の橋 Teufelsbrücke」と呼ばれるその橋は、ハンブルクに実在する。ただし、綴りは Teufelsbrück で、エルベ川の両岸を結ぶ橋ではなく、一九世紀に建設され今も現存する桟橋である。車で侵入することはできない。サルトルは、あたかも車が高速でエルブショッセ通りから狭い危険な橋へと突進できるかのように人物たちに語らせているが、現場を知っている者にとっては、あり得ない事態だろう。とは言え、作品の小道具としては面白い。

ブリュンヒルデのように、フランツはナチスの罪を一身に背負ってエルベ川の藻屑と化す。ブリュンヒルデの犠牲によってラインが氾濫し、神々の支配する世界を流し、新しい人間の世界をもたらしたように、フランツの犠牲はエルベ川の水によってドイツの罪を清める……とでも言うかのように。

（2）死か許しか

しかし、レーニの透視はまたしても彼女の作り事ではあるまいか。車がエルベ川に転落する場面は直接的にも間接的にも描かれてはおらず、レーニの想像で語られるのみである。[123] 彼女は、戦後ドイツの没落という作り話をフランツに信じさせたように、「六時三九分に私のポルシェは水の中よ」（SA992/一四七）という作り話をヨハンナに信じさせようとしているのではないか。そうでないと言い切れる決定的な要素はどこにも見出せない。逆に、父子が心中しないと考えさせる要素はいくつかある。ハンドルを握る父親は余命半年の命ではあっても今すぐその命を捨てる気はない。フランツも一方では「ぼくは死にたくない」（SA987/一四二）、「ぼくは百歳まで生きるんだ」（SA988/一四二）と言っている。実は、ポルシェの暴走は、フランツが子どもだったころの二人の密かな遊びの再現である。二人はメルセデスに乗って危険な橋を転落しそうになりながら猛スピードで走り抜け、スリルを楽しんでいた。「ぼくは怖さと喜びで頭がおかしくなりそうだった」（SA990/一四五）とフランツは回想する。その危険な遊びの再現は、父と子の和解の儀式ではないか。父親は、本当にわざと事故を起こすだろうか。フランツは助手席から父にハンドル操作の故意のミスを要求するだろうか。全編を通して一貫して細かく指示されていたフランツの心情や表情を示すト書きは、フランツの心が父を許して以来、妙に寡黙になる（SA989-992/一四四～一四七）。ようやく父が謝罪した後、フランツは「深く誠実に」、「死んでも何も良くはならない」と語り、彼の足音を階下で聞いていたという父に「無関心でニュートラル」な態度を取る（SA989/一四四）。心中かやり直しか。どちらにも解釈できるよう、サルトルは読者に結末を委ねているように思われる。[124] フランツは車に乗り込む直前、レーニとヨハンナの前で自分の写真に掛けられた喪章を引きちぎり、笑いながら「ぼくは生きているよ」（SA991／一四六）と言う。これをルエットは「自殺するため」と解釈している。[125] 確かに、これから自らの手で命を絶つためには、今生きていなくてはならない。だが、正反対の解釈も可能だ。死にも等しい生き地獄の中にあった自分が再生復活したことを示す宣言とも取れるのである。

下敷きとなった可能性のある作品『戸口の外で』においても、主人公の投身自殺は未遂に終わる。岸壁に打ち上げられ、通りがかった見知らぬ女性に救助され、意識を取り戻すのである。だが、ベックマンはそれでもなお、死にたいという思いを払拭できない。ぼくは死んではいけないのか、なぜ生きなければならないのか、答えてくれ、と叫ぶ。[126] しかし答えてくれるはずのもう一人の自分、肯定的な自分は姿を消しており、孤独な絶叫の中で劇は幕を閉じる。この「答えをくれ！ Gebt doch Antwort !」という叫びは、『アルトナ』の幕切れで流れるテープレ

（123）演劇やドラマ、小説において、人物の死はしばしば他の人物や話者によって間接的に語られる。フランス古典演劇においては、殺害や自殺といった暴力的な死を舞台に載せることは許容されなかった。サルトルは、『蠅』においてオレステスによるアイギストスの刺殺は舞台上で演じさせているが母親の殺害は舞台裏で行われる。叫び声が響き、その後、血塗られた剣をもったオレステスが舞台に再登場することで、観客は殺害が実行されたことを知る。『嘔吐』においては、冒頭に「編集者」のはしがきとされるものが示され、以下に出版する文章がロカンタンという人物の書類の中から発見されたノートに記されたものであると伝えられる。そこからこの人物が行方不明になっているかまたは死んでいるのではないかと読者は想像する。しかし、『アルトナの幽閉者』において父子の死を告げるのは虚言癖のある人物であり、オレステスや『嘔吐』の「編集者」同様に信を置けるとは思われない。

（124）前掲（注88）の対談集でサルトルは、フランツは自殺すると述べたり（八八頁）、だが、「自殺せねばならないなどとは、むろん申しません」（一一七頁）と語ったりしている。ここでも、先に触れた近親相姦の真偽と同様、「現実の作者」の自己解釈に振り回されてはなるまい。

（125）Louette in Sartre, *Théâtre complet*, p. 1518.

（126）Borchert, *op. cit.*, S. 109（小松訳、二六〇頁）。

コーダーの独白と双子のように似ている。フランツも「答えてくれ！ Répondez donc !」（SA993／一四八）と叫ぶ。しかし、その瞬間、舞台にはもう誰も残っていない。答える人はいないのだ。テープレコーダーの声は、人類に対する罪、人間の歴史に終焉をもたらすかもしれないような大罪に対して連帯責任を負う者はいないのか、と問うている。それは、ヤスパースの言う「形而上の罪悪感」の共有への訴えとも通底している。そして、ベックマンの最後の叫びから聞こえるのも、人が人を殺すこの世界で自分が何もできず手をこまぬいていることへの自責の念であるとともに、それを誰とも共有できないことへの絶望である。もう一人の自分に対して二人称単数形の du で話しかけていた彼だが、最後には複数形の ihr に対して「答えをくれ」と言う。自分だけでなく、他の誰か、不特定多数の同胞に向かって訴えているのである。

しかし、『アルトナ』の場合、この声は過去の録音の言葉であり、その後フランツは変貌している。ルエットも「二重の時間性」[127]という表現で指摘しているように、「一九五三年一二月一七日」の録音（SA991／一四六）と一九五九年の死のドライブとの間には六年近いタイムラグがある。その間にフランツが緩慢な変化を遂げたというわけではない。そうではなく、最終幕での父親との対話、一二年ぶりの対話によって彼は決定的に変わったのである。戦時中に自分が犯した罪をようやく父に告白でき、父がそれを受け止めてくれたこと、そして父がなしたむごい仕打ちを謝罪してくれたことで、固まっていた心が氷解し、人類に対する罪という問題は後方に退いたのである。

だとすれば、ポルシェはエルベ川に転落せず、栈橋を横に見ながら滑るように走り続けるかもしれない。それはフランツが結局、父親の資本主義に乗っ取られてしまうことを意味しうる。「回収」されてしまうのである。父親は性懲りもない経済至上主義者だ。マーシャル・プランという恩恵を最大限に活用し、ドイツが船舶を全世界に輸出し、再軍備をし、英米を超える大国になることを望んでいる（SA987／一四二）。彼はエルベ川に沿ってさらにポルシェを走らせ、中洲一帯に広がる造船所を息子に見せるだろう。そこには、「フォン・ゲルラッハ」という電光掲示板が誇らしげに輝いているかもしれない。さらに車を走らせれば、燦然とそびえ立つ本社ビルが姿を現すかもしれない。[128] 父は言うだろう。ごらん、ドイツは許されたのだ、私も許された、負けて勝ったのだと。
一九五九年の西ドイツは、キリスト教民主同盟の政権下である。コンラート・アデナウアー首相は一九五二年にイスラエルへの補償を決め、一九五六年には連邦補償法を成立させていた。贖罪はまず富によってなされたのである。経済相エアハルトは彼の市場経済理論に則って貿易を全面的に自由化した。国家の介入を最小限にし、企業経営者のイニシアティブと利潤意欲に訴えた。[129] ゲルラッハ家の父は、この資本主義の担い手のプロフィールにぴたりと当てはまる。一九七〇年、ヴィリー・ブラント首相はワルシャワゲットーのユダヤ人犠牲者追悼碑の前にひざまずき、真摯な謝罪を表明する。仮に一九五九年にヨーロッパ最大の資本家とその長男がエルベ川の水でドイツの罪を清めようとしたところで、西ドイツはお構いなく発展を続け、冷戦において東側共産圏に対する防波堤となり、一九九〇年には「自由主義経済の勝利」といった形で東西統一を果たし、ヨーロッパ連合の盟主となったであろう。日本とは対照的に、ドイツは早々と悔悛の誠実さを認められ、侵略した近隣諸国と友好関係を結び直す。[130] そして、その後、人権保護や環境保護において世界をリードする国になる。これはその将来を予告する「ハッピーエンド」なのだろうか。

たくましく立ち直ったドイツ。その勢いに乗っていた時代にそこから目をそむけひとり病んでいたフランツとは何者なのか。彼の狂気とは何なのか。改めて、それがブルジョワ劇のレベルと戦争責任というアンガジュマンのレベルという二つの異質な層を行き来して複雑に描かれていることに注目しよう。フランツの苦しみには、過

(127) Louette in Sartre, *Théâtre complet*, p. 1545.
(128) このような演出も可能だという意味である。
(129) 三島憲一『戦後ドイツ』、岩波新書、一九九一年、五二頁。
(130) このドイツの贖いはまさにヤスパースの説いた責任と取り方に呼応する。彼が用いる「清め Reinigung」という語は必ずしもキリスト教的な贖罪という意味ではなく、むしろ謙虚な姿勢で物質的ないし金銭的補償を行うことである（Jaspers, *Die Schuldfrage*, *op. cit.*, p. 89-90 ; ヤスパース、前掲書、『われわれの戦争責任について』、二〇二〜二〇五頁）。

去に自らが犯した戦争犯罪と父親に対する非難が入り混じっている。そして、これら二つの要素にそれぞれ二つのレベルが備わっている。自分の戦争責任については、罰されることへの恐怖からくる言い逃れ、欺瞞、無実の主張と払拭しがたい罪悪感とが混在している。父親への非難は、一方では幼い頃から彼の主体性を奪って型にはめてしまい、自律性に欠けた自己決定のできない無力な人間にしてしまったという点にある。他方では、彼は父親が自分の戦争協力の責任を認めないことに対して憤っている。父親はナチスに船舶や強制収容所用地を提供しただけではない。フランツが強制収容所から脱走したユダヤ教祭司を自分の部屋にかくまった時、父親はそれをゲッベルスに通報してしまう。しかもそれをお抱え運転手のせいにするのである（SA889/三六〜三七）。ゲッベルスは「連中」を送りこんでよこし、彼らがフランツの目の前で祭司を殺す（SA982/一三六）。フランツは父親に裏切られたのである。父親は自分の通報がここまで悲惨な結果を生むとは予想しなかったかもしれない。祭司を連行してもらいたかっただけかもしれない。ところが、この家の中で、もしかするとフランツの部屋で、「処刑」がなされたのである。この事件は決定的なトラウマとなった。フランツが軍に入隊しヒトラー崇拝者に変貌するのはこのトラウマが原因とされる。正反対の人間へと変貌する心理的過程はどの登場人物の目からも客観的に記述されてはおらず、先に述べたようにブラックボックスである。とは言え、ヒントはある。父親のこの行為は子どもにとって心理的虐待という暴力でもある。幼少時から受けていた自律性の剥奪それ自体も虐待だが、それに加えてこの事件がいわゆるとどめの一撃になったと考えられる[131]。一九三〇年代にサルトルが接したジャネの研究[132]を参照するならば、暴力による心的外傷は「人格解離 dissociation」を引き起こし、一種のヒステリー症状を生む。フランツにもそれを当てはめて解釈することはできよう。それはまた、『イマジネール』で引用されているデュマの戦争後遺症研究[133]とも重なる。

　ボルヒェルトは、帰還兵ベックマンをあくまでも明晰な人物として描いた。他方、サルトルはフランツに病的な次元を付与している。そこに何を読み取るか。ベックマンは苦しみながらも自己と対峙し対話し続けたが、フランツは狂気の中に逃避する。しかし、それでも罪の意識を払拭することはできない。彼の意識は、幻覚に襲われても錯乱状態に陥っても自己への現前であることをやめない。「われ」は狂気においてさえ自己へと現前する。自分自身に痛めつけられ逆なでされたコギトは、それでもコギトであり続ける。サルトルにとって、「さかさまのデカルト」はやはりデカルトなのである。『存在と無』において、正常性の圏内で記述されていたかに見える人間存在は、この戯曲において異常性の場を獲得する。サルトルの存在論は、非理性の次元へと開かれたと言えるだろう。

（3）父からの解放

もう一度しっかりと注視したいのは、フランツが最後に父親を許したのは、彼が戦争責任を認めたからではない、という点だ。父は最後まで責任逃れをし続ける。フランツの心が氷解したのは、父が戦争責任ではなく、息子に対する虐待の責任を認めたからである。そして謝罪し、あるがままの彼を受け容れたくれたからである。父

（131）ヴェルストラーテンもこの事件こそがフランツを決定的に絶望へと追いやったと見ている。ただ、彼の解釈では、ここに示されているのは、父親がプロテスタント的倫理の仮面の下から見せた「真の顔」であり、「むき出しの力」である。この人物はナチスの権力にへつらいつつ狡猾に自分の利益を追求しようとする卑劣な人間だという解釈である（Pierre Verstraeten, *Violence et Ethique. Esquisse d'une critique de la morale dialectique à partir du théâtre politique de Sartre, op. cit.*, 1972, p. 154-156)。だが、サルトルが一体このような極悪人を意図的に造形しうるのか、筆者には疑問である。むしろ、順応主義や保身や自己欺瞞といった凡庸な悪がいかに巨悪への加担へとつながったかが示されているのではないか。『聖ジュネ』においても、サルトルは悪を一定の人物に投影し形象化すること、いわば悪の権化を探すこと、すなわち diabolisation の誘惑に警鐘を鳴らしている。

（132）Janet, *L'amnésie et la dissociation des souvenirs par l'émotion*, 1904.『存在と無』でも、所有と贈与と破壊に関連してこれと似た「離人症 dépersonnalisation」の症例が挙げられている（EN686/641)。

（133）IM289（三三九頁)。

が望んだ自分、父の眼に映る別の自分、つまり対他存在としての自分に苦しんでいた息子は、ようやくその疎外から解き放たれるための一歩を見出した。フランツはヨハンナにこれを求めていたが、ヨハンナは彼の「真実」を結局受け入れなかった。彼女との「愛」のディスクールをとおしてフランツが望んでいたのは、戦争犯罪人で無力で無価値な自分をそのまま認めてくれることだった。しかし、彼女にはそれができなかった。最後まで無実を信じようとした。それゆえにフランツは「あの子は意気地がないね」(SA984/三三八)と言い放ったのである。だが、父は受け容れてくれた。そうである以上、もはやフランツにとって父の過去の戦争責任自体はさして問題にならない。ドイツの滅亡を想像することで父の処罰を図る必要もない。奇跡的復興から目をそらさなくても構わないのである。ナチスに戦車を提供したポルシェ社の最高時速一八〇キロの最新モデルに乗り込むというのも、これと無関係ではない。フランツは自己処罰と父親への処罰の空間から出て、再生したドイツの資本主義を象徴する空間に移動したのである。その時、償われずに残るか、あるいは消滅してしまうのが「形而上の罪」である。この罪悪感からの解放とは、晴れて無罪になるということではない。逆に、無自覚性への後ずさりにもなりうる。

また、この脱出はもう一方で別の幽閉を呼ぶ。妹のレーニが自らフランツの部屋に入り、テープレコーダの声だけが響くところで幕が降りるが、それは彼女が今後、長きにわたって引きこもりになるかもしれないことを暗示している。彼女はある意味でフランツ以上に乗り越えがたい心理的葛藤を抱えている。家族、とりわけ幼少時以来、父親から受けてきた抑圧に起因する問題である。引きこもる女性、ないし家族によって自由を奪われ幽閉された女性としては、アンドレ・ジッドが取材した現実の事件、『ポワチエの幽閉者』[134]の悲惨な例がある。結婚前の性的関係を親に見とがめられ、二五年間も自室に閉じ込められ、生ける屍のような状態となって発見された女性である。フランツの「幽閉」は余儀ない状況ではあったが最終的に自ら選んだ引きこもりだった。他方、ジッドの主人公の女性の「幽閉」はフランス語の本来の意味で監禁されている。端的に親からの暴力であり、虐待である。[135]レーニは一方的な物理的拘束を受けているわけではないが、精神的暴力の犠牲者と言える。『部屋』においてもこの戯曲においても、結末で最も救いがたい悲劇に陥るのは、夫の殺害を考えるエヴと自らを監禁するレーニである。狂気に寄り添ってきた介護者たちが自滅の道を選ぶのである。

『家の馬鹿息子』にも通じるこの家族の暴力の問題は、また場を改めて論ずるが、現時点で言えるのは以下のことである。つまり、このドラマは確かによく言われるように戦争責任についてのドラマであるが、それと同等に、ないしはそれ以上に、親子きょうだい関係のドラマであるということだ。家族という閉ざされた空間内で、視覚的なドラマになりにくい心理的束縛と抑圧と疎外が横行している。『出口なし』にも似た八方ふさがりの状況で、しかし家族ならではの愛憎のアンビバレンツをとおして相剋と虚言が狂気と境界を接しているのである。

フランツの自己は、すべての人と同様、否定的に他者を取り込んだ「拡張コギト」であるはずだ。しかし、それを超えて彼は自己が他者によって作られ他有化されていると感じ、苦しむ。「ぼくを彼〔父親〕は自分の姿に似せて作った」（SA920／六九）、「ぼくは決して選ばない。選ばれる。生まれる九箇月前から、ぼくの名前も役割も性格も運命も決められたのだ」（SA923／七二）と彼は訴える。しかし、そこには同時に他有化以上の何かがある。つまり、「反射の戯れ jeux de reflets」（SA920／六九）である。互いが互いを映し合い、乗り入れ、相手の一部となる。フランツは個として完結せず、他有化を跳ね返そうとせず、むしろそれを取り込んでいた。それは苦しみであると同時に言い逃れにもなっていた。そうした反射が戯れる閉ざされた空間から外に出て、車での移動という異なる次元に入ったとき、フランツは猛スピードの疾走によってかつての自己を振り落としているかに見える。閉じこもる彼は「ここには決して時間はない。永遠だ」と言っていた。静止状態から高速移動への転換は時計の針の

（134） André Gide, *La séquestrée de Poitiers*, Gallimard, 1930 ; coll. folio, 1977 ; 研究としては、以下の著作に『ポワチエ不法監禁事件』として一章が割かれている。吉井亮雄『ジッドとその時代』、九州大学出版会、二〇一九年、四四三～四五七頁。サルトルの戯曲との関連性については特に触れられていない。

（135） フランツの部屋との共通点として、ポワチエの幽閉者の部屋にも牡蠣の殻が散在している（p. 27）。それが全くの偶然かどうか、今のところ判断材料を欠く。

早回しのようでもある。廃人とも思えたフランツは、死ではなく再生へと向かっているのかもしれない。罪悪感をいったん忘却したあとに、再び「浄化的反省」に向き合うことになるのかもしれない。そこで再び「形而上の罪」の意識を見出すのかもしれない。だとしたら、それは彼の実存におけるアンガジュマンの始まりなのである。

エピローグ——非理性における意識

この第二部では、サルトルがデモクラシーにとって躓きの石とも言える狂気の問題とどう関わったかを中心に論じてきた。学生時代、心理学研究の一環として自らメスカリンの注射によって幻覚を体験したこと、パリの精神病院で定期的に臨床に立ち会っていたこと、ルアン近郊の大規模な精神病院を訪問したこと、想像力論において精神疾患がもたらす幻覚・幻聴などの症例を扱ったことなどに目を向けた。その上で、狂気を扱った二作の文学作品をとおして、人間の存在論的平等を基本的な命題とするサルトルが、「人間ではない」として排除される人々をどう描くかを見てきた。小説『部屋』のピエールの狂気は謎として描かれ、狂気とは何かという問いを投げかけていた。他方、戯曲『アルトナの幽閉者』におけるフランツの狂気には、具体的な文脈があり、理由があるということが見て取れた。それは、謎のようでいて故意に作られ、演じられてもいる。他者によって助長され共有されてもいる。その意味では狭義の精神疾患と異なる。幻覚や妄想の描き方は一九三〇年代のサルトルの知見が基盤になっているという点で共通しているが、原因不明の精神の病ではないのである。しかし、これらを通してサルトルは、意識の存在を非理性の領域に置くという思考実験を試みたとも言える。そして、そこで示したのが、フーコーの解釈とは対照的に、狂気はコギトを排除しない、ということである。

コギトの普遍性の哲学を受け継ぎ、批判を加え変成を試みながらも人間意識一般の理論を構築した哲学者サルトルは、並行して、理性が崩壊する深淵の世界を描く作家でもあった。そこには、家族の確執という問題も偏見と差別という問題も含まれており、裕福な人々への皮肉な眼差しもある。ストーリーテラーとしての力量も見事に発揮されている。多角的に読み、自由に解釈し、楽しみうる虚構の世界だが、これらは哲学的な実験室でもある。作者は、精神疾患の症状として表れるものの背後に、物質という他律性の支配のみならず、自律的でいわば自由な意識の飛翔を描くことがどこまで可能か試しているように思われる。自由な意識の飛翔は、怒り、憎しみ、恨み、後悔、自責の念といった負の方向へも向かうが、それはいかに非合理的な心象や幻覚によって表現されたとしても、「正常」な意識のそれと変わらない。それらもまた「さかさまのデカルト」だが、やはりデカルトである。

　このようにサルトルが複数の文学作品をとおして示したこと、それは狂気においても意識は自発的で、「自己への現前」という構造をもち、前反省的なあり方もあれば反省的なあり方もあるということだ。それはまさにサルトル的コギトである。自分にとっての自分に向き合う意識、つまり対自存在と他者から見られた自分に向き合う意識、つまり対他存在という二つの様態の並行関係、決して一方が他方から派生したのでもなく還元もされない永遠の不一致（EN342-344/321-323）というサルトル哲学における意識概念の根本は、非理性を描くことで揺らぐことはなかった。他者の意識が私にとっての私を歪めてしまうという点では、「健常者」も「精神障害者」も根本的な違いはなく、線引きはできない。この意味でも、『存在と無』は決して「正常」な意識、「健常者」の意識のあり方のみを扱ったものではないと言える。確かに一般的な概念を立て、その操作で組み立てられている意識の哲学体系ではあるが、カント的な純粋性にもフッサール的な純粋性にも捉われず、市井の人々の雑多な想念やそこに潜む欺瞞や非合理性を正面から描き出している。それは単にサルトルが作家でもあるからということではない。カント的な純粋な主体性の乗り越えという彼の生涯の一大テーマに沿った企てだったのである。そこにもまた、アンガジュマンがある。心理学を学び、精神疾患を観察し、文学作品に狂気を描くという歩みと並行して、非合理性や狂気までをも含みつつなお欠如であり無であり、対自であり対他である意識、すべての人間に当てはまる意識概念の体系を構築することへの賭けがあったのである。

非定型的なものに対する差別と排除の意識を深くえぐったという点でサルトルとフーコーは共通している。しかし、異なるのは、サルトルが定型そのものが不安定であり、非定型との境界は曖昧だと考えたことである。西欧において定型が歴史的にいかにして作られたかをフーコーは辿って見せた。フーコーは、その哲学的立場から個人の主観・主体性といった概念への依拠を避けているが、ピネル以降の精神医療が狂気を「対象化 objectiver」し「もの chose」として扱ったと告発している。[136] だが、対象を語るなら、なぜそれと対になるべき「主体 sujet」という語を堂々と使わないのか。この語を「主題」という意味へとずらして用い、「主体」という意味をあえて避けていたことが見て取れる箇所である。二人の間にこのテーマをめぐって対照的な見解はあり、双方向の対話はおそらくなかった。だが、それでも深い接点を見出すことはできまいか。彼らは、異質なものを閉じ込め自分たちの安全を確保しようとする者の良心を揺さぶり、安住を妨げているのである。

その警鐘を受けてさらに歩を進めるならば、「精神障害」だけでなく「知的障害」と呼ばれるものも含めて、「正常」との違いを個人の属性と捉えることがいかに不当かということを再確認する必要があるだろう。もし、その個人にとって内在的な苦痛や不便があるなら、それは機能的な問題として医学的、教育的知見に基づいた対応を行う必要がある。しかし、それが外発的なものであり、他者との関係や社会において一方的な基準を当てはめて相手に「欠陥」を見、差別することでもたらされる問題であるなら、それは社会の方が変わっていく必要がある。「障害者」に障害を感じさせない社会と人間関係を作っていく努力が求められる。誰もが自分は社会の一員なのであり、望みさえすればどのような活動にも参加することができると自然に思える環境、それを作っていくことがデモクラシーの大きな使命のひとつと言えるだろう。実際に、国連では二〇〇六年にそうした趣旨を盛り込んだ「障害者の権利に関する条約」が採択され、日本でも二〇一三年の末に衆参両院本会議において全会一致でこれが承認され、批准された。それに則って法整備も進められている。それをいかに実行に移していくかは、

(136) Foucault, *op. cit.*, p. 481（五六一頁）。

言うまでもなく教育、職場、地域社会、福祉施設など具体的な場における私たちの日々の努力にかかっている。

最初に立てた問いは、万人の良識に基づくデモクラシーにとって、非理性と見なされる障害が躓きの石になりはしないか、というものであった。今、それを転倒させてこう言おう。すべての人が、どのような状況にあっても、その自己意識という絶対的な領域を守り、そこにある率直な思いを表現できること、その思いを実際に社会が受け止め、反映できること、それこそがデモクラシーのデモクラシーたる所以なのだと。

このような自明の理を述べるために、わざわざ哲学を持ち出すには及ばなかったかもしれない。哲学などなくても、心で分かることだと言えるかもしれない。ただ、ときとして、この自明の理が危機に瀕しているのを目の当たりにする。そのとき、少しでも哲学の理屈が役に立てばよいと思うのである。本論で見てきたように「人間でない」という言葉には多義性がある。人間なのに人間らしく生きられない者への憐憫の表現でもあれば、定型的人間観にとって異質な存在への排除の言説でもある。この後者によって差別され隔離されてきた者が、社会に再び自分の場を見出し、自己の存在とその意味を肯定できるようになるには、多方面からのシナジーが要る。適切な薬物治療を含めた医療はもちろんだが、それ以外にも近年、支持的精神療法、認知行動療法、集団精神療法などのメソッドが目覚ましく発達している。そのため、苦痛を軽減し、長期入院や隔離を避け、社会の中で活動しながら自分の人生を生きていくことが可能になっている。法律はその支援の枠組みを整え、それに則って具体的な対応も実践可能になる。こうした条件のもとでこそ、各人の強みも発揮されうるし、そこからフーコーが例示していたような特異な才能も見出されうる。これらすべてを静かに根底から支えているのが、いかなる人も死に瀕するその時までコギトの存在であり続けるという哲学的確信の揺るぎなさではないだろうか。もしも治療や支援の疲れから、この者は人間ではない、生きるに値しない、などという考えが頭をかすめた時、それを払拭してくれる小さな、しかし確固たる声として哲学があることに思いを致そう。それは決して小難しい理屈ではない。私と同じようにこの人にもたまたま引いてしまったくじのような偶然性があり、それを受け止めて自分を見つめているということ、そのことについて少し想像力を働かせればよいのである。

むろん、意識は「狂気」ならずともしばしば錯覚に陥り、幻想を抱き、幻覚を覚え、誤謬を真と見なし、悪を善と見る。ドクサの罠は、すでに第一部で見たように自らのコギトに拠って立ち悟性によって明晰判明にものを見ていると確信している者にも差し向けられる。そして良識を分かち持つはずの多くの人々が、フェイクやプロパガンダや陰謀論に容易に絡めとられる。かつての「サイレント・マジョリティー」は、SNSを手にしたことで容易に怒りや正義感を発信し同じ考え方の人々とつながれるようになった。そうした情報発信・受信における民主化は喜ばしいことだが、そこに知性の劣化を見て嘆く者とそのエリート主義に反発する者との間に新たな分断が生まれ、デモクラシーをむしばむ危険があることも無視できない。

そして、さらに重大なこととして、暴力や戦争の問題がある。コギトたちはその理性を動員して大義を掲げ、相争い、殺し合う。「すべての犯罪は常に少々コギトである」[137]とサルトルは指摘する。コギトがもたらす暴力、これをどう考えるか、それが以下第三部のテーマである。

(137) CM418.

第三部　暴力の発生論——何が不戦・非暴力を阻むのか

プロローグ

1．サルトルは暴力を礼賛しているのか

コギトはデモクラシーの基盤だが、暴力ももたらす。暴力に合理性を与え、正当化する。暴力を振るう者は正義を主張し、悪を相手の側に見る。「すべての犯罪は常に少々コギトである」[1]。テロリズムは大義を標榜し、自己を正当化する。支配者に対する武装蜂起も正義の戦いを主張し、使命感に支えられている。他国を侵略する国家でさえ、正当な理由を掲げ倫理意識まで持ち出して「正戦」を標榜する。日常の小さな暴力行為から世界全体を巻き込む戦争に至るまで、あらゆる水準の暴力に共通するのが、自己正当化の論理を伴うという現象である。このことをどう考えればよいのか。擁護すべきケースと告発すべきケースを分ける明確な線は引けるのか。

サルトルの文学作品には暴力を讃えていると解釈されうるものもある。古代ギリシャ悲劇『オレステイア』を翻案した戯曲『蝿』では、主人公オレステスは祖国と王を裏切ったとして自分の母親を刺し殺すが、その行為は真の自由の発見として描かれる。小説『自由への道』第三部『魂の中の死』では、高校の哲学の教師だったマチューが第二次世界大戦に動員されてドイツ国境地帯に配置され、村の教会の鐘楼から下を通るドイツ兵を狙撃

（1） CM418.

し次々と倒していく。それもまた、彼の抑圧されていた自由の炸裂として描かれる。高揚感をもって描かれるこうした流血の場面には疑問や嫌悪を抱く読者もいるだろう。もちろん、これらはあくまで虚構なので、いかようにも解釈可能だ。カタルシス効果を見出すこともできれば、かつてミシェル・ゼヴァゴの『パルダイヤン』など大衆的な「チャンバラ物語」を愛した少年時代のサルトルがそのままどこかに残っていると解釈することもできる。文学作品での描き方から必ずしも作者が暴力を正当化していると断定することはできない。だが、暴力をめぐってサルトルが発した言葉は、単に自由自在な文学的解釈に委ねられるにとどまらない。逆に哲学者としての立場をそこに探り、これを革命的暴力への共感のひとつの表れと見ることも可能だろう。とりわけ、『蠅』には時代的文脈からしてナチス・ドイツへの抵抗の呼びかけがあるとの解釈は成り立ちうる。サルトル自身もそれを認めている。[2] この「オレステス＝マチュー的否定性」[3] の契機は、以降どのようにサルトルの道徳論的模索とアンガジュマンにおいて展開していくのか。

　実際、のちにフィクションではなく評論文においてもサルトルは暴力を正当化し讃える言葉を発している。そこでまず注目したいのが、サルトル思想に深刻な疑問を抱くきっかけともなりうる強烈な言葉だ。「殺さなければならない。一人のヨーロッパ人を打ち倒すこと、それは一石二鳥で抑圧者と被抑圧者を同時に消すことだ。残るのは死んだ人間と自由な人間だ」[4]。紛れもない無差別殺人の教唆、テロリズムの礼賛に聞こえる。憎しみと暴力の連鎖に拍車をかけるような言葉である。一体なぜサルトルはこのようなことを言ったのか。

　これは、独立を求めて武力闘争を続けるアルジェリアの被植民者の意識を代弁する言葉だった。武器を手にして立ち上がった被植民者は内心でこう叫んでいる、ということをサルトルならではの痛烈な表現に託し直接話法の生々しさでぶつけたのである。それはまた、被植民者の悲惨を報告する精神科医フランツ・ファノンの著作『地に呪われたる者』[5] でなされた主張を支持し、より衝撃的な表現へと書き換えた言葉でもある。それにしても、公共の言論の場でテロ教唆ないし弁明とも取れる発言をするのは、現代ではフランスをはじめ複数の国で刑法によって禁じられた行為である。裁判にかけられ、実刑判決を受けても不思議ではないほど重大な行為である。当時のフランスの刑法にはまだその規定がなく、法は遡及しないため、また故人であるため、サルトルが起訴されることはない。しかし、その言葉の危険性を見ないはずのない彼があえて堂々とこのような言葉を書きつけたのは故意の挑発であり、彼自身の怒りの表現でもあったに違いない。

一九五四年十一月一日、フランスの植民地だったアルジェリアで、独立派ＦＬＮ（民族解放戦線）が武装蜂起した。アルジェリア戦争の始まりである。サルトルは、年明けに盟友のフランシス・ジャンソンらと共に『レ・タン・モデルヌ』誌において独立への支持を表明した。一九五六年一月には同誌は派兵のため招集されたフランス軍兵士の良心的忌避の権利を擁護する立場を打ち出し、脱走を支援する活動も開始した。しかし、その支援組織はまもなく摘発されてジャンソンは裁判にかけられ、一九六〇年秋、『レ・タン・モデルヌ』誌も差し押さえを受ける。シャンゼリゼ大通りで行われた独立反対デモでは「サルトルを銃殺しろ」との叫びも上げられていた。『レ・タン・モデルヌ』誌の事務所や彼の自宅アパルトマンには計三度にわたってプラスチック爆弾が仕掛けられ、自宅はドアが吹き飛ばされて多くの原稿や書簡が焼失した。サルトルは負傷こそしなかったが、避難を余儀なくされた(6)。

（2）生方、前掲書、一二一〜一二二、一九三〜一九四、四六〇〜四六七頁。

（3）*Ibid.*, 四六八頁。

（4）Sartre, « Les damnés de la terre », Préface aux *Damnés de la terre* de Franz Fanon, Ed. Maspéro, 1961 ; repris in *Situations*, V, 1964, p. 183（鈴木道彦・海老坂武訳「飢えたる者」、『シチュアシオンV』、人文書院、一九六五年、一五七頁。鈴木・海老坂訳「地に呪われたる者」、『植民地の問題』、人文書院、二〇〇〇年、七八頁）。

（5）Franz Fanon, *Les Damnés de la terre*, Ed. Maspéro, 1961（鈴木道彦、浦野衣子訳『地に呪われたる者』、みすず書房、一九六八年）。

（6）これらの事実関係は複数の文献に記されているが、とりわけ詳細な情報を提供してくれるのは前掲のコーエン＝ソラルによる伝記である。Cohen-Solal, *op. cit.*, p. 535-563（八五六〜九〇〇頁）。ただ、ファノンの著書への序文に対して、サルトルが喜々としている、幸福感に満ちているといったコメントを加えているのは不可解である。

アルジェリアでは、フランス軍によって独立派の拷問や一般人の殺害が行われていた。フランス国内も分断され相次ぐデモや暴動で混乱を極めていた[7]。その状況下、サルトル自身も政権や極右勢力と闘う中で綴られたのが、この殺人教唆のような言葉だった。序文全体は、怒りと憤りを抑えながら可能な限り冷静さを保って書いているように思われる。そこではまさに、被植民者の武力闘争が『弁証法的理性批判』[8]で理論化された被抑圧者の「対抗暴力 contre-violence」として説明されている。「植民地化による侵害は被植民者の中に〈恐怖〉として内面化される。（…）彼らは彼らに向けられた武器と心の底から湧き上がる必ずしも自覚のない恐ろしい衝動、殺したいという願望との間に追い詰められている。なぜなら、それは彼らの暴力ではないからだ。それは私たちの暴力であり、それが反転して増幅し、彼らを引き裂いているのだ[9]」。

序文全体を通して、内面化された暴力性はファノンの精神科医としての観察と共鳴する形で容赦なく繰り返される。加えられた抑圧と屈辱、恐怖は、抑え込めば抑え込むほど精神を蝕み、暴力が自己や仲間に向かう。その変質による閉塞感を突破し自己を解放するためには、真の敵対者に向けて対抗暴力を炸裂させることが第一歩だとサルトルは主張しているのである。

しかし、この暴力の弁明は、案に違わず激しい反発を招いた。サルトルのアンガジュマンに注目し好意的に伝えてきた週刊誌『ル・ヌーヴェル・オプセルヴァトゥール』の編集長ジャン・ダニエルは、「この文章は（…）私にめまいと吐き気と不安と不眠をもたらした[10]」と述懐している。旧友レイモン・アロンは、この序文に直接的な反論を寄せることはなかったが[11]、前年に出版されこの序文と呼応する『弁証法的理性批判』の暴力論に厳しい評価を与えた。それは「暴力の哲学」であり、サルトルには「暴力崇拝とまでは言わないものの暴力への嗜好がある」というのである[12]。書評家として大きな影響力を持っていたモーリス・ナドーが、この著作は真剣に読んで批評する者が少ない、と嘆いていたエピソードもアロンは紹介しているが[13]、フランスでもまさしく丹念に読み通した者がほとんどいないまま、アロンの否定的評価が定着してしまったと言える[14]。

だが、暴力という問題に対してサルトルが別の顔を見せているのが死後出版の『道徳論ノート』[15]である。そこには、暴力の諸相の分析と共に、道徳への「改心」[16] を絶望的なまでに追い求める姿が見て取れる。その改心とは、単に悪や欺瞞に陥った者の心の入れ替えではない。暴力によって刻まれていく歴史と人類が決別するにはどうしたら良いかという巨大な問いがある。「歴史の主体は、手段として暴力、嘘、権謀術数を選べば選ぶほど、成果を上げる。しかし、彼は分断を広げれば広げるほど、非全体化に拍車をかける。彼自身が歴史において対象〔問

（７） Patrick Eveno et Jean Planchais, *La Guerre d'Algérie. Dossier et témoignages*, La découverte/Le Monde, 1989.

（８） Sartre, *Critique de la raison dialectique*, 1960. この後期哲学の主著については、以下の入門書で概要が解説されているので、本書では基本的な点については繰り返さない。澤田直、前掲書『新・サルトル講義』、一一二～一三四頁。海老坂武、前掲書『サルトル』、一二一～一二八頁。学術的な研究としては、序論で触れた北見、竹本の著作がある。本書第三部では、これらを踏まえ、異なる視点からの読みを提示していく。

（９） Sartre, « Les damnés de la terre », Préface aux *Damnés de la terre* de Franz Fanon, *op. cit.*, p. 179（一五四頁）。

（10） Jean Daniel, *La Blessure*, Grasset, *op. cit.*, p. 217.

（11） アロン自身は、アルジェリアで武装蜂起が起きるより以前からこの植民地の惨状の複雑な要因を分析し、現地の事情に合わせた段階的な脱植民地化と独立を提唱していた。そして、戦争勃発後にも著書で改めてそれを主張している。Raymond Aron, *La tragédie algérienne*, Plon, 1957. Marie-Christine Granjon « Raymond Aron, Jean-Paul Sartre et le conflit algérien », in *Les Cahiers de l'Institut d'Histoire du Temps Présent*, n° 10, novembre 1988（persee.fr : https://www.persee.fr/doc/ihtp_0769-4504_1988_num_10_1_2063. 二〇二四年一一月二日最終閲覧）。

（12） Raymond Aron, *Mémoires, 50 ans de réflexions politiques*, Julliard, 1983. p. 816-817（三保元訳『レーモン・アロン回想録』２、みすず書房、六三五頁）。

（13） *Ibid.*, p. 810（六二九頁）。

（14）『弁証法的理性批判』に対するアロンの批判は、追って第二章で見るように *Histoire et dialectique de la violence*, 1973 で詳細に展開されている。

（15） *Cahiers pour une morale*, Gallimard, 1983. 以後、CM と略号を使用する。題名の訳し方については、以下の注70を参照のこと。

（16） この訳語については、以下第二章１（３）を参照。

題視される人物〕となればなるほど、歴史〔全体化を通して存在するのが理想であるはずの歴史〕をほつれさせてしまう」[17]。こうした認識から、サルトルは人間の歴史が暴力と決別し道徳的な方向へ進んでいく可能性を探ったのである。「道徳は歴史的でなければならない」[18]。

『道徳論ノート』では、このように不戦・非暴力の可能性を探るという壮大な課題な課題が掲げられている。二度の世界大戦を経て、世界が今度は東西の対立という新しい危機に直面し始めた一九四七年、サルトルは国際紛争を戦争という暴力以外の方法で解決することができるか、という問いを発しているのである。そして、哲学者として国家間の暴力を国際政治学や国際法の視点からではなく、人間にまつわるあらゆる次元の暴力をも視野に入れて根底から問い直そうとしているのである。人間は、いかにして暴力というものを捨てることができるのか。しかしその試みは行き詰り、残された数冊のノートのみが死後に公刊されることとなった。

では、この挫折後にサルトルは暴力の承認、さらに礼賛へと転向したのだろうか。そうではない。死後出版の『奇妙な戦争』、『道徳論ノート』、『真理と実存』はいずれもこれ以降の著作の読みに新たな材料を与えるものだが、特に『道徳論ノート』は『弁証法的理性批判』のアロン的な解釈に疑問を投げかける。

旧友で『レ・タン・モデルヌ』誌にも協力していたアロンだが、ちょうどサルトルが道徳論に挑んでいた頃から政治的見解の相違で二人は疎遠になっていた。直接のきっかけは、コーエン＝ソラルによれば、一九四七年にドゴールが結成した新党の選挙での勝利に対してサルトルが行った攻撃にアロンが困惑したことだったという[19]。だが、より根本的に見るなら、弱者の側に立ち資本主義とブルジョワジーに怒り、社会主義の実現を目指していたサルトルと社会主義にシニカルな懐疑の目を向け市場経済に同意するアロンの間には、大きな溝ができていた。そしてその後、ソ連を全体主義として告発し西側の結束を説くアロンと資本主義がもたらす格差を告発し共産主義の試みを擁護するサルトルとの溝は開いていくばかりだった。『弁証法的理性批判』に対する厳しい評価はその反目の一環である。だが、それを超えてアロンの批判に悪意なき誤解の要素もなかったとは言い切れない。それは、『道徳論ノート』に接していれば多少なりとも修正を余儀なくされた可能性がある。サルトルの『ノート』

とアロンの『回想録』は同じ一九八三年に出版されたが、アロンはその年に亡くなっている。『ノート』を読めば「暴力の哲学」という評価に何らかの修正を加えた可能性があるが、その時間はなく、アロンの解釈はその後も尾を引いている。

『弁証法的理性批判』は、追ってもう少し詳しく論ずるが、民衆の暴力革命によって社会を変えようと訴えるマニフェストなのではない。確かにフランス革命の群衆の描き方など、そのように読める部分もある。抽象的で冗長に見える文章の下から、革命のロマン、飢え怒る民衆がともに立ち上がるそのパワーへの称賛はにじみ出ている。繰り返し描かれているのは、名もない市井の人々の貧困と彼らが被っている様々な蹂躙とそれに対する怒りだ。それが相互に共有され、人々は共通の目標へと向かって「内的な統合へと自らを投げかける」[20]。誓い合い、共に行動する。[21]だが、その革命的暴力を社会変革の最適なモデルとして推奨しているかのように見なすことは、この書を過去の幻想として葬り去ることに等しい。むしろ、このロマンがいかに友愛のテロルを招き、疎外を生み、惰性化していくかを冷徹に描いていく箇所[22]にこそサルトル哲学の警鐘的性格を見ねばならない。『弁証法的理性批判』は暴力革命を礼賛しそこに変革の希望を託しているのではなく、逆にそれがはらむ見えにくい数々の副作用を察知し、警告を発しているのである。しかも、この書が記述する革命的実践の変質は、フランソワ・

(17) CM27.
(18) CM14.
(19) Cohen-Solal, *op. cit.*, p. 386-388 (六三〇～六三四頁)。
(20) CRD454.
(21) 澤田は、この著作に「無力で無名な大衆の物語」、「英雄なき時代の叙事詩」という形容を与えている。(澤田直『新・サルトル講義』、前掲、一三三～一三四頁)。確かに、そのような側面は見出される。ただ、人民史家と言われるミシュレの『フランス革命史』のような生き生きとした文体の魅力は『弁証法的理性批判』には見出しがたい。
(22) CRD485.

フュレらのフランス革命史研究によって主張されてきたような外敵の出現による変質と暴走[23]とは性質を異にする。怒れる民の結集の当初からテロルの芽はあり[24]初期の勝利にはすでに疎外の兆しが含まれている。[25]その後、集団は次第に自己目的化し、[26]外的な恐怖が遠ざかるように見えると今度は集団自身が内部に恐怖を生み出し分散を妨げようとする。[27]この一連の記述は、フランス革命の群衆が念頭に置かれているにしても特に具体的な史実と細かく対応しているわけではない。そうではなく、多様な形の抗議運動や暴動、武装蜂起に準用されうる汎用性が含まれている。

しかし、このようにサルトルが革命的群衆の否定的側面を取り上げて分析したからといって、そこに単純な革命懐疑論を読み取るのもまた誤りであろう。そうではなく、そこには、二一世紀の今も答えの見出せない問いがあり、それでも模索し続けようとする決意がある。なぜ歴史が暴力によって刻まれてきたのかを解明し、その必然性とも映る何かを突き詰めて考え、それを乗り越える可能性の条件を探る努力が見える。少なくともそのための踏み台たろうとしている。アロンのように『弁証法的理性批判』に暴力礼賛を見る読み方、またそこまで極端でないにしても、この本が社会変革の必然的条件として暴力を容認しているとする解釈が見逃していたのはこの根本的な点である。サルトルは、なぜ民衆の反乱や革命が発生し、そしてなぜそれが「惰性化」していくか、つまり本来の目的から逸れて望まない事態へと変質していくかを人間存在のあり方から出発して理解しようと試みた。社会の諸事象を実証的に扱う社会科学の知に対しても法則の当てはめや数理的処理を超えた「可知性」の追求を促した。そこには、暴力の発生の道筋をその都度コギトから出発して捉えない限り、乗り越えの道は閉ざされたままだという主張が、かすんだ遠景のように、しかし確かに描かれている。抑圧と貧困と飢えに苦しむ人々の意識がどのように暴力へと向かいうるか、その意識がどのように行動へと移され、それどのように疎外されていくかを知解しない限り、悲惨は続く。それはまさに『道徳論ノート』が、断片的ではあれ、より直截に描き出していたものだった。アロンはそれに接する前に去ってしまったのである。

『道徳論ノート』の挫折後に書かれた『真理と実存』が歴史と規範倫理のアンチノミーの確認から始まってい

る[28]のも、その問題意識ゆえであろう。歴史の主体たちが「本来性」へと改心することを目指せば歴史の現実を捉え損ない、悲惨な歴史の終焉と理想社会の実現を目指すなら、万人の改心の不可能という現実に突き当たる。そのジレンマにサルトルはこの遺稿で向き合っている。人類が「改心のドクトリン」という規範倫理の実効的活用によって歴史を歩んでいくことは不可能である。だがそれは、暴力の積極的肯定への反転をもたらすわけではない。「それゆえ私は今日の道徳を求めている。つまり全面的な歴史への主体的関わり historialisation[29] ということだ。私は、一九四八年にひとりの人間が自分自身と世界とについてなしうる選択を明らかにしようと試みる」[30]。この「選択」とは、同時期に表明されたアンガジュマンの別名に他ならない。

（23） François Furet et Denis Richet, *La Révolution française*, Fayard, 1965. François Furet, *Penser la Révolution française*, Gallimard, 1978（大津真作訳『フランス革命を考える』、岩波書店、一九八九年）。これらの研究は、『弁証法的理性批判』以降のものでありサルトルは参照していないが、共通点もあり意義は大きい（生方淳子「革命二〇〇年——フランスはいま」、季刊『クライシス』、三八号、一九八九年夏、六五〜六六頁）。
（24） CRD485.
（25） CRD500.
（26） CRD516-517.
（27） CRD529.
（28） *Vérité et Existence*, p. 11-12（澤田直訳『真理と実存』、二七〜二八頁）。以後、VE と略して原書のページと訳書の頁を示す。
（29） 澤田も訳注で解説しているように（二〇一〜二〇二頁）、この語はアンリ・コルバンの「歴史現実（Geschichte）と歴史学（Historie）とを区別するだけでは十分でない」という指摘を受けて、サルトルが歴史への主体的な関わりという意味を込めて用いたと思われる。ここでは、その点を強調して説明的に訳した（« Avant-propos du traducteur », in *Qu'est-ce que la métaphyique ? par Martin Heidegger*, Gallimard, 1938, p. 16 ; Heidegger, *Questions I et II*, coll. « Tel », Gallimard, 1968, p. 17-18）。
（30） VE137/一八六頁。

2. サルトルは本気でいっしょに怒ってくれた

サルトルが活躍した一九四五年から一九七〇年代半ばまでの三〇年間は、フランスでは「栄光の三〇年 les Trente Glorieuses」と呼ばれる時代に当たる。高度経済成長期である。国内総生産は毎年五パーセント前後上昇し、完全雇用に近い状況が生まれ、大衆消費社会が到来した。しかし、恩恵に浴しているのは権力者と資本家ばかりだと庶民は感じていた。インフレが進行した一方で賃金は上がらず、国家財政は赤字となり、ドゴールは増税と緊縮財政を指示した。[31] 豊かになったはずの社会で、格差と権力のヒエラルキーはより鮮明に見えた。自分たちを支配し、搾り取って肥大していく資本主義に労働者も学生も怒りを覚えていた。また、西側の先進国が第三世界を搾り取って発展していくことにも憤慨を覚えていた。黙っていれば自分たちも共犯者になる。だから異議を申し立て、兵役を忌避し、民族自決と独立のために戦うアジア、アフリカの国々に声援を送った。[32] そのとき、常に彼らの側に寄り添ったのがサルトルだった。一九六四年に彼が学生たちの前で行った講演について、アモンとロットマンはこう述べている。「学生たちが聴きに来たのは、サルトルという作家でもなく、ましてや哲学者でもなく、社会から排除された人々、屈従させられている人々すべてを代弁するたったひとりの個人としての力強い声だった。サルトルは彼らの良心だった。踏みにじられた道徳と危険にさらされた自由を守るために力を貸してほしいと誰かが要請する度に、独立した権威として立ち上がってくれる人だった（…）若者たちは自分たちの希望と闘いを力強く勇気をもって表現してくれる兄貴分を彼に見ていた」[33]。石油危機をきっかけに成長に陰りが出て解雇と失業の時代が訪れた時も、この頃すでに健康を害し半ば失明状態になっていたサルトルは、それでも異議を申し立てる人々の傍らにいることをやめなかった。

サルトルが幾多の「誤り」にもかかわらず、多くの人々から愛され、最後まで大きな支持を得ていたのは、「本気でいっしょに怒ってくれた」[34] からだ。「アロンと共に正しくあるより、サルトルと共に間違った方がいい」

という伝説的な言葉は、一九六八年の五月革命の際に学生たちの中から生じてきたと誤解されているが、実はその終息から数週間過ぎた頃にジャン・ダニエルがクロード・ロワに向かってつぶやいた私的な発言がロワの記事に引用され、単純化されて拡散したものである。[35] しかしやはり、当時の学生たちはじめ多くの人々の心情を端的に表していることに変わりはない。サルトルは分かってくれた。アロンは「フランス人は自分たちの境遇に反抗するほど不幸ではない」[36]と言い放ち冷たく正論を押し付けたが、サルトルは私たちの困難を見てくれた。怒りや憤慨を共有してくれた。この心情を端的に言い表しているのがこの言葉であろう。人々はサルトルに本物の共感性を見て取ったのである。それは、ドゴールの有名な台詞、「皆さんのおっしゃることは理解しました」とでも

---

(31) Jean-Jacques Becker, *Histoire politique de la France depuis 1945*, Armand Colin, 1988, p. 101-102.

(32) Hervé Hamon, Patrick Rotman, *Génération: Les années de rêve*, Seuil, 1987, p. 58-59, 124, 129, 161, etc.

(33) *Ibid.*, p.234.

(34) 政権への人々の怒りを共有し共に抗議の声をあげるという構図自体はポピュリスト政党と変わらないと言えるかもしれない。ドナルド・トランプの手法やさらにはファシズムの手口も思い起こされよう。では、一体それらと何が違うのか。トランプのＳＮＳへの投稿がもつ動員力とサルトルの新聞記事やインタビューでの発言の求心力はどこが違うのか。ポピュリズムの政治家たちが権力を得るために民衆の不満を利用するようにサルトルも自分の人気や影響力を高めるために心ある市民たちのやましい意識を利用しなかったと言い切れるか。最大の違いは、サルトルと彼を支持した人々には、自分たち自身の利益の追求を超えて地球の至る所で苦しむ人々への共感と連帯があったことだ。不正な世界への義憤があったことだ。また、サルトルの場合には支持者を囲い込むような仕組みを作っていないこと、賛同と離反の行き来が自由で特にコントロールも圧力もなく、思想を「サルトル主義」といった形でイデオロギー化しえなかった点も異なる。ただし、やはり一〇〇パーセント潔癖というわけではなく、カミュに対する態度などには高圧的で危ういところもあったことは認めねばなるまい。これについては、以下の研究がある。石崎晴己「いわゆる『サルトル・カミュ論争』再検討：テクストとしての『アルベール・カミュ』への回答」、『青山総合文化政策学』第三号、二〇一一年三月、六七〜一一二頁)。

(35) Jean Daniel, *op. cit.*, p. 225.

(36) Raymond Aron, *L'opium des intellectuels*, Pluriel, 1955; 2010, p. 75-76.

訳したくなる言葉、《Je vous ai compris》[37]とも対照的だ。サルトルは穏当な正論でなだめたり最適解を上から提示したりしなかった。最適な解決法は、怒れる人々が、真に共感を得て理解されたと感じた時に自ら探し始めることができる。それを待ち、その兆しを受け止めて対話すればよい。説き教えるならば、反発しか返ってこないだろう。サルトルの姿勢の根底にはこの信念が見える。

実際、抑圧と貧困に苦しむ人々や民族自決のために戦う当事者たちだけでなく、二〇世紀の幾多の国際紛争に直面し反戦運動に参加した人々、平和・非暴力を訴えた多くの人々にとって、サルトルはどんな存在だったと言えるか。おそらく実感として、理論家でも指導者や大義の旗手でもなく、良心の象徴でありおぞましい共犯から自分たちを救ってくれる人だったのではないか。フランス共産党やソ連のへの一時期の支持には違和感を覚えたかもしれないが、それでも帳消しにならない偉大さがあると感じた者が多かったのではないか。アルジェリア独立戦争に際しては、彼は独立派の側に立ち、フランス政府に断固として異議を申し立てた。一九六五年二月、ベトナム戦争でアメリカが北爆を開始すると、それに抗議を表明するために米コーネル大学での公演を中止した。翌年七月には、イギリスの哲学者バートランド・ラッセルとともにアメリカの戦争犯罪を告発する「ラッセル法廷」を計画し調査と告発を進めていった。国際刑事裁判所（ICC）がいまだ存在していなかったこの時代、「恒久的な機関として真の《戦争犯罪を裁く裁判所》が創設される必要」[38]を訴えつつ、それに先鞭をつけるものとして集会や講演会を繰り返したのである。[39]それは多くの国の反戦活動家たちにとって、いや、活動には至らずとも心を痛めているより多くの人々にとって、上から来る導きの声というより自分たちの小さな声の力強い集約と反響だった。序章で触れたように、ジャン・ダニエルは、「サルトルは西欧のやましい意識を体現することに成功した」[40]と述べたが、西欧だけではない。アメリカ、そして日本も含めた西側先進国が貧しい国々に対して行ってきたこと、さらに先進国の国内でも富裕層が貧しい人々に対して行ってきたことに怒り、自分もまた共犯者かもしれないと自責の念を抱く者の意識を代弁してくれた。私たちは認めない、共犯にならない、とサルトルは共に叫んでくれた。そして、強者たちの意識をいくらかでも揺さぶり、抑圧と搾取と殺戮をやめるよう、共に働きかけてくれた。そうした思いを抱く人々が無数にいたに違いない。サルトルのアンガジュマンが知識層や熱心な読者を超えて多くの一般市民から絶大な支持を受けた最大の理由はここにあるのではないか。

他方、サルトルが旧友アロンに大きな借りを負うていること、そして国際政治を見る上での専門性と厳密さという点で彼に及ばないことは認めねばならない。フッサール現象学の発見がアロンを通してだったことはボーヴォワールの回想録によって良く知られているが、実は、一九三八年の時点でアロンの博士論文を通してサルトルは歴史批判哲学にも接していた。『奇妙な戦争』には、この論文から大いに刺激を受けると同時に、史実それ自体を客観的に神の視点から捉えることはできないとするアロンの主張を「観念論的なこの剃刀の密かな弱さ[41]」や「歴史懐疑主義[42]」と呼んで反発していたことが証言されている。とは言え、この未知の領域に目を開かせ、

---

(37) Patrick Eveno et Jean Planchais, *op. cit.*, p. 402. 一九五八年六月四日、コティ大統領の下で首相に就任したばかりのドゴールがアルジェの総督府で現地在住のフランス人を前に行った演説の最初のひと言とされる。彼らの不安をなだめ、友愛を説き、被植民者にも同等のフランス市民権を約束し、和解のために住民投票の実施を約束する演説だった。しかし、その意図は利害対立の当事者であり武力闘争を続ける人々に政治的な妥協点への同意を求めるところにあった。この「理解しました」を、むしろ「これ以上主張していただかなくて結構です。ご理解ください」という意味に聞いた者も少なくないだろう。

(38) « Tribunal Russell, Discours inaugural, le 2 mai 1967 », *Tribunal Russell, le jugement à Stockholm*, Gallimard, 1967 ; repris in *Situations, VIII*, 1972, p. 76 (浦野衣子訳「ラッセル法廷」、『シチュアシオンⅧ』収録。『植民地の問題』再録、二〇〇〇年、二〇二頁)。

(39) 「ラッセル法廷」にサルトルが模索し続けたモラルのひとつの具体的実践を見て評価する研究として、次の論文がある。南コニー「サルトルにおける真理のラディカリズム――「民衆法廷」という実戦的モラル」、『関西フランス語フランス文学』第二六巻、二〇二〇年、六三〜七四頁。

(40) Jean Daniel, *op. cit.*, p. 214.

(41) *Carnets de la drôle de guerre*, le 18 février1939, in *Les Mots et autres écrits autobiographiques*, coll. « Bibliothèque de la Pléiade », p. 393 (『奇妙な戦争』、一九四〇年二月一八日付)。CDG1940.2.18. 以下、この第三部でもこのような略号と日付を記す。

(42) CDG1940.3.7. この日の日記には、『弁証法的理性批判』へとつながる考察が記されている。歴史の動きを真に理解するに

ディルタイに接するきっかけを作り、歴史認識論という分野を発見させ、前進と遡行による理解というディルタイ的方法を教示してくれたのは明らかにこの友人だった。『弁証法的理性批判』の原点は、アロンのこの博士論文との対話にあると言ってよい。他方、アロンは国際政治学の分野でもクラウゼヴィッツの戦争論を積極的に評価し、マックス・ヴェーバーの社会学に学んで専門性の高い考察を進めたが、この方面ではサルトルはアロンの影響を受けず、戦争、テロ、国際紛争を考える際に専門の先行研究を参照するという手続きを取っていない。しかし、それでもサルトルの考察が同時代の文脈と熱狂を超えて今も注目に値するとしたら、その理由は何か。

ひとつには哲学本来の理由がある。サルトルの暴力論は、時代の異なる複数の著作に散在しており、決して体系的ではなく、揺れもみられる。ただ、一貫して基盤となっているのは、コギトである。つまり、第一部で見たような変成を加えられた自己意識であり、それが他者と結ぶ関係である。「意識同士の関係の本質は共存在ではなく相剋である」[43]という『存在と無』の命題は暴力論においても基本的に堅持され、フッサール的な共同主観性やハイデガー的な共存在と一線を画す。そこからは複数の意識がひとつの主観ないし主体を永続的に形成することの困難が示され、それに基づいて共同体の歴史を見るという姿勢が生じる。友愛や共感、連帯、相互扶助の関係、そして共通の目標を目指す協働、『弁証法的理性批判』の用語で言えば「共同実践 *praxis* commune」は、ひとたび成立しても安定的に永続するわけではない。絶えず亀裂が生じ崩壊する危険にさらされている。

ここで注意すべきなのは、「他者」概念が『存在と無』とそれ以降とでは次元を異にしているということである。『存在と無』の他者は日常における意識の抗争の「相手 adversaire」である。視線の葛藤にしても加虐・被虐にしても、自由な意識同士の対決である。それに対して、『道徳論ノート』以降の他者は、本当に私の身体を傷つけ、生命を奪うかもしれない暴力的他者である。限られた水や食料や富を私から奪い、私を死に追いやるかもしれないゼロサムゲームの敵対者であり、革命、テロ、戦争における「敵 ennemi」である。前者は平時の他者、後者は広い意味での戦時の他者、と言っても良い[44]。そうした敵としての他者たちとは、和解とは言わないまでも、妥協点を見出しうるのか。それとも、一方が完敗するまで戦い続けねばならないのか。『道徳論ノート』はその問いに対しても哲学的探究の限界に挑戦していると言えるだろう。第三章ではトーマス・シェリングにおける複数の個人が合意に至る「フォーカルポイント」の理論に触れるが、そこで社会科学的かつ数理的な思考法との比較を試みよう。

注目に値するもうひとつの理由は、規範性との関係である。社会科学はヴェーバーが示したように「没価値性」を標榜しうるが、同時に政策目標など実践的な価値や規範性を哲学的議論なしに提出することができる。国家の存続と安全保障、領土の保全、経済的利益の確保、といったものは議論の余地のない価値、ないし根本的検証の不要な規範性として認識される。法は暴力に代わる紛争調停の手段として自明の理となる。しかし、これらすべてを根底から問い直すのが哲学である。それは無用の議論なのか。

近代国家とともに誕生した法哲学は、法治主義の理念的基礎を築いた後にその役割を終え社会科学としての法学に場を譲ったように思われる。ホッブズ、ロック、ルソーらに始まる社会契約説の変遷をここで詳述することはできないが、このまさにノモスの問題が次第に哲学的考察を超えてより専門的で技術的な知の対象へと変化してきたことは認める必要がある。国家における法秩序も権力の正当性や正義も国際関係における正義と秩序も、

は「下部構造」の矛盾を取り出すのでもなく、権力者個人の思想や人格に帰するのでもなく、またそれらの並列でもなく、それらを相互関連的に踏まえた上で、状況を人々がどう受け止めどう関わったかに注目する必要がある、という基本的な姿勢がすでに表明されている。

(43) EN502/470.

(44) サルトル自身が晩年のインタビューで、戦争体験により、言葉で攻撃する「対抗者 adversaire」ではなく身柄を拘束し連行する現実の「敵 ennemi」というものが存在することを知った、と語っている。« Autoportrait à soixante-dix ans », 1975, in *Situations, X*, p. 180（海老坂武訳「七〇歳の自画像」、『シチュアシオンX』所収、一九七七年、一六八頁）。『存在と無』執筆の時期にはすでに敵としての他者を知っていたはずだが、その他者論には直接的には反映させていない。「敵の兵士」の例は登場する（EN335/315, 356-357/334-335）が、暴力の問題には結び付けられず、視線、恐怖、逃亡といった存在論的テーマの内部で論じられている。

もはや哲学が何かを説く必要はないとされる。哲学の意義を認めるにしても、形而上学的、思弁的な側面を排して、ジョン・ロールズの「反省的均衡 reflective equilibrium」を範とする方法、すなわち規範的な一般原理を提出し同時にそれを個別のケースの具体的検討を通して修正していくという方法[45]がより広く用いられる。この方法論は、竹本が示したようなサルトルの「特異的普遍」概念による一般と個との相互作用の理論[46]と同じ方向を向くものと言えるが、個別性の視点が作家など特定の個人ではなく誰でもよい一介の市民に向けられる点、そして社会契約論の系譜に連なる規範性が基盤にある点が異なる。この第三部の末尾の方で、その応用例として国際紛争の原因となる領土問題に関するマーガレット・ムーアの政治理論を取り上げ、サルトルの議論およびその前提となる存在論と比較する。

ところで、「自由の哲学者」とされるサルトルもまた、法の問題を扱っている。意外かもしれない。しかし、自由とは無法ではない。アンチノモスではない。一例のみ先取りするなら、ベトナム戦争におけるアメリカの戦争犯罪を告発したラッセル法廷において、彼は戦争に関する国際法について語っている。第一次世界大戦後のパリ不戦条約（ケロッグ゠ブリアン条約）が「正戦論に制限を加えようとしたものの合意を適用させるための機関が作られなかった[47]」こと、しかしナチスの犯罪を裁いたニュルンベルク裁判において「戦争法 jus ad bellum に代わる反戦法 jus contra bellum という重要な変化が表明された[48]」ということに触れている。そして、戦争犯罪を告発するためには、常設の裁判所の設置と「正当性 légitimité」を有する判事が必要であり、それは敗戦国の国民も含めた民衆なのだと主張している[49]。

「反戦法」という概念は、戦争自体を犯罪と見なす法的な考え方である。従来、戦争は、正しい戦争を認める正戦論（jus ad bellum 戦争をする権利）、および民間人への攻撃の禁止など戦争に際しての人道的ルールを規定する国際人道法（jus in bello 戦争において守るべき権利）の下に外交の延長として認められてきた。それに対して、戦争を何であれ不法であり犯罪であるとする考え方が反戦法 jus contra bellum である。実は、これに関するラッセル法廷でのサルトルの発言は、国際法の専門研究と比較するなら正確とは言い難い。この点は、第二章1

(2)でもう少し詳しく検証するが、ともかくも法概念を無闇に退けていたわけではないことは確認しておきたい。

実は、青年期にサルトルは法や制度についての研究も行っている。想像力論以前に彼が二一歳で初めて公刊した論文は国家の概念と自然法をめぐる法哲学ないし政治哲学分野の研究だった。第一次世界大戦終戦後、創設されてまもなかった国際連盟と提携する学生組織の刊行物に寄稿した学術論文である。テーマは編集者から提案されたものかもしれないし、サルトル自身が見つけたものかもしれない。しかし、いずれであっても、ここでサルトルがある重大な問いを発しているのは事実である。その問いとは、個人の人権を蹂躙する戦争を主権の名において起こしうる近代国家はこのままの形で存続してはならず、性格を異にする共同体として再設計されるべきではないか、という問いである。生涯を通して問い続ける国家権力による暴力という問題への最初の考察であり、彼の政治的アンガジュマンの「根っこ」と言えるものだ。

その後、法哲学固有の領域での研究を進めた形跡は見出されないが、確かなのは、法秩序とそれをはみ出るアンチノモスの問題が以降彼の哲学的視野に取り込まれたということである。この第三部では、まずこの法哲学論文に注目した後、第二次世界大戦中に書かれた『存在と無』に見え隠れする戦争の影と関連付けながら、その続編となるはずだった『道徳論ノート』の暴力論を読み解く。さらに対立や暴力を描くサルトル文学、『聖ジュネ』に見られる善悪二元論と悪の形象化の告発にも注意を向けながら、植民地暴力に対する対抗暴力の弁明、そして『弁証法的理性批判』における民衆の反乱とその挫折の経緯の解明をとおして、戦争、革命、テロというアンチ

---

(45) John Rawls, *A Theory of Justice*, 1971; 1999, p. 18-19, 40-45 etc.（川本隆史・福間聡・神島裕子訳『正義論 改訂版』、紀伊國屋書店、二〇一〇年、二九～三〇、六五～七一頁など）。

(46) 竹本研史、前掲書。

(47) Sartre « Tribunal Russell, Discours inaugural, le 2 mai 1967 », *op. cit.*, p. 25 ; p. 70 in *Situations, VIII*（一九六頁）。

(48) *Ibid.*, p. 26 ; p. 71 in *Situations, VIII*（一九七頁）。

(49) *Ibid.*, p. 26-27, 31 ; p.70-71, 77（一九六～一九七頁、二〇二～二〇三頁）。

ノモスに対してサルトルが加えた考察の意義と問題点を洗い出していきたい。比較考察の材料として、カントの恒久平和論やレヴィナスの『全体性と無限』のほか、政治哲学や国際政治学の専門的知見も部分的ではあるが視野に入れる。

全体としては、サルトルがノモスを破壊する暴力の生成をその合理性と非合理性に目をやりながら記述し、暴力と決別する可能性の条件がなぜ整わないのかを探るその思考の軌跡を辿る。そこから見えてくるのは、それでも模索を続け、遠い未来であれ希望を捨ててはならないとする彼のアンガジュマンの究極の姿である。このことを通して私たちもまた、目の前で無数に錯綜するレッドラインないし暴力発生の沸点を直視し、不戦・非暴力の可能性の条件を探るというアンガジュマンへと小さな一歩を踏み出したい。

第一章　サルトル哲学における暴力への問い

1．学生時代の論文——戦争を避けるための国家理論の素描

サルトル哲学には終始、人間に固有の暴力に対する根本的な問いかけがある。それは『存在と無』以前に遡る。伝記的観点からは、彼自身が中学生時代にいじめや暴力を受けた体験[50]に根ざすとも言えるが、理論的な考察としては、『現代フランス思想における国家の理論[51]』と題する論文が第一歩として残されている。高等師範学校時代

（50）一二歳のとき、母親の再婚に伴って、パリから西部の港湾都市ラロシェルに移り住み、転校先の中学校でいじめを受けたことが戦中日記に語られている。「私は、その時には大変な不幸であり、将来的には大いなる幸福であったのだが、全校生徒のなぶり者となった」（CDG1940.2.28）。

（51）Sartre « La théorie de l'Etat dans la pensée moderne française », in Michel Contat et Michel Rybalka, *Les Ecrits de Sartre*, Gallimard, 1970, p. 49, 517-530. コンタとリバルカによれば、この論文はフランス語で書かれたのち英訳されて発表された（*The theory of the State in Modern French thought*, The New Ambassador, No.1, January 1927, p. 29-41）。フランス語の原文は *Revue universitaire internationale* という文集に発表されたが、残っていないため、この英語版からリバルカがフランス語に翻訳し直したものが上記の著作集には収録されている。英語版は British Museum（大英博物館）に保管されているとあるが、正しくは British Library（大英図書館）である。Shelfmark (s): General Reference Collection P.P.3555.al.

に国際連盟と提携する学生組織の刊行物に寄稿したもので、短いが凝縮された思考の跡が伺える。第一次世界大戦の休戦から八年という時点で発表され、主権国家概念を問い直すという意味では法哲学の領域に属するが、その根本にあるのは、個人の人権を蹂躙する戦争を起こさないために国家はいかなる形態を取るべきか、という問いである。ここでサルトルは、自然法と国家主権との関係をめぐる同時代のフランスの先行研究を検証し、特にジョルジュ・ダヴィに依拠する形で、戦争という暴力がそれらの両立を不可能にすることを指摘する(52)。そこから発される問いは、自然法が個人に与えている自然権を主権国家が自己の存続のための戦争によって侵害するとしたら、戦争をなくすためには主権国家の概念そのものを構築し直さねばならないのではないか、という根本的で重大な問いである。何よりも自分自身に「哲学者の仕事は自然法と国家主権の概念を現実に基づいて再構築することでなければならない(53)」と課題を突き付けている。その視座でとりわけ厳しく批判するのは、モーリス・オリウ(一八五六―一九二九)の「共通の意志をもって自らを考える(54)」人格的存在としての主体という多分にリヴァイアサン的な国家観である。それに対し、サルトルはデュルケムの流れを引くレオン・デュギ(一八五九―一九二八)の主張を取り入れて、ひとつの大胆な提唱をする。すなわち、国家を個々人の上に位置する超越的人格を備えた存在と捉えることをやめ、「民族間の自然な相違」を代表する機能的存在と見なすべきとする考え方である(55)。国家主権が自己の存続や領土拡張のために戦争を起こし、個人の生存権、財産権、自由を踏みにじるといった事態を生じさせないためには、アンシャンレジームにおける王権神授説の名残りであり、かつ第一次世界大戦で見られたような民族感情の高まりを体現する超越的主体としての国家概念を放棄すべきであり、特定の集団の利益を代表し他の集団との調整を図る役割を担うだけの存在として捉え直す必要がある、と主張しているのである。さらに国際連盟は国家概念のこの転換がなければ無力であるとも指摘する(56)。

このように大胆な主張をするには、同時代のフランスの研究を参照するだけでなく、より広く政治思想史を視野に入れた慎重な検討が求められたはずだが、その手続きを取っていないことは認めねばならない。部分的で抽象的でもあり、この国家観を採用した場合に生じうる国内統治の諸問題や具体的な国際紛争の想定や解決方法には触れておらず、適用可能性の低い提案だったとも言える。そこはやはり二十歳そこそこの学生だ、と言うのは簡単だが、この問い自体の切実さは百年近く過ぎた今も変わっていない。筆者が注目したいのは、この主張に有効性があるかどうかではない。そうではなく、サルトルがごく若い時期から戦争を国家の利益追求と個人の権利の保障との間に齟齬をきたすものと捉えていたこと、そしていかに戦争をなくすかという重大な問題に実直に向き合っていたという事実である。

その後の歴史を見て、私たちは現にそのような国家観の転換がなされるどころではなかったこと、実際に国際連盟が無力だったことを知っている。だが、この時期、第一次世界大戦の戦場として多大な戦禍に見舞われたヨーロッパでは、二度と戦争を起こさないための法整備が模索され、進められていた。一九二三年にリヒャルト・クーデンホーフ＝カレルギーが『汎ヨーロッパ綱領』で呼びかけたヨーロッパ統合の構想が大きな反響を呼び、フランスのブリアン首相・外相はじめ多くの政治家が賛同の意を表明したのはそのひとつの表れである[57]。また、アメリカで広がった戦争違法化運動[58]を受けて一九二八年にはパリ不戦条約が締結され、国際紛争の解決手段としての戦争は正当防衛に当たる場合以外は非合法とされた。ただし、米政府は戦争非合法化の世論を背景にし

（52） *Ibid.*, p. 518.
（53） *Ibid.*, p.520.
（54） *Ibid.*, p.523.
（55） そこからサルトルは、デュギによるヨーロッパ統合の構想への賛同をも示している。*Ibid.* p. 530. これは、戦後に『レ・タン・モデルヌ』誌から打ち出したヨーロッパ統合プランへとつながっている。
（56） *Ibid.*, p.520.
（57） 金丸輝男編『ヨーロッパ統合の政治史』、有斐閣、一九六九年、一七～一九頁。林信吾『青山栄次郎伝――EUの礎を築いた男』、角川書店、二〇〇九年、二一七～二二四頁。
（58） 三牧聖子『戦争違法化運動の時代』、名古屋大学出版局、二〇一四年。

つつも国の交戦権は否定しておらず、ヨーロッパ諸国もまた、戦争非合法化運動に応える姿勢を示しながら実は集団安全保障体制にアメリカを引き込みたい思惑があり、それらの「妥協の所産」がパリ不戦条約だったと指摘される(59)。また、この条約が国際連盟の全加盟国に諮ったものではなく、「小国は不満を抱いていた」という点も指摘されている(60)。

そして、この矛盾に満ちた平和の誓いは、次なる戦争を妨げることができなかった。一九三九年九月、ナチス・ドイツがポーランドに侵攻、英仏はドイツに宣戦を布告し、サルトルは動員令に逆らうことなく従軍した。この戦争体験によって、彼は「時代の良心としての作家＝知識人の先頭に立つ」者へと変貌したとされる(61)。ボーヴォワールによれば「戦争は彼に自己の歴史性を発見させた。そこから受けた衝撃によって、彼は自分がいかに既成秩序を批判しつつもそこに安住していたかを理解した(62)」。サルトル自身も晩年のインタビューで「戦争は本当に私の人生を二つに分けた」として、単に言葉で攻撃する「対抗者 adversaire」ではなく人を武力で連行し拘束する「敵 ennemi」が存在することを知り、民主主義社会の価値を認識したと、そしてその価値を守り民主主義社会の再生への望みをかけて戦ったのだ、と語っている(63)。

第二次世界大戦での動員を契機としたサルトルの変化は、このように証言され、またコメントされてきた。それは、あたかも劇的な変貌のように受け取られうるが、何の下地もなく生じたのではない。彼の戦前の行動が政治に無関心な「ノン・ポリ、無党派層の典型(64)」だったとは言い切れない。それどころか、今見たように学生時代に戦争とそれが人権に及ぼす災禍を学問的に検証し見解を表明するという経験をしていた。純粋に学問上の経験だったかもしれないが、それがあってこそ、戦争体験を経て歴史に巣くう暴力を根底から考え直し行動する姿勢への発展が見られたのだと考えられる。

また、この国際政治学論文の発表と同じ一九二七年にサルトルは「戦時国家総組織化」法案という実質的に思想統制と国民総動員を含む法案(65)に反対する署名運動に参加している(66)。コーエン＝ソラルの伝記によれば、サルトルは高等師範学校内で「〝異教徒〟と平和主義者のグループ」に入っていたという。そのグループはカトリック系の学生グループに比べて少数派ではあったが、「軍隊と第一次世界大戦を基準としてものを考えようとするいかなる動きにも猛烈な怒りをもって反撃」し、特にこの法案に反対して立ち上がり、学内で五四人の署名を得て請願書を作成し提出した。サルトルはこの「高等師範学校の〝軍事化〟に対する抵抗」運動の中心人物のひとりだったという。(67)

---

(59) 牧野雅彦『不戦条約』、東京大学出版会、二〇二〇年、一九七〜一九九頁。

(60) Michel Marbeau, *La Société des Nations. Vers un monde multilatéral 1919-1946*, Presses Universitaires François Rabelais, 2017, p. 155.

(61) 澤田直、前掲書、『新・サルトル講義』、一八三頁。

(62) Simone de Beauvoir, *La force des choses, I*, p. 15-16. *Mémoires I*, p. 943（朝吹登水子、二宮フサ訳『或る戦後』上巻、一一頁）。

(63) « Autoportrait à soixante-dix ans », 1975 in *Situations, X*, p. 180（海老坂武訳「七〇歳の自画像」、『シチュアシオンX』所収、一九七七年、一六七〜一六八頁）。

(64) 注61参照。

(65) 一九二七年三月七日、当時フランス社会党（ＳＦＩＯ）の国民議会議員でのちに首相を務めるジョゼフ・ポール＝ボンクールが国民議会に提出し、賛成五〇〇票、反対三一票で可決した実質的な国家総動員法（Loi sur l'organisation générale de la nation pour le temps de guerre）。戦時には年齢・性別を問わず全国民を動員するとし、思想統制条項も含まれていた。同年七月一三日に一旦成立したものの、大規模な反対運動が起き、翌年、法案は廃案となった。Marie-Michèle Doucet, « Les femmes pacifistes et les parlementaires français : L'exemple du projet de loi Paul-Boncour de 1927 », in *Parlement[s], Revue d'histoire politique, Paix, sociétés civiles et parlements : fin XIXe-1939*, Presses universitaires de Rennes, 2017-2 n° 26, p. 107-123.

その後、第二次大戦開戦の前年の一九三八年七月一一日に新たに改正されて成立し、サルトルもこれにしたがって動員されたことになる。

(66) サルトルの署名も手書きのままではないが残っている。『ウーロップ』誌一九二七年四月号に「高等師範学校生徒」という括りで J.-P. Sartre という名前が記載されている。アルファベット順に、アロン、カンギレム、イポリットらの名前もある。« Déclaration », in *Europe, Revue littéraire mensuelle*, XIII n° 52, avril 1927, p. 435. Reprise in *La revue Europe en texte intégral 1923-2000* (DVD).

(67) Cohen-Solal, *op. cit.*, p. 97-98.（一三九頁）。

さらに、その後三〇代前半で発表したいくつかの短編小説では、時の政治・社会問題が様々な形で扱われている。ここでは詳しく立ち入らないが、スペイン内戦下での拷問（『壁』）、エペソスの神殿への放火を模倣したパリでの無差別殺人（『エロストラート』）、第二次大戦前のパリにおけるユダヤ人差別や外国人労働者襲撃（『一指導者の幼年時代』）といった暴力の場面も描かれており、戦前のサルトルが決して時代のはらむ具体的な暴力の表れに無関心ではなかったことを如実に示している。

では、戦争体験のさなかに書かれた『存在と無』は戦争という暴力を論じているか。ドイツ占領下で検閲をくぐって出版されたこの書は、存在論の枠を超えることを自制しており戦争に対する直接的に政治的・軍事的な言及は見られない。しかし、ある意味で「レジスタンスの書」[68]であったと言えるし、さらに戦争を状況における個人の自由という観点から捉え、一般概念としての「私」に託した形ではあるが、自分が戦争の単なる被害者なのではなく、自ら動員令に従うことを選んだのであり、戦争の非人道性に自分も責任があると明言している[69]。それは道徳論予告の伏線ともなっている。これを受けて、『道徳論ノート』[70]の根底に置かれたのは、暴力に苦しむ者への共感や暴力廃絶への願いであり、また暴力に訴える者、ないし許容や加担をする者の意識を鋭く見つめる視線である。歴史を動かしてきた国家権力と国家間の暴力は、その状況下での個人の責任という重い課題と重ねて考えられている。

他方で、このノートは『弁証法的理性批判』の読解にある意味での修正を加えることを余儀なくさせる。プロローグで着目した修正の裏面とも言うべきもので、道徳論の失敗を踏まえて、『批判』は規範性のレベルを避けた没価値的な議論に徹しているのである。個人の自由な実践、集団の形成、暴力の発生といった過程を考察するにあたって、サルトルは倫理的価値判断を慎重に避け、中立的な記述に徹しようとしている。つまり、革命的暴力の擁護を前面に掲げるのではなく、逆に暴力の根絶を訴えるのでもなく、暴力がいかに発生するかを弁証法的な合理性から解き明かそうとしている。しかし、わずか十数年前に取り組んだ道徳論構築への意欲が、跡形もなく消えているとは考えにくい。「非全体化」といった概念が発展的に使用されているのはもちろんだが、それを

（68） ミシェル・コンタ『存在と無』とレジスタンス」、生方、前掲書所収、一〇頁。

（69） EN639-641 / 598-600.

（70） *Cahiers pour une morale*, Gallimard, 1983.

この書だけでなく、サルトルは道徳ないし倫理（学）を意味する単語として éthique よりも morale を多用している。両者の区別については、サルトル自身は明言していない。ただ、完全に同一視することも避けるべきで、訳し分ける必要があると筆者は考えており、その理由は前著『戦場の哲学』で説明した（一七七頁、注85）。これに加えて、ここでもう一つの理由について述べておきたい。

第一部で示したように彼が大きな影響を受けたギリシャ哲学の師、レオン・ロバンは、その著 *La morale antique* の冒頭で « morale » と « éthique » の違いを明確に提示している。彼にとって、« éthique » は学問領域であり知である。それに対して « morale » は人々の実践をも含むより広い意味をもつ。日本語にどう訳し分けるかは、一概には決められないが、仮に éthique を倫理学・倫理学的、morale を道徳・道徳的と訳すならば、ロバンはヘシオドスに見出されるのは「une éthique à proprement parler（固有の意味での倫理学）」ではなく「valeurs morales（道徳的価値）」であると述べている（p. 5）。また、「ソフィストたちは dans un esprit nettement amoral（明らかに無道徳的な精神）で problèmes véritablement éthiques（真に倫理学的な問題）について思弁している」とも言明している（p. 21）。この書全編を通してロバンは morale という語をはるかに頻繁に使っている。別の著書（*La pensée grecque et les origines de l'esprit scientifique*, 1923）も古代ギリシャにおける行動や生き方の morale を論じることから書き起こされており、「前期ストア派の絶対的な道徳性」（p. 436）が語られている。彼のこの区別は、ロゴスとプラクシスの区別に対応するとも言えよう。éthique はロゴスによる理論的な探求であり、探求する者は対象の上に立つ。それに対して、morale は実践的な試行錯誤であり、問う者はそのさなかに身を置く。だとすれば、その違いは前著で触れたアイスラーが指摘するカントの Ethik と Moralität の違いにも対応している（Rudolf Eisler, *Kant-Lexicon*, 1930 ; Gallimard, 1994, p. 363）。サルトルもまた、倫理の「学」の構築ではなく、実践的な行動の原理を手探りで求めながら、morale の方を多用していると思われる。サルトルがアイスラーの分厚いドイツ語のこの文献を参照していたとは考えにくいが、ロバンの影響は十分に想定できる。実際の記述において必ずしも厳密に区別していないとしても訳語をひとつに絞るのは適切と思われない。本書では、以上の理由から moral と éthique に別々の訳語をあてはめる。ただし、前者に「道徳論」、後者に「倫理学」という日本語が必然的に対応すると考えているわけではない。

超えて、道徳的レベルでの問いは根底に流れ続けている。暴力はいかに乗り越えられるか、という問いは直接的には発されていなくても、この大著を根底から支えている。そして、そのためにこそ暴力に「可知性」を与えること、つまり各人のコギトにまで戻って暴力に訴える意識の自己正当化の論理を解明することが最終的な認識論的目標として提示されるのではないか。このような展望に立ち、以下『道徳論ノート』の暴力論を見ていきたい。

2. 遺稿『道徳論ノート』における暴力論の位置

(1)『ノート』の成り立ちと既存の研究

死後刊行された『ノート』は、『存在と無』で予告した道徳論の準備として書かれた草稿である。本人の晩年の証言によれば、「分厚いノート十冊分ほど書いた」ものの、「大部分のページは失くしてしまった」という。(71) だが、刊行された分量だけでも『存在と無』には及ばないもののそれに近く、大小の断片から成り、話題も多岐にわたって散在しつつ相互に入り組んでいる。そのため、全体像が捉えにくい。編者のアルレット・エルカイム＝サルトルの前書き(CM7)(72)によれば、執筆時期は一九四七年から一九四八年にかけてであり、残された草稿には「道徳論のための覚書、第一巻、第二巻」との題が記されているという。また、「第二巻」に当たる二冊目のノートには半分ほどしか書き込まれていないとされる。ただ、この説明には不明な点が多い。二冊目のノートが第二巻に当たるとしているが、では第一巻はすべて一冊のノートに書かれたものなのか。この分量は到底、一冊のノートには書ききれまい。また、一冊目ないし第一巻を書き終えてから二冊目ないし第二巻を書き始めたのか、あるいは時間的な前後の入れ替わりや並行して執筆された箇所がなかったかどうかも不明であり、草稿として書かれた順序などの実証的な確定は困難である。出版された書籍の「ノートII」(CM429-570)の途中には「存在論的道徳論の構想」と題するページ（CM484-487）があり、番号を振った章立て案と思われるものが示されているが、それは出版された本の記述の順番とはまったく異なっている。内容的に見てもその他の部分との間に相当な不一致が見られる。さらに、「一九四五年一二月一六日」および「一二月一七日月曜日」という日付がつけられた文章を「補遺Ⅰ」として収録している（CM573-578）のも奇妙である。

実際、出版された書籍とフランス国立図書館に保管されている草稿を比較して検証し、国立近代草稿研究所の目録(73)に書き加えたジャン＝マルク・ムイイによれば、「道徳論のための覚書」という題名で一九二枚のタイプ原稿が残されているが、そこには「第一巻、第二巻」という記載はない。内容的には、編者の言う「第一巻」および「補遺」に当たるが、欠落している部分も多い。また、構成や順番にも疑問点がある。書籍で「補遺Ⅱ」として巻末に収録されている「革命的暴力」は、「ノートⅠ」の一七八頁以降で集中的に扱われる暴力論の部分に加えられるべきではないかとムイイは見ている。しかし、編者が実際に見て編集したはずの手書きのノートは所在は明かされず、確認ができない。他方、「道徳論のための覚書、第二巻」との題が記された手書きのA４サイズのノートは国立図書館に保管されており、出版された書籍の「ノートⅡ」の内容とほぼ一致する。(74)

（71）J.-P. Sartre et M. Sicard « Entretien, L'écriture et la publication », in *Obliques* Numéro spécial Sartre, 1979, p. 14.

（72）以下、この項では『道徳論ノート』を中心に扱うので、引用および参照した原書のページ番号は脚注ではなく本文中に略号CMと共に示す。

（73）Item – Catalogue génétique général des manuscrits de Jean-Paul Sartre (ens.fr : http://www.item.ens.fr/manuscrits-sartre/. 二〇二四年一一月二日最終閲覧)。

（74）実際にパリの国立図書館で草稿を手に取った関大聡から筆者は以下のような貴重な情報を得た。すなわち、二〇二四年一月末から二月初めにかけて草稿保管部門でタイプ原稿の実物とデジタル化された「ノートⅡ」を閲覧したところ、草稿と出版された書籍との間に多くの異同が見られる。また、タイプ原稿に手書きで加えられた文章が書籍には収録されていないなどの問題もあるという（二〇二四年二月八日付筆者宛てeメール）。ここで細部に立ち入ることは控えるが、この遺稿の読解に際して注意すべき点が多々あることは確認できた。

このように、この遺稿はテクスト生成という点でも確定不能な点が多く、構想から失敗の自認と放棄に至る経緯は明らかにならない。それがこの時期のサルトル道徳論の全体像の把握とその評価を困難にするひとつの理由となっている。だがそれ故、全体像にこだわることなく、様々な側面ないしひとつの断片に目を向けて読むことも可能であり、そのような研究は数々発表されている。わずかながら例を挙げるなら、想像力と芸術的創作を論じる側面に注目したF・スカンツィオの論文、嘘についての断片を取り上げたJ－M・アラグエスの論文、「改心」の可能性の探求に注目したR・キルシュマイルの論文などがある。(75)

キルシュマイルは特に、この草稿に頻出する「改心の可能性」に注目し、サルトルは改心への途上で「歴史という面倒な障害物(76)」に出会うが、そこを通って美学的改心論へと道を切り開いたとして肯定的に評価している。(77)「彼はまるで従属の源としての贈与の悪循環や疎外と抑圧の悪循環を忘れてしまったかのようだ(78)」と指摘しながらも、芸術的アンガジュマンへのこの「滑動」に『文学とは何か』における自由への呼びかけとの整合性を見る。(79)日本でも同時期に澤田直が、サルトルのモラル論のこうした側面に注目し評価している。(80)合田正人も、レヴィナスとサルトルの暴力論を比較し、後者の核心は祈りや呼びかけといった他者との関係の存在論的水準に暴力が位置づけられていることにあるとする。(81)

他方、G・ヴォルムセールは、この遺稿の中心テーマは歴史・社会における暴力であると見なし、そこからの脱却を模索するサルトルを論じている。それによれば、「『道徳論ノート』の最も鋭い面」は「人間が現れると同時にいかにして暴力が純粋な可能性として世界に現われるのかを理解する」ことであり、この問いかけが『弁証法的理性批判』へとつながっている。(82)祈りや要求といった態度もサルトルは分析しているが、それらは「婉曲化された暴力」であり、暴力からの「改心」が不可能であるがゆえの「見せかけの和平」に過ぎない。(83)それに対して「呼びかけ appel」や「宣言 manifeste」は本質的に異なっており、歴史へと主体的に能動的に関わる新たな「私たち Nous」の形成の可能性を開いてくれる。この新しい集団をどう作るかということがモラルの中心的課題となるのであり、それこそが『道徳論ノート』の主要なレガシーである。(84)

確かに、この遺稿は「呼びかけ」に特権的な肯定的位置を与えている（CM285*sq.*）。そこに着目する点では、ヴォルムセールとスカンツィオ、キルシュマイル、澤田、合田らは共通している。違いは、文学や芸術における呼びかけに重点を置くか、存在論としての暴力論との関係で「歴史への主体的関わり historialisation」に焦点を合わせるかという点である。最後のケースに該当するヴォルムセールの読みは、歴史道徳論の挫折から肯定的な要素を引き出す試みとして有意義ではある。すなわち、『存在と無』ではいったん否定された主体としての「私たち Nous」が『弁証法的理性批判』では「共同実践 *praxis* commune」において一時的にではあれ成立する。それは確かに惰性化し新たな疎外を生むが、この新たな集団的主体の形成という課題が『道徳論ノート』でどのように扱われたのかを見ていく必要はある。

（75） Fabrizzio Scanzio « La question de l'individualité dans l'époque contemporaine (imagination, homme général et homme abstrait dans *Cahiers pour une morale* et *Vérité et existence*) » ; Juan Manuel Aragüés « La société du mensonge : réflexions à partir des *Cahiers pour une morale* » ; Raoul Kirchmayr « Don et générosité, ou les deux chances de l'éthique ». いずれも以下の論集に収録：*Ecrits posthumes de Sartre, II*, Coordination Scientifique par Juliette Simont, Vrin, 2001.

（76） Kirchmayr, *op. cit.*, p. 102.

（77） *Ibid.*, p. 129.

（78） *Ibid.*

（79） *Ibid.*, p.130*sq.*

（80） 澤田直、前掲書、『呼びかけの経験』、八三〜九二頁。

（81） 合田正人「暴力の倫理／倫理の暴力【サルトルとレヴィナス】」、別冊『環』11号『サルトル【他者・言葉・全体性】』、藤原書店、二〇〇五年、七五頁。

（82） Gérard Wormser « Vers une morale phénoménologique ? Violence et éthique dans les *Cahiers pour une morale* », in *Jean-Paul Sartre, violence et éthique*, Sous la direction de Gérard Wormser, Sens Public, 2005. p. 20.

（83） *Ibid.*

（84） *Ibid.*, p.32-33.

この点で留意したいのは、主体としての「私たち」の成立についてサルトルがヘーゲルを常に念頭に置き、「主人と奴隷」の弁証法と対峙しながら考えているということである。この時期のサルトルは、『存在と無』執筆の時点で十分に読み込んでいなかったヘーゲルを集中的に読んでいる。ヘーゲルに対してにわかに高い評価を与え、「ヘーゲルは哲学の最高峰だ」(CM67)とまで述べている。特にコジェーヴのヘーゲル解釈[85]に依拠しながら、この自己意識の相剋を命令ないし抑圧する者とされる者との対立と重ね合わせ、「上司と部下たちの弁証法」(CM17)や軍隊の上官と部下を思わせる関係(CM23)に読み替えるなどしている。また、ところどころマルクス的な「階級闘争」としても読んでいる。「強制労働」(CM344*sq.*)さらに、人種差別による暴力の問題、特にアメリカのかつての黒人奴隷制に対しても考察を発展させている(CM579-594)。フッサール的な共同主観性やハイデガー的な共存在は認めず、『存在と無』の意識同士の関係の本質は相剋であるという存在論的命題を堅持している。だが、そこから被抑圧者の対抗暴力としての革命や理想社会の到来、すなわち歴史の「全体化」[86]についても考察が及んでいる。この点でも、ヘーゲルとマルクスにシフトした考察だと言えよう。ただ、ヘーゲルと決定的に異なり、複数の意識が形成する共同的な主観ないし主体は永続的ではなく、早晩に崩壊し、制度の下で形骸化される。ヴォルムセールはそれを重視していない。この点は後に第二章２(４)で社会契約論の系譜も視野に入れながら考察する。

(2)『ノート』の概要

むろん、この遺稿は暴力論や集団論のみに還元されるわけではなく多様な読みを可能にする。そこで改めて全体を概観してみよう。真っ先に目につくのは、『存在と無』で示された概念がそこここに再登場し、新たな考察の対象となっているという事である。即自、対自、対他、自由、状況といった基本概念はもちろん、反省、自己欺瞞、他者の視線、必然と偶然、主語としての「われわれ」等々、数多くの主題が再度取り上げられ、存在論的次元にとどまらず道徳的次元も加えて検討されている。『存在と無』での厳密な概念的組み立てと抽象的な記述を踏まえて、多少なりとも具体的で柔軟な表現で語られている。一例のみ挙げるならば、『存在と無』では対自と即自という存在の二領域について序論から第二部までかけて厳密な概念的区別がされ、「実存的精神分析」の項で、人間には「即自対自存在」になりたいという願望があるとされる。そして、「その理想は神と名付けうる」(87)とし、「人間は基本的に神でありたいという願望である」と主張される。そして大きな願望を抱けば抱くほど、人間は「空しい受難」へと追いこまれるとされる。第一部でも論じたが、「神」や「受難」という語は比喩的に用いられているにもかかわらず、神学的残滓があるといった誤解を招いた。それに対して、『道徳論ノート』で

（85） Alexandre Kojève, *Introduction à la lecture de Hegel*, Gallimard, 1947 ; coll. « TEL », 1990（上妻精・今野雅方訳『ヘーゲル読解入門』、国文社、一九八七年）。生方、前掲書、二〇三～二〇四頁。

（86）「全体化」、「全体性」および「非全体化」という語は、『存在と無』ですでに用いられている。まず、個人の意識に関して、対自存在である人間が自分の欠如を自覚しそれを埋めて完全無欠な存在になろうとするという意味で使われている。対自存在について「自己を時間化し永遠に未完成である非全体化される全体」（EN229/217）という撞着語法的な定義も与えられている。意識は時間の中で今の自己を脱ぎ捨て未だない自分を目指していくため、常に未完である。つまり、無が「非全体化」の誘因として忍び込んでいる（EN196/185）。だから人間にとって「全体性」は死によって外から与えられる姿であって（EN627/588）、生存中にそれを自ら作ろうと腐心するのは無益な受難を生きることに他ならない。他方、同書には集団の「全体性」、「全体化」の概念も素描されているが、それもまた主体としては実現不可能であり、人類は「非全体化される全体」でしかない（EN491/460, 494-495/463）。この極めて抽象的な用語は、『弁証法的理性批判』では社会や歴史の水準に移し替えられる。さらに大仰なトーンで多用されるのだが、そこでの「全体化」とは、固定化と硬直化を招いた場合には全体主義に陥りうるが、常に異論や対立が生まれながらもその都度、対話と協働が試みられるならば融和的な共同体の形成が可能であることを示したものと考えうる。この点はこの第三部の末尾に筆者の推察を加えた。『道徳論ノート』での使用は意識のレベルから集団のレベルへの過渡期であり双方が混在している。

（87） EN653/612.

は以下のような言い方がされる。すなわち、「人間は対自（運動、無）、だが即自（存在、休息）を求めている。運動の中での休息または休息の中での運動でありたいと望んでいる。（…）人間は惑わされ強制された純粋な運動（奴隷、プロレタリアート）である限りにおいて、この運動の純粋な停止を願う」（CM108）。やはり硬さはあるが、理解可能な表現ではある。人間は神になろうとする、といった比喩で語られた考えは、『道徳論ノート』のこの引用部分ではよりかみ砕いた表現で示されている。つまり、人は困難や対立紛争がなるべく少ない世界を望むがそれは実現が難しく、打ちひしがれた者は死における休息を望むことになってしまう、との意味に解釈しうる。ここでは被抑圧者の側が挙げられているが、理想の自分を求め続けて挫折し、「空しい受難」へと至る者の例に置き換えることもできる。直訳では分かりにくく意訳して読む必要はあるが、明らかに道徳的次元が導入され、より共感を呼ぶ書き方になっている。

次いで注目すべきは、先程も触れたヘーゲル的歴史観、特にコジェーヴの解釈をとおした歴史観の受止めと批判的検討と再設計である。ここからは『弁証法的理性批判』で展開される終わりなき「非全体化」の概念が練られていく様子が見て取れる。特に「ノートI」の冒頭の一〇〇頁までは、歴史の悪の問題が、この時期に改めて読み直したと思われるヘーゲル、及びコジェーヴによるヘーゲル解釈と混じり合い、「歴史の終焉」、「歴史の弁証法」といった言葉が頻出する。そこで問われているのはまさに人類史の波乱を終わらせる理想の共同体の実現可能性である。続いて、「否定的原因」という見出しを付された長い項目（CM101*sq.*）では、はじめの方で人類の統合と歴史の平和的終焉を妨げる様々な抵抗が断続的に提示される。特に北欧諸国の統合の不可能（CM101-112）や当時注目され始めていた「ヨーロッパ合衆国」構想における「総合」の不在（CM112）、神聖ローマ帝国の崩壊とドイツの分断（CM113）などを例に、のちの「反弁証法」や「非全体化」の素描がなされている。

しかし、その後は新しい見出しが登場しないままに、共同作業（CM137）や芸術作品を通した人間関係（CM149）や宗教的信仰（CM154）、「創造」（CM156）などの話題が登場するかと思うと、「自己原因」へと移り、またヘーゲル論へと戻る、といった具合に漂流の様相を呈する。一七八頁からは「暴力」について本格的な考察が展開され、「力 force」との相違、暴力の非合理性、善悪二元論、欺瞞等々が論じられていく。抗議運動や革命における暴力、拷問、暴行、火刑、家庭内暴力、言語的暴力、対抗暴力、知的暴力、等々の諸相が記述される。

その後は、「暴力をその存在論的な次元に置き直してみる」(CM224) という目的が明言され、一見暴力とは無関係な他者関係の在り方として、「懇願 prière／要求 exigence」(CM225-285) や「呼びかけ appel」、「受容 acceptation」、「拒否 refus」(CM285-306)、「贈与 don」(CM297-298)、「援助 aide」(CM382-395) などにも多くのページが割かれている。ただ、ここでもそうした人間関係のどこに暴力性が秘められているかが検証されることになる。『存在と無』ではポトラッチを例に、相手に何かを与えることは「鷹揚さ」の表れのように見えて実は他者を打ちのめし自分が優位に立つための破壊行為だとされていた[89]。同様に、贈与は拒否する自由のない者に与えられるとき、従属関係を作るとされる (CM384)。拒否は「呼びかけにも懇願にも要求にも対応しうる態度」として詳細に分析されていく (CM301-306)。自由な人間同士の対等な関係に見える呼びかけも「虚空へと落下」(CM304) しうるし、相手にも働きかけに応じない権利がある以上、拒否された場合に暴力ないし物理的暴力以上に厄介な事態へと転じうるとも指摘される (CM306)[90]。また、「無知・失敗」と題された記述 (CM306-338) では、生まれや能力の優劣の問題、それに起因する差別や抑圧が取り上げられる。これは『存在と無』にはなかった視点である。人間が自由であるがゆえ、いかに弱者を抑圧し隷属化するか (CM338-412)、そしてその暴力からいかに暴力的反抗が生じるかが語られる (CM412-421)。

(88) その次の見出しは一二四頁先になる。このノートでは見出し、小見出しは体系的になっておらず、記述内容も必ずしも見出しの言葉に合致していない。
(89) EN684/640.
(90) だが、このような危険があるからこそ、前出のキルシュマイルや澤田の主張する呼びかけとしてのモラルは挑戦に値するとも言えよう。

「ノートII」では、抑圧や暴力がより広い「疎外／他有化」の概念で捉え直され、そこからの解放の可能性が探られる（CM429*sq.*）。想像力や芸術創造などのテーマに立ち寄りながらも『弁証法的理性批判』の革命論、特に革命の挫折の分析へとつながる非ヘーゲル的弁証法が素描されている（CM465-484）。後半部を占めるのは「改心」と題された長い議論だが、実は改心ではなく、芸術的創造が論じられている（CM488-570）。この点は、前述したように評価が分かれている。

（3）中心的な問い

以上、六〇〇ページ近い内容をごく大まかにまとめてみた。無論ここには収まりきれないものも多々あり、それはまた別の形で取り上げる必要があるだろう。しかし、ここで目を向けたいのは、この錯綜を縫って伸びている縦糸は何か、一貫して根本的に問われているのは何か、ということである。少なくとも「ノートI」を貫くのは、暴力にまみれた人間の歴史の悪を払拭し、道徳性の行き渡る社会へと到達することは可能か、という問いではないか。予告された時点の構想では、サルトルの道徳論は自由と諸価値との関係を問うもので多分に抽象的だった。規範的なものである価値と非規範的なものである自由の両立という原理的な問題が問われていた。だがその後、明らかに変化が見られる。終戦から間もないこの時期、サルトルは戦争や暴力や差別、抑圧といった悪と人間が訣別しうる可能性を問い、戸惑いつつ模索していたようである。死後出版の際に採用された *Cahiers pour une morale*（道徳論のためのノート）という題名は、草稿に記された題名 *Notes pour la Morale*（道徳論のための覚書）を部分的に変更したものだが、この問題意識を必ずしも十全に伝えていない。後者はおそらく『存在と無』で予告した超時的・個人的な問題設定の枠内で考えた仮題であろうが、その後、考察は歴史に翻弄される人間たちの悲惨さとその克服の可能性という時代的・社会的な へ次元と方向転換しているからである。「道徳は歴史的でなければならない」（CM14）。「抽象的な道徳はない。状況における、したがって具体的な道徳しかない」（CM24）。

「歴史を救うためにではなく、道徳を実現するためにこそ道徳的な集団を望まねばならない」（CM39）。このようにサルトルは歴史や集団という次元に繰り返し注意を向けている。時代状況を問わない個人対個人の問題としてだけではなく、状況における、かつ集団のレベルでの具体的行動が探られている。

この意味で、『道徳論ノート』には終戦直後に書かれた「大戦の終末[91]」という文章との連続性がある。一九四五年八月、日本の降伏の報を聞いてすぐに執筆したこの文章には、勝利の喜びの表現は一切ない。逆に、戦争というものは終わっていない、これからも続くという警告が記されている。日独伊は敗れたが、二つの超大国が出現し、いつ新たな紛争が始まるか分からない時代を迎える、とその後の冷戦を予告するような不安が表明されている。また、広島と長崎への原爆の投下を深刻に受け止め「人間の死[92]」、「死の危険に瀕した人類[93]」、「地球の自滅の可能性[94]」という表現を用い、それを避けられるかどうかは私たち皆の責任であって、誰がボタンを握るかではない、とする。地球全体の生殺与奪の権を握るのが「狂人」でなければ良いというわけではないとする。そして「地雷の埋められたこの地上で私は道徳的でありたい[95]」とも述べている。『道徳論ノート』に見られる人類生存の危機への真剣な問いは、こことつながっている。

この小論と『道徳論ノート』とのもう一つの接点は「神の死」、つまり宗教的な倫理規範性の消失である。『戦争の終り』には「神は死に、神聖なる不可侵の法も死して埋葬された[96]」という言葉がある。同様に、最初のノートは「神の死」をめぐる考察で始まっている。「神が死すならば、〈聖人〉はもはやエゴイストでしかない。彼が

（91）« La fin de la guerre », 1945. Reprise in *Situations, III*, 1949（渡辺一夫訳「大戦の終末」、『シチュアシオンIII』所収、一九六五年）。
（92）*Ibid.*, p. 69.
（93）*Ibid.*, p. 70.
（94）*Ibid.*
（95）*Ibid.*, p. 69.
（96）*Ibid.*, p. 70.

美しき魂を持つことが何の役に立つのか（…）」（CM11）とシニカルな言葉を投げている。ここでも、明示されてはいないもののヘーゲルの『精神現象学』とコジェーヴによるその解釈が念頭に置かれていると思われる。『精神現象学』において「美しき魂 die schöne Seele」とは「道徳的自己意識 das moralische Selbstbewußtsein」の一形態であり、イポリットはこれにノヴァーリスへの暗示を見ているが、コジェーヴは、ノヴァーリスのみならずドイツロマン主義全体への暗示があると見なす。フランス革命の暴力性を経て、道徳性を求めつつも「神を失ってしまった不幸な（キリスト教的）意識」が美しき魂という言葉に託されているとする解釈である。しかし、失われた神の表象はヘーゲルにおいては絶対精神の中に生き続ける。「この死は、精神として実在が復活することである」。そして精神は理想の共同体、コジェーヴに言わせればプロイセンという国家に宿り宗教的規範に代わる新たなノモスを普遍的なものとして与えることができる。ところが、サルトル的人間は、神の死の後に絶対精神も新たな法も見出すことができず、各自の欲望に従って自己中心的に生きるしかないという状況に放り出される。

神の死という問題は、戦中日記『奇妙な戦争』や一九四六年の講演『実存主義とは何か』、また翌年『レ・タン・モデルヌ』誌に発表された「文学とは何か」で引用されたドストエフスキーの人物の言葉ともこだまし合う。『カラマーゾフの兄弟』において次男イワンの無神論の行き着く先として示されていた思想で、「神はいないのだから、すべてが許される」という言葉に集約され、庶子スメルジャコフによる父親殺害の正当化となる。戦地にあったサルトルはこれに強く反発していた。神がいなくてもすべてが許されるわけではなく、神に代わる倫理的規範性の根拠が人間存在の内になければならないと考えていたのである。しかし、国際法も自然法も踏みにじられ、侵略と殺戮がなされたあとで、普遍的な規範性をどこに見出せばよいのか。もはや超越的立法者としての神に掟を求めることはできない。では今、どこに全人類が守るべき法があるのか。講演『実存主義とは何か』は、神の死の後にキリスト教道徳に代わって登場した世俗的道徳が規範性を自認していることに対して正面から反論しているが、その背景には、神なき時代の人間たちがヒューマニズムの価値に帰依したようでいて実際にはナチスの犯罪を許してしまったことへの怒りと無力感が読み取れる。『文学とは何か』では、『カラマーゾフの兄弟』

の引用に加えて、旧約聖書の「創世記」に登場するヤコブを引き合いに出し、「ブルジョワジーの倫理」を批判する。[105]ヤコブという〈聖人〉は、自分の知恵と努力によって富を築き、「何者かとの格闘」に象徴される神の教えとの矛盾に苦しみ、傷を負いながらもそれと戦い、結局は神に認められ、喜んで富を兄弟にも分け与えた。[106]たが、その聖ヤコブを天使と戦った英雄と崇める現代のブルジョワジーは、神を失っており、それに代わる内なる道徳もなく、単に自己の利益の追求にかまけている。資本主義社会におけるこのような勝者の欺瞞をサルトルは突いたのである。先の引用に戻るが、同時期に書かれた『道徳論ノート』の冒頭に現れる〈聖人〉は、このヤコブに他なるまい。神が生きていた時代、ヤコブは神の声を聴き、葛藤を抱えながらもその掟に従って富を築いた。しかし、神が死んだ今、現代のヤコブたちはエゴイストでしかない。〈聖人〉の喩えはそのように解釈しうるだろう。人間は自由であるがゆえに倫理的規範に縛られずに行動しうる。しかしそれでも、すべてが許されるわけ

(97) ヘーゲル『精神現象学』S. 444-469.
(98) Notes de Jean Hyppolite in Hegel, *La Phénoménologie de l'Esprit, II*, p. 186-189.
(99) Kojève, *op. cit.*, p. 152.
(100) ヘーゲル『精神現象学』S. 540.
(101) Kojève, *op. cit.*, p. 291.
(102) ドストエフスキー『カラマーゾフの兄弟』、第五編「プロとコントラ」五節および第一一編「兄イワン」八節。生方、前掲書、一九三頁。
(103) CDG1939.12.7.
(104) *L'existentialisme est un humanisme*, Nagel, 1946. p. 36（伊吹武彦他訳『実存主義とは何か』、人文書院、一九五五年／一九九六年、二七頁）。
(105) 加藤周一、白井健三郎訳「文学とは何か」、『シチュアシオンII』所収、一九六四年。加藤周一、白井健三郎、海老坂武訳『文学とは何か』、一九九八年、一一三、一五二頁）。
(106) 「創世記」第三〇章〜三二章。

ではないはずだ。してはならないことが存在する。それを万人が自ら自覚し実行する世界はどのように到来しうるのか。『道徳論ノート』はこうした重い問いに貫かれている。

（4）なぜ行き詰ったのか

しかし、サルトルはこの企てに行き詰り、放棄した。その理由のひとつは、キルシュマイルが指摘していたような暴力からの改心というテーマから芸術的アンガジュマンという主張へのずらし[107]に対するサルトル自身の自己評価と関連するかもしれない。この研究者は、「彼〔サルトル〕はまるで従属の源としての贈与の悪循環や疎外と抑圧の悪循環を忘れてしまったかのようだ[108]」と指摘しながらも「改心の審美的意味[109]」の方を積極的に評価している。だが、サルトル自身は、暴力の根絶の可能性を示せず議論に行き詰って目先を変えたことに満足していなかったのではないか。道徳論を放棄した理由のひとつはそこにもあるかもしれない。

生前に公表されなかった理由は、別のレベルでも至る所で目に付く。不整合、矛盾、不十分な点が多いのである。確かにその中には見るべきものも多々埋もれており、それらは追って取り出していくが、その前にまずこれらの不具合を確認しておこう。無数の小さな欠点は置くことにして、主要な点だけを見ても次のような問題がある。

第一に歴史における暴力の問題に正面から取り組む姿勢を見せているにもかかわらず、具体的な記録や資料に基づいた実証的で緻密な分析がない。既存の研究もほとんど参照していない。言及している史実としては、古代奴隷制（CM79）、ローマ帝国における支配階級のイデオロギーとしてのキリスト教（CM83）、中世末期における大砲の発明（CM86）、ロシア革命の堕落（CM88）、北欧でカルマル同盟（一三九七―一五二七）が引き起こした民族対立と階級対立（CM111）、等々多岐にわたる。それらを独自の弁証法を探りながら説明しようと試みているが、ひたすら観念的で、説得力に乏しい。

第二に戦争を問いながらも、やはり具体的な史実に基づいた詳細な考察は見られない。一九四七年執筆当時まさに起きていたインドシナ戦争、つまりインドシナの独立運動に対するフランスの武力行使についても十分に踏み込んでいない。「インドシナ戦争に反対の立場を取るとしたら、暗黙の裡に人々の絶対的平等の名においてである」（CM91）といった抽象的な言明に終わっている。中世の戦争における大砲の発明と二〇世紀における原爆の発明との比較がなされたり（CM86*sq.*）、英仏百年戦争の原因となった「英仏帝国構想」（CM112）について目配りがなされたりしているが、いずれも展開が不十分でまとまった主張になっていない。ナチス・ドイツの戦争犯罪についても、「歴史はオラドゥール[110]の子どもたちの苦しみを救えない以上、仮にひとつの方向があったとしても意味がない」（CM39）と記し、痛みを共有しているものの、それ以上ではない。この部分には、以下で追って取り上げるように、全体主義における「主観性」のあり方についての分析が含まれている（CM94*sq.*）。しかし、その犯罪の特殊性に関しては戦中日記や『存在と無』で示し得たこと[111]を超えて深く切り込む分析はなされていない。

　第三の点として、末尾の方には、すでに一四九頁までで断念されたはずの規範倫理を中心とした執筆計画が示される（CM484-487）など不整合も見られる。ここにはまさに無力な「かくあるべし」が並べたてられており、異質な部分となっている。目指すべき諸価値のヒエラルキーが提示され、疎外から脱却し、真の道徳性により目的の王国を作らねばならない、とされる（CM486-487）。目標ばかりが羅列されており、妙にサルトルらしからぬナイーブさを示していて、かなり空疎である。この部分は思索の過程でサルトル自身が破棄し、むしろ道徳性へと可能な限り近づくためにどのような準備が必要かという議論へと移行している（CM55）ため、あくまでもそのよ

（107）Kirchmayr, *op. cit.*, p. 129.
（108）*Ibid.*
（109）*Ibid.*
（110）一九四四年六月一〇日、ドイツ占領下にあった仏中部オートヴィエンヌ県のオラドゥール＝シュール＝グランヌ村で子どもたちを含む住民六四三人が第二ＳＳ装甲師団により虐殺された戦争犯罪があった。
（111）生方、前掲書、四六四～四六七頁。

うな乗り越えの形跡として扱うべきであろう。

（5）『道徳論ノート』の時期の政治的立場と活動

一九四七年から翌年にかけての『道徳論ノート』執筆の時期は、東西冷戦の始まりと重なっている。イスラエル建国と中東戦争の勃発とも重なっている。この時期のサルトルは、『道徳論ノート』を書き綴ると同時に、固有の意味での政治活動も行っていた。一九四六年一二月にはパレスチナにユダヤ人国家を作る運動「自由パレスチナのためのフランス人連盟」に参加、一九四七年一一月には、『レ・タン・モデルヌ』誌の仲間と共に社会主義に基づくヨーロッパ統合の構想を打ち出し、同誌および『エスプリ』誌上で呼びかけている。この構想はもともと同誌が始めた一連のラジオ討論番組で呼びかける予定で収録していたが、シューマン首相が番組の中断を指示したため、放送されなかった。代わりに、翌年の三月、『ニューヨーク・ヘラルドトリビューン』紙のインタビューでアメリカともソ連とも距離を置く「一種の欧州統合」を語っている。[112] 同年二月には革命的民主連合（RDR）という非共産主義の左翼政党の結成に賛同して奔走してもいる。

ただ、こうした形のアンガジュマンはどれも芳しい成果は上げられなかった。民主革命連合の挫折については、すでにコーエン＝ソラルによって詳述されているので、[113] ここでは繰り返さない。

ユダヤ人国家建設への支持表明は、とてつもない悲劇を経験したユダヤ人への同情心や二度と迫害を許すまいという真摯な思いからであったが、すでにパレスチナの地に住んでいたアラブ人と共存できるのかという問題が十分に考慮されていなかった。その後、晩年に至るまで、この問題についてサルトルは曖昧さを非難され、度重なる現地訪問や双方との対話にもかかわらず、解決に向けて実質的な貢献をすることができなかった。[114]

サルトルが『レ・タン・モデルヌ』誌の仲間と共に打ち出した社会主義ヨーロッパ連合の構想は、漠とした理想像の素描の域を出なかった。現実にヨーロッパ統合が実現したのは、ヨーロッパ諸国、特に独仏の度重なる紛争の大きな原因だった石炭・鉄鋼資源の共同管理、各国通貨のドル依存脱却を図る欧州通貨制度整備、市場統合、そして通貨統合という経済プログラムを緻密に段階的に進めたからだった。市場経済の原理に基づきながら共通農業政策によって食料の安定供給を確保し、加盟国間の経済格差を縮小する拠出金と補助金の制度を整備するなどして、加盟国を徐々に増やしていったためだった。サルトルらの呼びかけた社会主義ヨーロッパの建設にそれと太刀打ちできる緻密さがあったかというと、かなり疑問である。

これらは、始まったばかりのサルトルのアンガジュマンが早速に負の側面を見せていたということだろうか。文学によるアンガジュマンは成果を収め、評価に値するが、直接的に政治的なアンガジュマンは余計だったのだろうか。確かに、それぞれの政治的課題、特に国際政治に関する問題はすでに極めて専門化し、一哲学者の知見から実効性のある議論を提出することは困難になっていた。とは言え、哲学的考察がその力を発揮している箇所もある。その例を以下に『道徳論ノート』から挙げてみる。

（6）見るべき点——暴力の諸相

『道徳論ノート』には、先に概観したように暴力の諸相が記述されている。そして、その正当化の論理に注目が向けられている。主に六七頁から二一六頁、および四一三頁から四二一頁にかけては、コジェーヴによるヘーゲル解釈と重ねる形で、権力者による抑圧、強者から弱者への攻撃、弱者の対抗暴力等々が取り上げられ考察されている。コジェーヴによれば、ヘーゲルは「歴史は（階級間の）闘争である」と見なし、「文化は闘争と対立

（112） Cohen-Solal, *op. cit.*, p. 389, 397（石崎訳、六三五、六四六頁）。
（113） *Ibid.*, p. 390-404.（六三六〜六五七頁）。
（114） アラブ・イスラエル紛争におけるサルトルの発言や行動については、追って第三章の末尾で改めて取り上げる。

から生まれる」と考えていた(115)。その見方を明に暗に下敷きにして書かれたのが、サルトルのこの暴力論素描であると思われる。特に脈絡なく筆の流れのままに綴られた感があるが、そこから見るべきものをごく一部ながら取り出してみよう。観念的で分かりにくい記述も多いが、かみ砕いて整理する。［　］内はサルトルの意図を汲み取って敷衍した筆者のコメントである。

・暴力は義務の裏返しという面も持つ。大義が義務の形で暴力を正当化することがある。抑圧者は、無知な者を教育する義務があるという名目で強制的に服従させるが、それは暴力に他ならない（CM67）。
［ここで念頭に置かれているのは、資本家と労働者の関係と思われるが、それに限らず多様な大小の集団内部での同調圧力にもこうした面がある。また、この指摘は、国家のイデオロギーに反する考え方や宗教的信仰をもつ者を施設に入れて「再教育」するといった事態にも当てはまる。］

・資本主義的抑圧がマルクスの描く革命によって仮に解消されたとしても、新たな抑圧の形態として三つの危険が訪れる。それは、原爆による戦争の危険、ビューロクラシーとテクノロジーの「独裁」の危険、そして万人が互いに交換可能な存在として一般性の中に解消されてしまう危険である（CM87-89）。
［資本主義の問題点は認めつつも、マルクス主義革命で資本主義システムを転覆することによって問題を解決できるわけではないと考えていることが伺われる。ここでは詳細な検証はできないが、この考え方はフランス共産党との協調の時代も『弁証法的理性批判』の時代も基本的に変わっていない。マルクス主義によって解決されない「三つの危険」は、現に今現在まで続いている。］

・主人に対する奴隷の反乱は自由の創造である（CM123）。
［ほんの一言だが、ヘーゲル的「否定の否定」を自らの自由の哲学に取り入れたサルトルの基本的命題の

一つが示されている。ただし、『弁証法的理性批判』では、この自由の創造がそれだけでは抑圧の永続的な解決へとつながらないことが示されることになる。」

・法は不正と力（暴力）があるからこそ存在する（CM150）。
［ノモスとアンチノモスが相補関係にあることに着目している］。

・法は現状維持のために暴力を拒否する。しかし、現状において苦しむ非抑圧者は現に施行されている「法」を認めず、その効力を否定するために暴力を用いる（CM150-151）。
［法はその現状維持を望む立場と廃止ないし変更を望む立場の対立を生み、一方が暴力を拒否しても他方は暴力に訴える。ノモスがその反暴力の理念ゆえに、逆に暴力を招くという逆説がある。それは、暴力によって支配の手段を破壊することを正当化する議論では必ずしもない。そうではなく、ノモスへの安住、ノモスを盾に取った自己正当化への警告と言える。］

・抑圧は未来への投企を阻む否定であり、革命はその否定を覆す「否定の否定」である。しかし、否定の否定が暴力である限り、そこには失敗の契機が含まれている（CM172）。
［抑圧された人々が暴力に訴えることを理解しつつも、それでは真の解決は望めないという考え方が示されている。『弁証法的理性批判』におけるフランス革命の「惰性化」の分析につながる。］

・ブルジョワジーは「否定の否定」を受け入れず非暴力を説くが、その抽象的な道徳は具体的な状況において

（115） Kojève, *op. cit.*, p. 126-127.

抑圧から解放されたいと望む人々にとって助けとならず障害となる（CM173）。

［恵まれた者たちが抑圧に苦しむ人々に向かって平和、非暴力、話し合いを説いても意味がない。そうではなく、暴力の原因となる抑圧の状況自体を具体的に見て変えなければならない。］

・テロリズムは概してごく限られた目的しか持っておらず、人類全体の解放には結びつかない。ある土地の解放を目的として占領者にテロを仕掛けても、占領者に敵対する別の勢力を利して紛争を広げる結果になりかねない（CM176）。

［抑圧支配の根本的な解消にとって、テロリズムという手段は有効ではない。ひとつの暴力は他の暴力を招き解決は遠のく。反テロリズムの態度を明確に打ち出している。］

・「力 force」と「暴力 violence」との違い。力は物事の性質に沿って発揮されれば良い効果を生む。力の効力が得られなかったときに暴力に訴えるのは弱さである。偶然に良い結果がもたらされることに望みをかけるが、それは魔術に頼るようなものである（CM178*sq.*）。

［目的の実現を目指した場合、力は合理的で有効たりうるが、暴力が掲げる合理性は有効性をもたない。暴力によって現状を変えようとすることを厳しく批判している。ただ、それが個人に向けられているのか、国家権力にむけられているのかは明言されていない。］

・脅迫的な尋問や拷問で相手を屈服させ口を割らせたとしても、それは勝利ではない。なぜなら、相手の意識の自由は決してそのような暴力によっては手に入れられないからである（CM185-186）。

［『存在と無』で「サディズム、マゾヒズム」という名目で語られる暴力論と通底している。そこでサルトルは、性的次元での加虐的・被虐的な他者関係を記述していたが、同時に加虐と被虐が性的関係に還元され

えず、あらゆる次元の人間関係において基本的で根源的だと述べていた。[116] コンタは、それを踏まえてサディズムをナチス・ドイツによる占領に置き換えて読んだ。[117] 身体に加えられる暴力や脅迫は、武力侵攻と支配においても拷問においても、究極的に相手の意識を支配することだというのが、第二次世界大戦下での考察からアルジェリア戦争での拷問の告発、そしてフロベール論に至るまで、サルトルの一貫した主張である。[118]]

・性的暴行と殺害は一般犯罪であっても戦争犯罪であっても、相手との人間的関係の構築の拒否であり、未来がないがゆえに、相手を死に至らしめる。口封じというよりは意識自体を抹殺しようとする。それは、人間世界のネメシスへと身を委ねることである（CM188）。

[しばしば相手の殺害で終わる性犯罪は、一時の目的達成のために将来的な目的を自ら破壊することであり、自己破壊でもある。わざわざ自分に懲罰を引き寄せる。]

・女性に対する暴力は、相手の自由な意識が思い通りにならず、自分から離れていく、取り返しがつかないという絶望感から、その意識そのものを破壊しようとする行為である。そうすれば、少なくとも誰か別の者にその女性を奪われることはない（CM189-191）。

[DVやストーカー行為が殺人に至るのは、相手の身体そのものを破壊したいと思うからではなく、生命を抹殺することによってしか相手の意識の自由を破壊することができないとの考えからである。]

(116) EN477/447.
(117) 生方、前掲書、三四〜三五、六五〜六六頁。
(118) フロベール論では、家族内でのギュスターヴの態度が、父の支配に対する受動的服従、放心、怨恨、兄への劣等感、おどけ、自己処罰によって父を罰しようとする「サディズムの二次的形態」等々の諸相で記述されており、自虐もそのひとつの表れとして語られている。暴力性は偽装されより複雑な形を取っている（IF850-853（二巻二三九〜二四三頁））。

・宗教的暴力は、超越的絶対的な存在の名において自己を正当化する。だがそれは、まずこれこれの者を抹殺したいという目的があり、そのために手段を正当化するという非論理性の上に成り立っている（CM191）。「異端派や「背教者」に加えられてきた火刑や壊滅作戦など宗教権力による暴力には欺瞞がある。いわば権力闘争に勝利するために普遍的な価値観や大義を利用するという欺瞞である。」

・戦争は常に正当防衛を掲げてなされる。自分から侵略戦争と銘打ってなされる戦争はない。常に、自分が最初に攻撃したのではない、相手が始めたと主張し自己正当化する（CM192）。「一九二八年に締結されたパリ不戦条約は、戦争を違法とする一方で正当防衛としての反撃を許容していた。現在の国連憲章もそうである。サルトルは、この条約や国連憲章を名指しで批判しているわけではないが、それらに含まれる弱点を見ている。侵略戦争が自己防衛や領土奪還の大義を掲げてなされるというのはまさに現下の事態である。」

・昔の刑罰、たとえば海に投げ捨てる、絶壁から突き落とす、猛獣の餌食にする、火あぶりにするなどには、不純な存在を純粋な存在へと回帰させるという意味が含まれていた（CM194）。「人類学や宗教学において考察される生贄、人身御供やルネ・ジラールの暴力論[119]で考察された贖罪の山羊に通じるところがあるが、それとは異なっている。ここでサルトルが考えているのは、代替による清めではなく、罪人など自ら悪を背負うと見なされる者の存在ないし生命を自然ないし物質へと回帰させる手段としての破壊行為である。」

・最も原初的で最も愚かな「暴力の道徳」というものがあり、それは、大文字の〈存在者〉の全体性や統一性、純粋性を目指して暴力の行使を正当化する考え方である。この種の暴力を振るう者は、自分に対する尊敬と怖れを要求する（CM195-197）。

［具体的に何が念頭にあるのかは特定できないが、宗教的な原理主義や革命のイデオロギー、領土に関する原理主義（一定の領土がもともと自国ないし民族に属するものだとする考え方）などによる「正しい暴力」に対する批判と思われる。領土要求を掲げた侵略[120]、民族浄化、反対派の粛清などがこれに当てはまりうる。］

・日常生活の中の暴力。父母の子に対する教育的配慮での命令や禁止もまた暴力になりうる（CM197-203）。嘘や策略も暴力である（CM203*sq.*）。ひとつの目標を共有する政党内での嘘という暴力があり（CM211-213）、党員の自由を阻害する指導者の暴力がある（CM214-216）。知的・文化的優位を示すのも暴力であり（CM220-221）、対話において自分の正しさをひたすら主張するのも相手にとっては暴力となる（CM222-224）。

［ここで取り上げられているのは、物理的暴力ではなく、言葉や態度における暴力、つまり心理的暴力の諸相である。『存在と無』において人間関係を根本的に相剋として示したサルトルが、ここでは相違や対立が身体への暴力行為に至らずとも、精神に対する暴力へと転化しうる危うさを記述している。］

以上、ヘーゲルとコジェーヴを念頭に置いたサルトルの暴力論素描の主要部分をかいつまんで見てきたが、すでに「全体の概観」の項でも触れたように、このあとサルトルは「暴力を存在論的次元に置き直す」として、二〇〇頁に渡って他者との様々な関係を検討していく。そしてその後、再びヘーゲルとコジェーヴの観点に戻っ

（119） René Girard, *La violence et le sacré*, Editions Grasset et Fasquelle, 1972（吉田幸男訳『暴力と聖なるもの』、法政大学出版局、二〇一二年）。*Le Bouc émissaire*, Grasset, 1982（織田年和・富永茂樹訳『身代わりの山羊』、法政大学出版局、二〇一〇年）。

（120） 領有権と支配権の正当性ついては、第三章でマーガレット・ムーア『領土の政治理論』と比較しながら考える。

て、以下のように物理的・身体的暴力が正面から取り上げられる。

・「奴隷」の反抗、反乱。飢えや寒さ、強制労働、体罰に苦しむ奴隷が、禁欲、諦め、来世での救いへの希望の果てにたった一人で反抗へと立ち上がる時、その暴力を私たちは理解しなければならない（CM412）。学もなく新秩序を構想する手段もない彼にとって、孤独な暴力に頼るしかないことが問題である（CM413）。彼は主人の殺害、家屋への放火といった暴力行為に訴えるが、それは解決をもたらさない（CM413）。主人という他者の意識とそれが彼に押し付けた価値や禁止を一時的に破壊することはできても、残るのは罪悪感だけである（CM414）。［そして、彼自身が処刑されるかもしれない。］しかし、少なくともそれをとおして奴隷は自分が自ら悪を選んだひとつの主体であることを発見する（CM415）。そこから新しい秩序を築くまでには、何世紀もの努力が必要なのである（CM415）。

［前に挙げた主張から二〇〇頁ほど離れて記されたこの部分は、大分論調が異なっている。ヘーゲルの『精神現象学』の読みに沿って論じられており、奴隷の反逆はフランス革命と絶対的自由に重ねて論じられている。この一連の記述（CM414-422）では、善と悪、本質と非本質、他者、破壊、自己意識の自己否定と疎外といった概念が交錯しており『精神現象学』の「自己疎外的精神、教養」の章を模倣している感がある。ただ、ヘーゲルにおいて精神は自己破壊の国フランスを去り「道徳の国」、カントの国、ドイツへと移って絶対精神となるが、サルトルにとって「否定の否定」の弁証法は限りなく続いていく。］

繰り返される反逆の彼方には、［ヘーゲル的精神に代る］「共同主観性」への道徳的改心という理想を想定することはできるが、それより前に「核戦争の前夜」が訪れ、私たちは「人間たちは狂っている」と他人ごとのように言いながら眺めるだけで終わるのかもしれない（CM421-422）。

「ノート1」の末尾に現れるのは、このような悲観論ともシニスムとも取れるような言明である。

（7）歴史の統一神話

『存在と無』は、「主体としての私たち」が成立しないと述べていた。その延長線上で、『道徳論ノート』はひとつの国はデモクラシーであれ全体主義であれ、一致して行動するひとつの主体には決してならないと主張する。この主体は、観念的な言葉で「超越的客観性の中で自らを統合する主観性」（CM94）と表現されているが、そこにはいかなる意味が含まれるのか。

ナチス・ドイツと第二次大戦直後のアメリカを例に取って、サルトルは双方にまず同じ批判を向ける。終戦直後のこの時期に、人類に対する前代未聞の重大な犯罪を行った国とそこからヨーロッパを救った国とを同列に並べて批判するというのは均衡を欠くように思われるが、サルトルが示したいのは両者が同罪であるといったことではなく、倫理性の点で対極にあると思われる国にも共通する根本的な問題が存在するということである。要するに、国としての一体性を守るために個人の主観性をコントロールする仕組みができている、ということである。その議論の展開の仕方はかなり観念的だが、適宜分かりやすく言い換えて説明するなら、次のようになる。

「歴史は統一神話に取りつかれている」（CM92）。つまり、世界がひとつになる、といった夢を人間は見続けてきた。しかし、「独裁、強権的政党、ワン・ワールド〔原文英語〕」といった統一の枠でくくれぱくくるほど、その内部では抑圧と疎外が生じる。それは、統一の枠内では個々の主体が代替可能な「単位」になり、各人は提示された統一的人間像に自分を合わせねばならなくなるからだ。アメリカではマスメディアの情報提供やベストセラー、最高記録といった模範の提示、世論調査による多様な意見の数値化等々が、全米、多数派といった虚構を作り出し、各人がそこに魅惑され同調していくよう仕向けている。[121] その中で個人は一方の「超越論的全体性（彼

（121）現代においても、アメリカの大統領選挙では州ごとに最多得票候補者が選挙人全員を自分のものとする仕組みとなってい

方)」と他方における「内在的一般性(此方)」との間で板挟みになり、深い孤独感を覚える(CM93)。ここで対比的に表現されている二者を具体的なイメージで捉えるなら、前者は頭上に輝く星々、永遠の星条旗に象徴される自由の地、後者は個人的な悩みや違和感や日々のこまごまとした心配ごと、といった具合だろう。人々は自由で豊かで幸福なアメリカ市民として振舞うよう自らに言い聞かせながら、自分自身の言葉を失い、なすすべもなく疎外へと追いやられる。

他方、全体主義国家においては、全体性を象徴するのは大文字の〈党〉、つまり一党独裁における党のトップである(CM93)。彼の主観性が「ひとつの例外的な主観性」として「客観性を体現」(CM94)する。つまり、彼の考えや発言こそが客観的で正しい「超越性」なのであり、大衆はそれを受け容れなければならない。個人的な思いを抱くことはいかがわしい。各人は独裁者の主観性の枠内でそれに沿って感じ考えなければならない。独裁者は歴史の必然性を見抜き、その実現のために尽力する。そして大衆はそのような独裁者を崇拝する(CM94)。いずれにおいても、個人の違和感や異論は抹殺され国家の一体性が保たれる。

このようにサルトルはナチズムとアメリカのデモクラシーに共通する問題点に目を留め、統一神話の中に巣くう暴力性を見てとる。そしてその上で、全体主義により鋭い批判を向ける。「全体主義はより巧妙だ。主観性を否定せず、ドイツなりイタリアなりの全体を複数の主観性として表象する。ただ、この分散した主観性のために指導者 chef という固形腫瘍 abcès de fixation をこしらえるのである」(CM94)。シェフという穏やかな言葉を用いてはいるが、念頭に置かれているのはヒトラーやムッソリーニであり、その存在を重篤な病に喩えている。デモクラシーにおけるシェフは、曲がりなりにも選挙で選ばれ、定期的に交代する。任期途中でも常に批判にさらされ、辞任に追い込まれることも度々である。これに対し、独裁者は悪性腫瘍のように、除去しない限り増殖し生体全体を死に至らしめる。気味の悪い比喩ではあるが、核心を突いていると言えるだろう。

この一節ではまた、「ワン・ワールドの時代こそ民族主義が最も盛り上がる」(CM93)とも指摘されている。具体的には展開されていないが、おそらく連合国と枢軸国との対立が前者の勝利に終わり、アメリカを中心とした世界秩序が作られようとしていた時代にあって、植民地独立運動が盛り上がろうとしていたことに着目した指摘と思われる。そして、そこにも常に暴力がつきまとう。それは支配の暴力でもあれば反逆の暴力でもあり、同調圧力でもあれば、裏切り者への暴力でもある。

これらは、サルトルが存在論の次元での全体化から集団の次元での全体化へと位相を移すために行った考察と考えられる。『弁証法的理性批判』につながるものだが、革命の群衆に限らず、歴史上の様々な集団の結束と離散を視野に入れていたことが分かる。世界史において、統一ないし全体化へと向かう動きがいかに解体、離反ないし非全体化によって蝕まれてきたかを広く見渡しながら、世界の統一という命題を永遠に到達しえない目標として見ていたと考えられる。

共同体の解体という非全体化をめぐる考察は、サルトルの没後ではあるが、冷戦終結後の世界にも当てはまることになる。一九九一年のソビエト連邦崩壊によって新たに独立した国々は、共産主義イデオロギーが失墜したあと、新たに拠って立つところとして民族自決を掲げていた。「旧ユーゴやチェコ・スロバキアの連邦解体過程において、またソ連の解体過程においても、分離傾向を強めたそれぞれの共和国は、第一次世界大戦期に顕著であった『民族自決』に基づく『国民国家』の形成を目指した[122]」。クロアチア内戦とボスニア内戦では、「民族主義に基礎を置く各勢力指導者の政治戦略[123]」が、それまで共存していた異なる民族の間に憎悪をかき立てた。経済システムの面でもまた、資本主義陣営の共産主義陣営に対する「勝利」が、複数政党制と言論の自由を背景に市場

るが、これもサルトルが指摘する「統一神話」の表れと言えまいか。州全体としてひとりの候補者を選ぶという一体性を重視することで、同じ州の中でも考えの異なる市民一人一人の一票を帳消しにするのである。この神話的制度が選挙戦や選挙結果に歪みをもたらしているように思われる。

(122) 柴宜弘『ユーゴスラヴィア現代史』、岩波新書、一九九六年、二一一頁。

(123) 同書、二一一頁。

経済と自由貿易が世界をグローバル化していくワン・ワールドの時代をもたらした。しかし、当時の開発途上国で、また先進国の内部でもそれに反発する反グローバリゼーションの動きが現れた。一九九九年、シアトルでの世界貿易機関閣僚会議を妨害し、決裂させた大規模抗議運動はその象徴だった。まさに非全体化である。「主観性とはまさしく全体性の非全体化である」(CM94)。世界経済のグローバル化をアメリカ主導の標準化と見なし、個別性、特殊性を軽視して格差を拡大させると考える「主観性」が共同声明の発表を中止に追い込んだのである。

サルトルは国際政治分野でのアンガジュマンにおいては、専門的知に基づく分析に踏み込んではいないし、誤った事実認識から的外れな主張をしたとされたこともあった。だが、このように自身の哲学的立場から提出した概念が、多様な現実を大局的に説明しうる関与性を備えていたのも事実である。すでに述べたがあらためてまとめるならば、「非全体化される全体性」というオクシモロン(撞着語法的概念)はすでに『存在と無』に登場しており、対自存在自身のあり方に当てはめられていた。[124]「対自はその出現自体によって、自分自身の全体性を非全体化という仕方で存在しなければならない限りにおいて、全体性としての存在の開示である」[125]とされた。すなわち、人間は自分自身が常に自分を解体し作り直しながら生きていくのだが、その中で世界全体に向き合うゆえに、世界の現われ方も自分のあり方に左右される、とかみ砕いて解釈できよう。「開示する dévoiler」という語はハイデガーの enthüllen, erschliessen, entbergen という少なくとも三つの動詞を訳す際に用いられ、ここでサルトルがどれを念頭に置いているのか特定はできない。だが、いずれにしてもここで議論されていたのはハイデガー的な意味から離れた「認識 connaissance」の問題である。そして、その認識とは対自が自己との相違を捉える否定的規定以上のものではなかった。

『道徳論ノート』では、この「非全体化される全体性」という概念が人間自身ではなく、人間が認識する世界自体に当てはめられ、より具体的な意味を帯びる。それは端的に、世界がひとつになるという夢が実現されえないという意味である。それは、カントが語ったような「甘い夢」だからだろうか。それについては、第三章で取り上げる。

ここまで、『道徳論ノート』の暴力論から注目に値すると思われる議論を取り出し、解釈を試みてきた。サルトルは至る所に暴力を見る。個人同士、集団の内部、集団と集団、国家と国家。一対一、一対多、多対多。汎暴力論とさえ言える。しかし、それは人間とはこのようなものだという現状肯定の記述ではない。むしろ、大小の暴力の発生を微視的に捉える暴力の発生学とも言えるし、不戦・非暴力の実現を阻むものが何なのかという問いでもある。そして、それを通して探られているのは、逆に暴力発生の回避の可能性ではないだろうか。以下、『道徳論ノート』から他の著作へ、そしてサルトル以外へと徐々に視野を広げながらそれを見ていく。

（124）注86参照。
（125）EN230/217.

第二章　不戦・非暴力を阻むもの

1. 平和主義への疑問

(1) 戦争阻止の実効性

「戦争を拒否しても戦争をなくすことはできない」(CM16)。

まず、このひと言に注目しよう。そこには、第二次世界大戦を動員兵として、捕虜として、そしてレジスタンスの文筆家として経験したサルトルの実感が込められている。まさかと思っていた戦争が実際に起きてしまったことへの苦い思いが見て取れる。一九三九年九月一日、ナチス・ドイツがポーランドに侵攻し、フランスとイギリスが宣戦を布告すると同時にサルトルも一兵卒として動員されドイツ国境地帯へと向かった。そのときに彼が発したのは「勝ったのは愚かさだ」[126]という言葉だった。それは、戦争を妨げるために何一つできなかった自分にも向けられていた。駐屯地での日記には「一九二〇年から一九三九年までの間、ぼくは戦争を妨げるために何一

(126) *Lettres au Castor et à quelques autres*, tome I, p. 272. 生方、前掲書、九二頁参照。

つしなかった。その思慮のなさの代償をいま払っているのだ[127]」と書きつけている。自分も含め多くの人が、危機的な状況にもかかわらず不安を覆い隠し平和を信じている間に、事態は平和とは逆の方向へと進んでいた。危機を危機と認めることを拒否し希望を持つことで、逆に戦争を防ぐための有効な行動が取れなくなり、希望とは真逆の最悪の事態を招いたのだ。そうサルトルは悔やんでいる。

日本でも、戦後まもない頃に類似の発言をした哲学者がいた。日本におけるギリシャ哲学研究の第一人者であり「保守の論客」としても知られた田中美知太郎である。彼は「ヒットラーのドイツに対しては、平和の歌をうたうことしか知らなかったフランスは、政治的に大きな誤りを犯していた[128]」と述べている。様々に異なる二人が、ナチス・ドイツの危険を直視せず平和を信じていたフランスについて、類似した発言をしているのは興味深い。田中は平和の歌をうたう者を「文学的な感傷家たち[129]」と呼んでおり、サルトルは自分自身の「愚かさ」を悔やんでいる。平和の歌を直接的な意味での歌だけでなく、危機に目をつむり平和を信じる態度と解するなら、戦前のサルトルもまた平和の歌をうたっていたことになる。

たしかに「平和の歌」は、現実に背を向けた欺瞞にもなりうるし無力な感傷にもなりうる。平和を享受しながら他の地域の紛争に心を痛める者にとって良心の表現にはなっても、紛争のさなかにいる者にとっては無意味であり、場合によっては偽善とさえ映りうる。尊厳を踏みにじられ、屈辱の中で生きるより身を賭して戦おうとする者にはむしろ腹立たしいかもしれない。爆弾が降り、食べ物も暖かい家もなく震えている者が、「平和の歌」に癒され心を開くだろうか。そう考えるのも無理はない。

拒否の無力さとは、拒否しかできない者の無力さに他ならない。第二次世界大戦終結から八〇年過ぎた世界でも、それは乗り越えられていない。それどころか、平和主義や不戦論はしばしばネット上で嘲笑にさらされる。消極的な「拒否」だけでなく、積極的な抗議までが無力化されている。いかに反戦運動を繰り広げても、いかに国際機関で「戦争反対決議」や「撤退要求決議」を採択しても、共感を集めこそすれ実効性は伴わない。

戦争や内戦だけではない。あらゆる形の暴力にこうした拒否や抗議の無力さ、願いや祈りの虚しさが当てはまる。テロを拒否してもテロをなくすことはできない。いじめや家庭内暴力を拒否しても被害は生じ続ける。法的な禁止はあっても、誰かしらが裏切る。おそらくこのような意味をこめて、サルトルは不戦、非暴力が実現するには「万人が同時に道徳的である必要があるが、それには無限の〔無限に幸運が重なるという蓋然性の低い〕偶然性が想定される」(CM95)という悲観的な言葉を綴っているのだろう。

しかし、『道徳論ノート』は平和主義への懐疑から、暴力不可避論へと主張を展開するわけではない。悪を倒すには力の正当な行使しかないと主張するわけでもない。そうではなく、人間が暴力を乗り越えられない理由を根本的に原理的に考え直すという意味での暴力の哲学を探り、そこからしか見えない何かを探っているように思われる。このことを掘り下げてみよう。

(2) 非暴力の実現を阻む最初の壁——「ある」と「あるべき」

非暴力の実現を阻む壁という問題に関して、『道徳論ノート』は全編を通し主に二つの要因を区別している。ひとつは積極的に主張されているというより、暗黙の前提となっていると言った方が良いが、「何かを拒否してもその何かはなくならない」ということが純粋に論理的な命題でもあるという事実である。こうあるべきという次元と実際にこうであるという次元は一致しない。その亀裂が埋まるのは、蓋然性の低い偶然の結果でしかない。理想と現実が一致するのはごくまれな幸運であると言ってもよいし、命令法の効力の発揮は限定的だと言ってもよい。あるいは「存在」と「当為」の不一致という哲学上の根本的な問題のひとつだとも言える。カントを持ち

(127) CDG1939.10.17.
(128) 田中美知太郎『敢えて言う——政治・哲学論集』、中央公論社、一九五八年、二二六頁。
(129) *Ibid.*

出すならば、「当為（であるべき）Sollen」と「存在（である）Sein」が一致するのは、「叡智界」においてでしかない。[130] しかし、「叡智界」といった発想に抗って哲学を学んできたサルトルにとって、規範性と現実がおのずから一致する場などどこにもない。平和であるべき、といかに叫んだところで、平和であるという状況はついてこない。サルトルの対自存在は「あるところのもの」から「未だないもの」へと常に移行していくが、それは「である／ではない」という同じ存在の水準での移行であり、「であるべき」から「である」への跳躍ではない。

もう一つ、ここには法の問題が介在している。プロローグで簡単に触れたように、サルトルはノモスを自由の対極にあるものと見て排除しているわけではない。ラッセル法廷においては、戦争の非合法化を主唱し、戦争犯罪を裁く常設の国際法廷の設置を訴えていた。その際に彼が依拠した反戦法 jus contra bellum は、第一次世界大戦後に米でレヴィンソンらによって提唱され、広く支持を得た考え方だった。[131] しかし、サルトルが戦前においてこの思想に特に共鳴した形跡は見当たらない。戦後の『道徳論ノート』でも、不戦・非暴力の可能性を問いながら法的なアプローチは本格的にはなされていない。しかし、ラッセル法廷においては、明確に法的な不戦論を称揚している。プロローグでも述べたが、ベトナム戦争におけるアメリカの戦争犯罪を告発するためにノモスに依拠し、ニュルンベルク裁判が戦争の違法化という考え方をもたらしたと主張してそれに依拠しているのである。[132] ただ、国際法の領域の専門研究によれば、正しい戦争を認める正戦論（jus ad bellum 戦争をする権利）と民間人への攻撃の禁止など戦争に際しての人道的ルールの尊重（jus in bello 戦争において守るべき権利）の両輪から反戦法の考え方への根本的な転換は、ニュルンベルク裁判において初めてなされたわけではない。第一次世界大戦末期にアメリカにおいてサーモン・O・レヴィンソンが提唱し、両大戦間にジョン・デューイらに引き継がれて広まった戦争違法化運動がその転換点であり、[133] ニュルンベルク裁判を転換点と見なすサルトルの論拠は確かとは言えない。

だが、ともかくもサルトルは、『道徳論ノート』で不戦と非暴力の可能性を問い、袋小路に突き当たった後、法思想にその可能性を見出したと言えるのだろうか。ラッセル法廷での主張が単なる付け焼刃ではなく、法への依拠の真摯な試みであったとしても、説得力を持つには何とも不十分ではないか。実際、哲学者たちの提唱で実施されたこの法廷は、公的なステータスを欠き象徴的な意味しか持たず、ニュルンベルク裁判や東京裁判でドイツと日本の戦犯が裁かれたようにアメリカとその指導者が戦争責任を問われ、刑を言い渡されたわけではなかった。

さらに、あらゆる戦争を犯罪と見なす法思想 jus contra bellum を厳密に適用するなら、違法なのはナチス・ドイツによる侵略やフランスのアルジェリア独立派に対する攻撃、米による北爆だけではない。ナチスに対する武装レジスタンスも、ノルマンディーに上陸した連合軍の攻勢もアルジェリアの独立を求める武装蜂起も、そしてベトナム人民軍や南ベトナム解放民族戦線の米軍に対する戦いもすべて不法となる。だが、サルトルはラッセル法廷では、アメリカの介入を告発するために、そのジレンマを不問に付して、反戦法というノモスを掲げたのである。この思想は少なくともサルトルのそれ以降の哲学的思索においてそれ以上発展することはなかった。それは、彼自身ジレンマを無視し続けることができず、かと言って解決することも能わなかったからかもしれない。

当為と法は同様に無力さを露呈する。ならば、「であるべき」から「である」への跳躍へと具体的に道を開く可能性は本当にないのか。『道徳論ノート』の時点では、そのためには、他律的な規範をあてがうことではなく、内発的な転換が必要とされるとサルトルは考えていた。しかし、その内発的転換の困難こそが、不戦・非暴力実現のための大きな障壁となる。次にその点を詳しく見ていく。

(130) カント『判断力批判』AK V, 403-404.
(131) 三牧、前掲書。
(132) 注48参照。
(133) 三牧、前掲書、一一八〜一三三頁。

(3) 非暴力の実現を阻む二つめの壁——万人の改心の不可能

『道徳論ノート』において平和・非暴力実現を阻む第二の壁が万人の「改心」の不可能である。しかし、不可能と言いつつ、サルトルは「改心」に非常にこだわっている。『存在と無』は短い脚注[134]で「解放と救済の道徳の可能性」は排除されないとして、「徹底的な改心 conversion radicale」という言葉を発していた。『道徳論ノート』ではその「改心」が正面から取り上げられるが、壁に突き当たり、二つの方向に先送りされることになる。この点を確認していこう。

この遺稿では、「回心・改心 conversion」という少々宗教的な響きのある語が各所に頻繁に顔を出す。末尾には *La conversion* と題された八〇ページ余りの独立した項目がある[135](CM488-570)。この語は、日本語に訳す際に「回心」という漢字を当てはめるならば、信仰を持たなかった者が信仰に目覚める、ないしある宗教を捨て他の宗教へと帰依するという意味になる。前者としてはパスカルの回心が有名である。しかしサルトルは、もちろん宗教ではなく道徳性の選択という意味で用いている。そのため、ここでは「改心」という語を用いよう。問われているのは、万人の「改心」による道徳的社会実現の可能性である。

フランス語では、conversion は必ずしも宗教的な意味で使われるとは限らず、幅広く経済学や物理学、法律などの分野でもそれぞれに固有の意味で用いられる。とは言え、宗教的色彩は払拭しがたいし、プラトンとネオプラトニスムにおける自己への回帰、そしてフランス革命における人間の再生といった思想の伝統も見え隠れしている。すっかり手垢のついた概念ではあるが、それでもサルトルがこれを持ち出したのはなぜか。

そこには、青年期以来続いてきたカント哲学への抵抗を見ることもできる。カント哲学からの解放はサルトルにとってキリスト教信仰との決別よりはるかに困難な課題だった。[136] カントにとって、道徳律は普遍的な法則として存在し、その根拠となるのが「叡智界」、すなわち現象界を超えた物自体の世界であった。[137] サルトルはそれを乗り越えるべき二元論と見なし、現れこそが存在であるという命題を掲げた。[138] しかし、同時に、規範性をどこにどう維持するかが大きな問題だった。[139] 実は、「神がいなくてもすべてが許されるわけではない」という命題と並んで、「物自体の世界がなくても規範性が無効になるわけではない」という命題が常に念頭に置かれていたと言える。[140] そして、それをどう証明しうるか、という課題があった。サルトルによれば、カントの道徳性は自由な意志の選択のようでいて、外的な規範である道徳律に従おうとする他律性を帯びている。[141] それに対して、純粋に自発的な自由による道徳性の選択をどう呼ぶか。そこで持ち出されたのが「改心」という語ではないかと考えられる。この多義的な語の選択が本当に適切だったかどうかは疑問が残るが、少なくともカントのように「導かれる」のではなく、自ら改めるという自発性、能動性を持たせることはできている。カントは「意志の他律性」に反駁を加え自律性を主張しているが、[142] サルトルにとってこれは十分ではなかった。なぜなら、カントの「自由」は常に悪ではなく善へと向かうが、それは結局のところ、「叡智天」ないし「悟性界」が人間を導くからなのである。[143] サルトルにとって道徳

(134) EN484/453.
(135) すでに2（1）で述べたように、草稿の編集を手掛けたアルレット・エルカイム゠サルトルは、その編集の方針や方法をごく簡略にしか説明していないため、この末尾の章が時系列的に本当に後の来るものかは不明である。「ノートII」に含まれるこの部分と「ノートI」の複数の断片の間には、内容的にかなり大きなずれがあり、IIの独立した項目、特に諸価値のヒエラルキーはIの議論によって乗り越えられている。
(136) 生方、前掲書、一四四頁。
(137) Kant, *Grundlegung zur Metaphysik der Sitten*, 1785, IV, 446-452（カント『道徳形而上学原論』IV, 446-452）。
(138) EN12/12. 生方、前掲書、一五一～一五四頁。
(139) 生方、前掲書、一八九、一九六頁。
(140) 同書、一八九～一九〇頁。
(141) 同書、一八七～一八八頁。
(142) カント『道徳形而上学原論』IV, 441-445.
(143) *Ibid.*, IV, 453-454.

性は普遍的法則として外部にあるのではない。あるとすれば私自身の内にある。私が自由に新たな自己を選び作り出すことの中にある。しかし、だからこそ人は悪を選ぶこともできる。自由に決然と悪をなすこともできるし、自由をみずから放棄し、悪に流されることもある。このように考えるならば、規範性の根拠はどこにも見出すことができない。道徳は与えられた掟ではなく、各人の内的な自律によってしか実現しない。「改心」とはその内発性、自発性を表す言葉と言えるだろう。

しかしその「改心」が散発的でしかありえないことが暴力なき世界の実現を阻むことをサルトルは見て取る。たとえ私が改心し、非暴力と道徳性を選択しても他のすべての人が一斉に同様の選択をするわけではない。その可能性は無限に低い。「単独で改心することはできない。言い換えれば、万人が道徳的でなければ道徳は可能でない」(CM16)。「歴史の大転換は道徳的改心にかかっている。それがユートピアであるのは、万人が同時に改心するということが、可能ではあれ、最も蓋然性の低い組み合わせだからだ。(状況が多様であるためである。)したがって、この組み合わせの蓋然性を高めるためには、状況を平等化すべきである(…)」(CM54-55)。

こう述べられているが、では一体どうやって状況を平等化するというのか。サルトルは過去を見渡して、「奴隷の解放－政治的自由－王権による諸国民の内的統合－労働改革等」(CM55)を例に挙げるものの、即座にそれがはらむ裏の面を見て取る。万人が善を目指しうるような状況の実現こそ困難なのである。永久革命ならぬ「永久改心」(CM12)、万人の改心、すべての国の改心。いずれも不可能と見なされる。サルトルは改心というテーマを掲げて考察を進めながら、自らを袋小路に追い込んでいるかのようだ。

さらに、独立した項目を立ててこれを取り上げた箇所(CM488*sq.*)に目をやるならば、改心をめぐるサルトルの考察は、奇妙なことに別のテーマへと漂流している。この「改心」と題された八〇頁に渡る項目では、改心はほとんど論じられていないのである。冒頭でわずかにその動機となるものが論じられるが、それは『存在と無』で提示された「純粋な反省」や「真正さ」のかなり冗漫な二番煎じに過ぎず、改心に固有の転換という動き自体への考察は見出せない。そして、議論は贈与、無償性、自由な他者の承認、創造(自己の創造、世界の創造、芸術的創造）といったというテーマに移っていく。歴史の諸悪の問題はすっかり姿をくらましている。この議論に「改心」という題をつけるのは、あたかもいま目の前にある深刻な課題から目をそむけ、創造によって穢れを払い落とすのが改心だと考え直した結果であるかのようだ。もちろん、それはサルトルが意図したことではあるまい。むしろ横滑りであり、逃げである。

このように逃げたのは、サルトルが万人の改心の不可能を認めながら、それを積極的に命題として提示することにためらいがあったからかもしれない。なぜなら、万人の改心という道徳的テーマは戦争違法化というノモス的テーマと表裏一体の関係にあるからだ。前者が不可能であるとする悲観論と諦念は、戦争を必要悪として肯定する議論へとつながり、まさに戦争を違法とする考え方を無効化する。この時点でサルトルが正戦論と戦争における人道法を意識していたとは考えにくいが、そのようなノモス的概念化を抜きにしても何らかの積極的な戦争肯定論を持ち出して戦争の永久放棄という理想を葬ることは避けようとしたと思われる。確かに、ひとりでも改心しない者、ルールを破る者がいれば、秩序は乱れる。あらゆる暴力・武力を禁止するならば、その禁止を無視する者のみが勝つ。その延長線上には、一国社会主義が不可能であったように、一国完全非武装平和は不可能であり、ある一国ないし数か国だけが不戦を誓っても世界の永久平和は望めないという論理が成立する。それは、世界に一国でも「ならず者国家」が存在する限り、ないし世界にひとりでも民主主義の価値観を共有しない独裁者がいる限り世界平和の長期的保障はあり得ないという認識の積極的な採用につながる。したがって、この国ないしその独裁者を消滅させるか、あるいはそれが無理ならば来るべき衝突に備えるしかないということになる。無論、万人の改心の不可能を主張することがすなわち歴史の悪を受け入れることを意味する、とサルトルは考えたわけではない。そうではないが、その方向を向くことをサルトルは危惧したかのように、考察は先送りされる。

だが、他方でサルトルは、道徳性の行き渡る世界の実現は困難だとしても可能な限りそれに近づくために努力すべきだとも考えている。「私たちは道徳的改心を準備するという希望のもとで状況に働きかける」（CM55）。この先送りはずらしでも放棄でもない。それは、追って詳述するが、無限性へのアンガジュマンとも言うべきものである。このことと別のテーマへのずらしとは区別する必要がある。このように、万人の改心の不可能という壁に突き当たってサルトルは二方向を向いている。一方は別のテーマへのずらし、もう一方は無限へのアンガジュマンである。この二者は、それぞれに意味を持ち、どちらか一方のみが有効とは言えないが、本書では後者の方に目を向けたい。

ただ、無限へのアンガジュマンを単なる先延ばしとしないためには、まず今ここでの現状認識と行動の可能性について見ておかねばならない。有限ではあれ、今何ができるのか。暴力の廃絶のために万人が恒久的に改心することを遠く目指しながらも、目の前にある具体的な危険に対して、その都度、最良の行動を選ぶ必要がある。

2.「戦争状態」の直視

(1) 共生か闘争か

ここで、視野を少々広げて問い直そう。平和や非暴力の対極にあると言える現実をどう把握するか。現実は、基本的な人間観の違いによって全く異なった現れ方をする。一方には、人は本来調和的に共存できるはずだが、何らかの異常事態でそれが乱される、という見方がある。平和・非暴力が健常な状態であると考えれば、戦争・暴力は、事故や病や障害と見なされる。哲学史上にもこの立場はある。「人間は本性上ポリス的動物である」[144]、「国家は家族やわれわれ個人よりも本性上先にある」[145]と言ったアリストテレスは、人間の共同体を自生的な秩序と考えた。そして、その内部での抗争の原因を不平等に対する不満に求めている[146]。そこから、国制を保持するための条件を探り、本来あるはずの共生状態に何らかの異常が発生するのを防ぐために、些細なことも警戒し法律によって取り締まるべきとしている。[147]

これに真っ向から異を唱えたのがホッブズである。彼は『市民論』において「この公理は（…）偽であって、人間本性についてのあまりにも軽率な考察に由来する誤謬である」[148]と述べ、人間同士は対立し合うのが自然状態であるとして「人間は人間にとって狼である」[149]、「万人の万人に対する闘争」[150]という有名な言葉を残している。[151]これに類した言葉として、ヘーゲルもまた「ひとつの自然状態しかない。それは暴力状態だ」[152]と述べている。より

（144）アリストテレス『政治学』1253a.

（145）*Ibid.*

（146）*Ibid.*, 1301a-1301b

（147）*Ibid.*, 1307b-1308b.

（148）Thomas Hobbes, *Elementa Philosophica de Cive*, 1642（『市民論』、本田裕志訳、京都大学学術出版会、二〇〇八年、三二頁。ラテン語の原文と英訳も参照したが、複数の版があるので、ページ番号はこの邦訳書のものを示す）。

（149）*Ibid.*（本田訳、四頁）。

（150）*Ibid.*（本田訳、二一頁）。

（151）ちなみに、日本では長い間、これらの名句は正確な出典を明らかにされないまま『リヴァイアサン』（一六五一）と結び付けられてきた。平凡社の『哲学事典』（一一三〇頁）や高等学校の「倫理」、「政治・経済」の多くの教科書にもそのように書かれてきた。確かに『リヴァイアサン』にも同義の英語の表現はあるが、文字通りの「人間は人間にとって狼である homo homini lupus」、「万人の万人に対する闘争 bellum omnium contra omnes」という言葉は、この書に先立って「自然状態」を記述した『市民論』（注148）の献辞（四頁）と序文（二一頁）で用いられたものである。『リヴァイアサン』は人間の意識、感覚、想像力、権力欲などについて論じた上で、個々人の情念の暴発を抑制するために権力の集約が必要であると説いており、自然状態に触れた部分は『市民論』の自説の繰り返しである。“Out of Civil States, There Is Alwayes Warre of Every One Against Every One.” in *Leviathan or the Matter, Forme, & Power of a Common-Wealth Ecclesiasticall and Civil*, 1651, Chapter XIII, p. 110, Dolphin Classics, 2023（「市民国家の外では、常に皆の皆に対する戦いがある」）。

（152）ヘーゲル『法哲学』第九三節。

知られているものとして「各人は相手の死を追求する」[153]といういわゆる主人と奴隷の弁証法[154]もあり、実は自己と自己を見るもうひとりの自己とに分裂した意識の葛藤を表しているのだが、これがしばしば他者同士の死闘と解釈され、人類史上の民族対立や階級闘争がそこに投影されてきた[155]。またヘーゲルに先立って、カントの恒久平和論でもホッブズに近い考え方が示されている。「自然状態は、むしろ戦争状態である。(…) 平和状態は、創設されなければならない[156]」。

他方、ハイデガーは共存在というあり方を想定し、現存在がそこにおいて本来性から離脱している事態を「頽落 Verfallen」と捉えた[157]。アリストテレスのポリス的共生とハイデガーの共存在を見比べるなら、後者は一見、二千年以上に及ぶヨーロッパの戦争に次ぐ戦争の歴史を経てなお、前者の余韻を増幅させているかのようである。しかし、ポリス的共生において生きる人間は「法と秩序から離れるとあらゆるものの内で最悪の者となる」[158]とアリストテレスは警告する。他方、ハイデガーの共存在は「現存在のア・プリオリに必然的な機構」[159]であり、各人は世人の中で頽落こそすれ、悪や暴力へと突っ走るわけではない[160]。二〇世紀の両大戦間において、社会契約と法の整備による非暴力化へと人々を向かわせたのは、本来的な共存在の理想ではなく、むしろ法と秩序なき共同体の悲惨を警告したアリストテレスや自然状態からの脱却の必要性を説いたホッブズ、カント、ヘーゲルの峻厳さだったかもしれない。第一次世界大戦後に創設された国際連盟の規約も一九二八年のパリ不戦条約の精神もこうした哲学的遺産なしにはあり得なかっただろう[161]。

(2) サルトルにおける悪と暴力の選択

この点でサルトルの立場はいかなるものか。『存在と無』は人間同士の関係を本質的に「相剋」としている。それは、ホッブズ的闘争とどう異なり、どう類似しているのか。サルトルが語る人間同士の関係は、「自然状態」ではなく、文明化され制度化された社会の日常状態における意識同士の関係である。権力の移譲と法の支配はすでにある。そのもとで生きる人々の視線の交錯や恥の感覚や愛憎、無関心、加虐・被虐、劣等感などが記述される。[162]

(153) ヘーゲル『精神現象学』S. 144.
(154) *Ibid.*, 141*sq.*
(155) 生方、前掲書、二四一頁。
(156) Kant, *Zum ewigen Frieden*, 1795, AK, VIII, 349（宇都宮芳明訳『永遠平和のために』、岩波文庫、一九八五年／二〇二二年、二七頁）。この著作の題名は複数の邦訳書で『永遠平和のために』と訳されているが、「永遠平和」という四字熟語は日本語として少々違和感がある。また「永遠」は「恒久」より精神的ニュアンスが目立つ。フランス語訳でも ewig は éternel ではなく perpétuel と訳され、精神性より能動性のまさった意味合いとなっている。「のために」も「に向けて」とした方がより能動的と思われる。したがって、本書では邦訳書の題名以外では「恒久平和」という言葉を用いる。
(157) ハイデガー『存在と時間』*op. cit.*, S. 175-180.
(158) アリストテレス『政治学』*op. cit.*, 1253a.
(159) ハイデガー『存在と時間』*op. cit.*, S. 53.
(160) 生方、前掲書、四二五、四二九頁。
(161) これについては、以下第三章の冒頭で触れる。
(162) この点では、サルトル哲学は人間存在の普遍的な本質を捉えたものと言えないのではないかとの疑問が生じる。確かに、有史以来の世界各地の共同体の規模やあり方の変化、階層化の度合い、相互伝達手段の発達の程度、他の共同体との距離、優劣関係など多くの要素によって人間同士がどの程度融和的なのか、または敵対的なのかが変わってくる。自分にとって何を欠如と感じるか、何を欲望の対象とするか、またそれがどの程度自発的でどの程度外発的なのかも異なってくる。その意味では、サルトルが具体的に記述する対自存在は、やはり近代文明社会を生きる人間である。二〇世紀のヨーロッパの人々である。しかし、だからと言って、先進国以外の人間にはこの存在論が当てはまらないと見なすならば、それこそがヨーロッパ中心主義に他なるまい。そうではなく、ヴォルテールが『寛容論』で当時生まれつつあった近代ヨーロッパ社会の不寛容に対して非西欧の寛容な社会を称賛したように（Voltaire, *Traité sur la tolérance*, 1763, Editions Irina Montreal, p. 23-24）、対自・対他の基本的構造が共通しているにもかかわらず、具体的な場面で別の行動様式を取る人々や根本的な相剋にもかかわらず互恵の構築に成功している社会もありうるということであり、それを見出し学ぶことはサルトルの他者論を否定することではない。

『存在と無』には、ホッブズへの明示的な依拠は見出せないし、ヘーゲルの意識同士の死闘は別次元の批判的検討の対象となっている。[163] カントの恒久平和論を読んだ形跡も見当たらない。しかし、非暴力・平和共存という自生的秩序を想定しない点ではこの系譜に連なっていると言える。連なりつつ、ハイデガーに反論する形で、人間の共同体は「共存在」を具現するものではなく、逆に不本意な「対他存在」を抱えた単独の「超越者たち transcendances」の集合体であると主張する。[164] そして、理想の共同体への願望自体が、「超越者同士の衝突を対他存在の根源的状態として承認すること」[165] を含んでいる、という独自の考え方を展開している。「超越者」とはこの場合、神ではなく、自己を脱し、自己を超えていく存在としての人間を意味する。彼らはその自由な超越ゆえに衝突し合うが、また衝突し合うがゆえに、衝突なき共同体を願う。

それはいわゆる人間性悪説とは異なる。人間には本来、悪への性向があり善は学んで身に付けるものだ、という主張ではない。また、ピンカーのような「人間には天使と悪魔の両方が住んでいる」[166] という考え方でもない。サルトルの考えは、人は自由である以上、誰しも常に相矛盾する価値観や善悪の度合いの中で判断と選択をしながら生きている、と表現できるだろう。カントにおいては、自由は善を為すことの中にある。「自由意志と道徳法則に従おうとする意志は、つまるところ同じひとつのものである」[167]。しかし、サルトルにおいては、自由は悪をも選択しうる。誰しも一瞬一瞬、邪悪な態度を選ぶこともできるし、道徳的態度を選ぶこともできる。偽善的ないし欺瞞的な態度を取ることもできる。相手の自由のために自分の自由を多少制限することもあれば、相手の自由をできる限り奪おうとすることもある。相手を攻撃し支配することもあれば、損得を計算して服従することもある。悪を為さないということは、その選択肢がそもそもないということではない。逆に悪を為すということも邪悪な本性といったものから必然的に生じるわけではない。

このことは、『聖ジュネ』では「悪人はいない」、「いや、（…）存在するが、それは善人が悪人を作り出したからである」[168] という言葉で語られる。もともと悪の化身であるような邪悪な人間は存在しないという考え方である。ところが、「〈善〉を奉じる人々は、人間の自由からそのポジティブな力を奪い、その力を専ら否定性へと還元して〈悪〉の神話をこしらえた」。ここには、カント的な悪の概念との共通性とともに相違もある。カントによれば、人間という種には悪への性向「根源悪」(169)があるが、サルトルはそのような先天性は認めない。しかし、実際に悪の行為を選ぶのは自由な各人の責任であるとする点では共通している。加えて、サルトルはこれこれの悪がなぜ生じたかをその都度可知的に捉えうるとする立場を取る。『聖ジュネ』が語るのは、「泥棒」との濡れ衣を着せられ、他者が与えたそのレッテルを引き受けて生きる者の疎外とその反転のドラマである。(170)サルトルはジュネという独自な存在に託して、善悪二元論と「悪の神話」、そして悪の形象化を告発しているのである。自分を善良であると信じる人々の独善的な道徳意識を批判して、戦争中には、誰が悪人か明確だが、平和時においては、善人たちが「職業的悪人」を作り出すとまで言明する。(171)社会の周縁に住む犯罪者たち、「強欲なユダヤ人」、外国人労働者、少数民族、異教徒といった人々は、悪の権化であるかのように形象化され、偏見と差別と排斥の対象

(163) 生方、前掲書、二三四頁以降。
(164) EN497-500/466-468.
(165) EN501/469.
(166) Steven Pinker, *The better angels of our nature – Why violence has declined*, 2011 (幾島幸子・塩原通緒訳『暴力の人類史』青土社、二〇一五年)。彼は、キリスト教的発想で人間の中にいる天使や悪魔といったアレゴリーを用いているが、サルトルも人間の自由は常に善悪どちらでも選びうると見なす。ただ、善や悪を実体化することはない。また、ピンカーが実証的方法で文明の発達とともに暴力が制御されてきたとの見方を打ち出しているのに対し、サルトルは、実証的な比較方法こそ用いないものの、現代文明に巣食う暴力により深刻な眼差しを注いでいる。
(167) カント『道徳形而上学原論』V, 447.
(168) SG39(上五六頁)。
(169) カント、前掲書(宇都宮訳『永遠平和のために』、四二、九二頁)。
(170) SG26*sq.*, 63*sq.*(上巻三五頁以降、九二頁以降)。
(171) SG41(上五八頁)。

となる。現代ではそこに陰謀論が加わり、「ディープステイト」、「悪魔崇拝者」といった悪の形象が作り出されている。人が自分の意識の自由を悪を為す可能性も含めて全面的に引き受けないとき、悪を異質な他者たちに特有のものと見なし自分を純化するとき、人は自己欺瞞に陥っている。人類史において、かつて無知ゆえの想像力の産物だった「怪物」や「悪魔」や「悪霊」は、いま現代人の自己欺瞞ゆえに姿を変えて生きているのである。[172]もちろん、これらの形象は比喩として使用されることも多い。その場合には、漠然とした恐怖や嫌悪感を惹起する形ではなく、喩えられるものが何なのかを分析的に示しながら用いる必要がある。

ここで、『弁証法的理性批判』に中心点を移そう。この後期哲学の主著では、人間同士の対立が物質的・経済的側面から捉えられ、格差問題に焦点が当てられる。マルクス主義の概念が導入され、「階級闘争」という相剋が語られる。この著作では、ホッブズの名こそ出しておらず、ダーウィンの「生存競争 struggle for life〔原文英語〕」と並べる形ではあるが、人は各自の利益を追求するゆえに「人間の分断は自然である」とする考え方を批判している。それでは階級社会を可知的に理解できないという(CRD326)。[173]サルトルはこの点でマルクス主義に賛同し、分断を引き起こしているのは稀少性の世界における生産様式であるとする。すなわち、闘争を人間本来の性質だとするなら、そこからは生物学的な決定論しか出てこないとの主張である。彼は、利益追求本能、闘争本能、生存本能といった生物学的説明を人間に当てはめるのではなく、不当なものがあるから人間はそれに対して怒り、戦うのだと考える。それは主にマルクス主義再活性化の試みの文脈で語られているため、「生産様式」の不当さが強調されているが、文脈を広げれば、様々な不正への怒りが闘争の原動力として働くという考え方になる。その不正が、私の生命を脅かす不正ならばより深刻である。稀少性の世界において、私の生存にとって必要なものを奪う他者は倒すべき悪であり、そこに暴力が発生する(CRD815)。『弁証法的理性批判』における最終的な暴力の定義は、以下の通りである。「生きるための戦いの最も初歩的な段階において、人間たちの間で対立し合うのは盲目的な本能ではない。それは、物質的条件を実践によって乗り越え、道徳を打ち立て、〈他者〉を単なる恐怖の対象ではなく自由として認めながらその根に至るまで糾弾し、破壊しようとする複雑な構造物だ。それこそまさに私たちが暴力と名付けるものなのである」(CRD815)。分かりにくい記述だが、より簡潔に要約するなら、人間たちの暴力的な争いには、最初の段階から単なる本能的衝動を超えた道徳的要素ないし合理性が含まれている、ということ、相手を自由な人間と認めながらも、自分の生存を脅かす者ならば倒すことが正しいという道徳的信念をもって人は戦うのだ、という主張である。これは、すでに引用したが、『道徳論ノート』の「すべての犯罪は常に少々コギトである」[174]というつぶやきと一致する。暴力行為の中に動物的本能や野蛮を見るのではなく、人間ならではの合理的思考を見ること、それがいかに歪んだ合理性であっても、まずそれを探し当て、直視すること、これが必須であるとサルトルは考えている。アルジェリアで独立派が蜂起したのもリヨンの絹織物工たちが賃金の実質的低下に抗議して反乱を起こした(CRD502)のも、文字通りの直接的な要求を超えて、根本的に彼ら彼女らのコギトの力が不正を受動的に耐え忍ぶことからそれを否定することへと合理的に駆り立てたからだと主張しているのである。

ただ、その合理性は、誤った情報や噂をもとに作られることもある。第一部第二章2の「だまされ操られる私」で予告したが、フランス革命の初期、農作物の不作に見舞われた各地の農村の人々が、「貴族の陰謀」という噂を信じ領主の館を襲った「大恐怖」[175]という事件は、まさにその端的な例として示されている(CRD403)。これは歴史家ジョルジュ・ルフェーブルの研究に依拠し、これを社会科学における可知性の探求の模範的な例として示したものだが、そこでは「〈他者〉の合理性」によって誤った情報が「世論」という形の「実践的惰性態 le

(172) これについては、生方、前掲書、四六八～四六九頁でも私見を述べた。
(173) 以下、この節では、『弁証法的理性批判』からの引用が続くため、脚注ではなく本文中に略号 CRD と共にエルカイムによる一九八五年の改訂版のページを示す。
(174) CM418.
(175) Georges Lefebvre, *La Grande Peur de 1789*, 1932 ; Armand Colin, 1988.

pratico-inerte」になり、暴動を引き起こしたことが語られている（CRD401-405）。しかし、だからと言ってルフェーブルもサルトルもそこに民の愚かさといったものを見はしなかった。ルフェーブルは、アンシャンレジームの下での小作制度、[176]恒常的な食糧不足と飢餓、[177]増税や戦時の徴用、残虐行為、[178]そして正確な情報伝達手段の欠如が、[179]貴族の農民に対する陰謀という誤認識につながったと考える。サルトルは、その事実関係の提示に依拠し、そこに他者性の概念を盛り込んで説明する。貴族という他なる階級が浮浪者という農村にとっての他者、厄介なよそ者を雇って農村を襲撃してくるという皆のうわさ、その「集列的な拡散」、こうした複数の他者性が総合されて「絶対的〈他者〉」という悪の形象を作り出すとする（CRD401-402）。すなわち、この悪を倒すことが正しいという正義感と暴力行使の大義は、誤った情報を検証なく受け止め拡散することから発生しうる。だが、そこにもまた、各人が合理的と信じる思考を探し当てる必要があり、それを抜きに規制や禁止や処罰で対応しても効果は期待できない。文面通りには『弁証法的理性批判』はそこまで明言しているわけではない。それでも、私たちはそれを読み取る必要がある。そこには、同時代の社会科学に対する認識論的批判とともに、可知性の追求へのいざないがある。

こうした他者性概念を用いた社会現象の可知化は、状況こそ異なれ、現代のフェイクニュースや陰謀論の拡散に対する分析に応用可能だろう。これを無教養で倫理感に欠けた人々の軽率な行為として見るのではなく、また彼らを利用した政敵や敵対国家の悪意ある操作に還元するのでもなく、他者性へとからめとられてしまう状況自体を見ること、自分が置かれた状況への不満、憤り、優位にある他者への反発、こうしたものが悪の形象化をもたらし、暴力の正当化の根拠となるということを見て取る必要がある。

（3）暴力の合理性とノモスの非合理性

ではこれをもって、サルトルが暴力による社会変革の正当化ないし弁明に辿り着いたと見なすべきか。稀少性の世界では抑圧され排除された者は戦って相手を倒すしかない、との結論に至ったのか。『道徳論ノート』が万人の改心と暴力の廃絶とを探っていたのに対して、『弁証法的理性批判』は暴力の永続性を称揚しているのか。「階級闘争を展開するため[180]」に諸個人はそれぞれ特異な実践を行い、それを集団的実践へとつなげていくべきなのか。現代世界の課題を解決するために、現代においても「階級闘争」の展開が必要なのか。

ここで、レイモン・アロンの解釈に一瞥を与えておこう。彼の『歴史と暴力の弁証法[181]』は、『弁証法的理性批判』研究における基本文献のひとつである。一九六六年から丸一年間かけてソルボンヌ大学の講義で扱い、それをもとに五年かけてまとめ直したものだという[182]。読みにくいこの著作をていねいに読み論評したモノグラフと言えるが、個人的な反目の影響によるものか、全編に奇妙なバイアスがかかっている[183]。逐一取り出して論じること

（176）*Ibid.*, p. 30-31.
（177）*Ibid.*, p. 33.
（178）*Ibid.*, p. 34.
（179）*Ibid.*, p. 89-96.
（180）竹本研史、前掲書、二〇六頁。集団的実践にあたっては、個人の実践の特異性を重要視すべきとの主張に異論の余地がない。だが、それが「階級闘争を展開する」目的だとすると、現代のより複雑化した格差の構造に対して有効な是正策を見出すことができるか疑問は残る。あくまで当時のサルトルはそう考えていたという事実を確認するにとどめ、それに対する評価は保留するとの姿勢であろうか。
（181）Aron, *Histoire et dialectique de la violence*, Gallimard, 1973.
（182）Aron, *Mémoires*, *op. cit.*, p. 810-811（第二巻、六二九頁）。
（183）この点、ピエール・ヴェルストラーテンは、「アロンがサルトルの思考を誤解し、ねじ曲げ、不正を働いた」として断固とした反論を向けている（Pierre Verstraeten, *L'Anti-Aron*, Editions de la Différence, 2008）。だが、サルトル哲学の論理に沿ってアロンの解釈を斥けた後、結局は、「どのような具体的状況ならば反逆は正しいのか」という問いを発して立ち止まり、それは政治的な問題だとして立ち去ってしまう。『弁証法的理性批判』の最も忠実な読み手のひとりによる弁明ではあれ、これが大きな見直しの機会を提供したとは言い難い。

はしないが、いくつか例を挙げよう。アロンによれば、サルトルは物質的稀少性が克服できない限り暴力はやまないと考えているという。[184]これは明らかな誤解である。サルトルの言う稀少性とは物質世界からの供給と人間の需要の不均衡の構造自体ではない。「自然界という邪悪な母の冷酷さではなく人間的事実」（CRD251）であり、「物質を通した人間の内なる人間の否定」（CRD260）である。彼がこの用語を通して主張しているのは、人間が物質的要求を満たせない状況にあっては、他者が私の取り分を奪い私の生存を脅かす敵となり、その被られた否定を相手に反転させることで暴力が生じうるということだ。だが、食料や物資の不足は世界規模で客観的に測定されたものではなく、あくまでも何らかの状況下で限られた情報に基づき私が「足りない」と感じるその主観性における把握である。また、否定は稀少性以外にも多くの要因からもたらされる。したがって、暴力が止むためには物質の稀少性が克服されねばならない、とサルトルが考えているわけではない。もちろん、稀少性さえ解決できれば暴力はやむとサルトルが考えている、とアロンは主張しているわけではない。しかし、暴力の乗り越えの必要条件のひとつとして稀少性の克服が求められる、とサルトルが主張していると見なすのも誤りである。そうではなく、サルトルが言おうとしているのは、自分に分け前が与えられず不当な差別をされ、疎外されていると感じる意識が存在する限り、それが暴力として噴出する可能性は常にある、ということだ。したがって、暴力が現れた場合には、それを無闇に鎮圧しても解決にはならず、自分が否定されていると感じるその意識自体を受け止め、理解しなければならない。そこからしか解決の模索は始まらない。こうサルトルは主張しているのである。また、アロンは「弁証法と可知性と希望が渾然一体となって暴力へと意識が向かう」[185]とも述べているが、暴力へと意識を向けるのは抑圧を跳ね返そうとする者であり、可知性を捉えるのは観察者であり、弁証法は誰かが主体となって作るのではなく否定とその否定によって織りなされ、希望を抱くか否かは一人一人によって異なる。これら位相の異なるものすべてが一体となると考えるのは混同に他ならない。

「階級闘争」に戻ろう。二つの「階級」の対立というシンプルな図式は現代に当てはまるだろうか。二一世紀の格差の風景に当てはめてもごく粗い画像しか現れまい。現代世界における格差は、仮に統計学的に示される範囲で見ても、先進国と途上国、先進国内部、途上国内部、非デモクラシー国家内部、等々の様々な群において複合的で流動的になっており、以前にも増して把握しにくい。問題の在りかを正確に特定するためには、むろん経済学的知識と分析手法が必須である。漠然と「階級」差や貧困を語るのではなく、複数の統計的な数値とそれらの関連性を根拠とする定量的かつ定性的な分析と推論が必須となる。だがもちろん、それだけに限定するならば見逃される現実もある。ジニ係数は一定の共同体内の貧困の程度を分かりやすく数値化してくれる。富のより公正な分配のための根拠を提供してくれる。だが、その貧困を生きる人々の日々の具体的な不便や諦めや苦しみ、政治への不満や富める者への憎しみを可視化してくれるわけではない。内面化され押し込められた暴力がいつどこで反転しうるかを知り、そうなる前に動くためには、実際の現場を見、人に会い、話を聞く必要がある。適切なフィールドワークが求められる。被った暴力は、合法的な抗議活動だけでなく、組織犯罪、麻薬密売、過激思想、無差別テロ、あるいはポピュリズム、これら多様な形で対抗暴力へと反転しうる。これらの表れに対して、根源悪概念や善悪二元論、闘争本能、悪の形象化などによる説明の罠を避け、いかに歪んでいようとも一人一人にとっての合理性があること、「弁証法的理性」が作用していることを発見しなければならない。それがサルトルの言わんとすることなのではないか。ただし、末尾でイスラエル・パレスチナ問題に関連して見るように、「対抗暴力」の弁証法が無限遡行に陥り、負の連鎖しか生まない場合もある。抑圧者と被抑圧者が明確に区別できる場合にはこの論理は通用しても、そうでない場合、つまり過去の被抑圧者が抑圧者になり、現在の被抑圧者が将来の抑圧者になり、永遠に続いていくといった事態においては、対抗暴力の弁証法を理解しても何ら解決にはつながらない。逆に言うと、社会の暴力を「階級闘争」の枠組みで捉える限り、そこからはみ出るより複雑な暴力を捉え損ねることになる。

(184) Aron, *Histoire et dialectique de la violence*, p. 53, 102.
(185) *Ibid.*, p. 106.

ところで、その弁証法的理性の対極にあるのが法制度に依拠する合理性である。前者が各人のコギトの産物であるのに対して、後者は一般性であり、自分が作ったのではないという意味で他者性である。弁証法的理性はこの他者性の壁にぶつかるとき、しばしば暴力として炸裂する。「私は正しい。法が悪い。制度がおかしい」と怒る。『存在と無』においては、法制度は各自が自由に引き受ける状況のひとつであった。「私は法に従って行動する決心をしなければならない。法とそれを私がどう使うかが、私の企ての失敗ないし成功を決定づけるのである」[186]。法は強要されるのではなく自分が自由に選ぶ。「法的な諸関係が世界にやってくるのは自由によってである」[187]。ところが、『弁証法的理性批判』では、法は格差を作り出す容赦ない存在として記述される。「自由主義経済の法則」(CRD827)は搾取を正当化し、そのイデオロギーのもとで抑圧と搾取の関係は「合法的関係性」(CRD828)となり、公的権力を帯びる。「賃金鉄則」(CRD828)は労働者の貧困を作り出す。不利益を被る者はこれを状況として自由に引き受けることはできない。しかし、支配階級の利益を守る法を変えることを国は受け容れない。だとすれば、実力で破壊するしかない。こうした論理から、ノモスは合理性を備えたアンチノモスとしての暴力を引き寄せる。

このようにサルトルは、非合理なノモスに合理の暴力を対峙させる。しかし、彼はそれが問題解決のための有効な道だと主張しているわけではない。フランス革命だけでなく、それ以前も今も絶えず繰り返されている民衆の蜂起、反乱、暴動は、頑として譲ろうとしないノモスの番人たちへの絶望的な体当たりなのである。ただ、それは犠牲者を生む。概してコストが高く成果が少ない。問題の核心を突かず、巧妙にかわされ、内部抗争が発生し、疲れ果ててしぼんでしまう。問題解決には程遠い。しかし、もう一度言うが、だからと言ってサルトルは、こうすべきという規範は示さない。哲学書として規範性の次元を自らに禁じているのである。政治哲学ないし倫理学の書であれば、当為の水準に立つこともできたであろう。それをしなかったために、この書は残念な誤解を受けてきた。より簡潔で精彩ある文体で書いていたなら、より熱心に読み正しく理解する者が増えたであろうが、そうはならなかった。

ところで、マキャベリの『君主論』は権謀術策を説く書物とされ、「マキャベリズム」という言葉を生んだ。

しかし、実はこの本は専制君主に巧妙な統治の術を授けるよう装って、権力者の手の内を一般市民に暴露し警戒を惹起したとも解釈されうる。ディドロは、これを君主に対する権謀術数の入れ知恵ではなく、市民に向けた警告だったと見ている。(188) ルソーは『社会契約論』で「マキャベリは王たちに教訓を与える振りをして、人々に大きな教訓を与えた。マキャベリの『君主論』は共和主義者の書物である」(189) と述べている。実際、この書は、民衆を制御できない君主は破滅するとして「君主たる者は民衆の憎しみを買うようなことがあってはならない」(190) とも述べている。これらの啓蒙思想家たちがこのようにマキャベリを裏側から読み解いたのと同じように、今『弁証法的理性批判』を裏から読み解くことはできないだろうか。暴力の正当化と見える記述やファノンへの序文の殺人教唆的な発言も、権力者、勝者、特権者に対して、警告を発していると読めないだろうか。実際、「全体化する者は、君主その人であっても常に同時に全体化される者でもある」(CRD185) というひと言は、支配者に向けられた警告とも読める。支配者は自分の望むとおりに人々を操りまとめ従わせようとする。しかし、反作用が働く。抵抗が生じ、抑圧しても鎮圧しても民衆は従わない。黙っていない。暴力が噴出するだろう。それでよいのか、と。この意味で、この書はいわば「逆君主論」的な要素を含んでいる。そして、より広く見るならば、ファノンへの序文なども含め武力による支配者打倒に賛同を与えているように映るサルトルの暴力論は、一種の「逆マキャベリズム」を含んでいるとも言えるだろう。ただ、要素はあっても「逆君主論である」と評するには、何かが欠けており、何かが過剰である。

---

(186) EN636/596.
(187) EN636/596.
(188) Denis Diderot, article « Machiavelisme» de *l'Encyclopédie*. Tome IX, Neufchastel, 1765, p.793. La Bibliothèque des Classiques, volume 12, p. 731-732.
(189) Jean-Jacques Rousseau, *Du contrat social*, Livre III, Chapitre VI. « De la monarchie ».
(190) Niccolò Machiavelli, *Il Principe*, 1532（『君主論』河島英昭訳、岩波文庫、一九九八年、一四二頁）。

（4）主体としての一人称複数形の成立

先に第一章2（1）で触れた「主語・主体としての私たち nous-sujet」の実質的な成立の不可能というサルトル存在論の重要な命題[191]（EN484sq./453sq.）は、彼の歴史哲学において共同実践の不首尾へと結びつく。サルトルにとって、複数の人間が特定の何かについて合意することはあり得るとしても、それは「共同主観性」の成立といった形ではなされない。同じ行動を取る場合も、主観性の融合が生じるわけではない。同じ劇場で舞台を見つめる観客やカフェのテラスに座る人々が車の衝突事故に一斉に意識を向ける場合などをサルトルは例に挙げていたが（EN485/454）、共に歌を合唱したり、スポーツのチームがともに試合に臨むときなどにもそれは当てはまるだろう。日本語でもフランス語でも英語でも、いかなるヨーロッパ系の言語でも、「私たちは Nous/We/Wir…」という一人称複数形の主語は日常的に当然のように使用されている。しかし、その実態はどうか。本当に複数の人間と彼らの主観が一体となってひとつの動作主を形成していると言えるのか。共通の考えで結ばれ共に行動する一体としての主体が本当に成立しているのか。サルトルによれば、そのような主体は「ある単独の意識における純粋に心理的で主観的な出来事」（EN497/466）に過ぎない。「（…）理想の主体としてのわれわれは、地球の主人となる人類のわれわれであろう。しかし、われわれの経験は個人的な心理の場にとどまり、超越者たち〔＝自由な諸個人〕の願わしい統合の単なる象徴に過ぎない」（EN498/466）。それは抗争の中の「小康状態」として瞬間的に現れることもあるが、「抗争の最終的な解決」にはならない（EN501/469）。

他方、複数の個人の集合体が現実の実体として成立するのは、目的語すなわち対象「私たちを nous/us/uns…」となった場合である。複数の個人を外部の第三者がひとくくりにして同一視し、差別や抑圧を加えるとき、「対象としての私たち nous-objet」が生まれる（EN486-491/455-459）。マルクス主義の「階級意識」もサルトルによれば、集団的に被られた状況の受止めの仕方である（EN491-492/460）。

しかし、その「対象としての私たち」が主体へと反転して行動を起こした場合にはどうなるか。『弁証法的理性批判』によれば、革命の群衆においては「あらゆる個人の自己決定としての可能な統合体」[192]（CRD469）、すなわち一体となって抗議ないし要求を突きつける「われわれ」の集団が成立する瞬間がある。「ここに最初の《われわれ》が現れる。それは、多様性を内面化した私の自由な遍在として、実体的ではないが実践的なものである」（CRD495）。だが、その集団の自由な統一性はまもなく崩れていく。すると、崩壊を妨げるために集団は組織化され、自己目的化し、惰性化し、構成員は他有化される[193]（CRD496, 511*sq.*）。このように、サルトル存在論からすると、共同体は平時にあっても理想の融和状態において存在しえないばかりか、抗議行動や革命、さらには戦争においても[194]共通の考えで結ばれ共に行動する主体として長期的に存続しえない。

ホッブズにおいては、各人が自分の有する暴力を死への恐れから「共通の権力」へと委ねることによって自然法の支配と各人の自由と平和が可能になる。[195]ヘーゲルにおいても、互いの死を求めていた意識たちは相互承認によって和解し、疎外や自由の暴走を経て絶対精神となり国家のうちに宿る。[196]どちらにおいても暴力に対するノモスの勝利である。これに対して、サルトルの意識たちは、ノモスの下でもノモスに反旗を翻すときでも、永遠に

(191) 以下、この節では『存在と無』からの引用ページも本文中に（ ）で示す。
(192) 同様の意味で「実践的自己決定の統合体」とも言っている（CRD480）。
(193) このテーマについては第三章2（3）「国家の対抗暴力と民衆の対抗暴力」の項でもう少し詳しく論じる。
(194) 「スターリンの亡霊」（Sartre « Le fantôme de Staline », 1956, in *Situations, VII*, 1965（白井浩司訳、『シチュアシオンⅦ』所収、一九六六年））では、一九五六年のハンガリーでソビエトの軍事介入に対し市民蜂起が各地で自然発生的に生じたことを取り上げ、「各々の戦闘集団が民衆全体を代表しているという意識をもっていた」（p. 182（一五〇頁））と述べている。『弁証法的理性批判』におけるフランス革命の群衆論を予告するような素描がある。しかし、ここでもまもなく「蜂起運動の内部に一連の不均衡が生じる」（p. 192（一五七頁））、そして「蜂起した人々は戦いの統一性を維持するために（…）議会制への逆戻りを要求する」（p. 197-198（一六一頁））という結果を招くとされる。
(195) ホッブズ『リヴァイアサン』第一三章〜一四章。
(196) 前出のコジェーヴによる解釈である。

抗争し続けるかのようである。

（5）乗り越えるために直視する

いかにも希望のないこの他者論に、戦争、暴力、テロを根絶するためのヒントを求めるのは空しいのだろうか。しかし、サルトルが人間関係に対立や無理解や暴力ばかりを見るのは、単なるシニスムからではない。人類はたとえ共同体を形成し法と統治の仕組みを作ったにしても、やはり暴力の歴史を綴り続けてきた。この事実を徹底的に知解することが乗り越えの第一条件となる。その確信がサルトルにおいて暴力の弁証法の展開を支えているのである。『弁証法的理性批判』は不思議なほどにその明言を避けているが、それは、前述したように、倫理的次元に踏み込むのを意図的に避けていたからと考えられる。サルトルはいわゆる「暴力史観」を肯定し未来永劫それが続くしかないと考えているわけではない。この章の冒頭で引用した「戦争を拒否しても戦争をなくすことはできない」という言葉は、人間は戦い続けるしかないという意味ではない。そうではなく、戦争をなくしたければ、拒否して目をそむけるのではなく、直視すべきだということである。何が相手にレッドラインを超えさせるのか。防衛も外交も、また反戦運動さえも相手にレッドラインを超えさせるリスクと無縁ではない。だからこそ、その発生を歴史と現在において、そして巨視的かつ微視的に捉える暴力の学が求められるのではないか。

一九三九年、動員されて間もない時期、ライン川から一〇キロほどのブリュマットにいたサルトルは「近代の戦争はポトラッチだ。自分の富が破壊されることにより良く耐えられる者が勝者となるのだ」[197][198]という言葉を書きつけていた。この指摘は二一世紀の今現在の戦争にも当てはまる。つまり、自国の財や人命の犠牲をいとわず戦い続ける国が勝利し、犠牲を食い止めようとするならば降伏するしかないというジレンマがある。それをサルトルは見ていたのである。同様に同日の日記には「人はある世界（第一次大戦後のフランス共和国とその権利・理念）を守るために武器を取る。だが、武器を取るということ自体がこの世界を確実に破壊するのだということも知っている。守るべきものはすでに死んでいる」[199]とも記されている。戦争をするということ自体が共和国の理念に反するにもかかわらず、共和国を守るために戦わねばならないという矛盾を見ているのである。この考察を駐屯地でのサルトルは「この戦争の価値がわからない」[200]という言葉で締めくくっており、その後の日記や書簡にも、この戦争の大義のために自分は命を懸ける、といった言葉は現れない。日記には「自分はこの戦争を防ぐために何一つしなかった」[201]という自責の念が表明されており、戦地での自己省察はのちに『存在と無』に移植され、一般的な「私」を借りて「この戦争は私の戦争だ」（EN639/599）、「私が選び取ったこの戦争の中で私は日々自分を選び、自分を作りながらこの戦争を自分のものとする」（EN640/600）という言葉に表される。しかし、それは、祖国のためヨーロッパのために身を捧げるといった自己犠牲的で愛国的な決意とは異なる。一兵卒としてのサルトルの態度は、後に『存在と無』で論じることになる状況の引き受けであり、それ以上のものではない。そうではなく、この言葉は、自分の置かれた状況を未開社会における戦争の変形であるポトラッチと比較し、それをとおして人間の行為の非合理性を問うている。戦場においてもやはり考える人であり続けた彼は、安易な理解に満足せず、とことん突き詰めて考えようとした。のちに彼自身が「可知性」と呼ぶものへの情熱に突き動かされていたことが伺われる。

（197）「敵の砲撃が届く前線にいる」CDG1939.10.20 とある。
（198）CDG1939.10.18.
（199）CDG1939.10.18（末尾）。
（200）CDG1939.10.20.
（201）CDG1939.10.17.

（6）対立と暴力を描くサルトル文学

文学に関して見るならば、サルトルはしばしばアンドレ・ジッドのドストエフスキー論にある「悪しき文学が作られるのは美麗な感情をもってしてである[202]」という言葉を引用する。つまり、善良で美しい感情に満ちた人々の幸福を描く愛と平和のメッセージのような文学作品は往々にして駄作となってしまう、ということである。たしかに、理想の美しい人間関係を描き幸福な結末へと導く作品はどれほど感動を与えるだろうか。人々はそれを見習って道徳的な人間になるだろうか。道徳心を惹起する作品は逆に悪や不幸に満ちている。人はその不条理を嘆き、醜悪さに顔をしかめ、不正に憤る。サルトルの著作が犯罪や暴力に満ちているのも、そうした仕掛けが隠されているからではないか。それは「アンガジュマン文学」の提唱によって始まったことではない。初期短編小説『エロストラート』では人間一般に対する敵意からパリの路上で無差別殺人を犯す人物の遺書が内心の告白として示される[203]。このポール・イルベール Paul Hilbert という人物の名前は、フロベール Flaubert / Phlaubert のアナグラムとも言われるが[204]、彼は「ヒューマニスト」であることを求める社会の中で失敗を重ね、絶望的な疎外感へと追い詰められ、誰でもよい誰かを殺して自殺しようとする。現代社会で現実に発生している犯罪を想起させるような物語である。また、『一指導者の幼年時代[205]』では、のちのユダヤ人論を予告するかのように、ひとりの恵まれた若者が、排外主義の台頭する第二次大戦前のパリで断固とした反ユダヤ主義者へと変貌していく様が描かれている。戯曲『出口なし』は、登場人物に「地獄とは他人のことだ[206]」という台詞を吐かせている。『自由への道』の主人公の哲学教師はドイツ兵を射撃することで自由の感覚を味わう[207]。『アルトナの幽閉者』の最後の場面でテープレコーダーから流れる「1+1=1、何たる誤解か[208]」という謎の言葉は、人間たちの融和の不可能に対する絶望の表現とも解釈できる[209]。

文学においても、サルトルはこのように極限的な状況設定を通して他者との融和的な共存の困難をつきつける。自由と希望の哲学とされるサルトルの著作には、実は対立や憎悪、暴力と流血が渦巻いている。人間たちの相剋は愛も対話も挫折させ、加虐や被虐・自虐、憎悪や無関心を生む。脱出口は示されず、人間関係は救いのない悪循環の中であがき続ける。だがまさに、このように悪に満ちた人間の現実をまず突きつけることで、作家サルトルは次に何をすべきかを私たちに考えさせているのではないか。

第一部でも取り上げたが、F・ヴォルムスは『存在と無』の他者論を再評価し、それが人間関係の具体的な困難を洗い出したことこそ意味があると主張している。[210] このことは、暴力や戦争を考える上で必須となる。「共存在」における本来的なあり方を語っても、それが人間たちの調和ある共生へと導くわけではない。同様に、平和の理想を語っても平和は実現しない。現代でも美しい理想社会を描いてみせる思想家や政治家には事欠かず、彼らを支持する善意の人々も多い。ただ、裏面や障壁や副作用を想定しない構想はあまりにも脆弱である。逆に、目標ははるかに遠く到達困難であるとの認識を前提に、どのような障壁があるのかを洗い出していくことによって、一歩でもそれに近づく可能性が見えるかもしれない。それこそ暴力の学の第一歩ではあるまいか。

---

(202) André Gide « Conférences du Vieux-Colombier, VI » in *Dostoïevsky*, Plon, 1923. また、フランソワ・モーリヤックもアンドレ・ジッドの書簡のこの一節を自著の中で引用している。François Mauriac, *Dieu et Mammon*, 1933 ; Grasset, 1967, p. 84.
(203) *Erostrate*, 1939, in *Œuvres romanesques*, 1981, p. 262-278（窪田啓作訳、『短編集　壁』所収、人文書院、一九五〇年、一四六～一四九頁）。
(204) Geneviève Idt, *Le Mur de Jean-Paul Sartre, techniques et contexte d'une provocation*, Larousse, 1972, p. 158.
(205) *L'enfance d'un chef*, 1939, in *Œuvres romanesques*, 1981, p. 385-388（中村真一郎訳、『短編集　壁』所収、一九五〇年、二四六～二五〇頁）。
(206) *Huis Clos*, 1943, in *Théâtre complet*, 2005, p. 128（伊吹武彦訳「出口なし」、『恭しき娼婦』所収、一二六頁）。
(207) *Les Chemins de la liberté III. La Mort dans l'âme*, 1949, p. 1343-1344（海老坂・澤田訳、(五)、四五六～四五七頁）。
(208) SA993/一四八頁。
(209) 『アルトナの幽閉者』については第二部で「狂気」および戦争責任の問題と結び付けて論じた。
(210) Frédéric Worms « Une théorie radicale des relations humaines », in *Sartre. L'Etre et le néant. Nouvelle lectures*, 2015, p. 159-165.

第三章　恒久平和の可能性の条件

1．哲学者の「甘い夢」

（1）カントの恒久平和論とサルトルの「無限性の政治」

ヨーロッパが第一次世界大戦後に改めて模索した恒久平和とカントの恒久平和論[211]との間には、国際法と哲学との相違以上に根本的な類似性がある。国際法の整備や国際連盟の創設など、それまで人類史上なかった試みが開始されたことの背景には、クラインゲルトが指摘するように哲学的明文化があったことは無視できない[212]。一方、両大戦間においても第二次世界大戦後においてもサルトルが戦争と平和を考える際、カントを積極的に参照した形跡は見出せない。『道徳論ノート』では、むしろカントに対して直截な不満表明もなされている。「レジスタン

（211）Kant, *Zum ewigen Frieden*, *op. cit.*

（212）Pauline Kleingeld, *Kant and Cosmopolitanism: The Philosophical Ideal of World Citizenship*, Cambridge University Press, 2012. この著作は国際政治や国際法の領域に大きく踏み込んではいないが、「世界市民主義的権利の実現を目指すカントの主張は、過去百年間における国際法の目覚ましい発展にカント的基盤を与えている」（p. 74）などとして、関連性を指摘している。

スか対独協力か、カントはこの道徳的で具体的な選択の問題に答えない」（CM14）という不満だ。つまり、現に支配と暴力を受けているという具体的な状況があるときに、どう行動するかを決めるための判断材料ないし指標を提供しないという難点である。妥協か徹底抗戦か。命を救うため、支配されることを覚悟でともかくも抗戦をやめるか。支配されないために人命の損失を覚悟で徹底的に抗戦するか。それは、二〇二二年以降、ウクライナ戦争においても迫られている選択である。その状況においてカントの抽象的で普遍的な道徳律から何らかのヒントを得るのは難しい。『実践理性批判』の道徳律だけでは確かにナチズムのイデオロギーとそれによる侵略者に対して戦うのか、暴力を放棄して妥協するのか、という選択肢に対する答えは得られない。では、『恒久平和に向けて』ではどうか。

　この書においてカントが具体的に提案する[213]のは以下のことである。すなわち、いかなる国も常設の戦力を保持しないこと、「常備軍を全廃」（345/一六）し、軍拡競争をやめ（345/一七）、国民が「自発的に一定期間にわたって武器使用を練習」（345/一七）し防備力を身につけること、先制攻撃はしないこと（345/一七、350/二八）、「世界共和国」への統一は積極的な考え方ではあるが、それは求めず（357/四七）、言語や宗教の異なる人々がそれぞれの国を持つことを認め（367/七二）、それらすべての国が共和制を採用し（349/二九）、それら「自由な諸国家の連合制度」に基礎を置く国際法を整備すること（354/三九）、さらに異なる民族間の「通商」（364/六三）と「生き生きとした競争による力の均衡」（367/七三）と「商業精神」（368/七四）をとおして共に利益を得ること、つまり「互いの利己心」を通じて諸民族を結合する（368/七四）ことである。

　これらのカントの提言は、現実に百年以上にわたって保持されてきた安全保障・平和外交の基本理念に一部を除きおおよそ合致しているのではないか。マルボーは、複数の先行研究に依拠しながら、「国際連盟」という表現を初めて用いたのはカントであり、『世界市民的見地における普遍史の構想』の第七条に見出される«Völkerbund»がそれであると紹介し、「カント（…）の影響は国際連盟の創設を可能にした諸原理の練り上げにとって本質的である」と述べている。[214]国際連盟の創設に貢献したアメリカのウィルソン大統領が戦時中に戦争当事国に宛てたメッセージには、カントの恒久平和論が如実に反映していた。[215] 戦争の非合法性を主張し一九二八年の不戦条約を主導したレヴィンソンは法律家であり、その著書で直接カントに言及しているわけではないが、理念の共通性は認められる。[216]

しかし、再び世界大戦は起きた。ヒトラーが政権を手にしたのは、ヴァイマル共和国のもとで民主的な選挙によってだった。英仏が用いた外交的手段はドイツによるポーランドの侵略を妨げることができなかった。国際連盟は、第二次世界大戦を妨げるために何の効力も発揮できなかった。カントが説いていた自由貿易のメリットは、世界恐慌によってかき消されていた。そしてブロック経済が紛争の新たな種をまいたのである。終戦後には国際連合が設立され、国際通貨基金と世界銀行は、経済交流と自由貿易の促進が平和に寄与するとしてＧＡＴＴと共にグローバル化を進めてきた。しかし、それでもカントの提言した経済を通しての平和は実現するどころか、新たな格差や紛争を生み出している。[217]

カントは、「人間の本性にそなわる邪悪」（355/四二、375a/九二）を語りながらも、また先にも触れたようにホッブズ的とも言える「自然状態」の考え方を表明しながらも、恒久平和の可能性を求めた。「真の恒久平和は、決

（213） 以下、カントの恒久平和論からの引用では、本文中に（　）で該当ページを示す。算用数字はAK, VIII（アカデミー版第八巻）のページ番号、漢字は宇都宮訳『永遠平和のために』の頁番号とする。

（214） Marbeau, *op. cit.*, p. 22-23.

（215） César Chabrun « Kant et M. Wilson », in *Revue des Deux Mondes*, Vol. 37, No. 4, 1917, p. 858-861. KANT ET M. WILSON on JSTOR (https://www.jstor.org/stable/44818737. 二〇二四年一一月四日最終閲覧)

（216） Salmon Oliver Levinson, *Outlawry of War*, 1920; Legare Street Press, 2022.

（217） もちろん、格差を生み出すのはグローバル化だけではない。逆に関税の引き上げや人・サービスの移動の規制が一定の人々に不利益を与え新しい不平等をもたらすこともある。イノベーションが分断を生むという現象もある。また、生存のための欲求（besoin）が満たされないという問題や過剰な欲望（cupidité）への戒め同様に個人や集団の承認欲求（désir）が否定されていることの深刻さも視野に入れる必要がある。

して空虚な理念ではなく、われわれに課せられた課題である」(386/一二八)。しかし、彼がおそらく予想だにしなかったのは、彼自身がこうした崇高な理念の種をまいたドイツの地に、それを真っ向から否定するようなナチズムの思想が生まれ、ドイツ国民がそれを支持しそれに熱狂し、他国を侵略し、「劣った民族」を殺戮するという事態が生じうるということだった。それを目の当たりにした一人として、サルトルはカント道徳論の無力さを嘆いたのである。武器を持った侵略者が現実に目の前にいて、暴力的支配と死の危険にさらされている時、私はどうしたらよいのか。国と人々を守るため、ともかくもありあわせの手段で死を覚悟で戦うのか。それとも命を守ることを最優先に、ひとまず妥協するのか。サルトルの問いは具体的である。そして、彼自身は確固とした答えをもっていた。レジスタンスである。それは、沈黙による抵抗から、言論による抵抗、そして武力による自衛と反撃をも含みこむ広範な行動に対する支持だった。妥協、屈服は彼の選択肢にはなかった[218]。しかし、それは、一市民の内心の声による選択であり、その普遍的な規範的根拠は、彼自身の哲学にもカント哲学にも見出せなかったのである。

カントの恒久平和論は、たしかに今ここで戦うか否かではなく、平和の永続の可能性を探る考察である。国際連盟と国際連合の基本精神はこれと合致していても、始まってしまった戦争を止めることができない無力さに苛まれている。だが、だからと言って、理念そのものが無効化されたわけではない。カントはこの書の冒頭にいかにも自嘲をこめて「そうした甘い夢 süßer Traum を見ている哲学者たち」(343/一一)という言葉を記している。平和とは見果てぬ永遠の甘い夢なのか。では、サルトルには「甘い夢」はないのか。

サルトルは戦争の消滅を追求する政治に無限性への志向を見る。『道徳論ノート』の有限と無限に関する一連の断片的考察の中で、infinitiste という、造語ではないものの一般的でない語を用いて恒久的な不戦の実現可能性を論じている。通常の「infini 無限の」ではなく、「infinité 無限性」でもなく、「無限を目指す」とでも訳されよう。これらの断片に注意を向けてみよう。

無限性の政治、すなわち平和主義。戦争というものを消滅させる。平和主義の人類を創造し、世代の無限の連続から《戦争》というプロセスを取り除く。有限性の政治、それは近づいているこの戦争を妨げようと試み、後の世代に彼らが今度は彼らの戦争を妨げる責務を委ねることだ。（CM442-443）

〈道徳〉、すなわち無限を目指すもの——ご都合主義的現実主義、すなわち有限に甘んじるもの。問題、それは自由と解放を方針とすべき行動、破局的に終焉を迎える有限な歴史の中で自ら［…（脱落している）］たらんとする行動はいかなるものであるべきか、ということだ。（CM443）

二つめの断片には、おそらく脱落がある。「自ら…であることを望む se veut …」の「…」の部分には属詞（補語）が入るはずであり、文脈からしてそれはまさに infinitiste という語であろう。つまり、道徳とは、有限な人類の歴史の中にあっても自由と解放という目標に向かって無限に進んでいく行動だ、と言いたいのであろう。

これら二つの断片の間には、文の形を取らない寸言がある。「まやかし（仮想的なもののために現実を犠牲にする）としての、そして疎外としての普遍」（CM443）という言葉である。これは、普遍的理念と個々の具体的状況への現実的対応との間にジレンマがあることを認め、思い描いた理想をひたすら追求することの危うさを指摘するものと解せる。そこからは、かすかに諦念やシニスムの響きも聞こえてくる。ここから私たちは何を汲み取ることができるだろう。

「無限」は日常的に用いられる言葉であり、特に難解ではないが、哲学史的には異なる様々な意味を含みこんでいる。『存在と無』の緒論で「有限と無限の二元論」（EN13/13）が提示されていることも想起せねばならないが、これは現象と存在に関わる議論なので、関連性を追求するのは意味がない。ここでは問題は歴史にかかわる態度

（218）生方、前掲書、四五九〜四六〇頁。

である。それを考えるに際して、サルトルは「無限」の古代以来の意味を踏まえているのか。デカルト的、ないしパスカル的な意味をこめているのか。ヘーゲルまたはハイデガーが念頭にあるのか。

まず、ここでの無限は宇宙論的、物理学的、数学的ないしライプニッツ的な無限大、無限小とは特に関係がない。デカルトにおいて無限と有限は、神の存在論的証明に用いられ、有限な人間が無限の存在である神の概念を持ちうるのは、まさに神が存在するからだとされる[219]。パスカルにおいて、無限は彼を恐れさせる永遠の沈黙の空間のそれである[220]。両者において、無限は人間の属性ではなく、人間を超える何かである。ヘーゲルにおける無限は主に論理学上の概念だが、コジェーヴとは対照的にイポリットは『精神現象学』の末尾に精神の無限性と終わりなき歴史を見ていた[221]。実際、この精神の旅の最後の言葉はシラーの詩から借りた「無限性 Unendlichkeit」である。ただ、そこには特に倫理的な次元はない。ハイデガーは『真理の本質について』で「開け Offenheit」[222]、「開在性 Offenständigkeit」という概念を導入しており、それはギリシャ的「アペイロン ἄπειρον」[223]を踏襲している。エルカイムによれば、サルトルは一九四七年頃にこの本のフランス語訳を受け取り読んでおり、『真理と実存』にはその影響がある[224]。とは言え、ハイデガーが語るのは存在者に対して自由に開かれ真理を見出す人間のあり方でこそあれ、『道徳論ノート』におけるこの言葉のような歴史倫理的次元はやはり含まれていない。

では、ギリシャ的「アペイロン」はどうか。『道徳論ノート』では、これに似た言葉が使われている箇所がある。

「神の不在はもはや閉塞ではない。それは、無限の開け l'ouverture de l'infini である。神の不在は神より偉大で神より神々しい」。(CM40)

まず、この「神」とはキリスト教の神に限られない。より広義で超越的な立法者のことである。カントの「叡智界 intelligible Welt」における規範性とも言える。斜体字で強調された「神の不在 *l'absence de Dieu*」は、絶対的な倫理規範の不在と言い換えることができよう。サルトルが個人にとっての規範倫理の根拠が見出せないことについて思索を重ねてきたことはすでに繰り返し述べたが、歴史の暴力が問題となっているこの文脈では、「神」は共同体にとっての超越的立法者である。国家ないし共同体の内部においては、立法者が存在し、成員同士の対立は法の判断に委ねられる。成員同士が直接戦い合う代わりに、制度が規範に則って仲裁する。しかし、複数の国家や共同体の上にはそれらをくくる実質的な枠が存在せず、立法者も規範もない。作ったところで、それは必ずしも認められずシミュラークルとされる。国際機関は、現に有効な行動を多々起こしているが、根本的な弱さはそこにある。つまり、世界市民がみな認める世界政府はどこにもないのである。そして、どこにもない時には、無限の虚空を想定しなくてはならない。

古代ギリシャにおいては、無限の虚空「アペイロン」は、自然「ピュシス」の特性だった。キリスト教的な唯一神の住んでいない空である。プラトンは『ピレボス』において自然界の有限性と無限性という両極端を論じたのちに、人間の生き方にとって重要なのは「両者の混合」であるとソクラテスに語らせている[225]。これについてレオン・ロバンは、その混合はありとあらゆる実在に当てはまるが、唯一の例外が「善」であると注釈している[226]。

---

(219) デカルト『省察』AT, VII, 45/AT, IX, 36.
(220) パスカル『パンセ』B206/L201.
(221) *La phénoménologie de l'esprit*, traduction de Jean Hyppolite, tome II, note du traducteur, p. 312.
(222) Heidegger, *Vom Wesen der Wahrheit*, 1930 ; Vittorio Klostermann, 2015, S. 12.
(223) Heidegger, *De l'essence de la vérité*, traduit par Alphonse de Waelhens et Walter Biemel, 1943 ; in *Questions I et II*, coll. « Tel », Gallimard, 1990, p. 170-171.
(224) VE, II/二一二頁。有限性と無限性についての考察はこの書にもある(VE, 127-128/一四九～一五〇頁)。しかし、『道徳論ノート』にあった歴史的次元の考察は鳴りを潜めている。少なくとも明示されていない。
(225) プラトン『ピレボス』26b-d.
(226) Notes par Léon Robin, in Platon, *Œuvres complètes II*, p. 1515.

唯一絶対の最高神がいないプラトン哲学にとって、「善」は最高にして唯一の超越者である。「善は実在と同じではなく、格においても力においてもそれら実在の彼方に超越して（エペケイナ・テース・ウーシアース ἐπέκεινα τῆς οὐσίας）あるのだ[227]」。道徳だけは、中庸にとどまらず、無限の虚空の中に目指されるべきなのである。ロバンは『古代の道徳』でもこれを取り上げており、「道徳的理想は、プラトン哲学のあらゆる部分において、あらゆる瞬間において、支配的なモチーフだった[228]」と述べている。

高等師範学校以来、このギリシャ哲学の師がサルトルにとって大きな存在であったこと、第一部で示したように『存在と無』でも名指さず密かに依拠していたことを踏まえると、プラトン的善における無限性とサルトルの道徳的探究における無限性との符合は純粋な偶然とは考えにくい。善を実現するには、その虚空を刻一刻、絶えることなく探索しなくてはならない、という精神はサルトルの内に刻み込まれていたのではないだろうか。

（2）レヴィナスの無限とサルトルの無限

ところで、のちにエマニュエル・レヴィナスもまた同様に、歴史の暴力を前にして「無限」という概念を提示することになる。レヴィナスにとっての「無限」とは、私を超越する他者の価値である。彼もまた、戦争のない世界を希求していた。『全体性と無限』の序文は、本論の議論を先取りして、戦争が道徳を無効にしてしまう事実を指摘し、道徳を取り戻すには、戦争が強要する「全体性」の彼方に無限なるものを求めなければならないと訴えている[229]。「顔」に象徴される彼の融和的な他者論は、サルトルの相克の他者論と対照的である。レヴィナスがそれを直接批判している箇所は多くないものの、レヴィナスの他者論は『存在と無』の他者論を強く意識している。他者との出会いをサルトルのように「私の自由を脅かし（…）私の自由が衰弱するに等しい[230]」ものとして捉えるのではなく、私の自由を問い質し裁く「顔」と言葉として捉える。この他者の顔こそがレヴィナスにとっては「超越」であり「無限」である。そして、そこにこそ現実政治を超えた倫理的価値があると彼は主張する。

まさに、ナチズムの暴力を直に受け、近親者を失った哲学者の極めて真摯な思考があると言える。ひたすら憎悪を抱き続けるのが当然とも言える立場でありながら、それを超えて他なるものとの真の融和の可能性を見出すには、どれほどの深い思索が必要だったことだろう。ただ、このような徹底した愛他主義と対話への絶対的な信頼は、現実に起きている人と人、国と国の衝突を前に、本当に効力を発揮するのかという疑問は禁じ得ない。他者の「顔」があたかもキリストの公現のような「顕現 épiphanie」(231)ではなく、敵意をまとい罵りの言葉を伴って現れたとしても、私たちはそれを迎え入れるのだろうか。戦争においては、それは武力による支配の受容を意味し、そのもとではあらゆる犯罪が起こりうる。平時においてさえ、他者の「顔」の無条件の受容は、エゴイズムの完全な放棄や他者による「統制」の受容、自己否定を意味し、敗北主義につながりかねない。

このように「顔」に託して愛他的な人間関係の理想を語るレヴィナスとは対照的に、サルトルは抗争や欺き、抑圧、暴力に満ちた生々しい人間関係を直截に記述する。前述した通り、自由であることから生じる人間の利己主義を現実の姿として突きつける。厳しい目で互いを見、相手の視線を警戒し、互いが優位に立とうとし、相手の自由を奪い、欺き、力で抑える。そうした現実は常に至る所に見られる。『存在と無』がひたすらそれを記述しているのは、存在論の次元に徹しようとするとき人間たちのあるべき理想の姿を描くことや愛他的価値の選択へといざなうことはできないからである。だからこそ、サルトルは次に「存在」のレベルを超えて「当為」のレベルに立つ道徳論を書くことを予告した。しかし、やはり個人のレベルでも国家・共同体のレベルでも規範性の

(227) プラトン『国家』509B.
(228) Léon Robin, *La morale antique*, *op. cit.*, p. 43.
(229) Emmanuel Lévinas, *Totalité et Infini*, 1961(『全体性と無限』熊野純彦訳、岩波文庫上巻、二〇〇五年、一三～一七頁)。
(230) *Ibid.*, p. 338(下二六四頁)。
(231) *Ibid.*, p. 43(上八一頁)。

根拠を見出すことができず、目指すべき価値を提示してそこへと誘うことができなかったのである。この空虚、それがサルトルにおける「無限の開け」のもう一つの意味かもしれない。

(3)「甘い夢」から鍛錬へ

カントが恒久平和を「甘い夢」と自嘲したとするなら、すべてのウーシアの彼方に善を追い求めるプラトンもまた、甘い夢を見ていたのではないか。愛他的世界を語るレヴィナスも、そして超越的規範性なき無限の虚空に戦争のない世界を目指そうとするサルトルもまた、甘い夢を見ていたのだろうか。

レオン・ロバンはストア派の挙げた射手の例を解説してこう述べている。「彼〔＝弓を射る人〕の目的、それは的《まと》である。彼は偶然それを射当てるかもしれないし、偶然外すかもしれない。しかし、彼の成功が賞賛に値する成功だとするなら、それは彼が射手という自分の職業をよく知り、よく実践するという目標を自ら設定したからだ[232]」。

ここでロバンが「目的 but」と「目標 fin」を区別していることに注目しよう。それによれば、目的は目の前のこれこれの標的である。しかし、目標はこの標的に命中させることを超えて、自分の腕前を磨いていくことである。目的は有限で目標は無限だと言ってもよい。サルトルは、この戦争の危機を回避するといった目の前の目的に合わせた現実的な手段だけではなく、同時に暴力なき世界の実現という目標に向けて思索を重ね、言葉を紡ぎ続けた。その中で、「外的な出来事が人類を滅亡させることなどはどうでもよい」(CM463) とも言い放つ。たとえば巨大隕石の衝突や太陽の膨張といった宇宙物理学的な理由で地球が壊滅し人類は滅亡するかもしれない。だが、それは仕方がないと積極的に主張しているわけではない。そうではなく、より重要なのは内的な出来事であり、人類が消滅する危険を人間自身が冒すことの方がはるかに深刻だ、という意味である。いつ地球に降りかかるかもしれない未知の危険よりはるかに重大なこと、それは目の前の標的を命中させることに満足することであり、恒久平和をありえない夢として冷笑することである。逆に、今この時、無限の彼方にある目標へと一歩ずつ近づくことに賭けてみてはどうか。それは「甘い夢」を追うことではなく、腕を磨き、思考を磨き、言葉を磨く鍛錬を続けることだ。ロバンが語ったように自分の「職業」の中で「よき実践」を続けること、無限を見据えて、可能性の条件を四方八方に探りながら、一瞬一瞬、未来の目的への距離をわずかでも縮めていく歩みを決してやめないこと。それは無限へのアンガジュマンである。

万人が同時に非暴力・平和の方向を向くことは望めなくても、ひとりでも多くの人間がそれに近づくために今何ができるのか。先にも引用したが、サルトルは「私たちは道徳的改心を準備するという希望のもとで状況に働きかける」(CM55) とも述べている。では、具体的にどのような働きかけがありうるのか。それを探っていくには、軍備や抑止論の問題は避けて通れない。以下、サルトルが戦争の抑止というテーマ、核兵器、そして同時代の国際紛争に対してどのような発言をしているかを見ていきたい。

2. 戦争の抑止、合意形成の可能性

(1) 戦争の弁証法と抑止論

ここで改めて、戦中日記に綴られたある指摘に一瞥を与えてみたい。ジュール・ロマンを引き合いに出しながら、兵士サルトルは以下のように述べている。

「戦争の消滅を期待すべきなのは平和主義からではなく、戦争に固有の弁証法からである。戦争の本質が

(232) Léon Robin, *La morale antique*, *op. cit.*, p. 131.

具体的に実現されるのは、戦争というものが不可能になったときだろう[233]」。

「弁証法」という語は戦争と結びつく語としていかにも不相応な印象を与えるかもしれないが、特にヘーゲル的で抽象的な意味ではなく、内的な矛盾から導かれる結果に着目する論理と解しておこう。この直感的発言の根拠としては、技術革新の例が挙げられている。ツェッペリン飛行船などの空輸によって「封鎖」という古典的な戦術が通用しなくなったという実例である。二一世紀に進行中の技術革新とは比べ物にならないが、技術革新が戦争を抑止しうるという発想は共通している。「この場合には、戦争は古びたことになる[234]」。より正確には、この封鎖という戦略は古びたことになる、と言うべきだろう。

この見解を具体的に見るために歴史上の例を借りてみよう。ルイ一三世はラロシェルのユグノーの反乱の鎮圧のために食料や物資の供給網を断つ封鎖という方法を用いた[235]。だが、もしその頃飛行船があったなら、英はそれによってユグノーを支援しただろう。そのことが予測できた以上、ルイ一三世は封鎖と包囲という作戦は取らなかったかもしれない。これは確かにある一定の戦略に対する抑止の可能性となる。しかし、戦争そのものの抑止にはなるまい。逆に戦争の技術をより発展させる方向に導くかもしれない。

では、戦争の「本質」と戦争の「不可能」はどう結び付くのか。これは冷戦における「核抑止力」の考え方と同質性をもつ。つまり、いったん開戦した場合どちらも壊滅し、勝者はいないという予想が成立するほどの大規模で強力な兵器の脅威が存在するならば、開戦は抑止される。そのため、戦争が自己自身を不可能にするところまで軍事技術が進化することこそが戦争の論理の本質的な成功だと見なされるわけである。

サルトルが戦中日記に書きつけたこの議論は、第一次世界大戦を経験したジュール・ロマンの小説『ヴェルダン序章[236]』を下敷きにしているが、多分に粗く、専門的な知見に基づく考察からは程遠い。ただ、そこには確かに核抑止の論理に類似したものがある。核抑止論とはまさに不戦の誓約ではなく「戦争に固有の」論理によって攻撃の開始を不可能にするというロジックだからだ。核兵器が発明され、その配備が広範囲に及ぶことによって、戦争は人類と地球全体の破壊という回収不可能なコストを生じさせるため、論理的に不可能になる、という推論であり、これが実際に冷戦時代を超えて現在に至るまで、超大国間の開戦を阻止してきたと言われる。しかし、核抑止は核保有国間の開戦は防げても逆に保有国から非保有国への攻撃をより容易にする。戦争自体の抑止にはならず、非保有国の不安を増幅させる。

封鎖という戦術と核兵器とを合わせて歴史上の例を再び探すならば、冷戦初期におけるソビエト連邦のベルリン封鎖（一九四八年六月二〇日～一九四九年五月一一日）が考えられる。陸の孤島となったベルリンには空路が残されており、ツェッペリン飛行船はすでに過去のものとなっていたが、トルーマン大統領はダグラス社の輸送機による物資の補給を指示した。そのようにして時間を稼ぎ、その間に外交交渉を進めたことが解除につながったとされる。[237]当時は、その後に開発されたような迎撃システムはなかったものの、ソ連にとって空輸機の攻撃という選択肢はあった。しかし、A・フォンテーヌによれば、スターリンはそれを指示しなかった。[238]なぜならば、交渉の傍らで、トルーマンは原爆を搭載したB２９爆撃機を英に配置していたからである。[239]この頃、ソ連はまだ核兵器を持っていなかった。核はアメリカに独占されていた。広島・長崎の次に自国の領土が標的になることをソ連が恐れなかったはずはない。核抑止力はこの時すでに働いていたと言える。そして、ベルリン封鎖解除から

(233) CDG1938.11.26.
(234) *Ibid.*
(235) この例はサルトル自身が示しているものではないが、フランス史では英仏百年戦争時のオルレアンの包囲などとともによく知られている。
(236) Jules Romains, *Prélude à Verdun*, 1938.
(237) André Fontaine, *Histoire de la guerre froide*, I, Fayard, 1965, p. 422.
(238) *Ibid.*, p. 423.
(239) *Ibid.*

三か月後、ソ連は初めての核実験に成功し、アメリカに次ぐ核兵器保有国となる。「一九四九年、原子爆弾の独占の終りがソ連と合衆国との軍拡競争の将来をもたらした」[240]。

核兵器についての言及は『道徳論ノート』でも何箇所かに見られる[241]。まだソ連が核兵器開発に成功していなかった時代であり、核抑止力という考え方は政治の表舞台では言明されていなかった[242]。だが、サルトルは、ヨーロッパにおけるソ連の通常兵器の圧倒的な優位[243]以上にアメリカの核兵器を憂慮していた。「過去三〇年間で最も重要な事件はロシア革命ではなく原子爆弾だ」(CM87)とも述べられている。『奇妙な戦争』に見出される考え方、すなわち戦争の論理がそれ以外の論理からでは破綻しにくく自己自身の論理によって抑止の方法を見出す以外にないという考え方は、推論としては核抑止論と共通するものだ。しかし、サルトルは核抑止論に積極的に与しているわけではない[244]。問題はむしろ、戦争に固有の論理に従って、核抑止力に代わる抑止力を見出せるかどうかという点に存する。開戦した場合に想定されるコストとして地球まるごと一つではない別の何かを人類が見出せるか否かという点にある。だが、回復不能な決定的損害ではない損害に十分な抑止力を認めうるかという二律背反がそこにはある。

その後、この問いにはおそらく未だ誰からも広く世論に訴えかける答えが与えられていない。抑止論に関する研究は多々あるが、それらが端緒を開くことはできるのか。サルトルもまた冷戦の構造は告発しても、具体的に核抑止論を取り上げて、何らかの有効な反論を提出できたわけではなかった。核兵器の将来的な廃絶は要求しても、それに代わる抑止について、積極的な議論はしていない。異議申し立ての人であるサルトルは、やはり有効な解決策の探索と提言には意欲的でなかった。さらに言えば、国家権力や資本家などに対する弱者の抵抗と反逆には「対抗暴力」の弁証法を見ることができても、国家権力間の争いにそれを当てはめて論じたわけではない。とは言え、地球と地球上の全生命の危機を招く問題を政治家や軍事の専門家の議論のみに委ねず、専門外ならではの問題意識と疑問を呈することは大いに意義がある。

（2）ゲーム理論的合理性とアンチノモス的合理性

戦争に限らず、暴力を回避するためには対立する当事者間に合意形成が必要である。それはどのようになされうるのか。複数の人間のあいだで意思統一や行動の統一が自発的に生じることは例外的にはあろう。しかし、集団の規模が大きくまた構造が複雑になればなるほど、また集団の数が多く互いに異質であればあるほどその可能性は低くなる。ひとつの集団内でも、成員の自発性に任せず何らかの誘導をすれば、同調圧力が加わる可能性があり成員にとって恐怖が生じうる。まして、敵対する集団や共同体の間では、一致点を見出すことは極めて困難だ。『存在と無』における対立は、国際紛争の次元ではなく、あくまでも個人の意識間で展開されるのだが、その水準でさえ一致点が示されるケースはない。すでに前述したが確認し直すならば、各人の自由な主観と行動の独立性は変えられず、「他者の主観性の深淵」を前に私が「目まい」を覚えるといった事態が繰り返し描かれる（EN446/418）。「協力」や「母性的な愛、慈悲、善良さ」への言及もあるが、それは視線や性的加虐・自虐の例と異なり「歴史状況に左右される」ため、一般的なレベルで記述するのが困難だとされる（EN477/447）。「兵士たちの整然とした行進」や「律動的な共同作業」（EN497/465）も一致した行動のように見えるかもしれないが、その

（240） Dominique Mongin, *Histoire de la dissuasion nucléaire depuis la seconde guerre mondiale*, Editions Archipoche, 2021, p. 101.

（241） また『道徳論ノート』に続いて書かれたとされる『真理と実存』でも原爆を語っている。『真理と実存』の大きなテーマは、ハイデガーの『真理の本質について』に触発されて書いた新たな自由論の展開とも言えるが、背景に横たわっているのは冷戦の始まりであり、核戦争の恐怖である。様々な科学的「真理」の発見も「原子爆弾によって、今世界が破壊されるならば」（VE29/四一頁）、真理かどうか非決定のまま終わる。そのような警告が発されている。しかし、考察はそれ以上深められていない。

（242） Mongin, *op. cit.*, p. 86-87.

（243） *Ibid.*

（244） 後年のインタビューなどの中に中国やソ連の核保有に対する弁明は見出されるが、それをもってサルトルが核抑止論を積極的に支持していたとは言えない。

ような場合でも他の者たちが本当に同じ共通の目的を目指しているか私には知ることができないし、シンクロはいつ消えるとも分からない不安定なものだ（EN498/466）。つまり、複数の人間が同じ「主体としての私たち」を共有することは、個人の心理の中にしかありえない（EN497/466）。前にも述べたように幻想でしかないということである。『道徳論ノート』で示された合意形成の不可能は、サルトル存在論におけるこの「主体としての私たち」の不可能を踏襲している。

しかし、国際政治においては、まさにその時々の妥協ないし幻想としてであれ「私たち」による共同実践が求められる。国際紛争においていかに武力への依拠を避けるか。歴史学、外交史、国際政治学等の知見を十分に動員することなくそれを考えることはできない。キューバ危機の乗り越え、ＰＬＯの武装解除、カンボジア和平、ＩＭＦ全廃条約、ＥＵ統合等々、二〇世紀以降だけを概観しても、実際に経験された武力衝突の回避や一定期間の平和の持続はある。決して完璧な理想の実現ではないし後に別の問題が生じたり同じ問題が再燃するなどしてはいるが、ひとまずこれらの成功を可能にした条件が何だったのかを探ることはできるはずである。そして、それらの諸条件から、新しい危機に直面した時、適用可能なものを取り出し、整え直すという方法はある。そこにおいて哲学的考察は何らかの形で一翼を担えるのか。

紛争当事国が対話によって合意に達し武力衝突を避けるというシナリオについては、経済学者のトーマス・シェリングがゲーム理論を当てはめた例[245]がある。奇しくも『弁証法的理性批判』と同年に初版が出された著作においてである。同い年のこれら二冊の著書は、極端な対照をなす。サルトルの後期哲学のこの主著が賛同を得られず、その後サルトル哲学の評価が下がっていくのに対して、シェリングの著書は、米ソ冷戦時代の国際政治に多大な影響力を持った。「アメリカ政府において、政策決定に実際に関与する立場にあった」[246]彼は、そこで理論だけでなく実際的具体的ケースにおいていかに軍事衝突の発生を妨げるかという目的に貫かれた精緻な議論をしている。ゼロサムゲームと非ゼロサムゲーム、協力ゲームと非協力ゲーム等々の区別を行い、さらに具体的なケースを細かく分類して、その特性に合った実践的な「戦略」を考える。後戻りできない衝突の発生を避けるための一致点は「フォーカルポイント」[247]と呼ばれる。それをいかに見出すか、フォン・ノイマンに遡る数理的方法を世界情勢や日常生活における対立ないし不一致の諸場面に置き直して推論している。それは、道徳とは別次元にある。当事者同士に正義や道徳を期待するのではなく、各人が自分の利益を追求することを前提として、共通の利益をどこに見出しうるかを探っているのである。これは、核戦争の回避のための有効な道筋を示したものと解釈され評価されている。

実際、少なくとも冷戦時代において、米ソは「熱い」戦争の勃発を回避することができた。ただその理由の解釈はひとつではない。戦争は相互の核の脅威という抑止力の恩恵により回避できたと言われるが、逆に脅威と現実に生じた危機的状況にもかかわらず、他の方面の努力によって危うく回避できたとの意見もある。もちろん、シェリングのような研究とそれを受けてさらに推し進められた外交研究の成果が回避に貢献したことも無視できまい。また、背後には「戦争を拒否する」人々の悲痛な訴えもあった。ただその真摯さと裏腹の無力さを救ったのは、そのような心情的次元をいったん捨象し、道徳性に訴えることもせず、数理的に最適解を探る理論だったのかもしれない。

それに対して、サルトルが「拒否」の無力さを指摘しながら、戦争回避の有効な理論を提出できたかと言えば、それは否と言わざるを得ない。東西冷戦における開戦の回避への具体的現実的な貢献という点から見れば、サルトルはシェリングとは比較にならない。しかし、である。サルトルはシェリングが最初の段階で考慮の対象から排除したもの、すなわち対立の中にあって合理性を主張する非合理性という矛盾した要素を切り捨てていない。つまり、自分の利益を求める者は必ずしも最適な合理性に合致した要求をしない、ということを考慮に入れる必

---

(245) Thomas C. Shelling, *The strategy of conflict*, 1960 ; Oxford University Press, 1963（河野勝監訳『紛争の戦略——ゲーム理論のエッセンス』二〇〇八年、第一部第二章「交渉について」）。
(246) シェリング、前掲書、監訳者あとがき、三一四頁。
(247) *Ibid.*, p. 57.（六一頁）。

要があるとサルトルは考えているのである。非合理的と見えるものを別の形の合理性として概念化し直し、それに向き合うこと。『道徳論ノート』で素描され『弁証法的理性批判』で本格的に展開される「弁証法的理性」がまさにそれである。残念なことに、この呼び方は必ずしも適切とは言えない。カントとヘーゲルを同時に喚起する大仰な言葉で、そのために反感や反論を招いている。しかしこの理性とは、要するに外部からは非合理、歪んだ理屈と見えるが当人にとってはまさに合理性と見える主張のことである。普遍的な合理性に帰すことができない、言わば心情的合理性、ないし合理的心情である。「アンチノモス的合理性」と言っても良い。そして、それに正面から向き合わねば暴力的衝突は回避できないというのが、サルトルの根本的な確信である。国家間の紛争に関しても、二一世紀になってむしろ、合理性に還元されえない事例が増えている。単なる領土拡張、覇権主義では説明しきれない情念的な部分があり、それを切り捨てて冷静で実りある対話をすることはできない。また、抑圧され孤立した個人の反逆に対してはなおさら、合理性のみに絞って考えることは解決へと導かない。いかに部分的な情報に基づいた歪んだ認知と誤った推論から発生した暴力であれ、それを当人にとっての合理性からなされたものと理解して対応しない限り、真の解決にはつながらない。

先にホッブズ、カント、ヘーゲルが三者とも人間同士の抗争を異常ではなく自然な状態と見なしたことに触れたが、トーマス・シェリングは紛争に対する見方を三種類に分けている[248]。第一は、病的なものとする見方、第二は紛争を「ごく自然なもの」と捉え、当事者の合理性・非合理性、意識・無意識、動機・計算を考慮する見方、そして第三は紛争をやはり自然なものと捉えるが、当事者の合理的で意識的で計算された行動に焦点を当てる態度である。先に取り上げた紛争における戦略の理論、すなわち敵対する国同士が戦争を避けるための戦略は第三の態度に立脚している。敵対する相手が合理的に勝利を狙っている場合には、「フォーカルポイント」すなわち合意点を見出し軍事衝突を回避することは可能とする考え方である。

まさに、この合理的に勝利を目指す国家のような行動主体に当てはまらないのが、サルトルが取り上げる革命の群衆であり孤独な反逆者である。サルトルが彼らの中に見出す「弁証法的理性」は非合理性の混じった合理性でさえなく、彼らにとっては確固とした合理性であり、彼らが標的とする人々や外部の人々にとっては歪んだ合理性である。シェリングの第二の見方に近いかもしれないが、違うのは暴力行為の主体とそれを受ける側との間に合理性についての共通認識さえ成立しないという点であろう。言い換えれば、暴力的破壊の標的となる側が相手の認知の歪みや変革の手段の選択における誤謬をいかに指摘したところで、革命の群衆や孤独な反逆者はそれを認めない。自分を突き動かす大義の正しさは少しも変わらない。その決定的な亀裂を前に何ができるか、と考えた時、サルトルが見出したのが相手の「弁証法的理性」をいかに最適な選択から遠いと思っても受け止めること、これである。まっとうな合理性や正しい手段を説くのが無効で無意味なら、相手の心理に立ち入ってそこから見える不正の風景を彼らの怒りと共に見ようと努めること、正当化することなく認識すること、その同じ地点に立って、ではどうすれば良いのかと共に考えること、サルトルが訴えているのはこのことではないか。共感性ゆえに勢いあまる文章、その共感に理論装置を取り付けようとするゆえの重さ、アンフェタミンに頼ってペンが走るに任せた結果の冗長さのせいで、その訴えは届きにくく、逆に敬遠された。伝達可能性とアピール力を優先して書くならよりシャープで刺激的な現代の真の「逆君主論」が生まれたかもしれないが、実際にはその部分的な面影にとどまった。残念としか言えない。

(3) 国家の対抗暴力と民衆の対抗暴力

すでに見たように、サルトルは、アルジェリア独立戦争の際に植民者に向けられた被植民者の暴力を対抗暴力と呼んだ。抑圧された者がその抑圧を跳ね返そうとする行動を「否定の否定」と呼んだ。『弁証法的理性批判』では、実際に武装蜂起したフランス革命の群衆が共同実践の担い手として描かれている。ところが、サルトルは

(248) *Ibid*., p. 3（三頁）。

この「対抗暴力」を個人や個人の自発的な集合体には認めても、国家主導の力の行使には当てはめない。また、植民地として支配を受けた歴史や同胞が分断された歴史に深く根ざす民族の恨み、隣国から暴力を被ってきた国の反発、それを理由とする武力の行使の例を挙げて理解すべき対抗暴力として論じることもない。それはやはり「主体としての私たち」の不成立という論理に基づく。

国家など制度化された共同体は決してひとつの亀裂なき行為主体にはならない。第二章2（4）で既述したように、サルトルにとって複数の個人がいかに集団行動を取ろうとも、「主体としての私たち」は永続的には成立しない。デモクラシーにおける決定の主体としての「われわれ」は代表者の選挙、代表者による議会での採決、国民投票といった手続きをとおして形成される「われわれ」である。「国民」や「有権者たち」といった形象をまとい実効力を備えた大きな主体である。しかし、これはサルトル存在論からすると虚構に過ぎない。主権者たちは一枚岩ではない。反対も無関心も含みこむ不統一の集合体からフィクションの主体をこしらえたに過ぎない。第一章第2（7）でも見たように、戦争直後、世界の模範だったはずのアメリカのデモクラシーに対しても、サルトルは容赦ない批判を加えていた（CM94）。

では、独裁政権ないし強権政治において「主体としてのわれわれ」はどこにいるのか。自己防衛の大義を掲げて隣国に侵攻する国は「主体としてのわれわれ」と言えるのか。むしろ、そこにいるのは騙される個人たちと反対を叫ぶ個人たち、国外脱出する個人たち、沈黙し従う個人たちではないのか。もし権力者が掲げる「思想」をわがものとして主張し、武力行使の行動をわが行動と見なし「国」を「主体としてのわれわれ」と見て同化する者が実際に多いとしたら、そこには深刻なイデオロギー支配、巧妙なマインドコントロールないし自己欺瞞や思考停止を疑わねばなるまい。

他方、革命の群衆はどうか。デモや抗議行動に繰り出す市民たち、平和な行進から逸脱し暴言や暴力行為へと走る参加者、さらにはその機を利用して商店などを襲撃する暴徒はどうか。『弁証法的理性批判』はバスチーユへと向かうパリの第三身分の群衆の中に、「主体としてのわれわれ」が成立する瞬間を描く。溶融集団の発生である（CRD452-474）。この集団は、個人対集団という二項関係ではなく、個人と皆、そして個人と皆を仲介する個人、という三項関係から成り立つ（CRD476）。特定の指導者が率いるわけではなく、各人が互いに規制し合う溶融集団、そこにサルトルは内発的な行動集団形成の典型を見る（CRD478）。それは永続しないにしても存在し、その「われわれ」は、構成された全体であり法と規範によって運営される組織や制度における「われわれ」、すなわち「全体化された全体の場としての実践的共同主観性」（CRD659-660）と明確に区別される。

溶融集団の「主体としてのわれわれ」は、敵がわれわれを脅かしているがゆえに、それに抵抗して結束を図る。共通の目標を目指す誓約によってより堅固な主体に転じるのである。「この発明〔誓約〕は外的状況の否定であり、その否定が外敵状況を逆に浮き彫りにして見せる」（CRD519）。敵対勢力がわれわれを対象として構成し標的としているがゆえにわれわれは、それに刃向かう自分たちを主体として構成する。フランス革命における球戯場の誓いは、第三身分の代表者たちが一堂に会し、憲法制定が実現するまで決して譲歩しないことを誓ったもので、主体としてのわれわれの結束の行為である。『弁証法的理性批判』の誓約集団に関する部分のひとつのモデルになっているのが、まさにこの第三身分の代表者たちの誓いである。「〔われわれは〕誓おう Jurons !」という発話的行為は、議事堂の鍵を閉めた王党派への怒りから、その彼らの敵対行為に屈して自分たちの団結が崩壊し無力化しないためになされたものである。この集団の内部では、異論を唱える可能性はあるが、「ごく形式的」であり、「各自の自由が皆の安全を保障し、この安全が各自の他なる自由として各自へと戻り、各自の集団への自由な実践的所属を乗り越えがたい要求として基礎づける」（CRD527）。

革命期の画家ダヴィッドは、一七八九年七月二〇日にヴェルサイユで起きたこの誓約集団の成立の瞬間を生き生きと描いてみせた。[249]『弁証法的理性批判』の誓約集団は、おそらくこの有名な絵画を念頭に置いて記述されて

（249）Jacques-Loius David, *Le serment du jeu de paume*, 1791-, Musée Carnavalet（ジャック＝ルイ・ダヴィッド『球戯場の誓い』、油絵、一七九一年以降制作、パリ市歴史博物館ミュゼ・カルナヴァレ所蔵）。

いると思われる。演台の上に乗って、王党派への徹底抗戦を誓うシャルル・バイイと彼に向けて腕を差し伸べ、共に誓う第三身分の代表者たち。しかし、画面右手前には異議を表明して両腕を胸の上で固く組む者がいる。南仏カステランヌの代議士マルタン・ドーシュである。その彼の右手首を引っ張り宣誓のしぐさを強要しようとする者、そして彼をそっとたしなめる者も描きこまれている。これはまさにデモクラシーの縮図だ。このような相違を含みこみ、排除することなく成立しているのが、デモクラシーである。異論をも含みこみながら、それを暴力で抑圧することを避け、ひとつの方向性を打ち出し共有する共同実践がそこにはある。非全体化のほつれを含みこみながらもある方向へとまとまっていく。すなわち全体化される集団がある。

だが、このデモクラシーの原型は恐怖政治によって崩れ去る。議会で優勢となった急進派ジャコバンの首領ロベスピエールは反対派を排除し粛清していく。誓約集団の成立において異論の摘発や強制的排除は抑えられていたが、その自己制御機能が失われ、異論を唱える者は裏切者とされて暴力を被る。敵を倒す暴力をより効果的にするために仲間に向けられる暴力。それは、自己制御できるか否かにかかわらずデモクラシーの中に常に潜む契機である。

このことをサルトルはどう分析するか。ヘーゲルにおいては、恐怖政治は啓蒙と革命によって見出された一般意志が普遍的な法として結実したようでいて、ひとりの独裁者へと集約され、個人意識が廃棄されて生じたものとして記述される。[250] それに対して、サルトルは自由そのものの中に暴力の契機を見る。「恐怖 Terreur とは、共通の自由がもたらす暴力である」(CRD529)。「この暴力は自由である。(…)権力の奪取による〔個々人の〕暴力の没収は、暴力がまず共同行為における自由相互間の何らかの現実的で実践的な絆でなかったとしたら可知的にならない」(CRD529-530)。すなわち、個人の暴力が君主なり独裁者なり何らかの権力者に譲渡されるという事態は、まずそれ以前に、個人同士の間に自由でかつ暴力をはらんだ関係があったからこそだという考え方である。これは、ホッブズからルソー、そしてヘーゲルへとつながるノモスの思想への皮肉な寸評とも言える。「自然状態」という言葉はサルトルは使っていないが、言わんとするのは暴力の譲渡以前の状態において人間同士を結び付けていたのは自由と暴力とが表裏一体となった絆であり、そこにデモクラシーの契機もあれば、テロルの危険も潜んでいるということだ。暴力を権力者に付託することによって自由が保障されるわけではなく、逆に暴力は自由と共に生まれ、自由と共にある。各人は暴力を君主に譲ったようでいて、実はしっかりとわが手に爆弾を握っている。それをいつ誰にどのような形で投げつけるのか、投げつけないのか、それは各人の自由に委ねられている。

（4）領土とその主人

古今、国際紛争の多くは領土の所有権に起因する。領土権を正当化するものは何なのか。国境線の現状に対する変更の要求が武力行使へと発展する危険をいかに防ぐことができるか。この切実な問いに対して、サルトルに答えの端緒を見出すことはできるだろうか。

『道徳論ノート』には次のような着目がある。「権利は、常に現状 status quo をもとに主張され、それを変更しないことを約束する」（CM150）。現行法の支配の正当性である。しかし、現状に不満を持つ者はどう考えるか。「この状況を変えたい被抑圧者は、暴力を用いて所有権を否定し、法を拒否することになるだろう」（CM150）。すなわち、現行法に基づく既得権の主張が強ければ強いほど、不満を持つ者はその法を斥け、力による変更を試みようとする。確固たるノモスを盾に取る側があれば、それを暴力によって破壊しようとする者が現れる。このことは、歴史上繰り返されてきたし、今も世界各地の紛争に当てはまる。

サルトルが支援してきた植民地独立闘争は、主権の現状を力によって変更する試みとも言える。そして、今も世界各地で起きている、ないし勃発が懸念されている戦争は、領土とその主権をめぐって、ノモスに依拠し現状を維持しようとする側とそのノモスを否定し力によって変更しようとする側との対立という側面を持つ。また、

（250）ヘーゲル『精神現象学』*op. cit.*, S. 416-418.

暴力によって作られた現状を維持しようとする側と法によって以前の状態を回復しようとする側の対立というケースもある。果たして、双方が受け入れ可能な基準、つまり領土権およびそこに住む者の主権を規定するノモスは存在しえないのか。サルトルの考察は、一見したところこのような建設的な方向には進んでいない。不当に権利を主張する強者の側を告発するものの、解決に向けて具体案を提示しているわけではない。

そこで、この第三部プロローグ2でも予告したように、この問題に対して政治哲学の領域から出された積極的な提案を取り上げ、サルトルの考察と比較検討してみたい。その提案とはマーガレット・ムーアの『領土の政治理論』[251]である。同書は、ロールズの方法論に則り、領土をめぐる国際紛争という問題に具体的な解決の指標を提示した意欲的な緻密な研究書である。まず根本原理を提示し、続いて特定の文脈でそれに反する結果がもたらされた場合に原理やそれをもとにした判断に修正を加えるという柔軟な方法が採用されている。[252]それによると、領土権を持つに相応しい集団的主体は必ずしも国家ではない。そうではなく「民 people」である。[253]「民」は主体としての「われわれ」である。この点が、主体としての「われわれ」の持続的成立を少なくとも『存在と無』において認めないサルトルと対照的なのだが、ムーアは「集団の〝存在〟についての不確実な形而上学的命題にこだわることなく共同的行為主体というものを説明する」[254]と宣言する。つまり、集団というものの「存在」を特に哲学的に議論しなくても特定の意図やプロジェクトに従って行動する共同主体を便宜的に想定することで十分だとの見解であろう。そして、以下のように三つの条件を満たす集団として「民」を定義する。分かりやすくまとめるならば、第一に共通のアイデンティティを有し共通の政治プロジェクトに関わる意志を持ちその目的を目指して行動を起こせること、第二に自決を可能にする政治制度を確立し維持する能力があること、第三に政治的に協働してきた歴史があり、それに根ざした連帯意識を持っていること、この三点である。[255]ムーアはこの定義をさらに細かく補足し、さらに予想される反論にもあらかじめ答えた上で、具体的なケースについて判断を述べる。それらの中で昨今の情勢からして非常に関心を引くのがウクライナに関する考え方である。この書が発表されたのは二〇一五年なので、二〇二二年に始まったウクライナ戦争は想定さえされず、考察は二〇一四年のロシアによるクリミア併合を中心になされている。自ら提出した理論をもとに議論しているのだが、複数の「民衆」が異なる政治プロジェクトを掲げるこの地域が誰に属する領土であり誰が主権を持つかについて、「クリミア半島の未来はクリミアに住む民衆に委ねるべきだ[256]」との原則を述べつつも、非常に複雑な事情があることを記述するのみで、結局は何も実質的な判断を示せていない。理論の実際的な適用がいかに困難であるかを自ら示していることになる。また、この理論では領土権は論じられてもそれと密接に関連する領海権、領空権を論じることができない。海洋資源や物資輸送などに関わる領海権の主張には、しばしば住民不在の島などが関連しているが、こうした問題は埒外に置かれている。

とは言え、具体的適用可能性の限界を理由に理論構築の試みを否定するのは不当であろう。むしろ、その限界に突き当たってさらに理論を磨くことにこそロールズの手法の開かれた可能性がある。その試みは専門領域の研究者たちによって進められているはずである。本書ではそこまで踏み込むことは叶わないが、サルトルと比較して以下二点の見解を述べたい。

まず、「民」といった集合体を想定する場合、それはサルトル的にはひとつの「全体性」として捉えられるが、全体性はまさに一瞬一瞬、変貌していく。その不安定性、不定形性と恒常的な変貌をサルトルは「非全体化」という抽象的な用語で示しているが、その指摘をムーアが「形而上学的命題」を度外視して認めるべきだとする

(251) Margaret Moore, *A Political Theory of Territory*, Oxford University Press, 2015(白川俊介訳『領土の政治理論』、法政大学出版局、二〇二〇年)。
(252) *Ibid*. p. 11(一四頁)。
(253) *Ibid*. p. 45-47(六四～六六頁)。
(254) *Ibid*. p. 46(六七頁)。
(255) *Ibid*. p. 50(七〇頁)。
(256) *Ibid*. p. 230(三二〇頁)。

「民」概念と比較するなら何が言えるか。サルトルの場合は自治も独立も紛争の解決も実現しない、ないし永続しないというシニカルな結論だろうか。筆者の解釈では、そうではなく、仮に「民」という全体性が実現したとしても決して最終的な解決はもたらされないということだ。住民たちがひとつの民と見なされ、その領土権と主権が認められた場合にも、その内部には亀裂、離反、対立が生じないわけではない。それを封じ込めるなら幸福な結末と思えたものは全体主義へと転化してしまう。サルトルが複数の人間の永続的な一体性を安易に認めない背景には、このような警戒感が見て取れる。『道徳論ノート』はそれを「人間の全体性を実現する目的の国は、ひとりの人間が他のすべての人間にとって、そして他のすべての人間が彼にとって目的となるがゆえに、実際には全体主義を実現するのだ」(CM178) という皮肉な言葉で言い表している。『三銃士』によって広まり多くの子どもたちに愛されているアレクサンドル・デュマのあの名言、「ひとりは皆のために、皆はひとりのために」という名言[257]に水を差すような指摘ではあるが、実は連帯と友愛で結ばれた同じ仲間たちの理想の共同体というものは、強制的に画一化された集団にもなりうるのである。各人の要求が異なる場合の調整において、明らかに論理的に矛盾する見解や要求を友愛で包み込み、連帯の名において誰かしらに何かしらの同調や思考停止を強いるという解決法が取られる。その場合、集団的主体性は維持されるかもしれないが、個人の自由は美しい装いのもとに抑圧される。指導者以外の者は「自己疎外によってしか団結できない」(CM178)。

どれほど小規模の集団であれ、強大な国家であれ、この同じ構造は存在しうる。だから理想の集団を追い求めるより、理想の集団とされるものの内部にいかなる危険が潜むかを直視せよ、そのようにサルトルは警告しているのではないか。さらには、いかなる集団に属すにせよ、個人の自由は各人が疎外、まやかし、剝奪、自己放棄等々の罠から守らなければならない。確かに、自由はサルトルの存在論からすると各人が勝ち取るものではなく、逆に否が応でも負わされたものである。しかし、意識の自由は自己欺瞞による以外に放棄できないとしても、身体的自由、行動の自由、人生の選択における自由は奪われうる。いかなる「正義の戦争」においても、自分が属する「民」の共同体と「領土」のために銃を取ることが強制されてはならない。もし、各自の純粋な反省的意識において銃を取ることに納得できないなら、皆のために戦うことが君自身のためになるのだ、といった言葉に騙されてはならない。

とは言え、これが二点目だが、現実の歴史において、ヨーロッパでもヨーロッパによって植民地化された地域でも「民族 nation」が領土と主権を備えたひとつの「民族国家ないし国民国家 Nation State, Etat-Nation」を形成することが多くの人々の悲願であったことを忘れてはならない。そのために幾多の戦争があり、今もあるということ、そしてヨーロッパはこの目標を達成して初めてEUという新たな共同体を形成しより多くのメリットを手にすることができたのだということは無視できない。ムーアの理論はそのモデルに基づいており、いまだその悲願をかなえていない人々にとってノモスの支えとなり希望となる。クルド人、サハラウィ、カナカ人、ロヒンギャの人々、またロシアや中国などの少数民族の未来にとっても暴力に訴えることのない選択肢を提供する理論的基盤となる。それは哲学本来の分野からは与えられない恩恵であり、政治哲学ないし国際関係論が理論をさらに精緻化し、実現可能な道筋を示すことは大いに意義がある。これらの実証的知見と非経験科学としての哲学は決して相容れないものではない。むしろ、互いを意識しつつ相補的に何を建設して行けるか探っていくことが望ましいと思われる。

（5）イスラエルとパレスチナ

最後に、領土とその支配権をめぐって今も争われているパレスチナ問題にサルトルがどう関わったかを取り上げたい。彼のアンガジュマンの中でも、終戦直後から晩年まで長年にわたって相当なエネルギーを傾けたにもかかわらず何の進展の契機も提供できず、逆に多くの厳しい批判を受け、最も不首尾に終わったケースのひとつで

（257） Alexandre Dumas Père, *Les Trois mousquetaires*, 1844-1847, chapitre 9.

ある。あえてそれに注目することで見えてくるものもあるだろう。

第一章でも『道徳論ノート』と同時期の政治活動の一環として簡単に触れたが、サルトルは、一九四六年一二月に「自由パレスチナを求めるフランス人連盟 Ligue Française Pour la Palestine Libre」というユダヤ人国家建設を支持するシオニスト右派の団体が設立されると同時にこれに賛同して加入し、翌年創刊された機関誌『ラ・リポスト *La Riposte*』に支援の文章やアピールを寄せている。(258) この頃すでに、イスラエル建国の機運は高まっており、それに乗った形だった。同年、彼は『ユダヤ人問題の考察』を発表しており、「ユダヤ人とは、他人がユダヤ人と見なす人のことだ(259)」として差別の根底にある欺瞞を指摘し、不当性を鮮やかに暴露して見せた。しかし、この論考では、ユダヤ人国家の建設には懐疑的な見方を示し、実現したならフランス国内にとどまることを望むユダヤ人にまで移住の圧力がかかる危険があると警告している。(260) 連盟への賛同はその立場を踏み越えたものだった。ブシャールは、このシオニスト右派団体は、シオニズム内部の対立にあまり関心のないフランス人知識人に広く呼びかけて賛同を得ることに成功したのだと指摘する。サルトルもボーヴォワールやメルロ＝ポンティらと同様、ユダヤ人国家建設を目指す多様な考え方の中でもともと少数派だった硬派の「パレスチナ全体を覆うユダヤ国家」という構想に心ならずも勢いを与えてしまったとブシャールは述べている。(261) ショア記念館の特別展資料もまた、フランスの著名な知識人たちの賛同に対して批判的な見方を載せている。彼らの賛同を見て政権もシオニズム右派に好意的な態度を示し、「パレスチナへの非合法の移民にときとして共犯者となり、フランスで武器を購入して持参することを許容(262)」したという。

第二次世界大戦中のホロコーストの実態が明らかになったのは終戦後だったが、ヨーロッパの心ある人々はナチス・ドイツに責任を帰すだけでなく、このようなとてつもない犯罪を阻止できなかった自分たちに自責の念を抱いていた。その頃、一九世紀のシオニズム運動に発し、バルフォア宣言を経て広がっていたユダヤ人国家建設構想はすでに実現に向けて下準備されていた。しかし、フランスの知識人らはおそらく、その経緯や内情だけでなく、アラブ側の事情にも疎かったと思われる。現在でさえ、パレスチナの土地を耕していたアラブ人農民の状況についての情報は同時代のユダヤ人の状況についての情報と比較にならないほど少ない。しかし、信頼に値する記述が全くないわけではない。パレスチナ出身の研究者アブダル＝ワハッブ・カヤリ(263)によれば、二〇世紀初頭、オスマントルコ支配下のパレスチナでは、ユダヤ人が土地の購入を始めていた。不在地主らは、アラブ人の小作人に貸していた土地をユダヤ人に売っていた。アラブ人住人には自作農もいたが、オスマントルコは、借金を返済できない農家の土地を没収し競売にかけた。こうして、一九〇八年にはすでに二八のアラブの村がユダヤ人の

---

(258) « Manifeste », *La Riposte*, n° 1, 31 mars1947, p. 8. Mathieu Bouchard « Les intellectuels et la question palestinienne 1945-1948 », in *Confluences Méditerranée*, 2010/1 no 72, p. 19-27. Les intellectuels et la question palestinienne (1945-1948) | Cairn.info : https://shs.cairn.info/revue-confluences-mediterranee-2010-1-page-19?lang = fr#re5no16（二〇二四年八月二九日最終閲覧）。『ラ・リポスト』誌の記事自体は筆者は現時点で未確認である。

　パリのショア記念館 Mémorial de la Shoah が二〇〇八年に実施した特別展の資料にも、この団体は「サルトルなど多くの知識人の賛同を得ることに成功した」と記されている。Les départs clandestins de France en Palestine— Exposition Alyah Beth— Mémorial de la Shoah (memorialdelashoah.org) https://www.memorialdelashoah.org/upload/minisites/alyah/exposition/les-departs-clandestins-de-france-vers-la-palestine.htm（二〇二四年八月二九日最終閲覧）。

(259) *Réflexions sur la question juive*, Paul Morihien, 1946 ; Gallimard, 1954 ; Coll. « Idées », 1961, p. 83（安堂信也訳『ユダヤ人』、岩波新書、一九五六年、八二頁）。

(260) *Ibid.*, p. 170-171（一七三〜一七四頁）。

(261) Bouchard, *op. cit.*, p. 21-22.

(262) ショア記念館特別展 memorialdelashoah.org, *op .cit.*

(263) Abdul-Wahab Kayyali, *Histoire de la Palestine 1896-1940*, L'Harmattan, 1985, p. 21. 豊富な資料を用いて出典もこと細かに指示した学術的な著作である。原書はアラビア語で、アラブ諸国では定評のある研究書とされている。著者のカヤリは、『レ・タン・モデルヌ』誌のイスラエル・アラブ紛争特集号（注290参照）にも寄稿している。一九七〇年にロンドン大学で政治学博士号を取得したのち、アラブ諸国向けの出版社を立ち上げるなどして活動していたが、一九八一年にベイルートで暗殺された。同名の存命中の研究者もいるが、別人である。

所有になっていたという。現地及び周辺諸国の新聞はこの状況に警鐘を鳴らし、危機意識を抱いたアラブの同胞はオスマントルコ政府にユダヤ人への土地の売却制限を求めた。政府は制限措置は取ったが適用は緩く効力がなかったため、アラブ人らは流入するユダヤ人らの合法性を検査する組織を結成し公的許可も得て活動した。[264]しかし、移民の数は増えるばかりで、その状況下、法的闘争だけでなく実力闘争もすべきとの呼びかけがなされたという。[265]そうして、特に学生たちの間に「手にしうるあらゆる手段を用いてシオニズムに抵抗する」という動きが広まっていった。[266]このように、アラブ側にはイスラエル建国の四〇年以上前から警戒と抵抗が現れており、決して受動的な態度ではなかった。紛争の発生の危険は確かにあったのである。

他方、オスマントルコの滅亡後、中東の委任統治を担ったイギリスの態度についてはよく知られている。有名なバルフォア宣言以外でも、イギリスはユダヤ人に国家建設を約束し、同時にスエズ運河の権益確保という目的を背景に、アラブ人にも独立を約束した。そのいわゆる二枚舌外交はまもなく矛盾を露呈し、双方の武力衝突が頻繁に発生、イギリスも反乱やテロの標的となる。第二次世界大戦とホロコーストを経てユダヤ人国家建設の機運が高まる中、アラブ側の攻撃の激化を恐れたイギリスは手を引いて国連に主導権を委ねることになる。[267]一九四七年一一月二九日、国連総会はアラブ人国家とユダヤ人国家の二つを建設するパレスチナ分割案を提示しアラブ諸国など一三カ国の反対とイギリス、中国、中南米諸国など一〇か国の棄権にもかかわらず、三三か国の賛成多数でこれを採択した。[268]当時のサルトルはこうした事情について、片側からの情報しか入手していなかったと思われる。

『道徳論ノート』(CM176, 178) には、「パレスチナ解放」についての考察がある。英の委任統治からの解放とユダヤ人国家建設を求めていたユダヤ人武装組織レヒを取り上げ、そのテロを「(暴力に対する) 暴力」[269]として正当化できないと述べている。理由は、それが「人間の解放」を目指すのではなく「パレスチナの解放と中東の中立化」という「ごく限られた企て」を目指すに過ぎない、ということである。[270]この一節の解釈は、一九四七年のいつの時点で書かれたかによってかなり異なってくる。五月以前に書かれたとするなら、重点は英の支配に対するレヒの戦いに置かれているはずだが、それ以降であり、最新情勢を踏まえていたとすれば、英支配が終了したのちのパレスチナをどうするかという視点が入っていると考えられる。

レヒは第二次世界大戦中から英に対する武力闘争を行っていたが、この年の二月と五月にも大規模なテロ攻撃で英に死者がでている。他方、英はこの年の二月に委任統治から手を引きこの地の今後を国連に委ねることを表明している。これを受けて、五月一日、国連総会はＵＮＳＣＯＰ（国連パレスチナ特別委員会）の設置を決定し、同一三日、初回会合が開かれてパレスチナ分割統治の検討が開始された[271]。冷戦初期の状況下で、ソ連の出方に対して西側の不信感も高まっていた。『ル・モンド』紙は「モスクワが事態をエスカレートさせるいつものやり方でアラブ人を自分の側に引き付けようと試みないと誰が断言できるだろう[272]」と懸念を表明している。『道徳論

（264） *Ibid.*, p. 24-27.

（265） *Ibid.*, p. 29.

（266） *Ibid.*, p. 34-35.

（267） Jean-Baptiste Duroselle, *Histoire diplomatique de 1919 à nos jours*, Dalloz, 1990, p. 518-520.

（268） 国連パレスチナ問題情報システム（ＵＮＩＳＰＡＬ）の資料による。ST/DPI/SER.A/47 of 20 April 1949 (archive.org), C. Action by the General Assembly : https://web.archive.org/web/20110103014616/http:/unispal.un.org/UNISPAL.NSF/0/2248AF9A92B498718525694B007239C6（二〇二四年一〇月五日最終閲覧）。

（269） « contre-violence » というのちに使われるキーワードは使っていないが、それと同じ意味を持つ « la violence (contre la violence) » という表現を用いている。

（270） それでは、全人類の解放を目指すテロなら正当化されるのか、という疑問が生じるが、サルトルはここで積極的にそう主張しているわけではない。そうではなく、このテロ組織の大義がもっぱらユダヤ人の利益のみに限られ、人類全体とは言わないまでも少なくとも中東地域全体とそこ住むすべての人々の利益を視野に入れていないことを非難しているのである。

（271） Palestine question/Constituting SpCttee on Palestine (UNSCOP) — First Cttee report— Question of Palestine : https://www.un.org/unispal/document/auto-insert-178889/（二〇二四年一一月四日最終閲覧）。

（272） *Le Monde* du 12 mai 1947. Mandat et souveraineté britanniques en Palestine (lemonde.fr) https://www.lemonde.fr/archives/article/1947/05/12/mandat-et-souverainete-britanniques-en-palestine_1889099_1819218.html（二〇二四年一一月四日最終閲覧）。

ノート』のこの部分は、おそらくこの時期にこの状況を踏まえて書かれたと思われる。「英から解放されたパレスチナは、英の同意のもとでロシアの支配下に落ちるかもしれない」(CM176)とも書きつけているのはそのひとつの表れだろう。それでもレヒは英軍へのテロを続けていたが、明らかに流れは変わっていた[273]。パレスチナ人国家の建設も視野に入ってきたが、ともかくもレヒが目指していたのはユダヤ人国家の建設であり、この地に住むアラブ人の退去も要求していた。翌年四月には、アラブ人の村、デイルヤシンの虐殺に加担し、子どもを含め百人を超える人々が亡くなっている。レヒが要求する「パレスチナの解放」と国連が視野に入れた「パレスチナの解放」はまったく意味が異なる。サルトルはそれも踏まえて、レヒを非難していたと考えられる。「パレスチナの解放はパレスチナ人(そして他の民族)の自由に対して提供されるひとつの機会に過ぎない」と述べているが、ここでサルトルは前者ではなく後者の意味で「パレスチナの解放」を捉えていると解釈すべきだろう。「もうひとつのより完全な解放」という言葉もあるが、これはアラブ人側の解放を指すと思われる。その上で、アラブ人国家の実現に対しては非常に悲観的な見方を示し、「一世紀、千年以上かかるかもしれない」とまで述べている。どこにその悲観の理由があるのかは示していないが、コジェーヴが解釈した限りでのヘーゲルによる歴史の終焉やカント的な目的の王国の抽象性を疑問視し「具体的な目標」として「パレスチナ解放–中東の中立化–第三勢力」を挙げている(CM178)点は留意しておくべきだろう。その上で、実現のためには「主観性の内的変化」ではなく「世界経済の様相を変え(…)機械やモノや人に働きかけ、要するに労働することによって」乗り越えなければならないとの考えを表明している(CM178)。サルトルが悲観的展望の傍らで現実主義的でプラグマティックな一面をのぞかせている箇所である。とは言え、アラブ人側について十分な情報を得た上で考察していたかというと、それはかなり疑問である。

他方、彼はこの年、一九四七年七月には、エグゾダス号事件[274]に際しても立場を表明している。イスラエル誕生に先立って、ホロコーストから生き残ったヨーロッパのユダヤ人たちは非合法的にパレスチナへの移住、アリヤーベット Alyah Bet を進めていた。しかしそこにもまた新たな苦難が待ち構えていた。一一日、定員を超える四五〇〇人余りを乗せたこの蒸気船エグゾダス号は、南フランスのセート港からパレスチナへと向かう。彼らは偽装のためコロンビア行のビザを発給されていたが、仏内務省はこれに目をつむったという。事態を知った英当局は海軍の駆逐艦を派遣し、移民とアラブ人との衝突を避けるため船を攻撃、三名が亡くなり多くの者が負傷した。船はハイファに接岸し、移民たちの一部はキプロス島に移送されたが、大多数は監獄船に移されてフランス方面へと引き返した[275]。その航行中の七月二五日、サルトルも会員となっていた連盟はフランス政府に「人道的措置」を求めている[276]。サルトル自身も、救済を求める署名運動に名を連ねた[277]。二九日、船がマルセイユ近郊の港に戻ると、このような世論に押されたフランス政府は彼らを政治亡命者として受け入れることを表明したが、一部の者以外は納得せず、三週間以上、船内にとどまった。船内は食料も飲用水も生活用水も足りず、不衛生で悲惨な状態だった。結局、彼らは英によってドイツのハンブルク港まで移送され強制的に降ろされ、英が分割統治する地域の難民キャンプに入れられることになる[278]。「約束の地」を目の前にして、彼らは再び悪夢の地に戻されたのである。

(273) *Le Monde* du 1er Juillet 1947. Sanglant week-end (lemonde.fr) https://www.lemonde.fr/archives/article/1947/07/01/sanglant-week-end_1891468_1819218.html（二〇二四年一一月四日最終閲覧）。

(274) 以下、エクソダス号事件については、前掲のショア記念館特別展ウェブサイト、『ル・モンド』紙電子アーカイブ等を参照した。

(275) *Le Monde* du 22 juillet 1947. Les immigrants de l'"Exodus" seraient ramenés en France (lemonde.fr) https://www.lemonde.fr/archives/article/1947/07/22/les-immigrants-de-l-exodus-seraient-ramenes-en-france_1891868_1819218.html（二〇二四年一一月四日最終閲覧）。

(276) *Le Monde* du 26 juillet 1947. Démarche de la "Ligue française pour la Palestine libre" (lemonde.fr) https://www.lemonde.fr/archives/article/1947/07/26/demarche-de-la-ligue-francaise-pour-la-palestine-libre_1892356_1819218.html（二〇二四年一一月四日最終閲覧）。

(277) « Chronologie » par Michel Contat et Michel Rybalka, in *Œuvres romanesques, op. cit.*, LXV.

(278) *Le Monde* du 10 septembre 1947. LE DÉBARQUEMENT DES ÉMIGRANTS DE L'"EXODUS" se poursuit à Hambourg (lemonde.fr) https://www.lemonde.fr/archives/article/1947/09/10/le-debarquement-des-emigrants-de-l-exodus-se-poursuit-a-hambourg_1898045_1819218.html（二〇二四年一一月四日最終閲覧）。

この事件は、世論をさらにユダヤ人国家建設支持へと動かした。そうして翌一九四八年五月一四日、イスラエルが独立を宣言する。サルトルも改めてこれを支持する立場を表明している。[279] しかし、翌日にはアラブ諸国が軍事進攻、第一次中東戦争が勃発した。このとき、七〇万人余りのアラブ人居住者がパレスチナからの退去を余儀なくされ難民となる大惨事、ナクバ Nakba が起きた。[280] こうして始まった紛争が二一世紀の今も解決するどころか深刻化して続いていることは周知のとおりである。

今から振り返ると拙速としか言いようのない新国家建設をなぜサルトルは支持したのだろう。中東における欧米の国益の維持と覇権の確保という狙いに絡めとられてしまったのだろうか。キリスト教福音派の教義上の必要性という側面を知らなかったのか。いや、イスラエル建国を支えたのはそのような計算やイデオロギーばかりではない。もちろん、ヨーロッパの権力者とユダヤの富豪の「陰謀」でもない。当時のヨーロッパの心ある者たちはホロコーストに衝撃を受け、そこから辛うじて生還した人々に救いの手を差し伸べようとしていた。ヤスパースの言う「形而上の罪[281]」の意識がそこには確かにあった。そのため、アラブの人々の強い反発を押し切ってこの悲劇の民に祖国を与えたかったのだ。その善意が、ヨーロッパの外にユダヤ人問題の解決を求めるというご都合主義と図らずも合致してしまった。そのご都合主義が新たな形の植民地主義になるという懸念を抱かなかった。そもそもシオニズム運動がなぜ近代になって生じたかについても認識が浅く、シオニストにも多くの潮流があり慎重で限定的な構想もあったにもかかわらず、それらを比較検討して立場を取るところまで行かなかった。

他方、誤情報の発信によるナクバの隠蔽は二〇世紀最大のフェイクのひとつである。アリヤーベットとナクバは対称性のある二つの民族移動だが、一方は映画化なども含めて広く詳細に語られ、もう一方は事実無根の情報によって隠されてきた。残念ながら、サルトルもそれを見破ることはできなかった。[282] 当時、SNSはもちろん存在しなかったが、アラブの農民たちとユダヤ人とでは、情報収集力・発信力の違いは甚大だった。政財界・マスコミ・教育界に対する影響力の違いも明らかだった。それが取りも直さず欧米向けの情報の偏りを生んでいた。ディアスポラ、特にアメリカに移住したユダヤ人の子どもたちにも「約束の地」は誰も住んでいない土地だったと教えられ、犠牲になった人々がいることは知らされなかったという[283]。

人工的に国家を建設するといった壮大な試みは、本来ならば、何十年もかけコストを惜しまず、段階的に一進一退を重ねていく必要があっただろう。国際社会が協力し、外交努力だけでなく人文・社会科学の知や科学技術を結集し綿密な計画を立てて当事者双方の同意と協力を確実に固めながら進めるべきだったろう。その間、ヨーロッパ諸国はユダヤ人を新たな争いの地へと送り出すのではなく、国内に彼らの安全な居場所を確保すべきではなかったか。いや、確かにそうした保護の試みはあった。フランスもエグゾダス号事件ではわずかとは言えそれを申し出た。だが、断固としてヨーロッパを去りたい人々、「約束の地」を夢見る人々を引き止めることはでき

（279）« Chronologie » par Michel Contat et Michel Rybalka, in *Œuvres romanesques, op. cit.*, LXVI.

（280）国連の一九四九年の年報では八〇万人という数字が挙げられている。Yearbook of the United Nations 1948-49 (excerpts)——Question of Palestine : https://www.un.org/unispal/document/auto-insert-200016/（二〇二四年一〇月一日最終閲覧）。
イスラエルの「新しい歴史家たち」をかつて代表していたベニー・モリスは、国連、イスラエル統計局、英外務省の数字を比較精査し、六〇万人から七六万人と結論付けている。Benny Morris, *The Birth of the Palestinien Refugee problem, 1947-1949*, Cambridge University Press, 1988, p. 297-298.

（281）第二部注112参照。

（282）一九六七年、『レ・タン・モデルヌ』誌のアラブ・イスラエル紛争特集号（注290参照）の冒頭に寄せた文章でもサルトルは「アラブ人が一九四八年の紛争の責任者である」（注291参照）として、イスラエル建国構想自体とその手続きには問題を見ていない。のちに同誌でヴィダル＝ナケは、アラブ人居住者の立ち退きがイスラエル側の論客が主張するような自主避難ではなかったとも指摘している（Pierre Vidal-Naquet « Relecture d'un numéro special : Le conflit israéro-arabe », in *Les Temps Modernes*, 50 ans, p. 185. 石田靖夫訳「特集号〈イスラエル・アラブ紛争〉を読み返して」、『レ・タン・モデルヌ』誌五〇周年記念号所収、二〇一頁）。だが、特集号の編集においてもその他の場においてもサルトル自身がアラブ人難民の発生について事実確認を行い批判的見解を述べた形跡は見出せない。

（283）Erin Axelman, Sam Eilertsen, *Israelism*, 2023（ドキュメンタリー映画）。About | Israelism (israelismfilm.com) : https://www.israelism-film.com（二〇二四年一〇月六日最終閲覧）。

なかったのである。このイスラエル建国という事件は、宗教から切り離し、政治力学や地政学のみで説明することができない。「グレート・ゲーム」は、中央アジアに限らず、常に文明の時間的な厚み、集団的に共有され受け継がれる表象やトラウマ、そして個人各々の心情に切り離しがたく結びついている。だからこそ、紛争からの脱却の道を見出すには、古い神話を包み込んで乗り越え、さらに輝く新しい共存の物語を作る必要があるのではないか。

一九四九年にユダヤ系の雑誌に寄せた短い文章の中で、サルトルは「私はユダヤ人問題の最終的な解決が国境なき人類という枠の中に見出されることを常に願ってきたし今も願っている。しかし、いかなる社会的進化も民族の独立という段階を避けることはできない(…)」[284]と述べている。多民族共存、世界統一といった「枠」を喚起しつつ、「社会的進化」がその段階に達していないという考え方を示しているのである。この言葉は、妙に冷めた現実主義のようにも響くが、逆に、どれほど遠く困難であろうと真の解決は多民族が共存する共同体の実現だという信念の表明であるとも解釈しうる。

しかし、そのような夢の実現を支援する余裕は、荒廃したヨーロッパにはなかったのだろう。一九四七年のフランスは、食料や物資が不足し、ストが頻発していた。インドシナ戦争も起きていた。サルトルもこの時期、執筆活動や講演旅行に目まぐるしく動いていた。西欧を代表する知識人となったが、イスラエルとパレスチナについては、ある程度情報は入手し考察はしていたものの欧米の多数派の意見に乗ることしかできず、深刻な紛争の危険を警告することはなかった。決してユダヤ人の側しか見ていなかったわけではなく、「もうひとつの解放」であるパレスチナ人の独立国家建設や東西冷戦に巻き込まれない中東地域全体の安定をも視野に入れていたが、その実現に向けて何らかの実質的な働きかけをすることはできなかったのである。

その後、一九五六年の第二次中東戦争では、サルトルはアラブの側に立ち、エジプトのスエズ運河国有化を支持する。アルジェリア戦争での独立派支持とも相まって、アラブ世界にサルトルの著作が翻訳紹介され、名声が響き渡ったのはこの頃だ[285]。しかし、その一〇年後、アラブ世界におけるサルトルへの信頼は失墜することになる。

一九六七年、第三次中東戦争の三か月前にサルトルはエジプトとイスラエルを訪問し、双方と対話した。難民キャンプも訪れ、パレスチナ人の置かれた状況を告発し帰還の権利を主張するとともにイスラエルの生存権も擁護した。最も妥当な位置を見出したとも言えるが、これは紛争の当事者にとっては煮え切らない態度と解釈され、失望を招いた。コーエン゠ソラルはこの中東訪問について比較的詳しく述べ[286]、「当時二つの陣営間では緊張が高まっておりバランスを取るのは困難だったが、サルトルはそれでも、カイロとエルサレム双方で一種の失望の均衡を保つという離れ業を演じることに成功した[287]」との評価を与えている。しかし、アラブ側の見方はこれとは全く異なっていた。失望は非常に大きかった。アラブ世界におけるサルトル受容を精査したディ・カプアは、この旅行についても詳述し、「一九六七年のはじめ、ジャン゠ポール・サルトルはアラブの英雄だった。その年の終りには裏切者になった」と述べている[288]。『ル・モンド』紙は、シリア政府の発行する日刊紙が「サルトルはシオニズムを援護し、帝国主義陣営に連なった」と非難したことを伝えている[289]。一九六七年六月五日、イスラエル軍が周辺のアラブ諸国に先制攻撃を仕掛けて戦争が勃発、六日間の戦闘でアラブ陣営は大敗を喫して領土を失い、パレスチナ人居住地の多くがイスラエルの占領下に置かれた。サルトルは、イスラエルの攻撃開始前に準備され

(284) Sartre « Naissance d'Israël », *Hillel*, deuxième série, n° 7, juin 1949, p. 6. Repris in Michel Contat et Michel Rybalka, *Les Ecrits de Sartre*, 1970, p. 212.

(285) Reda Merida « Jean-Paul Sartre et la Palestine », in *Middle East Eye* édition française, le 25 avril 2020. Jean-Paul Sartre et la Palestine | Middle East Eye édition française : https://www.middleeasteye.net/fr/decryptages/jean-paul-sartre-palestine-israel-sionisme-guerre-six-jours-monde-arabe（二〇二四年一一月四日最終閲覧）。

(286) Cohen-Solal, *op. cit.*, p. 527-533（八四三～八五三頁）。

(287) *Ibid.*, p. 533（八五三頁）。

(288) Yoav Di-Capua, *No Exit. Arab Existentialism, Jean-Paul Sartre & Decolonization*, The University of Chicago Press, 2018, p. 197-228.

(289) *Le Monde* du 4 avril 1967. JEAN-PAUL SARTRE EST CRITIQUÉ À DAMAS (lemonde.fr) https://www.lemonde.fr/archives/article/1967/04/04/jean-paul-sartre-est-critique-a-damas_2625656_1819218.html（二〇二四年一一月四日最終閲覧）。

ちょうどこのタイミングで刊行された『レ・タン・モデルヌ』[290]誌特集号の序文『真理のために』で建国直後の紛争の発生をアラブ側の責任に帰していた。[291]また、「左翼知識人五人がアラブ諸国の政治を激しく非難」と題する『ル・モンド』紙の記事でサルトルがイスラエル支持の署名をしたことが伝えられると、アラブ世界には激しい怒りが沸き起こった。「フランス人哲学者とアラブ人との決裂は決定的となった」[292]。

その後、一九六九年二月のインタビューでは、サルトルはドゴールによるイスラエルへの武器供与停止を非難し[293]、同年一〇月のインタビュー[294]でも、石油の供給路であるアカバ湾のエジプトによる封鎖はイスラエルの生存に関わる重大な事態でありイスラエルは戦うしかなかった、と擁護を繰り返した。[295]そして、その傍らで「シオニズムは死んだ」[296]とも述べている。その理由として「反ユダヤ主義の危機は目下存在せず、予見可能な将来にも存在しないだろう」[297]との楽観的な見方を示しているが、あえてそうしたのは「シオニズム」という言葉が格好の攻撃対象になるがゆえにその使用をやめて、実質のみを保持していこうとの意図があったからではないか。これはイスラエル側にとっては反ユダヤ主義の危険を軽視することであり、アラブ側にとってはシオニズムの危険が常に存在していることを覆い隠すものである。双方にとって欺瞞的に映る論理と言わざるを得ない。シオニズムについては、『レ・タン・モデルヌ』誌特集号で、イスラエル人とアラブ人双方の寄稿者からその誕生と変遷を踏まえて目下のシオニズムをどうするかという議論がなされていた。熱心な擁護から断固とした糾弾まで、すれ違いばかりで嚙み合わない議論ではあるが、紛争の根底にある問題として浮き彫りになっている。それにもかかわらず、そのわずか二年後にこの問題自体を過小評価しようとするサルトルの姿勢は、対立する双方からの信頼を失わせるものでしかない。

第四次中東戦争開戦直後には、サルトルは『リベラシオン』紙から立場を明確に示してほしいと要望されたとして時評欄に文章を寄せている。[298]要約するならば、以下のようになる。すなわち、イスラエルという「民族＝国家 nation」には歴史的・伝統的価値がある。今世紀初頭以来、その再建を目指してなされてきた努力は素晴らしい。二千年以上前にユダヤ人が追放されて以来、誰も豊かにしなかった土地に彼らが戻るのは正当である。暴力によるイスラエル民族＝国家の破壊は許しがたい。しかし、イスラエルにも重大な責任がある。第三次中東戦争で支配下に置いた占領地をいつどのような条件で返還するのかを示さなければ、アラブ人に怒りが生まれるのは当然であるし、それは暴力的な対立につながる。そもそも、問題の根は、アラブ人が自分たちのものだと主張する土地に世界中からユダヤ人がやってきて我が物顔で住み着いてしまったことである。難民となったパレスチナ人の権利を自分たちの権利と両立させなければイスラエル民族＝国家は生存していけない。だからといって、戦争を起こしても何の解決にもならならず、中東が社会主義へと歩んでいくのを妨げてブルジョワジーがそこから利益を引き出すだけである。平和を永続させるには、大国を介さず当事者同士で交渉し、国境を原状復帰させるべきである。以上のようにサルトルは表明している。

双方の言い分を認め、直接の交渉による解決を求める点では中立的で穏健と言えるが、そこにある幾多の難点は否定しがたい。まず、一方ではユダヤ国家建設のための運動、すなわちシオニズムを讃え、もう一方ではシオ

(290) *Le conflit israélo-arabe*, « Dossier » in *Les Temps Modernes*, N° 253BIS, 1967（伊東守男、中谷和男、加藤行立他訳『アラブとイスラエル』、サイマル出版会、一九六八年／新版一九七一年）。
(291) *Ibid.*, Sartre « Pour la vérité », p. 8（一三頁／四頁）。
(292) Reda Merida, *op. cit.* メリダは『ル・モンド』紙の記事の日付を書いていないが、一九六七年六月二日付の記事と思われる。
(293) « Interview », Déclaration recueillie par Claudine Chonez, in *Le Fait public*, n° 3, février 1969 : *Situations, VIII*, 1972, p. 336-337（広田昌義訳「インタヴュー」、『シチュアシオンⅧ』所収、二四六頁）。
(294) « Israël, la gauche et les arabes », in *L'Arche*, n° 152, 25 octobre 1969 ; *Situations, VIII*, 1972, p. 347-370（広田昌義訳「イスラエル、左翼、アラブ諸国」、『シチュアシオンⅧ』所収、二五四〜二七一頁）。
(295) *Ibid.*, p. 360（二六三頁）。
(296) *Ibid.*, p. 368（二六九頁）。
(297) *Ibid.*
(298) « La chronique de J.P. Sartre "Cette guerre ne peut que contrarier l'évolution du Moyen Orient vers le socialisme" », in *Libération* du 29 juillet 1973.

ニズムを否定するアラブ人の領土的主張も認めている。真っ向から対立するこれらをどう両立させるのか。次に、パレスチナの地がこれまで誰によっても豊かにされなかったがゆえにユダヤ人が来ることが正当化されたという議論は、シオニズムの主張そのものであり、批判的検証がなされないままに受け売りされている(299)。また、国境の原状回復を支持しているが、アラブ諸国間にも「原状」の認識の一致があったわけではない。それぞれの国が自国領土の奪還を最優先していた。サルトルはそれも考慮に入れず第三次中東戦争以前の国境を考えているようだが、そもそもアラブ側にはイスラエル建国時に国連が引いた国境分割線を認めない立場もある。こうした極度の認識の落差にもかかわらず、当事者同士で話し合いなさい、というのは非現実的である。さらに、そこに具体的な根拠なく階級闘争を持ち込んでいるのは、論点のずらしと思われる。当時、イスラエルの左翼にパレスチナ人との共存を求める声が高かったのは事実だとしても、社会主義経済の実現と二国共存の実現は必ずしも一致するものではなく、逆に資本主義経済の続行とパレスチナ人の追放が一致しているわけでもない。

一九七八年、サルトルは再びイスラエルを訪問して占領地のパレスチナ人とも対話し、翌年三月にはミシェル・フーコーの自宅でパレスチナ人のエドワード・サイード、毛沢東派のピエール・ヴィクトールらとともに座談会をもつ。しかし、サイードの証言によれば、サルトルの発言は「平板でしかなく、少しも気持ちのこもっていない決まり文句ばかりで陰鬱な印象を与えた(300)」という。彼はすでに失明し、病気に蝕まれ、死期が迫っていたのだった。

「パレスチナはサルトルの知的・政治的な歩みの中に棘のように刺さったまま残った」と『ミドル・イースト・アイ』の記事の紹介文はいみじくも指摘している(301)。その棘は、実は彼の対抗暴力の理論に突き刺さる棘でもある。『弁証法的理性批判』の柱をなす理論装置がこの問題にはどうにも有効に働かない。稀少性も反実践も非全体化も、パレスチナ問題に一体どう当てはまるのだろう。当てはめようとすれば、問題の特殊性は消えて、一般的で抽象的な図式に還元されるのではないか。さらには、矛盾を露呈するのではないか。それを察知してか、実際サルトルはパレスチナ問題を語るとき、これらの概念を持ち出そうとしなかった。わずかに「中東の現代史の発展には弁証法的必然性がある」[302]と述べたのみで、それ以降、その弁証法が詳細に展開された形跡は見出せない。フランス革命、アルジェリアの独立、アメリカの介入からのベトナムの勝利、これらには確かに対抗暴力の弁証法が作用しているかもしれない。否定の否定が働いて、多大な犠牲は払っても抑圧者を倒し、辛うじてポジティヴな結論に至ったと言える。しかし、イスラエルとパレスチナの間には、この論理は通用しない。なぜなら、この問題において対抗暴力は無限遡行の罠に陥るからだ。植民地支配や侵略、独裁、強権支配といった問題では加害者が明確であり、その犠牲者による抵抗としての一方向の対抗暴力が作用しうる。しかし、この紛争においては双方が自分たちこそ犠牲者であると考えている。ユダヤ人にとって対抗暴力の対象となる相手は、遠い過去からナチス・ドイツへと続く数千年の歴史の中にいる。目の前のアラブ人ではないはずだ。他方、難民となったアラブ人たちにとって対抗暴力の対象は、今、目の前に立ちはだかる壁の向うの人々である。自分たちを追放し、土地を奪い、豊かに暮らすユダヤ人たちである。だから、彼らに抵抗の暴力を向ける。だが、その暴力はユダヤ人にとっては、数千年の苦難の延長上でまたしても自分たちを迫害する悪に他ならない。だから彼らの対抗暴力はそのアラブ人に向けられる。いかにそれが客観的に不当であろうと、自分たちが「否定されている」という意

(299) イスラエル建国以前のパレスチナはほとんど無人であり耕されていなかった、という主張については、前掲『レ・タン・モデルヌ』誌のアラブ・イスラエル紛争特集号でマクシム・ロダンソンが特にロベール・ミスライの論文を取り上げて批判を加えていた。Maxime Rodinson « Israël, fait colonial ? », in *Le conflit israélo-arabe*, *op. cit.*, p. 21-23（「歴史的にみたイスラエル」、二一～二三頁／一三～一五頁）。サルトルはこの特集号の総責任者であり、双方の言い分に場を与えると同時に、ロダンソンのようなアラブ寄りでありながら公正さに配慮した論考も掲載している。目は通しているはずだが、必ずしもサルトル自身の議論に有効に取り入れられているとは限らない。この一文はその端的な例だろう。

(300) Cohen-Solal, *op. cit.*, p. 651（一〇三九頁）。

(301) *Middle East Eye* édition française, le 25 avril 2020, *op. cit.*

(302) Sartre « Pour la vérité », in *Le conflit israélo-arabe*, *op. cit.*, p. 9（一四頁／五頁）。

識をもった人々がその否定をはね返すために暴力に訴えることを妨げることはできない。かくして、被害者は加害者となり、また被害者を作り出す。過去に遡って説明する対抗暴力の弁証法は、未来に向けては無限の負の連鎖しか作らない。そして、この状況では、「弁証法的理性」は否定の否定の否定……という無限の反転を説明する役割を演じても、それを断ち切る可能性を閉ざす。断ち切るためには逆に、イスラエル国家のアラブ人に対する暴力がいかに対抗暴力のように見えようともそうではなく、戦争犯罪であることを確証する必要がある。また、アラブ人に限らず反イスラエルの立場の者がイスラエルの一般市民を攻撃対象とするならば、それはいかに正義の怒りに燃えた行為であろうともやはり犯罪である、との認識を曲げてはならない。それにはやはりノモスの力が必要だ。しかし、そこに再びアンチノモスが現れる。万人が同意し順守し、違反に対する制裁を承認することが法のノモスとしての有効性の条件だが、違反を指摘された側はその法の適用を拒否しうる。(303) 解釈による拒否の場合もあれば、その法自体の無効性を主張する場合もある。いかなる理屈をつけようとも、それはアンチノモスに他ならず、それがノモスを斥ける。

また、この問題では、「稀少性」も量的不足の概念と連動する限り、有効性を持ちえない。パレスチナの土地はひとつしかないが、それを稀少性と呼び、稀少性ゆえの闘争と見なしたところで、可知的に理解したことにはなるまい。増産によって解決しうる食糧不足とは異なり、また新たな開墾による居住地の拡大とも異なり、パレスチナは量的な稀少性の問題ではなく、代えがたい唯一無二の絶対的存在の問題なのである。祖国をめぐる多くの紛争にそのような稀少性概念を超えた代替不可能性があるが、二千年を超えて文字として伝えられ信仰に裏打ちされた代替不可能性はとりわけ際立っている。神が約束してくれた土地と神とは直接関係なく数百年にわたって住み耕してきた愛着のある土地。どちらも自分のものであり、それを奪う者は許せない。富がいかに他の場所に溢れていようとも、自分はこの地にいたい。他人には譲らない。彼らの共存は、どのような法則を当てはめても解けない方程式のように誰が挑んでもより一層錯綜してしまう。どう働きかけてもゼロサムゲームから抜け出せない。和平のために妥協を受け入れた者はサダト大統領やラビン首相のように裏切り者として暗殺される。

では、マーガレット・ムーアの領土理論は現実的な解決の道を示してくれるだろうか。ムーアは、パレスチナ問題に関するいくつかの先行研究を批判的に検討した上で、以下のように主張している。「〔国際法に照らして非合法的な〕入植が発生した場合、それを明確に断罪し、入植者集団の土地占領に対して常時、無効性を突きつける強固な国際規範・規則・制度的慣行を早急に確立する必要がある」[304]。まさにその通りだ。実際、国連は繰り返しイスラエルの入植を非難する決議を発表している。「戦争犯罪」として告発している[305]。しかし、強制力も制裁方法も国連は持たない。他方で、ムーアは一九四八年のパレスチナ分割を国際連合が認めた正当な方法だと見なし[306]、イスラエル建国を「制度的承認を事前に受けていない集団がうまく国家として成立した」ケースの「模範例」だとしている[307]。だが、国連のパレスチナ分割決議案は、総会に出席した五六か国のうち二三か国の反対票と棄権にもかかわらず採択されたものだ[308]。賛成票は六割にも満たなかった。そして、この案の適用後、反対したアラブ諸国からさらなる深刻な反発を招き、恒常的な戦争状態により七〇年以上にわたって無数の生命を奪い続けている。これが模範なのだろうか。真の解決への道がいかに遠く、いかに多くの犠牲者を今後も生むかを考えざるを得ない。

---

(303) イスラエル・パレスチナ紛争においては、一九四八年の国連決議による分割線をそもそも認めず、多数決による法の横暴と捉える立場もあれば、その分割線を超えて第三次中東戦争で獲得した領土の境界線を武力による勝利の正当な報酬として認めるべきとの立場もある。両者の開きはあまりに大きく、歩み寄りの目途は立たない。

(304) Moore, *op. cit.*, p. 151（二二三頁）。

(305) *Le Monde* du 9 mars 2024 ; modifié le 16 août 2024. L'ONU considère que les colonies israéliennes relèvent du crime de guerre (lemonde.fr) https://www.lemonde.fr/international/article/2024/03/09/l-onu-considere-que-les-colonies-israeliennes-relevent-du-crime-de-guerre_6221002_3210.html（二〇二四年一〇月六日最終閲覧）。

(306) Moore, *op. cit.*, p.161（二三六頁）。

(307) *Ibid.*, p.106（一五〇頁）。

(308) 注268参照。

イスラエル・アラブ紛争は階級闘争ではない。東西冷戦に利用されたかもしれないが、資本主義と共産主義ないし社会主義の対立でもない。その要素があるとしても、外付けであって内在的な本質的な対立軸ではない。また、単なる民族紛争でも領土争いでもない。遠い風景画のように眺めるなら、それは神話と農耕、超越と土着、エクリチュールとエレメントの戦いと映るかもしれないし、歴史を振り返るなら追放と帰還、排除と共生、破滅と再生の際限ない繰り返しのドラマにも見える。しかし、この問題はいかなる二項対立でも単独の軸では捉えきれない。必要なのはユダヤ人とイスラエル人との区別だけではない。他人が「ユダヤ人」と見なすサルトル的ユダヤ人と内的なアイデンティティをもつユダヤ人、ユダヤ教の信者と非信者、正統派ユダヤ教徒と新しい信仰を模索する者、原理主義者とリベラルな信者、シオニストと非シオニスト、シオニストの強硬派と穏健派、これらの区別が必要だ。しかし、境界線は絶えず動き、全方向に交差し衝突し合っている。その縺れをほぐすことが可能だとするなら、そして新しい共存のタペストリーを織っていく可能性がわずかでもあるとするなら、それは、政治・経済・法律の基盤整備だけでなく、人類学、宗教学、文学、哲学、心理学、芸術といった多領域の知見の協働なしにはあり得ないだろう。

今、残念でならないのは、パレスチナが暴力による抵抗を見せるたびに、親パレスチナのイスラエル人が減っていくことだ。二〇二三年一〇月七日のハマスによる攻撃以降、パレスチナに同情的だったイスラエル人までもがヘイトへと傾くようになった。「悪の形象化」という現象さえ回帰しているように思われる。メディアで伝えられる範囲でも、かつてナチス・ドイツがユダヤ人に悪を負わせ迫害したように、今パレスチナ人に悪の形象化を当てはめる発言が見受けられる。自分たちが標的となったジェノサイドを二度と誰に対しても起こしてはならないと考えたイスラエル人は、どこに行ったのか。かつて解決への希望の光を灯していた「新しい歴史家」たちの中にも、ベニー・モリスのように離反していった者がいる。他方、イラン・パペは今も健在のようである。「この闘争の望ましい終わり方は、すべての住民を包括するひとつの民主国家の創設の中にある」(309)と彼は書いている。この言葉は、七〇年近く遡って、サルトルのあの言葉と共鳴する。「私はユダヤ人問題の最終的な解決が国境なき人類という枠の中に見出されることを常に願ってきたし今も願っている」[310]。二国家共存の考え方を超えて、多民族共存のひとつの国家を作るという遥かな希望、そしてパレスチナだけでなく地球上のあらゆる民族対立と国境紛争を解決する「国境なき人類」という希望、サルトルはそれを密かに育んでいた。だが、それを目指して無限の歩みを進めることをあきらめない者は、今どれほどいるだろうか。逆説的にも「ワン・ワールド」や「グローバル化」が招く民族主義、自国優先主義の先に本当の世界の一体化を信じることはできるのだろうか。

サルトルの政治的アンガジュマンの多くは、自ら事実関係を調査し、考え、態度を決めたものではない。彼に協力や支援を求めて接近してくる人々に合わせて受け入れたものである。したがって、事実誤認や一方のみの言い分への加担も少なくない。しかし、ともかくもサルトルは、虐げられた人々の力になりたいとの思いに駆り立てられていた。様々な署名運動への協力、裁判での証言、プロジェクトへの活動資金提供、雑誌・新聞の名目的な創立者や編集長の引き受けなどは枚挙にいとまがない。異議を申し立てる者や弱者からの呼びかけには快く応じたのである。彼の鷹揚さ、「ジェネロジテ」は遺憾なく発揮された。しかし、時としてそれは裏目に出る。ある人々への鷹揚な態度が他の人々を失望させ傷つけることもある。それでも彼は、鷹揚に振舞い続けた。だから葬儀の列に集まった数万の市民たちは彼の「家族」だった。しかし、その陰には彼を憎む者も少なからずいた。

(309) Ilan Pappé, *Ten myths about Israel*, Verso, 2017, p. 148(脇浜義明訳『イスラエルに関する十の神話』、法政大学出版局、二〇一八年、二八一頁)。

(310) Sartre « Naissance d'Israël », *op. cit.* ここでサルトルは「国境なき人類」という言葉を用いている。彼がこのようなユートピア的表現を使うのは珍しい。だが、表には示さずとも、常に深くそのような願いはあったのかもしれない。そして、あたかも照れ隠しのように「全体化」、「全体性」という語を異なる複数の意味と混在させて多用したのではないかとさえ思われる。

彼のアンガジュマンは、敵も作った。それは時として「論敵 adversaire」に過ぎなかったが、時として「仇敵 ennemi」になった。今、私たちにアンガジュマンが可能だとしたら、それはいかに仇敵を論敵に、そして対話の相手に、さらに大切な隣人に変えるかということにも大きくかかっている。

エピローグ

1. 専門的知見と哲学的言語

いかにして戦争のない世界を作るかという大きな問い、いかにして人間は暴力と決別できるのかという重い問い、サルトルはそれをめぐって模索を続けた。だが、完璧な解決策を授けてくれたわけではない。暴力なき世界の可能性という切実な問いは開かれたままである。

サルトルの政治的アンガジュマンの欠点を語ろうとするなら何の苦労もあるまい。繰り返し述べたが、他領域の専門的知見との協働は十分でなかった。国家間の紛争を暴力なしに解決することは、外交・安全保障という広大な専門領域の厳密で技術的で実践的な知に基づいてこそ可能になる。暴力の原因となりうる経済格差や差別についても、その是正は経済学という専門領域の中でさらに細分化された社会経済学、開発経済学、労働経済学、さらには心理学の諸分野と重なる学際的アプローチも含めて多方面の研究を探索し、その成果を結集して具体的な設計をすることなしには実現できない。政治的・社会的な抑圧も、学校や家庭における暴力もその実態の把握、原因解明、有効な対策の設計には多くの専門的知の協働が求められる。しかし、第二次大戦直後の時代にそれを求めることは無理難題であったろう。ましてや、ひとりの哲学者がそれを一身に背負うことはできない。社会科学諸領域の研究は、戦後から現在までの間に目覚ましく進歩した。それらすべてを学びその上に立って物申す知識人など、現代ではさらにありえない。

もうひとつ、これと関連するが、サルトルの後期哲学における思考がもっぱら批判的思考であったことも挙げられる。不戦・非暴力の新しい共生社会を目指していくには、現状の批判は必要だが、その先に創造的思考が見えて初めて意味がある。しかも、文学的・芸術的創造だけでなく、社会的創造が求められる。だが、サルトルはそこまで踏み出すことはなかった。異議申し立ては最初の一歩に過ぎない。そのあとに、何を具体的に対案として提出するかが問題であり、少なくともその模索がなければ、批判は効力を欠く。第一章2（5）で触れたように、『道徳論ノート』執筆の時期、サルトルは並行して社会主義ヨーロッパ連合の構想を練っていたが、それは青写真の域を出ていなかった。その後も「社会主義」という語はしばしば唱えられるが、政治機構や経済・社会運営の具体的な設計図が伴うわけではなかった。

大知識人の時代は終わったと言われて久しいが、実際に時代の知を総合できる者がいるとすれば、それはひとりの知識人ではなく、絶えず進化し続ける人工知能かもしれない。そして、そこにこそ未知の危険が潜む。それを予測し、回避し、人間が人工知能に指導されるのではなく適切に使いこなして課題解決に役立てたいならば、謙虚に自分の無知の領域の広大さを自覚するしかあるまい。新たな無知の知。しかし、物事を根本的に考えるという哲学の基本姿勢が不要になったわけではない。それを受け継いでいくのは私たちだ。

戦争を防ぐために安全保障で重要なのは、ＤＩＭＥ、すなわち外交、情報、軍事、経済の四つであると指摘される。(311) 国家が他国の侵略を受けることなく存続するためにそれらの専門的知が不可欠なのである。知がなければ政策の是非を判断することもできない。まず、そのことを謙虚に認めよう。では、専門的知の外では何もできず、謙虚に口をつぐむしかないのか。そのような「消極的態度」への警戒の声(312)に私は同意する。謙虚でありつつ消極的にならないためにはどうしたらよいのか。まずは、可能な限りアンテナを張り、学び理解することだろう。無知なままこれらの専門領域の研究活動や実践について安易な否定や攻撃をしても意味がない。そうではなく、確実な情報とその分析に基づいて抗議すべきときには実効性のある抗議行動を取ることが求められる。現下の実践をひとつだけ挙げるなら、防衛力増強という掛け声の陰で、現に戦争犯罪を犯している国との軍事技術協力を進めたり、軍需品の輸出入を行ったりすることに対して実際に抗議の署名運動が行われている。安全保障という課題に対しても哲学に何らかの積極的関与が可能だとすれば、そのために有効なのは大きな理論装置や観念的な言説ではなく安保闘争やベトナム戦争の頃のような必死の体当たりの抵抗を鼓舞する言葉でもなく、しなやかな知に満ちたディアレクティケーを根気強く続けることではないか。

2. 私たちの言葉と文化

他方、私たちの日常の中で意識できることとして、言語コミュニケーションのモラルがある。普段の何気ない会話の中で、ＳＮＳで、職場や学校の中で言葉をやり取りする時、多くの者は共感性を働かせ、対立や論争を避けてまずは同意を示し、反論する場合にも攻撃的にならない言い方をするよう腐心する。これは日本人がむしろ得意としてきたところだ。サルトル的相剋とは対照的かもしれない。しかし、いったん「悪」が名指され共有されると、反感や敵意や軽蔑の言葉が氾濫する。ためらいなく嘲笑や揶揄の対象にする。欧米でも日本でも同様である。そこにはマスコミで語られる言葉の反映もあるかもしれないし、逆に市民のネガティブな言葉をマスコミやＳＮＳ上のコメンテーターが吸い上げていると思われる場合もある。おそらく両者の循環、相乗効果がある。この言葉たちは、修復可能なはずの関係を土台から腐食する。個人と個人の関係もそうだが、国と国、民族同士、宗教と宗教ないし反宗教の関係はなおさらである。いかに外交において配慮を尽くし相手の意をくみ、洗練され

(311) 高橋杉雄『日本で軍事を語るということ』、中央公論新社、二〇二三年、二四三頁。
(312) 澤田直『新・サルトル講義』、二二八頁。

た言葉を用いたところで、一般市民たちのネガティブな声は日々相手に伝わっていて、感情を害している。そうした声は、往々にして無知、無理解、無反省に由来すると思われ、極めて残念である。むしろ、民間外交とまでは言わないまでも、身近な外国人との友好的な関係、異文化理解の努力、異なる風習や考え方の受止め、相手の言葉にしっかり耳を傾けること、そして言いたいことを上手に伝える工夫、それら小さなことを日々積み重ねていくことが求められるのではないか。どれほど有効性が低くまだるく見えようとも、それは無意味ではない。それは小さなことだが、やはりアンガジュマンであり、そこにも広い意味での哲学が必要とされる。

もうひとつ、身近で出来ることとして、「平和の歌」を冷笑しない、ということがある。先に、第二章の冒頭では、その無力さについて述べた。とは言え、「歌」を様々な文化的アプローチを含んだ比喩と解するなら、それは平和の実現にとって多大な意味をもつ。文化的営為が本当の効力を発揮するには時間が必要だ。どれほど緩慢であっても文化的営為にしかできないことがあり、そこには大きな意味がある。それを冷笑するのは短絡的過ぎる。

「平和の歌」という言葉には、芸術の倫理的使命という意味も含まれうる。それは、古くから多くの不朽の名作を生み出し、今へと続いている。それは、悠長に屈託なく平和の喜びを歌ったものではない。逆に戦禍を目の当たりにした悲痛な思いの裏返しとして平和が歌われているのだ。その表現形式は無数にある。例えば、中世日本の『平家物語』のように教訓を前面に押し出した文学作品は世界にどれだけあるのだろう。決して多くないかもしれない。少なくともヨーロッパの歴史を見るなら、敵対する勢力の争いを語る叙事詩や武勲詩は英雄の輝かしい勝利への賛歌が前面に表れている。敵の滅亡と味方の勝利を誇らしげに描き愛国心を鼓舞するものもある。しかし、現代の私たちがそれらの物語を翻案し、ドラマ化・映画化したとき、そこに人間同士の戦いの悲惨さ、愚かしさを描くならば、そして見る者がそこに平和の訴えを聴くならば、それは紛れもない反戦歌になる。焼け落ちた廃墟に流れる物悲しい歌声、死屍累々の雪原に響く悲愴な調べ、ミサイルに破壊された住居の瓦礫の山にどこからともなく聞こえてくる哀愁に満ちたバラード、それらもまた「平和の歌」であり、聞く者に暴力の不条理へのやるせない思いを呼び覚ます。権力と支配への欲望を武力で満たそうとする者に屈しない感性はそのようにして生き続ける。

また、敵同士の憎悪と対立という現実を飛び越えるかのように、陣営の境界を超えた交流を描く芸術作品も存在する。文学や映画やオペラ作品などには、そのような越境する愛が繰り返し描かれてきた。即座に思い当たるだけでも、シェイクスピアの『ロミオとジュリエット』やル・クレジオの『さまよえる星』(313)がある。前者は良く知られた通り、対立抗争するイタリアの二つの家族が子どもたちの死を通して和解する物語である。後者は、一九四八年五月、誕生したばかりのイスラエルに安住を求めてやって来たユダヤ人の少女エステールと難民となって出ていくパレスチナ人の少女ナジュマとの強烈な共鳴の瞬間を描く。(314)ヴェルディのオペラ『ナブッコ』においては、バビロニアの支配者の娘は奴隷にされた捕囚のユダヤ人たちと連帯する。オーストリア＝ハンガリー帝国の皇妃エリザベートを主人公とする映画『プリンセス・シシー』では、皇帝と共にベネチアを訪問した彼女が自分たちに向けられた敵意と抵抗の歌に呆然としつつも拍手を送る。史実にはない、ありえない虚構かもしれない。あまりに非現実的で、センチメンタルで甘い、といった冷笑を向ける者もいるだろう。しかし、いかに冷笑されようと、文学や芸術は、そしてサブカルチャーも、争いの悲惨さと共に和解の夢を描き続けるだろう。文化には歴史の大きな悲劇に対する即効性はない。しかし、静かに深く浸透し続け、人々の心に刻まれ、社会的に必ずや大きな影響力をもつ。哲学は易しい言葉を語るのが苦手である。「何かのために人を殺したり死んだりせず、すべての人々が平和に生きることを想像してごらん」(315)と言いたくても言えない。しかし、音楽はそれを歌い、世界中に広めてくれる。それを信じることをやめてはならない。冷笑や蔑視に負けてはならない。それもまた、ささやかなアンガジュマンなのだ。

(313) Jean-Marie Le Clézio, *Etoile errante*, Gallimard, 1992 ; coll. « folio »（望月芳郎訳『さまよえる星』、新潮社、一九九四年）。
(314) Ibid., p. 219（一九〇～一九一頁）。
(315) John Lennon, *Imagine*.

終章

1．本論の振り返り

本書が目指したのは、哲学を基盤としたサルトルのアンガジュマンに関して可能な限り厳密な研究書であること、同時に現代世界が直面する課題に対し他の領域の知も取り入れて自由な思索を展開する場となることだった。問おうとしたのは、作家・哲学者として政治・社会に参加したサルトルの姿勢が、たびたび事実誤認や矛盾、無力さを露呈しながらも多くの人々の共感と支持を得たのはなぜかということ、その価値を改めてどう評価するかということ、そして今、デモクラシーの危機と無数の形を取る暴力に直面し、哲学にとってどのようなアンガジュマンの可能性があるかということである。この目的は、十分とは言えないが、ある程度果たせたと思う。ここで、簡単に振り返ってみよう。

第一部では、デモクラシーが今の世界で深い危機に直面しているという認識のもと、その担い手であるはずの近代的「合理人」とその根拠であるデカルト的コギトをサルトルの存在論に則して問い直した。万人が等しく良識を備え、自由かつ主体的に自己決定するというデモクラシーの大前提が本当に幻想でないと言えるのかという疑問を中心に、パスカルの人間観や発達心理学の知見などにも目を向けながら考察を進めた。特に、サルトルがデカルト的コギトにずらしを導入したことに着目し、サルトル自身が命名した「前反省的コギト」、遠慮がちに語った「拡張コギト」に加えて、筆者が名づけた「脱同一性コギト」という三つのコギトを取り出した。そして、そこに示された人間のあり方をとおしてデモクラシーの危うさを見つめ直し、理性的で主体的な近代人であるはずの私たちが、実はいかに欠如を抱え、そうありたい自分への願望や欲望を追求し続けて挫折し、自己欺瞞と自由の自己放棄に傾き、騙され、相争っているかということを直視しようと試みた。

また、サルトルが学生時代にヘレニストのレオン・ロバンとエミール・ブレイエの著作を繰り返し図書館から借りていたことに着目し、彼らを通してプラトンやストア派のクリュシッポスに少なからず負うているものがあることを探り当てた。サルトル哲学の自由の逆説の根底にある「運命」や「偶然性」概念のギリシャ的ルーツに迫り、人間存在が危うく揺らぎ、対立し、迷走し、悪を選ぶことも騙されることも常にあるのは偶然性を背負いかつ自由であるからこそだというサルトル存在論の根本的な命題に改めて古代哲学と通底する厚みを見出した。そして、だからこそ偶然性に起因する不平等の解消を目指す「認識におけるデモクラシー」が真に自由に自己決定するデモクラシーにとって不可欠であると主張した。

第二部では、合理性に信を置くデモクラシーにとって非理性の場がどこにあるのかという問いを立てた。青年期に心理学を学び精神疾患についても研究したサルトルが、その後、「狂人」を扱う文学作品を通じて「狂気」の中にある自己意識を見据えようとしたことに着目した。短編小説『部屋』では、薄暗い自室に閉じこもる主人公が、幻覚・幻聴の症状を呈しながらもコギトを失わない人間として描かれているが、それを『イマジネール』における病的な意識の記述と照合しながら検証し、フーコーの『狂気の歴史』におけるデカルト解釈との相違を明らかにした。また、戯曲『アルトナの幽閉者』では、ヤスパースの贖罪論を念頭に、理性をはみ出すように見える自己意識をとおしていかに戦争犯罪への自責の念や家族の葛藤が語られるかを見た。そして、ボルヒェルトの戯曲『戸口の外で』との偶然とは言い切れない類似点を発見し、両者を読み比べながら、サルトルの作品を死へと向かう物語ではなく、自責の念に苛まれ社会と絶縁した人間が再生へと向かう物語と読み替えた。それにより、理性の欠如と見なされる「狂気」や「障害」においてもコギトは健在であり、絶望へと追いやられる以外の道があることをサルトルが文学に託したと考え、それらの受け止めがデモクラシーにとってどのような意味で試金石であるのかを探った。同時に忘れてはならないこととして、「狂気」に寄り添った女性たちが自滅の道を選んでしまうという負の側面にも注目し問題の複雑さに改めて立ち返った。

第三部では、サルトルの政治的アンガジュマンと政治論文、歴史哲学、道徳論などの著作の間を往復しながら、彼がその言動によって「西欧のやましい意識」を体現したこと、また生涯のテーマのひとつとして不戦・非暴力が可能になるための条件を探ったことを示した。国家と戦争を論じた初期の論文から死後出版の戦中日記や『道徳論ノート』を経て後期哲学の主著『弁証法的理性批判』に至るまで、一貫して人間社会に巣くう暴力という問題を取り上げたこと、暴力がいかに大義を掲げ法を否認し、自らの善を主張するかを見事に浮き彫りにしたことを示した。特に、『弁証法的理性批判』については、出発点で旧友レイモン・アロンの歴史哲学に触発されていたこと、またそのアロンがこの著書の最も熱心で最も厳しい読者であったことを踏まえて、それに反論する読みを提出した。すなわち、この書は決して暴力礼賛の書ではないこと、重々しく抽象的な概念装置の下で、サルトルは経済格差・貧困という世界の深刻な問題とそこから生まれる対抗暴力の自己合理化の論理を掬い取り、それがいかに変質して新たな権力構造をもたらすかを示したのだとの読みを試みた。

また、この書が社会変革モデルの積極的な提示を避け、あえて脱規範的な記述の位相に自己を位置付けているとの見方を示し、その点に関しても『道徳論ノート』とのつながりを探った。すなわち、『ノート』は格差も暴力も戦争もない社会を築くための条件として「万人の改心」の可能性を求めたものの、その困難に突き当たり、規範倫理の構築の無意味さを認めるに至った。あるべき倫理モデルを提示しても現実はそれについてくる訳ではないということをサルトルは直視したのである。しかし、それでも理想の実現を冷淡に切り捨てることなく、「無限性の政治」にその可能性を託した。遥か彼方の目標であれ、それを目指すのをやめるべきではないと考えた。そのためには、各人が日常においてできる小さな実践はもちろん、哲学や社会科学による「職業的実践」として、正義と合理性をまとった暴力の炸裂を単なる社会現象として見るのではなく、各人のコギトの次元まで分け入り突き詰めて考える「可知性」の追求が必須であるとの姿勢に辿り着いた。そして、『批判』で自らその課題に取り組むとともに、可知性の手前にとどまってしまう社会科学に対して認識論的刷新を促したということである。

他方、暴力の不法性の対極にある「ノモス」の概念にサルトルがどう関わったかにも目を向けた。アメリカのベトナムにおける戦争犯罪を追及したラッセル法廷では、サルトルが「ノモス」に依拠して戦争の非合法化という考え方に賛同したことも取り上げ、その意味を探った。さらにアリストテレスにおける共生、ホッブズにおける闘争、カントの恒久平和論、レヴィナスの「無限性」概念と共に、国際政治学者シェリングの研究や政治哲学者ムーアの提言も視野に入れて、サルトルの考え方と比較検討し、哲学的アプローチの弱点も認めた上で、社会科学の諸分野との間に建設的相補性がありうるとの考えも示した。

最後には、サルトルのアンガジュマンの中でも最も長期にわたりながら最も不首尾に終わったアラブ・イスラエル紛争への関わりを辿り直し、そこでは彼の対抗暴力の論理がフランス革命やアルジェリア独立戦争の場合と異なり、無限遡行に陥ってしまうと主張した。他方で、無限の彼方にサルトルが多民族共存国家と国境なき世界を見つめていたということも垣間見ることができた。

問いから始まったこの研究は、さらなる問いを生む。暴力に満ち、デモクラシーが外部からも内部からも危機にさらされ呻吟する現代世界で、哲学のアンガジュマンはどのような具体的行動に結びつくのか。一般市民としての私たちにはどのようなアンガジュマンが可能なのか。

2. 私たちの時代

時代は今、サルトルの時代にも増して困難のさなかにある。大義の名において侵略戦争やジェノサイドが起きている。デモクラシーが前提としてきた「合理人」は喘いでいる。その基盤にある良識と明晰判明な判断力の座たるコギト自体が揺らいでいる。四〇〇年近くにわたって、デカルト的コギトは西欧近代型のデモクラシーを支えてきた。デカルト以降の幾多の哲学者たちによって「考える私」は補強され、特権的に扱われ、無数の小さな絶対者としてほとんど聖性を付与されてきたと言っても過言ではない。ところが今、地球の至る所で人々は依然として自由を奪われ、口を封じられ、生存権まで脅かされている。そのギャップを埋めること、すべての人々にその権利を返してやることが国際的な課題であり続ける一方で、「民主国家」と見なされる国々の中でコギトという理想形を揺るがす現象も相次いでいる。そして、いかに公平な教育制度も、いかに広く行き渡ったソーシャルメディアも個々人にその理想形を返してやることが難しくなっている。一体そこでどのような哲学が「改心」を呼びかけられるのだろうか。呼びかけたとして、聞き届けられるだろうか。

サルトルのコギトとは、まさにこの不完全で非合理や悪に傾きうる私たちの意識にほかならない。十全な権利を持ちながら現実には蹂躙され、超越的な規範も哲人の言葉も素直に受け入れず、フェイクや陰謀論やドクサに容易にからめとられてしまう。しかしデモクラシーを担っていくのはその欠点だらけで傷だらけの私たち以外にいない。

しかしまた、私たちは、世界各地で続いている暴力の応酬を収拾することができない。サルトルは、数々の不正や権力の横暴を鋭く告発しこそすれ、積極的な解決策を提示することはできなかった。その批判的方法は、具体的な政策や経済モデルを提言するところからは程遠い。彼は革命について多くを語ったが、それはなぜ革命の理想が逆に分断と対立を招き硬直した支配体制を生むかを解き明かすためでもあった。サルトル哲学に限らず、苦難の歴史の終焉と約束の地の到来を予言するならば、それはもはや哲学ではなく宗教となる。哲学的思考は、突き詰めれば突き詰めるほど、逆に理想モデルの提示と追及がいかに矛盾をはらみ、現実に適用したとき対立を生み、崩壊するかを容赦なく指摘する。サルトル哲学は、哲学自身の限界を認めた上で、安易な夢から目覚めさせ、それでもなお人間の共同体の理想形を無限の彼方に想定することを放棄しなかった。そのことの意義は評価せねばならない。

3.「暴力学」の可能性

サルトル暴力論の雑多な豊饒性と未完結性という両側面は、私たちをより堅固で総合的な暴力の考古学と考現学の構築へといざなっているように思われる。抑止のための暴力発生学と言っても良いし、暴力発生の現象学とも呼べる。トリガーの現象学とも言えるが、暴力的衝動が行動を駆動する瞬間、さらにやり場のない不安感・不快感が自己に対する暴力へと転換する状況に目をやるならば、それは暴力の変成作用を突き止める心理的変成学ともなる。そこには、意識同士の相剋がいかなる条件の下で言葉の暴力、精神的暴力、身体的暴力へと生成するか、しないか、さらに暴力行使の道具はいかにして登場するか、または他者への否定的感情が転じて自己否定・自己破壊へと変成するのはいかなる条件の下でなのか、そして相剋が暴力へと発展するのを抑止する要素は何か、といった問いが含まれる。

サルトルの暴力論は彼ならではの洞察に満ちているが、人間の暴力がまとう諸相を解き明かすにはあらゆる人間学の動員と協働が必要であろう。哲学だけでなく、歴史学、心理学の諸領域、文学、言語学、精神医学、犯罪学等々との多様な領域からの知見が求められる。実際、各領域ではそのような研究が進められているようである。哲学や文学の領域でも、これらを視野に入れて考察や提言を行うことに意味があるのではないか。たとえば、古今東西の文学作品から暴力の発生を探り出す研究の中に具体例や証言も含めた臨床的な視点が含まれることも必要であるし、一国の経済状況と社会における暴力、貧困と家庭内暴力の関係を探る実証的な研究と関連付けることも有意義だろう。日本ではすでに子どもの自殺を防止するためにデータを集約し多角的に分析する仕組みの構築が進められている。(1) これもひとつの参考になるだろう。

人を死に至らせる寸前のところで漂っている無数の暴力は網羅し尽くせない。第三者の目の届かない密室の暴言から一触即発の国際紛争まで至る所に危険が潜み、臨界すれすれの状態で渦巻いている。一瞬の発話や言葉にできない態度による暴力から数知れぬ生命の上に覆い被さる瓦礫の山まで、可視化レベルにも大きな差がある。そのため現実のデータの収集には偏りが生じやすい。しかし、だからこそ、現実のデータだけでなく想像力も動員することが求められる。そのためには、文学作品や映画、漫画に描かれた暴力発生の瞬間をも最大限可能な解像度で捉える必要がある。他方、伝わらないという問題にも注意を向けたい。隣人との対話も、隣国との対話も、政府と市民との対話も、至るところでコミュニケーションは誤解、曲解、無視、等々にさらされる。そうした場面を具体的にフィクションに登場する例と現実の例との双方で捉える視点もあってよい。

また、逆に炸裂の一歩手前で暴力にストップをかけるものを探っていく視点はどうか。カミュの『正義の人々』では、子どもの存在がテロリストの殺意を砕く。サルトルの短編小説『エロストラート』では、無差別殺人を企てる主人公は、通りを行き交う人々を見て「すでに死んでいるこいつらをなぜ殺さなければならないのか」と自問し、壁にもたれかかる。その後、彼が犯行に及んだのは、ある男の身体の醜さに嫌悪感を覚えたことがきっかけとなる。ここに描かれている暴力は、社会全体に対する怒りが偶然的な些細な理由で特定の個人に向かうことがありうるという不条理性を示している。その不条理は歪んだ合理性に基づくのか、認知の歪みなのか「無意識の闇」なのか。

一九世紀フランスの作家メリメによる小説『カルメン』は、昨今の言葉を使えば「ストーカー殺人」が発生する場面を非常に明快に描いている。別れたカルメンに復縁を哀願していたドン・ホセが一転して彼女を刺し殺すに至るにはいくつかの条件が段階的に満たされていく。まず、故郷ですでに遊び仲間とけんか事件を起こしているという過去、騎兵隊に入隊したもののカルメンをめぐって中尉に剣を抜き、脱走し盗賊の一味に加わったという転落の履歴がある。そこから、カルメンの情夫を殺害するという最初の犯罪を経て、彼女の刺殺に至るのだが、

(1) 二〇二三年一二月二七日付「朝日新聞」。

彼女に対して新しい再出発の希望を語っていた段階から殺害という絶望の行為に至るには大きく二つの心理的テンションの急上昇がある。ひとつは彼がカルメンの足元に身を投げ出し、涙を流して懇願したのに対して彼女がはっきりと彼に対する嫌悪を表明したことである。そこで彼はかっとなる。希望が完全に奪われたことを知った際の心理的防御反応としての激怒の発生である。その瞬間に彼女は彼らの愛の証だった指輪を抜いて草むらに捨てる。それは、彼にとってはカルメンが神聖な思い出に加えた抹殺の暴力とも言える。それが直接の引き金となって短刀を刺すという致命的な暴力が発生するが、それはドン・ホセにとっては相手が加えた暴力への反撃、いわば対抗暴力だったかもしれない。「否定の否定」のひとつの形だろう。そこに見えるのは、諸条件の重なりに他ならない。作者メリメはドン・ホセという人物に資質的な暴力性も示唆しているが、それはこの人物だけの特質とはされていない。他の人物たちの暴力も数知れず描き込まれている。一方、様々な大事故と同様、この小説における究極の暴力はいくつものファクターが出揃って、あるいは複数の小さな流れが合流して大きく炸裂する。同様の合流現象は、集団と集団の間にも、民族間にも起こりうるだろう。

もう一つ、はるか昔の伝説の大戦争、トロイ戦争にも思いを馳せてみよう。トロイ戦争はなぜ起きたのか。伝説では、スパルタの王メネラオスの妃ヘレネーをトロイの王子パリスが奪ったことが原因とされるが、ヘレネーとは、おそらく財宝や豊饒な土地、ないしエーゲ海の覇権の象徴であろう。戦利品とされた娘たちも同様に富の象徴であろう。それらに対する欲望が熾烈な争いを招き、十数年もの戦闘の挙句、トロイの滅亡を招いたと伝説は語っている。そこに「怒り」という感情を加えたのがホメロスの叙事詩『イーリアス』だった。アポロンの怒り、アキレウスの怒り、メネラオスとアイギストスの怒り。それらが国家をあげた暴力の応酬へと結びつく。「おぞましいその怒りこそが数限りない苦しみをアカイア人らに与え、また多勢の勇士らの雄々しい魂を冥界へと送り込んだ」(2)とホメロスは語る。トロイへの怒りに燃えて戦おうとするアキレウスに対して、母テティスは「ああ哀しいわが子よ、なぜ私はおまえを育て上げたのか」(3)と嘆くが、それは空しく響くばかりだった。他方で、アキレウスとアガメムノンの相互の怒りによるギリシャ勢内部の分裂を収拾するのは、いくさの女神でもあり知恵の女神でもあるアテーナーだった。「さあ、いさかいはやめなさい。剣を抜かないで。それより言葉でとがめなさい」[4]。そう女神はアキレウスを諭す。その一方で、彼女は彼にトロイの大将ヘクトールへの怒りを増幅させ、加勢を約束し[5]、一騎打ちでアキレウスを助け、外れた槍を彼に返してやる[6]。これが、勝利をもたらしたのである。ヘクトールも父である王プリアモスから戦いを思いとどまるよう説得されていた。「老王は手を差し伸べて悲しげに呼びかけた。ヘクトール、頼むからあの男を討つのはやめてくれ、愛しい子よ」[7]。そして母も「もしお前が殺されたら、私は棺にすがっていくら泣いても泣ききれません」[8]と訴える。しかし、彼の戦意は少しも失われなかった。神々は怒りを吹き込み、戦いを鼓舞する。人間も半神半人もそれに逆らうことができない。

子への愛情は神から吹き込まれたものではない。内発的な感情として示される。これに対して、怒りや憎しみ、戦意、殺意は神から与えられた外発的なものとして描かれる。そこには何が読み取れるだろうか。神々は必ずしも報酬を約束しているわけではない。ヘクトールもアキレウスも勝てば新たに何かが手に入ることを当てにして戦っているのではない。そうではなく、失われたものへの無念さが、それを奪った相手への強い憎しみとなり、もはやコントロールできないのだ。その自己制御不能状態、言わばアンガーマネジメントの不可能が神から与えられた怒りといった他律的な不可抗力として描かれているとも解釈できる。暴力の考古学によって発見される「神から吹き込まれた怒り」は、暴力の考現学により、暴力の発生における他律的要素の存在として分析されうる。

（2）ホメロス『イーリアス』第一書、冒頭。
（3）同第一書、410-430.
（4）同第一書、210.
（5）同第二二書、285.
（6）同第二二書、270-278.
（7）同第二二書、38.
（8）同第二二書、80-90. 筆者による意訳。

現代において、他者への憎しみや怒りは、一般のSNS使用者だけでなく一部の政治家の「ツイート」や国家情報機関が行う認知戦の一環としてのフェイクニュースによってもかき立てられ、人々を暴力行為へと駆り立てる。

憎しみと怒りを鎮め、新たな共存へと踏み出すことを可能にするのは一体、何なのか。民族浄化と呼ぶしかないほどの残虐な殺戮を経て、瓦礫の山、死屍累々の町から新たな共存の国の再建へと立ち上がることを可能にするものは何なのか。

4．とりあえずの平和

豊かで平穏な社会で愛情を存分に与えられ大事に育てられる幼児は、しばしば地球の生き物たちが平和に共存していると信じている。読み聞かされた絵本には、さまざまな動物たちが互いに語り合い、思いやり合い、けんかをしてもすぐに仲直りする姿が描かれている。しかし、そうした子どもたちが食物連鎖の一端を垣間見たり弱肉強食の現実を目の当たりにしたりすると、心に大きなショックを受ける。「みんな、なかよしだとおもっていたのに……」と言って泣く幼児がいる。知らない大人たちから笑顔を向けられ、優しい言葉をかけられて育った幼児は、小学校に入学すると、世の中には悪い人がいるので、親切そうに話しかけられても答えずに遠ざかりなさいと教えられる。児童は、見かけの背後に悪い心というものが隠されていることを知る。人間存在への信頼に亀裂が生じるのである。

かつて同様の経験をしたかもしれない大人たちの多くは、今やすっかりそれを忘れているのではなかろうか。個人にも国家にも悪者と善良な者がいて、対立抗争や競争というものがあり、勝者と敗者がいて、勝者が富と幸福を手にするのが当然であると割り切っているのではないだろうか。成長とともに次第に国と国、民族と民族の関係の苛酷さを発見してきたはずの私たちだが、そのときに目の前に現れたはずのジレンマは解決しただろうか。

昔も今も、中学生たちは「平和を愛する諸国民の公正と信義を信頼」することを学ぶ。しかし同時に、大人たちがその信頼を捨て、警戒や敵視の言説を紡いでいるのも知っている。軍事侵攻や核実験やミサイル発射実験のニュースが流れているのも見ている。安全保障の強化、防衛力増強の必要性を説く大人たちの言葉も耳にする。矛盾に気づかぬはずはない。隣国に信頼を寄せ、交流し、対話し、信頼を培うべきなのか、いや話し合いには限界があるのか。攻撃される危険を直視し、軍備を増強し、物理的に身を守らねばならないのか。戦争はすべて犯罪なのか。それとも、正しい戦争があるのか。外交の延長として一定のルールに従って行われてよいのか。実は成長の過程でこれらの問いに直面したはずの大人たちも、多くはまだ「どちらとも言えない」としか答えられない。明確な答えを見いだせないまま、とりあえずの平和の中で毎日を生きているのだ。

5. まさかの戦争

しかし、あり得ないと思われた二一世紀の戦争が実際に起き、核兵器の使用が現実性を帯びてきたとき、世論は安全保障のために戦力の均衡が必要という考えに大きく傾いた。抑止力としての軍備があって初めて外交も可能になるとする考え方により多くの者が賛同するようになった。ただ、「均衡」とは逃げ去る概念である。静止状態には至らない。ある国が敵対する他国に対して均衡と言える戦力を備えたと自認するなら、敵対国はそこで軍備増強を止めるどころか、逆に少しでも優位に立とうとして強化を図る。かくして、不信感と対抗意識に基づく軍拡競争は続いていき、決して終着点には至らない。必要なのは逆に、縮小における均衡を探ることだろう。だが、縮小が成功すれば再び拡大に転じかねない。シーシュポスの神話のようなその不条理を破滅の日まで永遠に続けないためには、もちろん外交、経済、教育、文化にまたがる人的交流が不可欠だ。しかし、軍事テクノロジーの飛躍的発展に対して、人的交流はいったいどれほど進化しているのだろう。軍備予算に比して、対話と交流を深めるためにいったいどれほどのコストをかけているのだろう。比較になるまい。戦力の均衡を対話によって置き換えていくこと、これは膨大な努力と時間を要する。サルトルはいみじくも、最も近い人間関係とは剣であると書きつけていた（CM194）。剣、すなわち暴力による対決は言葉より手早く効果も大きい。人類が牙や爪ではなく、知恵と言葉で対決することができるにもかかわらずである。考えの異なる相手だからこそ、互いに攻撃を避けるための言葉や態度をどう紡ぎ出すのか。そのための研究に私たちはもう少し多くの力を注いでも良いのではないか。望ましいのは、さまざまな地平から多くの知見をもとに試みがなされ、相互に作用しあうことだろう。コミュニケーション能力の重要性は企業内や学校内、共同体内にとどまるものではない。異なる外部の者に対しても、より難しいとは言え、発揮される必要がある。「もはや言葉が通じなくなった時、武器が語るだろう」とフランスの故ミッテラン大統領は語った。しかし、武器を語らせないために人の言葉を語る必要があるのだ。軍事力増強と対話力増強との競争において、後者の敗北は哲学の敗北でもある。そして、この点は強調しておきたいが、それは人間の根本的善性に信頼を置くといった楽観論では可能にならない。逆に、性悪説的悲観論に拠って立ってもうまく行くまい。そうではなく、人間が自由であるがゆえに善にも悪にも傾きうるし最悪の対立にも最大限の融和にも行き着きうるという可塑的人間観に立って、自分と相手を共にどこまで善と融和に傾かせることができるかに賭ける、その一瞬一瞬の試みを公的な場のみならず、SNSでもマスコミでも、そして身近な他者との関わりの中でも放棄してはならないと考える。

6. パレスチナの人々

私は一九八八年春に三人の友人と共にパレスチナを訪れた。特に具体的な計画があったわけではない。ただ人々に会いたかったのだ。片言の英語でもよいから話がしたかったのだ。留学中のパリからアンマンの空港に降り立ち、ヨルダン川西岸地区の各都市を回り、難民キャンプを訪れ、エルサレムに滞在したあと、私たちはシリア方面へと向かった。ときにインティファーダの始まりの頃だった。集落のそこここで幼い子どもたちまでが、石を飛ばす手作りの弓を手にしていた。難民キャンプは異臭に満ち、そこに暮らす人々は不思議そうな目を私たちに向けた。私たちは笑顔で「アッサラーム」と声を掛け、手を振った。しかし、心はずっしりと重かった。一体この人たちのために私などに何ができるのだろう。タクシーの運転手は、高台に白くそびえる入植地の下を通りかかるたびに、あれは不法なんだ、と憤りを露わにした。ラマラやヘブロンでは、何度か通りがかりの人に声をかけられた。日本人は友だちだ、と彼らは人懐こそうに語った。地元名物の菓子をプレゼントしてくれる人もいた。ハッサンという三〇代くらいの男性は私たちを自宅に招いてもてなしてくれた。満面の笑みを浮かべながら美しい夫人を紹介してくれ、「イングリッシュ・レディーのようだろう?」と自慢していた。そうか、イギリスはアラブの独立を約束しながらシオニズムも支援し、いざとなったときには逃げた。だが、この人はイギリスに別に恨みをいだいていないのだと思った。その後、パリから彼らに手紙を書き、写真を送った。ハッサンからは陽気な返事が来た。一九八八年一一月、パレスチナ独立宣言の知らせに私は国旗の絵を描いて祝福の言葉を送った。いや、真の独立への道はまだまだ長いのだ、とハッサンは初めて深刻さを隠さない言葉を返してきた。

彼らは今、どうしているのだろう。生きているのだろうか。結局、私は何一つできなかった。一九三九年、ドイツ国境に兵士として向かったサルトルが、自分はこの戦争を防ぐために何もできなかった、と嘆いたのと同じように、私はかの地で出会った彼ら彼女らのために何もできなかった、と嘆くしかない。オスロ合意の頃から、私は妙に安心してしまった。それが含む矛盾や将来に残す課題を知りながら、ラビン首相の暗殺に衝撃を受けながら、パリのアパルトマンの自室にこもって『弁証法的理性批判』についての博士論文を執筆していた。そして今また、ウクライナやガザ、西岸地区、そしてレバノンの悲劇のニュースを見ながらこのような本を書いている。飛び出して行動することができないのである。

世界の紛争地域や貧困地域に飛び込み、支援活動をする人々が私にはまぶしい。だが、その人々までが、次々と戦争犯罪の犠牲になっている。ガザをはじめ世界の紛争地域で、知られているだけで毎年数百人の人道支援活動家が命を失っている[9]。悲痛な思いと深い敬意を抱くとともに自分が恥ずかしくもある。なぜ私にはできないのだろう。彼ら彼女らこそ、真の意味でアンガジュマンを実践しているのではないか。紛争が長期化し恒常化すると報道の最前線からは遠ざかってしまうが、世界には列挙し尽くせないほど多くの非人道的状況がある。そこで理屈抜きに献身的な活動をしている人たち、そして犠牲になる人たちのことを考える。一例のみ挙げるなら、アフガニスタンで医療活動とともに灌漑事業を推進した中村哲氏とその協力者の方々がいる。このような事業を成し遂げるには、高い倫理観だけでなく、優れた能力、行動力、体力が必要とされる。自分と比較するのもおこがましい。

これ以上、言い訳はすまい。この本が免罪符になるわけでもない。しかし今は、仕事の達成感を押しつぶすほどの大きな無力感に打ちひしがれている。それでも、言葉をこうして紡ぐことしかできないのだ。

7.「サルトルの民」の今

では、本書は、最終的にサルトル的なアンガジュマンに対し、その善き意図のみを讃えて実質的に否定的評価を下そうとしているのだろうか。そうではない。一九六四年、サルトルが「[飢えて]死んでいく子どもを前にして『嘔吐』は無力だ」と発言したことが伝えられ[10]、反響を呼んだ。疑問と反発を招いた。文学の価値は飢餓をなくすといった社会的有用性に還元されるものではない、という反論であった。しかし、サルトルは文学には社会的有用性がなければ価値がないと主張したのではない。そうではなく、直接的な貢献はできないかもしれないが、「決してひるむことなく根源的に問いを立てること」[11]、これこそが文学にできることだと訴えていたのである。哲学も同じ使命をもつ。一見平和で豊かな社会にあってさえ、深い苦しみはあり、人間存在への切実な問いはある。

それを贅沢な悩みだと一蹴することはできない。実は、高校時代に、自分が自分であり自分でしかなく、命がある限りこの自分と付き合っていかなければならないと気づいて深刻な不安に襲われたとき、それを救ってくれたのは『嘔吐』だった。その自己の存在の逃れられない重さに「不条理」、「偶然性」という名を与え、その不安の意識をマロニエの根を見る主人公に託して可視化し、古いラグタイムに託してその乗り越えの可能性を示唆してくれたのは作家サルトルだった。この種の体験をしているのは、私だけではあるまい。無数の人々が、そうした自己への不安な問いを経て世界へと視線を転じ問いを発しているはずだ。

かつてサルトルを読んだ人々、彼の葬列の後に続いて大通りを埋め尽くした人々、その報道を世界各地で見ていた人々、そしてその後裔は、今何をしているのだろう。怒りと憤慨、やましい意識、負い目がなくなったわけではない。グローバル化の中でその恩恵にあずかれず、苦しい生活を余儀なくされている人々、ロシアの戦争犯罪に怒っている人々、イスラエルの空爆で亡くなっていく子どもたちに心を痛める人々、彼ら、そして私たちには、かつてのサルトルのような強力な反骨のリーダーはいない。

そして、ひとりのリーダーの代わりになっているのがSNS上で交錯する無数のメッセージではないか。私が長く暮らし、情報も比較的入手しやすいフランスに限って言うならば、環境保護政策の不徹底を告発する若者たちの運動も、地方の行政サービス切り捨てや環境保護の代償を過疎地の住民に押し付ける政策に抗議した黄色いベスト運動も、さらには年金の支給年齢を引き上げる改革への反対運動も、SNSを通して情報や呼びかけが広

（9）国連人道問題調整事務所（OCHA）の報告 World Humanitarian Day: UN demands action as aid worker deaths hit record high | OCHA : https://www.unocha.org/news/world-humanitarian-day-un-demands-action-aid-worker-deaths-hit-record-high（二〇二四年一二月八日最終閲覧）。

（10）*Le Monde* du 18 avril 1964. "Je ne suis pas désespéré et ne renie pas mon œuvre antérieure" : https://www.lemonde.fr/archives/article/1964/04/18/je-ne-suis-pas-desespere-et-ne-renie-pas-mon-uvre-anterieure_2136806_1819218.html（二〇二四年一二月八日最終閲覧）。

（11）*Ibid.*

まり、自然発生的に抗議活動が生じている。また、様々なNPOの活動の広がりには目を見張るものがある。身近で支援を必要としている人たちに向けて、自分ができる小さなことを続けようという地道な活動である。孤立する高齢者を定期的に訪ねて話し相手になったり、貧困層の子どもたちに食事や遊びやバカンスを提供するなど、全国で数知れぬ市民団体の人々が知恵を絞り、具体的な準備を整え、自分の時間を提供して無償で活動をしている。収益優先の企業に対抗して、環境、人権、平等、連帯をモットーにフェアトレードを実践し、従業員らが株を保有して上場しない「共同経済 économie coopérative」には何百万人もの一般市民が参加している。また、生産者・消費者の連帯と自己管理運営により、利潤追求や搾取を排除して利益を平等に分配する「参与型経済 économie participative」も試みられている。

しかし他方で、不満と怒りの矛先を移民労働者に向けるポピュリズムの台頭もまた、反骨の知的指導者がいなくなったことと関連しているかもしれない。フランスでは一九七二年に反移民、反ユダヤ主義の極右政党「国民戦線」が登場し支持を拡大していったが、それはちょうどサルトルが影響力を低下させる時期と重なっている。現在、この政党は「国民連合」と名称を変更しよりソフトなイメージでさらに支持を伸ばし、政権を奪取する可能性さえ見せている。その対極では、格差や差別を告発するある意味で倫理的・理想主義的な左派の勢力も生まれ支持を伸ばしている。二〇一六年に結成された「不服従のフランス」という政党がそれである。(12) 社会正義、連帯、環境保護、再生エネルギーへの完全な転換を推進し、移民労働者や障害者、女性、若者など弱者の権利を守り、イスラム教やLGBTに理解を示し、市場経済の仕組みを解体し、自由貿易やヨーロッパ連合の共通政策、単一通貨に反対するといった綱領を掲げている。既存の政党や官僚ではなく、一般市民の力で徹底的な世直しをしようとの意欲に支えられている。そのために皆が一体となることを呼びかけている点はサルトルのアンガジュマンや『弁証法的理性批判』の溶融集団、誓約集団の形成を思わせるところがある。しかし、大きく異なるのは、目標の実現に伴う副作用や裏面、二律背反、すなわち「反弁証法」を不問に付している点である。また、集団内部の意見の相違や対立に対する視線も異なる。サルトルにおいては、組織や集団行動の分裂や対立抗争の危険が想定され、繰り返し記述されていた。「反実践」、「惰性態」といった視点があり、なぜユートピアが実現しないのかを冷静に分析していた。理想主義の陥穽を遠ざけていた。それは、安易な現実主義や柔軟性、中庸の精神によるものではない。「ジェネロジテ」もこの点では直接関係がない。サルトルに政治哲学と呼べるものがあるとしたら、それは目指すべき理念の体系の提示ではなく、理念を掲げる倫理的政治運動の脆弱さへの警告かもしれない。

価値観を共有し共に行動する集団内部に意見の相違や対立が生じた場合、それらの価値は、しばしばイデオロギー化する。自由でさえ、守るべき価値であればあるほど、イデオロギーとなって集団の構成員を縛り、同調圧力となる。「自由か死か」という合言葉は、フランス革命においてそうであったように恐怖へと転じうる。他方、規範性をもたないサルトル的自由は、イデオロギー化しえない。それはいかなるくびきの下にあろうと誰にも奪えない意識の絶対的な自由だからである。それを奪えるのは、自分自身だけなのである。

人間たちは、長い歴史において自由という権利のために戦ってきた。そしてそれは今も続いている。他方で、サルトル的な意識の自由は、いかなる独裁政治も戦争犯罪も奪うことのできない究極の自由である。それを各自が死守し、そこから何を生み出し、いかなる行動へと結びつけることができるのか。哲学のアンガジュマンとは哲学者しかできないアンガジュマンのことではない。私たちひとりひとりが自ら考え選び取ることだ。それに賭けることこそ、すべての人に可能な哲学的アンガジュマンと言えるだろう。

(12) 党首による政権公約が日本語訳で出版されている。ジャン゠リュック・メランション著、松葉祥一監訳、飛幡祐規、ジャック゠マリ・ピノー、堀晋也訳『共同の未来――〈民衆連合〉のためのプログラム』、法政大学出版局、二〇二四年。この中では党名 La France insoumise は「服従しないフランス」と訳されている。日本のマスコミ等では「不服従のフランス」や「不屈のフランス」という訳語が用いられている。

8．哲学のアンガジュマンと哲学的アンガジュマン

哲学という語は、立派でありながら、それ故にどこかいかがわしい。積極的に使用するのは気恥しく、ためらわれる。哲学という学問は「虚学」と見なされ、しばしば否定的に言及される。確かに、この学問には直接的で即効性のある社会貢献ができない。行動すべき場では、あまりに悠長で歯がゆい。戦いの場で哲学などしていたら撃たれる、と言われても仕方がない。では、この学問を選んだ者はそこにつきまとうこうした影を悲愴な思いで引き受けるべきなのだろうか。

西洋哲学はかれこれ二八〇〇年の歴史を通して人間とは何かを問い、自由、人権、尊厳、そして差異と多様性における平等といった価値を見出し、育て、語り継いできた。正義、主権、自己決定権、民族自決権を論じ支えてきた。人間は地球とその生命に対して責任を負うことを自覚し、ようやく行動を開始したが、哲学はそこでも一翼を担っている。デモクラシーの誕生とその深化は哲学の歩みと軌を一にしている。しかし、デモクラシーの範であったはずの国でそれらの価値や責任をないがしろにする政治家を民衆が支持し権力を委ね、先端企業の経営者たちがそれに追随していくとき、また、内外のジャーナリストや研究者にまで迎合の論調が生じつつあるとき、誰が確固として人類のこの財産を未来へと繋げていくのだろう。権力を「懐柔」しうるならしてほしいが、それがデマゴギーとドクサに屈することにつながってはならない。迎合せずに考え続けることはアンガジェする哲学の重要な仕事の一部だ。しかし、だからといって「迷える民」に教えを垂れようなどとと思うのは不遜に他ならない。そのような態度は社会の分断を一層深めるだけだろう。そうではなく、エピステーメーの徒は謙虚に自らの仕事を進めたい。

私たち皆がそれぞれの日常の中、それぞれの役割や職業の中で人と社会と未来のために行っていること、それはことさらに気取った言葉を当てはめるには及ばないかもしれない。だが、最も普遍的なアンガジュマンが見出

されるのはまさにそこではないか。人間活動のあらゆる領域において、今ここにいる人々への思い、未来への思いがあり、善への意志があるならば、それは哲学的アンガジュマンなのだと私は言いたい。美や富は私たちに与えられるかもしれないし与えられないかもしれない。偶然性であり事実性である。「ガチャ」である。他方、善性はプラトンが運命の女神に託して語ったように、くじ引きで与えられるものではない。善は各人が自ら作る。自由の力でその都度選び取る。水と食料を求める者にそれを差し出すこと、それは、相手が難民であれ客であれ、地域社会の人々であれわが子であれ、私が自分の時間と労力を割き、相手の喜びを自分の喜びとするなら、それはアンガジュマンに他ならない。正義の情熱に満ちた抗議行動や哲学・文学・芸術作品の創造とは違うが、それこそ最も普遍的なアンガジュマンであり、そこには自ら名指さずとも哲学がある。

哲学や文学や芸術は、直接的な社会貢献がしにくいからこそ社会参加の理論を求め、自己肯定のためにそれに頼る。それが高じて創造を最も尊い行為として特権化することもある。高みから民に訴えようとすることもある。だが実は、こうした領域の創造者は周囲の無数の人々の社会貢献の恩恵を受け、日々それに支えられて生かされている。だから、謙虚になろう。哲学的アンガジュマンの手本は、プラトンやサルトルなど読まなくても、自発的に自由に善を選び取っている人々の中に溢れている。デモクラシーを担うはずのコギトへの疑問で始まったこの本が最後に表明したいのは、この人々への心の底からの敬意である。

あとがき

本書は、前著『戦場の哲学——『存在と無』に見るサルトルのレジスタンス』（法政大学出版局、二〇二〇年）を受けてさらに発展させたものである。今回も、前著でお世話になった法政大学出版局の前田晃一氏に再びご面倒をおかけすることになった。繰り返し猶予をお願いしたり書き直したりする状態であったが、ようやく完成できたのは、労を惜しまず伴走していただいたおかげである。改めて深く感謝したい。

前著も同様だったが、今回も最多の時間を要したのは執筆それ自体ではなく、文献の収集と読解、関連付けであった。サルトルの著作をていねいに読み直しただけでなく、今回はサルトルがその著作、およびアンガジュマンの行動を通して関わった諸問題をめぐって、古典から最新の出版物まで可能な限り広く見渡し、関連性があると思われるものを選んで読み漁った。学術書から入門書まで、幅広く対象とした。とは言え、無数の関連文献の中で目が届いたのはごく僅かに過ぎず、見逃した重要な研究も多いはずだ。翻訳があるにもかかわらず照合できなかったものもあり、また狭義でのサルトル研究の論文はごく限定的にしか扱えなかった。異なる解釈や考え方はいくつか取り上げ、反論も加えたが、自分の読みだけが正しいと思っているわけではない。多様な視点の中からひとつを選べば、そこから漏れるものも多いはずだ。研究者の方々には、ぜひとも率直なご意見、ご指摘をお寄せいただきたい。

本書でもまた、前著のあとがきで述べた「トレーサビリティ」の確保には細心の注意を払った。注の多さと細かさには辟易する読者もおられると思うが、反証可能性を確保するためなので、必要な場合のみ参照し、それ以外は無視していただいて構わない。今回は、もうひとつ改めて心掛けたことがある。それは、研究者として当然のことなのだが、「いいね！」を狙おうとする心を自戒することである。多くの人に読んでいただきたいのはあらゆる著者に共通する願いだろうが、緻密に愚直に書くことと多くの読者を獲得することは両立しがたい。前著でそれを痛感した私だが、狭い研究者の世界では一定の評価を得ることができた。同僚や友人、先輩・後輩、そして恩師ら数十名の方々から、身に余る讃辞や温かい励ましの言葉を頂戴した。NHKパリ支局でもお世話になった元京都大学教授・放送大学副学長で名誉教授の柏倉康夫先生には、ご自身のブログ「ムッシュKの日々の便り」で取り上げていただき、見事に要点を捉えた解説を施していただいた。この場を借りて心より感謝申し上げたい。また、あとがきで忌憚のない批判をお願いしていたところ、何人かの方から、私信にて大変ありがたい反応を頂戴した。三人だけお名前を挙げさせていただくなら、東京大学名誉教授の加藤晴久先生、元高崎経済大学教授の柴田芳幸先生、そして文庫版『存在と無』の解説者であり早稲田大学等で教壇に立たれている北村晋先生である。多くの点で同意を表明してくださった一方で、テクストの細部の解釈などに関し、気づかなかった間違いも発見していただき、目を開かれた。もしいつか改訂版発行の機会に恵まれれば、ぜひともご指摘を活かし修正したいと考えている。

今回、文献を読む過程では、いくつか大小の発見もあった。まず、サルトルとギリシャ哲学をつなぐものとして、レオン・ロバンとエミール・ブレイエという二〇世紀初頭のフランスにおけるギリシャ哲学研究の泰斗の存在があったこと、戯曲『アルトナの幽閉者』とドイツの作家ヴォルフガング・ボルヒェルトの戯曲との間に多くの類似点が存在することが挙げられる。また、学生時代のサルトルが国際政治学の論文を書いていたことはすでに報告されていたが、改めてそれに目を向け、政治に無関心な青年だったという通説に疑問を呈することができた。コーエン゠ソラルの伝記で語られていた国家総動員法反対署名運動への参加も、物的証拠を見つけることができた。また、これまで一九六八年の「五月革命」の中で学生たちの間から現れたとされてきた言葉、「アロンと共に正しくあるよりサルトルと共に間違った方がよい」という言葉が、実はジャーナリスト、ジャン・ダニエルの発言をクロード・ロワが単純化して広めたものであったことも判明した。いずれも、サルトル思想の本質を揺るがすものではないが、サルトル像とそれを取り巻く風景をより鮮明に見る一助とはなろう。

新たに報告すべきこととしては、インターネットや生成AIの積極的な活用もある。多くの研究者がすでに類似の経験をしているとは思うし、私の使い方はむしろ稚拙かもしれないが、研究過程の不透明さを少しでも除去するために報告しておきたい。ウィキペディアはいまだ不十分な記事も多いが、知の集大成を不特定多数の一般人が自主的に刻々と作っていくというその運動の理念自体に私は大いに賛同し応援している。年々充実度を高めており何より無償で閲覧できるので、頻繁に使用もしている。ただ、自分の著作に安易に用いたり受け売りをしないのはもちろんのこと、得た情報は必ず他の資料で確認し補足するように心掛けている。

一例を挙げよう。先程も触れたようにサルトルが学生時代、政治活動に積極的な姿勢を見せたことがあるということは、コーエン＝ソラルの伝記に書かれている。だが、確かめるすべはなかった。ときに、『奇妙な戦争』で言及されているジュール・ロマンの小説について情報を得ようと、フランス語のジュール・ロマンの項目を読んでいた時、「国家総動員法」に反対する署名が『ウーロップ』誌に掲載され、アロンなど同級生と並んでサルトルの名もあるとの記述が目についた。ただ、日本の図書館にもフランス国立図書館にもオンライン上で検索した限りでは、この百年近く前のバックナンバーは保管されていないようであった。そこで、同誌にメールで問い合わせたところ、即座に返信があり、一九二七年の号の該当ページの電子ファイルを送ってくれた。このようなことが今では可能なのである。第三部で扱ったこの時期の政治哲学論文とも合わせれば、サルトルが単なる「ノンポリ」青年でなかったことは納得できる。

近年は、新聞雑誌の記事も古典のテクストも電子化が進んでいて、非常にアクセスが容易になった。フランスの新聞の電子アーカイブには、サルトルについての記事や彼が関わった出来事についての記事が大量にある。私が閲覧したのはそのごく一部だが、やはり伝記や入門書では味わえない臨場感が伝わってくる。記事の内容自体にバイアスがないとは限らないが、その向う側には、同時代の無数の読者が垣間見える。著作とはまた別の形で、サルトルの当時の存在感が伝わってくる。

出版社にはそれぞれの方針があるようで、ガリマール社は特にサルトルの著書に関しては今のところ電子化をしていない。今後はなされるかもしれず、そうすれば研究は飛躍的に進むであろう。ただ、以前から手書きのメモで曲りなりにも用語のインデックスを作り、原始的な「データマイニング」の真似事を行ってきた自分からすると、著作の電子化と人工知能による解析でこの努力が一気に超えられてしまうのは情けない限りである。複数のテキストデータを読み込み、何らかの概念の生成や他の概念との関連性などについて、まったく間に網羅的な見取図を作成してくれるようになるのは時間の問題だろう。だが、それも受け止め、研究者に何が残されているかを探らなければならない。

生成ＡＩは、周知のように現段階では誤情報も多いので注意が必要だ。指摘すると、素直に謝って新しい回答を返してくることもあるが、プロンプトの書き方によっては混乱してますます間違いを犯す。今回は以下の例のように、何かを広範囲から探す場合に尋ねてみるという使い方をした。不発だった場合もあるし、有用だった場合もある。

・古代ギリシャで、バルバロイという他民族の否定的な像が最初に誰によって作り出され、どのように流布したのか尋ねてみた。ChatGPT は、アリストテレス『アテナイ人の国制』に書かれていると答えたので探してみたが、見つからない。答えが見つかったのは、ふと手にした阿部拓児著『アケメネス朝ペルシャ』（中公新書、二〇二一年）の中だった。そこにこれに関する研究書が紹介されており、それを読んで、この他者像が形成された経緯とアイスキュロスの演劇によって大衆の中に広まったことが納得できた。

・ある事典に、ディドロやルソーはマキャベリの『君主論』を君主の権謀術策を一般市民に暴露し、警戒を促すものと見なしていると書かれていたが、正確な出典は指示されていなかった。自分で探すにはかなりの時間と労力を要するので、ChatGPT に尋ねたところ、即座に『百科全書』の「マキャベリズム」の項目と『社会契約論』第五章との答えが返ってきた。そこで、手許のテクストに当たってみる。前者はすぐに見つかったが、後者の「第五章」という指示は曖昧である。そこで、プレイヤッド版の索引を頼りに調べたところ、第三巻第六章に見つかった。最初からそうすればよかったのかもしれないが、多少の時間の節約にはなった。

・『アルトナの幽閉者』の中に「列車の下を通ればよい」という唐突な台詞があり、比喩的な意味で使われているのかもしれないと思った。しかし、辞書には文字通りの意味しか出ていない。文学の言語の場合は、ネイティヴスピーカーに尋ねても適切な答えを返してくれるとは限らない。そこで、比喩的な意味での使用例があるか尋ねたところ、見つからないとの回答であった。ないものをないと断定するのは「悪魔の証明」であり不確定性が残るが、自分の目のみで探すよりは信憑性が増す。

生成ＡＩは、このように研究において広い領域から何かを探し出すことについては多少なりとも役に立つが、唯一の正解のない哲学的な問いにはありきたりの中途半端な答えしか返さない。ごく最近登場したCopilotも、執筆中にワード上で何かと自動書き換えを提案してくるが、単純化された平板な文章ばかりなので、すべて却下している。この点は、やはり人間の思考の展開の場として、少なくとも今のところは侵食されていないようである。

もうひとつ、本書のハイブリッド性についても触れなければならない。すでに序章で表明したが、本書はサルトルについての研究書であると同時にそれ自体として哲学書であることを目指した。前著は、『存在と無』の読解を中心としており、いわば本についての本という「二次文献」だった。多少、サルトルを離れて現代についての個人的考察も加えたが、やはりつけ加えに過ぎなかった。それに対し、本書は基本的に二次文献としての慎重さと謙虚さを失わないよう努めながらも民主主義や戦争といったテーマを常に念頭に置き、それと向き合いながら書き進めた。独自の哲学書であるなどと標榜することは到底できないが、サルトルと共に問い考えつつ、サルトル論から踏み出て私自身の問いや思索をかなり盛り込んでいる。サルトル論に託す形を取りながら、多様な領域に足を踏み入れて哲学を実践しようと試みた形跡をそこに見ていただければありがたい。

ちなみに、一次文献・二次文献、ないし一次資料・二次資料という分類についてだが、「二次」という語は決して価値が低いということを意味しない。要約や見取り図が中心の手軽な解説書や入門書は二番煎じと思われるかもしれないが、残すべき知的遺産を専門外の潜在的読者へと橋渡しする重要な役割を担う。さらに、批判的視点を盛り込んだ研究書は、一次資料・一時文献の絶対化・聖域化ないし聖遺物化に歯止めをかけ、より公正で厳密かつ有用な形で知を継承していくことに貢献する。たとえば、いまだ民主主義が徹底していない国の経済政策を見る場合、公式の一時資料のみに依拠するのは危険である。他の資料や異なる視点、方法を用いて批判的に検証した二次資料に目を配ることは必須である。哲学や文学においても、原書に差し向かいで取り組む意味はもちろんあるが、それだけでは見えないものも多い。メタレベルの視点を取り入れて初めて発見できる面白さもある。古典を本棚に飾るだけにせず現代と将来において活かしていくために、それは不可欠であろう。

ここでまた、本書執筆の背景について個人的な述懐を許していただこう。私は一二年近くに及んだ長いパリ留学の間、サルトル研究をそこそこに続けながらフリージャーナリストの活動の方に力を入れていた時期があった。学生就労ビザの範囲はごく狭かったが、許容された労働時間の外で、アルジェリア戦争、パレスチナ問題、カンボジア和平、東欧革命、ソ連崩壊、湾岸戦争、ＥＵ統合などについて、新聞雑誌や書物を読み漁り、記事を書いた。帰国後、文学部ではなく政経学部という場に所属することになった私は、本来の職務はフランス語教育なのだが、わずかながらその経験を活かして、ゼミナールでこれらの問題を扱ってきた。卒論指導では、まれに哲学的なテーマやフランス文学を選んでくる学生もいるが、大半の学生が選ぶのはＥＵ関連の政治・経済のテーマである。そこで、自分でも知識を更新しながら、何とか付き合っていくことになる。年度によるが、年間一〇人から二〇人分の卒論の原稿を何度も提出させ、進捗状況に合わせて読み、チェックし助言していく。最近では、多くの大学で同様の状況であろうが、学術論文もネット上で簡単に検索し閲覧できるので、それに依拠したらしく実に立派な文章を書いてくる学生が年々増えている。そこで、指導教員の役割としてコピペを見抜くことが必要になる。発見のためのソフトウェアもあるが、どの程度本当に分かっているのか質問すれば、すぐに見当はつく。そこで、引用・参照のルールを改めて示し、自分の書いた文章と引用箇所・参照して書いた箇所とを明確に区別し出典を正確に記すよう繰り返し求めることになる。

それだけでも、かなり手間がかかるが、そこに一昨年、生成ＡＩが登場してしまった。そのため、今年度はネット上の複数の文章をコピーし、それらを読み込ませてコピー元の不明な一見オリジナルな文章をＡＩに作らせるという新手法も登場している。グラフの作成なども、これまでは信頼できるデータベースを探し、自分で論旨に合わせて関連するデータをピックアップしてExcelで適切な種類を選んで作成するよう指導していたが、最近ではＡＩがもっともらしいものを瞬時に上手に作成してくれる。社会科学の分野ではこのように生成ＡＩが比較的使い易いため、チェックする側としては労力がさらに増す。見破る目をもっと養い、賢くＡＩと付き合いながら学生たち自身の成長につながる作業へと立ち戻らせる指導を根気よく続けていかねばならない。それは、自分自身の専門研究上の方法論的な課題としても日に日に不可避となっていくだろう。

他方、このように社会科学の領域でも仕事を続けてきたことで、学ぶものは多かった。社会科学では、私情や個人的な価値観を排して事実関係を中立的に把握し、問題を特定し、エビデンスに基づいて最適な解決策を探ることが求められる。

他方、哲学や文学では感覚的な知も無視できない。不完全なコギトや主観性の謎を人間理解の原点と考える。自己意識という絶対的な領域を手探りで探索する。私はその両者の間を行き来しながら、「科学」の不自由さを感じることもあったが、逆に哲学・文学研究の領域では、根拠を正確に示すことなく流布する説を踏襲することや自分の好き嫌いを言い放つことがしばしば許容されてしまうことに改めて反省の目を向けることになった。それは、本書にも不十分ながら反映させたつもりである。

また、大学院のヨーロッパ思想史やEU統合史の講義では、キャリアアップを目指す社会人や企業を定年退職し教養を深めるために来られた方、優秀な中国人留学生などと出会い、じっくりと対話する機会に恵まれた。そこから得られたものは貴重だった。中国からの留学生たちの多くは、反応が敏感で活発で、ヨーロッパと比較して中国の例を紹介し論じてくれる発言が飛び交い、私がいかに隣国である中国のことを知らないか思い知らされた。反面、学部の留学生たちも同様だが、外国にいてさえ言論の自由を保障されない彼らが、大学の教室という一見閉ざされた空間における発言でも、一般公開されないはずのレポート課題や卒論・修論の記述においても意見の表明にどれほど気を遣っているかを目の当たりにし、ずしりと心にのしかかることも多かった。彼らが中国の真の民主化の担い手になってくれることを祈ると言いたくても、そこまで自信をもって人材を育てる力はない。ただ、中国の現政権と歴史と一般の人々とをひっくるめて悪しざまに語りヘイトを向ける言説に抵抗するすべを彼らから得られたのがせめてもの幸いである。

もう一点、私的な事情だが、この研究書の執筆は前著の執筆と合わせて、一種の「リスキリング」だと私は思っている。昨今、日本でも仕事と出産・育児の両立のための環境は整いつつあるが、やはりいつ何を優先するかは当事者自身が決めなければならない。各自、状況に応じて様々な選択があってよいし、欲張らないという選択もある。私の場合は三〇代までは自己研鑽を最優先していたが、その後、四〇代から五〇代にかけては家族のために費やす時間が増えた。大いに欲張り、仕事も続けたが、大学での教育・研究と育児、老父母への訪問、そして長い闘病を続けながらIT分野の研究者として活躍していた夫のサポートなど、多方面に時間が分散され、どれも十分だったとは言えない。授業は手を抜かなかったが、研究は細々と最低限続けていたのみであったし、育児も必死だったが、もっと大らかでも良かったと思う。四人の父母は静かに温かく見送ることができたものの、もっと気を利かせて孝行すべきだった。夫の闘病への支援も、激励するばかりでいまひとつ優しさが足りなかったかもしれない。夫は二〇一五年頃には大分健康を取り戻し、私も自分の時間が再び増えてきたため研究を再開し単著の準備を進めることができたが、あとがきを書き終えて間もなく、彼は別の急病に見舞われ旅立ってしまったのだった。

このように、四〇歳から五〇代半ばまで、研究者として最も多産なはずの時期に、すっかり停滞し、低出力に甘んじてしまったのは事実である。先達や仲間たちから著書、訳書、論文が次々に送られてきても私はじっくりと読む時間もなく、礼状を差し上げる余裕さえなく、すっかり失礼をしてしまった。この場を借りて、今さらながらお詫び申し上げたい。

しかし「高齢者」の仲間入りをした今も健康には恵まれている。体力と気力が続く限り、研究を進めたいと考えている。昨今は、育児を終えた中高年以降の者の新たな挑戦も歓迎されている。私もかつて読んだ本を読み直し、新しい研究に目を向け、問いを立て直し、方法を探り直した。職業上のリスキリングを試みた。こんなやり方もあると思っていただければありがたい。

今回も、原稿のチェックは複数の方にお願いした。前回も協力してくれた関大聡さんは、パリのソルボンヌ大学にサルトルについての博士論文を提出し帰国されたばかりだが、今回も三〇万字余りある原稿を全面的に点検し、多くの不備を発見してくれた。サルトルの演劇に詳しい東北学院大学准教授の翠川博之さんには、特に第二部の『アルトナの幽閉者』について私の読みに無理や誤解がないか見ていただいた。さらに、前回はギリシャ語のチェックを怠り、いくつか誤記があったのだが、それを指摘してくださったのが、同僚の国士舘大学教授で岩波書店のアリストテレス全集の邦訳にも参加されている野津悌先生だった。同先生に今回は入稿前と校正段階でのチェックをお願いし、ギリシャ語の綴りやアクセント記号や長音だけでなく、プラトン、アリストテレスの読解、そしてギリシャ語の効果的な学習法についても貴重なご助言をいただいた。この三人の協力者の方々には、深く感謝しお礼を申し上げたい。だが、それでもご教示を十分に活かす力が足りず、不備な点が残っているかもしれない。お詫びするとともに、今後もぜひお力添えをお願いしたい。また読者の皆様にも改善すべき点などを見つけていただき、ご指摘いただければ幸いである。

加えて、哲学・文学の対話の相手として同僚の田代真教授にも感謝の念を表明したい。学部生の頃にインカレの仏文研究会に参加していた旧友でもある彼は、『戦場の哲学』を大いに評価してくれて、今回も励ましの言葉をかけてくださった。目が届かなかった幾多の文献を紹介してもらうと同時に、議論をとおして多くの示唆を与えていただいた。

他にも、お名前を逐一挙げるのは差し控えるが、少なからぬ同僚から研究会や講演会、共同プロジェクト、そして折々の会話などを通して多くの刺激をいただいた。種々の業務で至らない点が多かったことをお詫びするとともに、お礼を申し上げたい。

最後になるが、前著の執筆にあたって多大なご教示をいただいた石崎晴己先生が、二〇二三年一〇月二二日に八三歳で逝去された。先生には学部のゼミからご指導を受け、その後、随分とご無沙汰したが、前著の計画をきっかけに再びお世話になり、亡くなられるひと月前までメールのやり取りが続いていた。最後の便りでは、ご自身の最後の著作『続 ある少年H』（吉田書店、二〇二三年）が高く評価されたことを大変に喜んでいらした。お変わりない様子で、明晰でありながらどこかとぼけていて、鋭利でありながら温かみのあるあの文体は健在だった。先生のゼミに出会わなければ、『存在と無』は私にとって謎のままだったに違いない。この本も前著も書けなかっただろう。改めてご冥福をお祈りしたい。（だが、即座にあの太い声で「その冥福というのはサルトル的に言うとどういうことなんだ？」と質問されそうな気がする。）

最後の最後には、家族への美しい感謝の言葉を捧げるのが良き作法なのだが、いかに感謝してもしきれない父母と私の執筆を応援してくれていた夫はもうおらず、言葉は届かない。いるのは息子だけだが、どちらかと言えば、感謝してもらいたいのはこちらである。とは言え、パソコン操作の数々のトラブルや不明点をいつも手際よく解決してくれたのは助かった。安全保障についても詳しく学んでいる彼からは、何かと自分の無知を思い知らされたが、ともかくも平和を心から願っている点では同じである。若い人たちの未来が今より明るくなることを切に望んでいる。

戦禍と災禍の報がやまない中、それでも訪れた早春の東京にて

生方淳子

著　者

生方淳子（ウブカタ アツコ）

1957年、群馬県生まれ。1980年、青山学院大学文学部卒業。1983年、東京大学大学院人文科学研究科修士課程修了。1996年、パリ第1（パンテオン＝ソルボンヌ）大学博士課程修了。哲学博士。国士舘大学教授。著書に、『戦場の哲学——『存在と無』に見るサルトルのレジスタンス』（単著、法政大学出版局、2020年）、『サルトル読本』（共著、法政大学出版局、2015年）、『子どもの暮らしの安全・安心〜命の教育へ』（共著、金子書房、2010年）、『サルトル、21世紀の思想家』（共著、思潮社、2007年）、『死の人間学』（共著、金子書房、2007年）、訳書に、クロード・ランズマン編『レ・タン・モデルヌ50周年記念号』（共訳、緑風出版、1998年）、『交差する科学知』（共訳、ユニテ、1987年）などがある。

哲学のアンガジュマン
サルトルと共に問う暴力、非理性、デモクラシー

2025年3月21日　初版第1刷発行

生方淳子

発行所：一般財団法人　法政大学出版局
〒102-0071 東京都千代田区富士見 2-17-1
電話03(5214)5540／振替00160-6-95814
組版：HUP
印刷：みなと企画
製本：積信堂

ISBN978-4-588-15143-9　Printed in Japan

索引

I. 事項

サルトルの著作を含む外国語の一次文献に見られる特殊な概念ないし独自の意味を与えられた用語には原語を併記する。それ以外の概念や用語には一部を除き特に外国語は併記しない。

ア行
悪 le mal
　悪の形象化　134, 225, 277, 280, 283, 336
　根源悪 das radikal Böse, le mal radical　277, 283
　必要悪 le mal nécessaire　271
アナロゴン ἀνάλογον　119
アナンケー ἀνάγκη　92, 97, 101, 104, 108
アリヤーベット Alyah Bet　324, 326
アンガジュマン／アンガージュマン engagement　3, 4, 5, 6, 8, 9, 10, 13, 14, 15, 16, 20, 22, 25, 26, 27, 28, 40, 182, 195, 200, 202, 210, 212, 217, 221, 225, 226, 236, 246, 248, 249, 260, 272, 290, 303, 319, 337, 338, 339, 342, 343, 347, 349, 350, 360, 362, 363, 364, 365
意識 conscience
　自己意識 conscience de soi　11, 12, 34, 43, 44, 47, 48, 49, 51, 52, 53, 54, 60, 61, 65, 66, 69, 76, 78, 79, 85, 90, 112, 114, 117, 118, 146, 158, 159, 161, 162, 167, 168, 169, 179, 204, 222, 238, 244, 256, 348
　反省的意識／反省以前的意識 conscience réflexive / conscience pré-réflexive　21, 44, 48, 60, 63,162, 318
　非反省的意識 conscience non-réflexive　114, 162
　無意識 l'inconscient　47, 59, 60, 111, 112, 113, 114, 115, 116, 117, 118, 129, 310, 353
イスラム　76, 362
飢え／飢餓　14, 126, 211, 215, 216, 256, 280, 360
ウーシア οὐσία　24, 51, 81, 118, 119, 120, 121, 302
運命 destin →モイラ
SNS　8, 98, 205, 219, 326, 341, 356, 358, 361
エピステーメー ἐπιστήμη　364
エレウテリアー ἐλευθερία　96, 102
鷹揚さ／ジェネロジテ générosité　13, 40, 241, 337, 363

カ行
階級　7, 14, 15, 33, 120, 126, 128, 238, 246, 249, 274, 278, 280, 281, 282, 283, 284, 286, 332, 336
改心／回心 conversion　16, 107, 213, 217, 236, 242, 246, 256, 268, 269, 270, 271, 272, 281, 303, 349
格差　6, 7, 13, 14, 15, 28, 31, 34, 122, 123, 125, 126, 127, 128, 129, 214, 218, 249, 260
核兵器／核抑止　25, 303, 304, 305, 306, 307, 357
革命　7, 13, 14, 15, 26, 35, 41, 103, 124, 136, 151, 176, 210, 215, 216, 219, , 222, 225, 232, 235, 238, 241, 242, 246, 248, 250, 251, 255, 259, 270, 287, 306, 310, 311, 312, 314, 351
神
　神の死／神の不在　243, 244

無神論　244
環境　7, 20, 70, 99, 103, 110, 127, 153, 154, 176, 195, 203, 361, 362
稀少性 rareté　123, 126, 278, 280, 282, 332, 334
規範 normativité →倫理
狂気 folie　9, 12, 137, 141, 142, 143, 146, 148, 149, 150, 151, 152, 154, 155, 156, 157, 158, 159, 160, 161, 162, 163, 164, 166, 168, 169, 173, 175, 178, 179, 184, 185, 187, 189, 190, 195, 196, 197, 199, 199, 201, 202, 203, 205, 291, 348, 349
共同／共同体 commun /communauté　4, 8, 34, 40, 55, 59, 66, 70, 71, 72, 73, 74, 99, 122, 124, 133, 134, 136, 222, 225, 237,238, 239, 240, 244, 249, 259, 260, 272, 274, 275, 276, 283, 286, 287, 288, 299, 301, 307, 308, 311, 312, 314, 316, 318, 319, 328, 351, 358, 362
共同主観性 intersubjectivité　136, 222, 238, 256, 286, 313
偶然性 contingence　11, 46, 84, 97, 98, 99, 100, 102, 104, 105, 106, 109, 126, 127, 136, 164, 204, 265, 348, 361, 365
グノーティ・セアウトン γνῶθι σεαυτόν　51, 52, 58, 117
クレーロス κλῆρος　100, 106
合理／合理性 rationnel/rationalité　9, 10, 11, 12, 14, 16, 23, 34, 36, 37, 42, 50, 55, 85, 93, 134, 137, 141, 142, 143, 145, 146, 149, 160, 168, 209, 226, 232, 252, 279, 280, 283, 284, 307, 309, 310, 311, 348, 349, 353
合理人 homo rationalis　34, 35, 36, 347, 350
合理的経済人 homo economicus　134
コギト le cogito
拡張コギト le cogito élargi　11, 44, 45, 46, 60, 63, 64, 70, 72, 199, 347
コギト・エルゴ・スム cogito ergo sum　31
前反省的コギト le cogito préréflexif　11, 44, 46, 47, 49, 58, 59, 60, 64, 78, 347
脱同一性コギト　45, 46, 77, 80, 347
国際紛争　20, 28, 214, 220, 222, 224, 228, 229, 303, 307, 308, 315, 316, 353
個性原理 ecceitas/haecceitas, eccéité　80, 81, 82

サ行
罪悪／罪悪感 Schuld, culpabilité　146, 178, 183, 184, 194, 196, 198, 200, 256
ジェネロジテ→鷹揚さ
志向／志向性 intentionnalité　13, 20, 43, 44, 54, 55, 56, 57, 58, 59, 145, 296
自我 ego　42, 46, 82, 113, 115, 121
自己 le soi
自己意識 conscience de soi　11, 12, 34, 43, 44, 47, 48, 49, 51, 52, 53, 54, 60, 61, 65, 66, 69, 76, 78, 79, 85, 90, 112, 114, 117, 118, 146, 158, 159, 161, 162, 168, 169, 179, 204, 222, 238, 244, 256, 348
自己欺瞞 mauvaise foi　11, 25, 46, 114, 115, 117, 133, 145, 167, 197, 238, 278, 312, 318, 348
自己原因 causa sui　240
自己性 ipséité　82
自己への現前 présence à soi　50, 168, 197, 202
事実性 facticité　99, 100, 101, 104, 105, 126, 365
自然法／自然権　34, 225, 228, 244, 287
実践的惰性態 le pratico-inerte　14, 126, 279
自発／自発性 spontané/spontanéité　56, 59, 93, 94, 102, 104, 105, 160, 162, 166, 202, 269, 270, 275, 294, 307, 312, 365
自律／自律性 autonome/autonomie　15, 22, 31, 32, 34, 35, 36, 40, 54, 85, 92, 110, 124, 133, 136, 196, 202, 269, 270
自由 liberté
自由の刑に処されている condamné à la liberté, condamné à être libre　86

（自由と）状況 situation　17, 89, 96, 105, 107
（自由の）呪い　106
自由の女神　102, 103
自由主義／新自由主義 libéralisme/neoliberalism, libertarianism　14, 15, 124, 127, 195, 284
受難 passion　84, 110, 239, 240
所有／もつ／持つ possesion/avoir　16, 21, 22, 28, 32, 36, 41, 46, 50, 61, 68, 70, 74, 80, 81, 92, 96, 99, 110, 117, 118, 119, 120, 121, 122, 124, 126, 135, 142, 146, 172, 174, 80, 182, 191, 197, 205, 219, 235, 244, 250, 264, 267, 294, 304, 315, 316, 317, 322, 323
人工知能／ AI　7, 15, 22, 27, 28, 340,
侵略／侵略戦争　195, 209, 244, 254, 255, 267, 295, 296, 333, 340, 350
精神病／精神疾患　12, 141, 142, 143, 146, 148, 150, 151, 152, 154, 157, 158, 161, 162, 166, 168, 169, 173, 201, 202, 348
戦争
戦争違法化　229, 266, 271
戦争後遺症　188, 196
戦争状態　272, 274, 335
不戦／不戦論　13, 214, 226, 261, 264, 265, 266, 266, 267, 271, 296, 304, 340, 349
全体化／非全体化 totaliser, totalisation/détotaliser, détotalisation　14, 15, 20, 26, 71, 73, 126, 213, 232, 238, 239, 240, 259, 260, 285, 313, 314, 317, 332, 337
相剋 conflit　11, 124, 199, 222, 238, 255, 274, 275, 278, 290, 341, 352

タ行

対自存在 l'être-pour-soi　11, 20, 45, 50, 61, 62, 63, 64, 77, 78, 82, 88, 100, 202, 239, 260, 266, 275
対他存在 l'être-pour-autrui　11, 45, 53, 61, 62, 63, 64, 78, 79, 162, 198, 202, 276
地球　20, 21, 126, 128, 219, 243, 286, 302, 305, 306, 337, 351, 356, 364
中東　25, 248, 322, 323, 324, 326, 328, 329, 330, 331, 332, 335
超越 transcendant/transcendance　25, 54, 55, 56, 57, 58, 59, 60, 78, 108, 258, 276, 300, 336
通性原理 quidditas, quiddité　82, 83
デモクラシー／民主主義
自己決定するデモクラシー démocratie auto-déterminante　136, 347, 348
認識におけるデモクラシー démocratie cognitive　136, 348
テロリズム／テロ　4, 8, 26, 209, 210, 222, 225, 252, 265, 283, 288, 322, 323, 324
テロル　215, 216, 315
統合失調症　153, 158, 159, 169, 187
ト・カトルー τὸ καθόλου　24
特異的普遍／単独的普遍 l'universel singulier　11, 27, 70, 71, 72, 181, 224
独ソ戦　19, 174, 176, 178, 183
ト・ティ・エーン・エイナイ τὸ τί ἦν εἶναι　82
ト・パーン　τὸ πᾶν　18, 89, 92
ト・ホロン　τὸ ὅλον　18, 89, 92
奴隷　78, 79, 89, 238, 250, 256, 256, 270, 274, 343

ナ行

ナクバ al-Nakbah　326
人間中心主義　21, 131
認識 connaissance, cognition
自己認識 connaissance de soi　23, 48, 49, 52, 76, 117
他者認識　66, 168
認識におけるデモクラシー → デモクラシー
認識論 épistémologie　14, 26, 135, 234, 280, 350
歴史認識論 épistémologie historique　222

ハ行

マ行

ヤ行

ラ行

ワ行

II. 固有名詞

ギリシャ、ロシアの人名は特にギリシャ文字、キリル文字では記さない。地名も特にアルファベット表記はしない。二次資料として参照した文献の著者名、翻訳者名は含めない。

ア行

カ行

サ行

タ行

ナ行

ハ行

マ行

ヤ行

ラ行

ワ行

文献目録

本書のテーマと関連性があり執筆に当たって実際に使用（引用，依拠，参照）したものにとどめる．分類と記載順については，確認のしやすさに配慮した．

Ⅰ．サルトルの著作（および講演，対話・インタビューの記録）

執筆年順．複数のテクストが並行して執筆されている場合や数年間にわたる場合，不詳の場合もあり厳密には特定できないが，サルトルの思想形成・変化を見る上で出版年より執筆時期が重要と考えこの順にする．執筆後すぐに出版されたテクストについては，執筆年は省略する．

依拠した資料は次のとおりである．

Michel Contat, Michel Rybalka, *Les écrits de Sartre, Chronologie Bibliographie commentée*, Gallimard, 1970.

Michel Contat, Michel Rybalka, « Chronologie », in Jean-Paul Sartre, *Œuvres romanesques*, coll. « Bibliothèque de la Pléiade », 1981, p. XXXV-CXII.

フランス語の原書は主に Gallimard 書店，邦訳は主に人文書院から出版されているので，これらについては記載を省略する．

« La théorie de l'Etat dans la pensée moderne française » (rédigée en 1926), in Michel Contat et Michel Rybalka, *Les Ecrits de Sartre*, 1970. (*The theory of the State in Modern French thought*, The New Ambassador, No.1, January 1927, p. 29-41) British Library, Shelfmark(s): General Reference Collection P.P.3555.al.

« Empédocle et le Chant de la Contingence » (écrit en 1926-1927), in *Etudes sartriennes* ; n° 20, 2016.

« L'image dans la vie psycholgique : rôle et nature », Mémoire présenté pour l'obtention du Diplôme d'Etudes Supérieures de Philosophie, 1926-1927, in *Etudes sartriennes*, n° 22, 2018.

La Nausée (achevée en 1934), 1938 ; *Œuvres romanesques*, coll. « Bibliothèque de la Pléiade », 1981.（白井浩司訳『嘔吐』，1951；改訳新装版，1994；鈴木道彦訳，2010）

La transcendance de l'ego (rédigée en 1934), in *Recherches philosophiques*, n° 6, 1936-1937; J. Vrin, 1965, p. 26.（竹内芳郎訳『自我の超越』，1957）

L'imagination, Alcan, 1936.（平井啓之訳「想像力――デカルトからフッサールまで」，『哲学論文集』所収，1957）

La Chambre, 1938, reprise in *Le Mur*, 1939 ; *Œuvres romanesques*, coll. « Bibliothèque de la Pléiade », 1981.（白井浩司訳「部屋」，『短編集　壁』所収，1950）

Esquisse d'une théorie des émotions, 1939 ; Hermann, 1965.（竹内芳郎訳『情動論粗描』，人文書院『自我の超越　情動論粗描』所収，2000）

L'imaginaire, psychologie phénoménologique de l'imagination (rédigé en 1938-1939), 1940.（澤田直，水野浩二訳『イマジネール　想像力の現象学的心理学』講談社学術文庫，2020）

Erostrate, 1939 ; in *Œuvres romanesques*, 1981.（窪田啓作訳「エロストラート」,『短編集 壁』所収，1950；『水入らず』所収，新潮文庫，1971）

L'enfance d'un chef, 1939, in *Œuvres romanesques*, 1981, p. 385-388.（中村真一郎訳「一指導者の幼年時代」,『短編集 壁』所収，1950；『水入らず』所収，新潮文庫，1971）

Les carnets de la drôle de guerre, Novembre 1939-Mars 1940, parus en 1983 ; *Carnets de la drôle de guerre*, Septembre 1939-Mars 1940, nouvelle édition augmentée d'un carnet inédit, parue en 1995 ; repris in *Les Mots et autres écrits autobiographiques*, coll. « Bibliothèque de la Pléiade », 2010.（海老坂武，石崎晴己，西永良成訳『奇妙な戦争』，1985［底本は 1983 年版］）

Lettres au Castor et à quelques autres, tome I, 1926-1939, édition établie, présentée et annotée par Simone de Beauvoir, 1983.（朝吹三吉，二宮フサ，海老坂武訳『女たちへの手紙 サルトル書簡集Ｉ』，1985）

Les Mouches, drame en trois actes, 1943 ; in *Théâtre*, 1947 ; repris in *Théâtre complet*, coll. « Bibliothèque de la Pléiade », 2005.（加藤道夫訳「蠅」,『恭しき娼婦』所収，1952；改訂版，1982）

L'être et le néant, essai d'ontologie phénoménologique, 1943 ; 1970. Repris in coll. « tel », 1976. Edition corrigée par Arlette Elkaïm-Sartre, in coll. « tel », 1996.（松浪信三郎訳『存在と無』，人文書院，1956-1960；新装版，1999．ちくま学芸文庫，2007-2008）

Huis Clos, pièce en un acte, 1944 ; in *Théâtre*, 1947 ; repris in *Théâtre complet*, 2005.（伊吹武彦訳「出口なし」,『恭しき娼婦』所収，1952；改訂版，1982）

Les Chemins de la liberté, II. Le Sursis, terminé en 1944, publié en 1945 ; in *Œuvres romanesques*, 1981.（海老坂武，澤田直訳『自由への道』第 3・4 分冊，2009-2010）

« La fin de la guerre », in *Les Temps Modernes*, n° 1, octobre 1945 ; in *Situations, III*, 1949.（渡辺一夫訳「大戦の終末」,『シチュアシオンⅢ』所収，1964）

« Présentation des *Temps Modernes* », in *Les Temps Modernes*, n° 1, le 15 octobre 1945 ; in *Situations, II*, 1948（伊吹武彦訳「『レ・タン・モデルヌ』創刊の辞」,『シチュアシオンⅡ』所収，1964）

« Portrait de l'antisémite », fragment des *Réflexions sur la question juive*, in *Les Temps Modernes*, n° 3, décembre 1945.

Réflexions sur la question juive, édition Paul Morihien, 1946 ; Gallimard, 1954 ; coll. « Idées », 1961.（安堂信也訳『ユダヤ人』，岩波新書，1956）

L'existentialisme est un humanisme, Nagel, 1946.（伊吹武彦他訳『実存主義とは何か』，1955 ;「実存主義はヒューマニズムである」,『実存主義とは何か』増補新装版所収，1996）

« Qu'est-ce que la littérature ? », in *Les Temps Modernes*, n° 17-n° 20, février-mai 1947 ; repris in *Situations, II*, 1948 ; 1987.（加藤周一，白井健三郎訳「文学とは何か」,『シチュアシオンⅡ』所収，1964；加藤周一，白井健三郎，海老坂武訳『文学とは何か』，1998）

« Conscience de soi et connaissance de soi », Exposé à la Société française de Philosophie, le 2 juin 1947 ; Edité in *La transcendance de l'Ego et autres textes phénoménologiques*, introduits et annotés par V. de Coorbyter, Vrin, 2003.

Cahiers pour une morale, (rédigés en 1947-1948) ; édités par Arlette Elkäim-Sartre, 1983.

Les Chemins de la liberté III. La Mort dans l'âme, 1949 ; in *Œuvres romanesques*, 1981.（海老坂武，澤田直訳『自由への道』第 5 分冊，2010）

Saint Genet, comédien et martyr, 1952.（白井浩司，平井啓之訳『聖ジュネ』，新潮文庫，1971）
« Le fantôme de Staline », 1956, in *Situations, VII*, 1965.（白井浩司訳「スターリンの亡霊」，『シチュアシオン VII』所収，1966）
Questions de méthode, 1957 ; coll. « idées », 1960. Repris in *Critique de la raison dialectique*, 1960.（平井啓之訳『方法の問題』，1962.）
Les séquestrés d'Altona, pièce en cinq actes, écrits en 1958 et représentés au Théâtre de la Renaissance le 23 septembre 1959 ; coll. « folio », 1960 ; repris in *Théâtre complet*, coll. « Bibliothèque de la Pléiade », 2005.（永戸多喜雄訳『アルトナの幽閉者』，1961）
Critique de la raison dialectique, 1960.（竹内芳郎，矢内原伊作，森本和夫，足立和浩訳『弁証法的理性批判』I-III，1962-1965.）
« Les damnés de la terre », Préface aux *Damnés de la terre* de Franz Fanon, Ed. Maspéro, 1961 ; repris in *Situations, V*, 1964, p. 183.（鈴木道彦，海老坂武訳「飢えたる者」，『シチュアシオン V』所収，1965；鈴木，海老坂訳「地に呪われたる者」，『植民地の問題』，2000）
Les Mots, 1964 ; coll. « folio », 2016 ; *Les Mots et autres écrits autobiographiques*, coll. « Bibliothèque de la Pléiade », 2010.（白井浩司，永井旦訳『言葉』，1967；澤田直訳，2006）
« Pour la vérité », in *Le conflit israélo-arabe*, « Dossier », *Les Temps Modernes*, N° 253BIS, 1967.（伊東守男，中谷和男，加藤行立他訳『アラブとイスラエル』，サイマル出版会，1968；新版 1971）
« Interview », Déclaration recueillie par Claudine Chonez, in *Le Fait public*, n° 3, février 1969 : in *Situations, VIII*, 1972.（広田昌義訳「インタヴュー」，『シチュアシオン VIII』所収，1974）
« Israël, la gauche et les arabes », in *L'Arche*, n° 152, 25 octobre 1969 ; in *Situations, VIII*, 1972.（広田昌義訳「イスラエル，左翼，アラブ諸国」，『シチュアシオン VIII』所収，1974）
« Tribunal Russell, Discours inaugural, le 2 mai 1967 », *Tribunal Russell, le jugement à Stockholm*, 1967 ; repris in *Situations, VIII*, 1972.（浦野衣子訳「ラッセル法廷」，『シチュアシオン VIII』所収；『植民地の問題』再録，2000）
L'idiot de la famille, 1971 ; reproduit in coll. « tel », 1983.（鈴木道彦，平井啓之，海老坂武，蓮實重彦，黒川学，坂井由加里，澤田直訳『家の馬鹿息子』1～5巻，1982-2021）
On a raison de se révolter, discussions, avec Philippe Gavi et Pierre Victor, 1974.（鈴木道彦，海老坂武，山本顕一訳『反逆は正しい　自由についての討論』I，II，1975）
« Autoportrait à soixante-dix ans », 1975, in *Situation, X*, p. 180.（海老坂武訳「七〇歳の自画像」，『シチュアシオン X』所収，1977）
L'espoir maintenant, Verdier, 1980.（海老坂武訳『いまこそ，希望を』，光文社，2019）

II．サルトルについての研究書，研究論文，解説書，入門書，伝記，回想，証言

II-1．欧文（初版刊行年順）

Herbert Marcuse « Existentialism: Remarks on Jean-Paul Sartre's *L'Etre et le Néant* », in *Philosophy and Phenomenological Research*, Volume VIII, No. 3 March 1948.
Raymond Aron, *L'opium des intellectuels*, Pluriel, 1955; 2010.
Simone de Beauvoir, *Mémoires d'une jeune fille rangée*, Gallimard, 1958. repris in *Mémoires I, II,* coll.

« Bibliothèque de la Pléiade », 2018.（朝吹登水子訳，ボーヴォワール『娘時代』，紀伊國屋書店，1961）

— *La force de l'âge*, Gallimard, 1960. repris in *Mémoires I, II*, coll. « Bibliothèque de la Pléiade », 2018.（朝吹登水子，二宮フサ訳，ボーヴォワール『女ざかり』上・下，紀伊國屋書店，1963）

— *La force des choses*, Gallimard, 1963. repris in *Mémoires I, II*, coll. « Bibliothèque de la Pléiade », 2018.（朝吹登水子，二宮フサ訳，ボーヴォワール『或る戦後』上・下，紀伊國屋書店，1965）

Geneviève Idt, *Le Mur de Jean-Paul Sartre : techniques et contexte d'une provocation*, Larousse, 1972.

Pierre Verstraeten, *Violence et Ethique. Esquisse d'une critique de la morale dialectique à partir du théâtre politique de Sartre*, Gallimard, 1972.

Raymond Aron, *Histoire et dialectique de la violence*, Gallimard, 1973.

J.-P. Sartre et M. Sicard « Entretien, L'écriture et la publication » , in *Obliques* Numéro spécial Sartre, dirigé par Michel Sicard, 1979.

Michael Issacharoff « Sur les signes des Séquéstrés », in *Obliques*, Numéro spécial Sartre, dirigé par Michel Sicard, 1979.

Michel Contat et Michel Rybalka, *Chronologie* in Sartre, *Œuvres romanesques*, coll. « Bibliothèque de la Pléiade », 1981.

Raymond Aron, *Mémoires, 50 ans de réflexions politiques*, Julliard, 1983.（三保元訳，レーモン・アロン『レーモン・アロン回想録』1，2，みすず書房，1999）

Marie-Christine Granjon « Raymond Aron, Jean-Paul Sartre et le conflit algérien », in *Les Cahiers de l'Institut d'Histoire du Temps Présent*, n° 10, novembre 1988.

Annie Cohen-Solal, *Sartre 1905-1980*, Gallimard, 1985.（石崎晴己訳，アニー・コーエン＝ソラル『サルトル伝』，藤原書店，2015）

Michel Contat, « Sartre était-il démocrate ? », *Etudes sartriennes*, VI, 1995.

Juliette Simont, « Le stoïcisme chez Sartre et Deleuze », *Etudes sartriennes*, VI, 1995.

Jean-François Louette, *Silences de Sartre*, Presse Universitaire du Mirail, 1995.

Atsuko Ubukata, *Essai d'une lecture de la* Critique de la raison dialectique *de Jean-Paul Sartre*, thèse de doctorat présentée à l'Université de Paris I, 1996.

Fabrizzio Scanzio « La question de l'individualité dans l'époque contemporaine (imagination, homme général et homme abstrait dans *Cahiers pour une morale* et *Vérité et existence*) », *Ecrits posthumes de Sartre, II*, Coordination Scientifique par Juliette Simont, Vrin, 2001.

Juan Manuel Aragüés « La société du mensonge : réflexions à partir des *Cahiers pour une morale* », *Ecrits posthumes de Sartre, II*, Coordination Scientifique par Juliette Simont, Vrin, 2001.

Raoul Kirchmayr « Don et générosité, ou les deux chances de l'éthique », *Ecrits posthumes de Sartre, II*, Coordination Scientifique par Juliette Simont, Vrin, 2001.

Jean-François Louette « Du *Sénario Freud* aux *Séquestrés d'Altona* », in *Ecrits posthumes de Sartre, II*, Coordination scientifique par Juliette Simon, in Vrin, 2001.

Gérard Wormser « Vers une morale phénoménologique ? Violence et éthique dans les *Cahiers pour une morale* », in *Jean-Paul Sartre, violence et éthique*, Sous la direction de Gérard Wormser, Sens Public, 2005.

Pierre Verstraeten, *L'Anti-Aron*, Editions de la Différence, 2008

Frédéric Worms « Une théorie radicale des relations humaines », in *Sartre. L'Etre et le néant. Nouvelle lectures*, Textes réunis par Jean-Marc Mouillie et Jean-Philippe Narboux, Les Belles Lettres, 2015.

Hadi Rizk « Etre et faire, la liberté comme principe de l'individuation », in *Sartre. L'être et le néant, nouvelles lectures*, Les Belles Lettres, 2015.

Olivier D'Jéranian, « Le stoïcisme caché de *L'être et le néant* », in *Etudes sartriennes*, n° 21, 2017.

Gautier Dassonneville, établie par, « Liste des emprunts de Jean-Paul Sartre à la bibliothèque de l'Ecole Normale Supérieure (1924-1928) », in *Etudes sartriennes*, n° 22, 2018.

Yoav Di-Capua, *No Exit: Arab Existentialism, Jean-Paul Sartre, and Decolonization*, The University of Chicago Press, 2018.

Reda Merida « Jean-Paul Sartre et la Palestine », in *Middle East Eye* édition française, le 25 avril 2020. Jean-Paul Sartre et la Palestine | Middle East Eye édition française : https://www.middleeasteye.net/fr/decryptages/jean-paul-sartre-palestine-israel-sionisme-guerre-six-jours-monde-arabe（2024 年 11 月 4 日最終閲覧）

Hiroaki Seki « Pensée, image et langage. Sartre et Henri Delacroix », *Etudes Sartriennes*, n° 25, 2021.

Esther Demoulin, Jean-François Louette et Juliette Simont, Sous la direction de, *Les Temps Modernes d'un siècle l'autre*, Les impressions nouvelles, 2023.

II−2．和文（初版刊行年順）

非常に多くの参考にすべき研究があるが，ここでは本書の内容と関連性が特に大きいものを挙げるに留める．

竹内芳郎『サルトル哲学入門』河出書房，1956；『サルトル哲学序説』，盛田書店，1966；筑摩書房，1972.

鈴木道彦『サルトルの文学』，紀伊國屋新書，1963，1994.

竹内芳郎『サルトルとマルクス主義』，紀伊國屋書店，1965.

鈴木道彦『アンガージュマンの思想』，晶文社，1969.

加藤周一，白井浩司，日高六郎，平井啓之他『サルトルとの対話』，人文書院，1980.

北村晋「非 - 表象的コギトの系譜――デカルト・サルトル・アンリ」，掛下栄一郎・富永厚編『仏蘭西の智慧と藝術』，行人社，1994.

谷口佳津宏「『道徳論ノート』における創造の問題」，『理想』No. 665，2000.

北村晋「コギト再考」，『フィロソフィア』89 号，早稲田大学哲学会，2001.

澤田直『〈呼びかけ〉の経験――サルトルのモラル論』，人文書院，2002.

澤田直『新・サルトル講義』，平凡社新書，2002.

水野浩二『サルトルの倫理思想――本来的人間から全体的人間へ』，法政大学出版局，2004.

海老坂武『サルトル――「人間」の思想の可能性』，岩波新書，2005.

合田正人「暴力の倫理／倫理の暴力【サルトルとレヴィナス】」，別冊『環』11 号『サルトル【他者・言葉・全体性】』，藤原書店，2005.

北見秀司『サルトルとマルクスⅠ　見えない「他者」の支配の影で』，『サルトルとマルクスⅡ　万人の複数の自律のために』，春風社，2010-2011.

合田正人『レヴィナスを読む――〈異常な日常〉の思想』，ちくま学芸文庫，2011.

清眞人「媒介者としての『倫理学ノート』――『存在と無』から『弁証法的理性批判』へ」，澤田直編『サルトル読本』所収，法政大学出版局，2015.
森功次「芸術は道徳に寄与するのか――中期サルトルにおける芸術論と道徳論との関係」，澤田直編『サルトル読本』所収，法政大学出版局，2015.
合田正人「サルトルとレヴィナスへの序奏」，澤田直編『サルトル読本』所収，法政大学出版局，2015.
生方淳子「エピステモロジーとしてのサルトル哲学――『弁証法的理性批判』に潜むもうひとつの次元」，澤田直編『サルトル読本』所収，法政大学出版局，2015.
南コニー「『単独的普遍者』――サルトルのキルケゴール解釈をめぐって」，キェルケゴール協会『新キェルケゴール研究』第 13 号，2015.
鈴木道彦『余白の声――文学，サルトル，在日――鈴木道彦講演集』，閏月社，2018.
石崎晴己編訳 = 解説『敗走と捕虜のサルトル』，藤原書店，2018.
水野浩二『倫理と歴史――一九六〇年代のサルトルの倫理学』月曜社，2019.
南コニー「サルトルにおける真理のラディカリズム――「民衆法廷」という実戦的モラル，『関西フランス語フランス文学』第 26 巻，2020.
海老坂武『希望と自由の哲学』，NHK 出版，2020.
生方淳子『戦場の哲学――「存在と無」に見るサルトルのレジスタンス』，法政大学出版局，2020.
熊野純彦『サルトル――全世界を獲得するために』，講談社，2022.
竹本研史『サルトル「特異的普遍」の哲学――個人の実践と全体化の論理』，法政大学出版局，2024.
赤阪辰太郎『サルトル　風通しのよい哲学』，大阪大学出版会，2024.
伊藤直『戦後フランス思想　サルトル，カミュからバタイユまで』，中公新書，2024.
翠川博之「サルトル演劇における〈単独者〉の系譜」，『サルトル研究　エレウテリア』日本サルトル学会発行電子版学術誌第 2 号，2024 年 12 月．日本サルトル学会 AJES : https://sites.google.com/view/ajes1905/ ホーム / 学会誌 / 第 2 号

III．サルトルが用いている文献（古典以外）

推測も含む．執筆ないし発表年順．後に出版された版も加える．当時すでに古典作品だったものは別項目に入れる．邦訳がある場合は参考までに（ ）内に記載する．多数ある場合は，題名のみにとどめ訳者名，出版社名，出版年は省く．

Pierre Janet, *L'amnésie et la dissociation des souvenirs par l'émotion*, 1904.
Léon Robin, *La théorie platonicienne de l'amour. La théorie platonicienne des idées et des nombres d'après Aristote : étude historique et critique*, Alcan, 1908.
Emile Bréhier, *Chrysippe et l'ancien stoïcisme*, Félix Alcan, 1910.
Edmund Husserl, *Logische Untersuchungen*, Zweiter Band, 1913 ;1921.（立松弘孝，松井良和訳，フッサール『論理学研究 3』，みすず書房，1974.）
Edmund Husserl, *Ideen I,* 1913 ;1922 ;1928.（渡辺二郎訳，フッサール『イデーン I-I』，1979;『イデーン I- II』，1984.）

Léon Robin, *Etude sur la signification et la place de la physique dans la philosophie de Platon*, Alcan, 1919.

Léon Robin, *La pensée grecque et les origines de l'esprit scientifique,* La Renaissance du livre, 1923.

Emile Bréhier, *Les idées philosophiques et religieuses de Philon d'Alexandrie,* J. Vrin, 2e édition revue, 1925.

Emile Bréhier, *La théorie des incorporels dans l'ancien stoïcisme*, 1925.（江川隆男訳，エミール・ブレイエ『初期ストア哲学における非物体的なものの理論』，月曜社，2006）

Emile Bréhier, *Histoire de la philosophie,* fascicule 1, *L'Antiquité et le Moyen-Age*, Alcan, 1926.（渡辺義雄訳，エミール・ブレイエ『ギリシアの哲学』，『ヘレニズム・ローマの哲学』，『中世・ルネサンスの哲学』，筑摩書房，1985-1986）

Martin Heidegger, *Sein und Zeit,* 1927.（ハイデガー『存在と時間』）

Psychopathologie générale, par K. Jaspers, professeur de philosophie à l'Université de Heidelberg. Traduit d'après la 3e édition allemande, par A. Kastler et J. Mendousse, Librairie Félix Alcan, 1928.（内村祐之，西丸四方，島崎敏樹，岡田敬蔵訳，ヤスペルス『精神病理学総論』上巻・下巻，岩波書店，1953・1956）

Martin Heidegger, *Was ist Metaphysik?*, 1929.（ハイデガー『形而上学とは何か』）

Martin Heidegger, *Vom Wesen der Wahrheit,* 1930 ; Vittorio Klostermann, 2015 ; *De l'essence de la vérité,* traduit par Alphonse de Waelhens et Walter Biemel, 1943 ; in *Questions I et II*, Tel Gallimard, 1990.

Georges Lefebvre, *La Grande Peur de 1789*, 1932 ; Armand Colin, 1988.

Henry Corbin, *Qu'est-ce que la métaphysique ? par Martin Heidegger*, Gallimard, 1938.

Léon Robin, *La morale antique*, 1938.

Jules Romains, *Prélude à Verdun*, 1938.

Alexandre Kojève, *Introduction à la lecture de Hegel*, 1947.（上妻精，今野雅方訳『ヘーゲル読解入門』，国文社，1987）

Wolfgang Borchert, *Draussen vor der Tür,* 1947. *Dehors devant la porte*, traduit par Pierre Deshusses, Agone, 2008.（小松太郎訳『戸口の外で』，『ボルヒェルト全集』全一巻所収，早川書房，1973）

Simone de Beauvoir, *Les inséparables* (écrites en 1954), L'Herne, 2020.（関口涼子訳『離れがたき二人』，早川書房，2021）

Ⅳ. 哲学史・文学史上の古典文献

おおよその年代順：ギリシャ語・ロシア語は原題省略．本書で引用，参照ないし言及したものに限る．

ホメロス『イーリアス』

ヘシオドス『神統記』

プラトン『ピレボス』

ヘロドトス『歴史』

プラトン『ソクラテスの弁明』

—『プロタゴラス』

—『パイドロス』
—『国家』
—『ソピステス』
アリストテレス『形而上学』
—『政治学』
—『詩学』
—『ニコマコス倫理学』
エピクテトス『要録』（鹿野治助訳『語録　要録』，中央公論新社，2017）
アポロドーロス『ギリシャ神話』
Giovanni Pico della Mirandola, *Oratio de dignitate hominis*, 1486.（Jean Pic de la Mirandole, *Discours sur la dignité de l'homme,* in *Œuvres philosophiques,* PUF, 1993. ピーコ・デラ・ミランドーラ『人間の尊厳について』）
Niccolò Machiavelli, *Il Principe*, 1532.（マキャベリ『君主論』）
Shakespeare, *Romeo and Juliet*, 1595.（シェークスピア『ロミオとジュリエット』）
Descartes, *Regulae ad directionem ingenii,* rédigées en 1628, éditées en 1701.（デカルト『知的指導の規則』）
— *Discours de la méthode*, 1637.（デカルト『方法序説』）
— *Meditationes de prima philosophia*, 1642.（デカルト『省察』）
Thomas Hobbes, *Elementa Philosophica de Cive*, 1642.（ホッブズ『市民論』，本田裕志訳，京都大学学術出版会，2008）
— *Leviathan or the Matter, Forme, & Power of a Common-Wealth Ecclesiasticall and Civil*, 1651.（ホッブズ『リヴァイアサン』）
Blaise Pascal, *Pensées*, 1670.（パスカル『パンセ』）
Benedictus de Spinoza, *Ethica ordine geometorico demonstrata*, 1677.（スピノザ『エチカ』）
Denis Diderot et D'Alembert, *Encyclopédie*, 1751-1772.（ディドロ，ダランベール『百科全書』）
Jean-Jacques Rousseau, *Du contrat social,* 1762.（ルソー『社会契約論』）
Voltaire, *Traité sur la tolérance*, 1763.（ヴォルテール『寛容論』）
Immanuel Kant, *Kritik der reinen Vernunft*, 1781, 1787.（カント『純粋理性批判』）
— *Grundlegung zur Metaphysik der Sitten*, 1785.（『道徳形而上学原論』）
— *Kritik der Urteilskraft,* 1790.（『判断力批判』）
— *Zum ewigen Frieden*, 1795.（『永遠平和のために』）
Georg Wilhelm Friedrich Hegel, *Phänomenologie des Geistes,* 1807.（ヘーゲル『精神現象学』）
— *Wissenschaft der Logik*, 1812-16.（ヘーゲル『大論理学』）
Franz Brentano, *Psychologie vom empirischen Stantpunkte*, 1874.（ブレンターノ『経験的立場からの心理学』）
ドストエフスキー『カラマーゾフの兄弟』，1880.
Wilhelm Dilthey, *Einleitung in die Geisteswissenschaften*, 1883.（ディルタイ『精神科学序説』）

V．サルトルとの比較考察に用いた文献

サルトルについて直接的な言及はないが，関連するテーマや時事問題を扱い，サルトル思想の批

判的理解に資するもの．注記順．洋書で邦訳を参照しえたものはその訳者名と題名を（　）に記す。

V-0．序章

Bernard Williams “Philosophy”, in Moses I. Finley, *The Legacy of Greece*, Oxford University Press, 1981; Trad. Fr. *L'héritage de la Grèce*, Robert Laffont, 1992.

藤沢令夫『プラトンの哲学』，岩波新書，1998.

V-1．第一部

Introduction par Etienne Gilson, in Descartes, *Discours de la méthode*, J. Vrin, 1938

桝田啓三郎，「解題　デカルト省察」，『世界の大思想　デカルト』河出書房新社，1974.

Marcel Gauchet, *L'avènement de la démocratie I. La révolution moderne*, Gallimard, 2007.

坂下浩司『アリストテレスの形而上学』，2002；岩波オンデマンドブックス，2016.

Jean-Pierre Vernant, *Mythe et société en Grèce ancienne*, Maspero, 1974 ; La découverte, 1992.

Etienne Gilson, *La philosophie au Moyen Age,* Payot, 1922 ; 2011.

— *La liberté chez Descartes et la théologie*, J. Vrin, 1913, 1982.

佐久間路子「自己意識はどのように発達するのか」，内田伸子編『よくわかる乳幼児心理学』所収，ミネルヴァ書房，2008.

Merleau-Ponty, « Les relations avec autrui chez l'enfant », 1951, in *Merleau-Ponty à la Sorbonne Résumé de cours 1949-1952,* Cynara, 1988.

小林晴美「幼児期以降の語彙発達」，岩立志津夫・小椋たみ子編『よくわかる言語発達』所収，ミネルヴァ書房，2005.

Boulard Aurore, Gauthier Jean-Marie, « Quand l'enfant dit “je” », *Enfance*, 2012/2 (N°2) : https://www.cairn.info/revue-enfance2-2012-2-page-233.htm（2024 年 11 月 1 日最終閲覧）

郷式徹「メタ認知能力：自分が何を知っているかを知る」，子安増生編『よくわかる認知発達とその支援』所収，ミネルヴァ書房，2005.

Thomas C. Schelling, *Micromotives and Macrobehavior,* Norton, 2006.（村井章子訳，トーマス・シェリング『ミクロ動機とマクロ行動』，勁草書房，2016.）

A. Momigliano « History and biography », in Moses I. Finley, *The Legacy of Greece*, Oxford University Press, 1981; « Histoire et biographie » in *L'Héritage de la Grèce*, Robert Laffont, 1992.

阿部拓児『アケメネス朝ペルシャ――史上初の世界帝国』，中公新書，2021.

Edith Hall, *Inventing the Barbarian: Greek Self-Definition through Tragedy*, Oxford University Press, 1989; 2004.

Denis de Rougemont, *28 siècles d'Europe. La conscience européenne à travers les textes d'Hésiode à nos jours*, Christian de Bartillat, éditeur, 1990.

Gilles Deleuze, *Différence et répétition,* PUF, 1968, 1981.（財津理訳，ジル・ドゥルーズ『差異と反復』，河出書房新社，1992／河出文庫，2010)

Jacqueline de Romilly, *La Grèce antique à la découverte de la liberté*, Editions de Fallois, 1989.

Pierre Grimal, *Les erreurs de la liberté*, Les Belles Lettres, 1989.

Moses I. Finley, *The Legacy of Greece*, Oxford University Press,1981.

T. G. Rosenmeyer “Dramatic Art” in Finley, *The Legacy of Greece*, Oxford University Press,1981.

Emile Bréhier, *Histoire de la philosophie,* Edition revue et mise à jour, 1926 ; PUF, 2012

Jules Michelet, *Histoire de la Révolution française, 1847-1853* ; coll. « Bibliothèque de la Pléiade », 1952, Tome II.（桑原武夫責任編集『ミシュレ』，中央公論社，1979）

Jacques Derrida, *Marges de la philosophie*, Editions de Minuit, 1972.（高橋允昭，藤本一勇訳，ジャック・デリダ『哲学の余白』，法政大学出版局，2007）

Gabriel Marcel, *Etre et Avoir,* 1935.（渡辺秀，広瀬京一郎，三嶋唯義訳，ガブリエル・マルセル『存在と所有』，マルセル著作集第二巻所収，春秋社，1971）

ヤン＝ヴェルナー・ミュラー著，板橋拓己訳『ポピュリズムとは何か』，岩波書店，2017.

Michel Foucault, *La naissance de la biopolitique. Cours au Collège de France (1978-1979)*, Seuil, 2004.（慎改康之訳，ミシェル・フーコー『生政治の誕生』，筑摩書房，2008）

Geoffroy de Lagasnerie, *La dernière leçon de Michel Foucault. Sur le néolibéralisme, la théorie et la politique*, Fayard, 2012.

Milton Friedman, *Capitalism and Freedom*, The University of Chicago Press, 1962 ; 2020.（村井章子訳，ミルトン・フリードマン『資本主義と自由』，日経 BP 社，2021）

Joseph E. Stiglitz, *The Price of Inequality,* 2012.（楡井浩一，峯村利哉共訳，ジョセフ・E・スティグリッツ『世界の 99% を貧困にする経済』，徳間書店，2021）

Howard Gardner, *Frames of Mind: The Theory of multiple intelligences,* 1983.

V-2. 第二部

Michel Foucault, *Histoire de la folie à l'âge classique*, Gallimard, 1961 ; coll. « tel », 1972. p.77.（田村俶訳，ミシェル・フーコー『狂気の歴史』新装版，新潮社，2020）

Rudolf Eucken, *Geistige Strömungen der Gegenwart*, Walter de Gruyter, 1904; 1920. Trad.fr. *Les Grands courants de la pensée contemporaine,* Felix Alcan, 1912.

Émile Beaussire, « L'Enseignement de la philosophie dans l'Université de France », in *Revue des Deux Mondes*, 3e période, tome 78, 1886.

L'Enseignement de la philosophie dans l'Université de France - Wikisource : https://fr.wikisource.org/wiki/L'Enseignement_de_la_philosophie_dans_l'Université_de_France（2024 年 4 月 20 日最終閲覧）

Yorgos Dimitriadis, « Sur la présentation des malades par des psychanalystes », in *Revue du collège de psychiatrie*, 2020. https://hal.archives-ouvertes.fr/search/index/?q=Dimitriadis+02913357&submit= ; https://hal.archives-ouvertes.fr/hal-02913357/document（2024 年 10 月 20 日最終閲覧）

Stéphane Henry (sous la direction de), *L'hôpital Saint-Anne : Pionnier de la psychiatrie et des neurosciences au cœur de Paris*, Somogy éditoins d'art, 2017.

ルヴレー医療センター公式ウエブサイト　Histoire | CH du Rouvray : https://www.ch-lerouvray.fr/ch-du-rouvray/culture-et-sante/histoire（2024 年 10 月 20 日最終閲覧）

キャトルマール精神病院の医療記録（フランス国立図書館所蔵）：https://data.bnf.fr/fr/10763174/asile_d_alienes_de_quatre-mares_sotteville-les-rouen__seine-maritime/（2024 年 10 月 20 日最終閲覧）。

Henri Baruk, *La psychiatrie et la Science de l'Homme*, 1961-65.

— « L'œuvre de Pinel, d'Esquirol et la psychiatrie d'aujourd'hui », *Le Monde,* le 12 mars 1971.

中井久夫『西欧精神医学背景史』，みすず書房，1999，2022.

Hervé Guillemain « Le soin en psychiatrie dans la France des années 1930. Une observation à partir

des dossiers de patients et des manuels de formation infirmière » in *Histoire, médecine et santé. Revue d'histoire et culturelle de la médecine, de la santé du corps,* 7 / Printemps 2015. Le soin en psychiatrie dans la France des années 1930 (openedition.org : https://journals.openedition.org/hms/804)（2024年5月4日最終閲覧）

Klaus Dörner, *Bürger und Irre: Zur Sozialgeschichte und Wissenschaftssoziologie der Psychiatrie*, CEP Europäische Verlagsanstalt, 1969;1984; 2018.

Baratta Alexandre, Morali Alexandre, « Les traitements biologiques en psychiatrie entre la seconde moitié du XIXe siècle et la première moitié du XXe siècle », *L'information psychiatrique*, 2010/6 (Volume 86). DOI : 10.3917/inpsy.8606.0539 ; https://www.cairn.info/revue-l-information-psychiatrique-2010-6-page-539.htm（2024年10月19日最終閲覧）

Binet Alfred, Paul Garnier et le Filiatre, « Coexistence d'hallucinations auditives et verbales psycho-motrices », *L'année psychologique*, 1895 vol. 2. : https://www.persee.fr/doc/psy_0003-5033_1895_num_2_1_1763（2024年10月19日最終閲覧）

加藤敏「統合失調症の診断を考える――分子生物学および精神病理学の見地から」,『精神経誌』, 2011年113巻3号：https://journal.jspn.or.jp/jspn/openpdf/1130030323.pdf（2024年10月19日最終閲覧）

Jean-Paul Durand, « Délire d'influence et syndrome démentiel, à propos d'un cas », *L'information psychiatrique,* 2010/1 (Volume 86). DOI : 10.3917/inpsy.8601.0067（2024年10月19日最終閲覧）

田村光彰「ドイツ企業の戦後反省」, 金沢大学教育開放センター紀要, 第17号, 1997：https://ci.nii.ac.jp/naid/110004826906（2024年10月29日最終閲覧）

平井正『ヒトラーユーゲント――青年運動から戦闘組織へ』, 中公新書, 2001.

井上修一「家なき子ベックマン――『戸口の外で』試論」, 一橋大学『言語文化』第15号, 1987：https://hermes-ir.lib.hit-u.ac.jp/hermes/ir/re/9054/gengo0001500650.pdf（2024年11月20日閲覧）

加納邦光『ヴォルフガング・ボルヒェルト――その生涯と作品』, 鳥影社, 2006.

Karl Jaspers, *Die Schuldfrage*, 1946.（橋本文夫訳『われわれの戦争責任について』, ちくま学芸文庫, 2015）

三島憲一『戦後ドイツ』, 岩波新書, 1991.

André Gide, *La séquestrée de Poitiers,* Gallimard, 1930 ; coll. « folio », 1977.

吉井亮雄『ジッドとその時代』, 九州大学出版会, 2019.

V-3. 第三部

Frantz Fanon, *Les Damnés de la terre* de Franz Fanon, Ed. Maspéro, 1961.（鈴木道彦, 浦野衣子訳, フランツ・ファノン『地に呪われたる者』, みすず書房, 1968）

Patrick Eveno et Jean Planchais, *La Guerre d'Algérie. Dossier et témoignages*, La découverte/Le Monde, 1989.

Jean Daniel, *La Blessure,* Grasset, 1992.

Raymond Aron, *La tragédie algérienne*, Plon, 1957.

François Furet et Denis Richet, *La Révolution française*, Fayard, 1965.

François Furet, Penser la Révolution française, Gallimard, 1978.

生方淳子「革命二〇〇年――フランスはいま」，季刊『クライシス』38 号，1989 夏．
Jean-Jacques Becker, *Histoire politique de la France depuis 1945*, Armand Colin, 1988.
Hervé Hamon, Patrick Rotman, *Génération: Les année de rêve*, Seuil, 1987.
John Rawls, *A Theory of Justice*, 1971; Revised Edition, The Belknap Press of Harvard University Press, 1990.（川本隆史，福間聡，神島裕子訳，ジョン・ロールズ『正義論　改訂版』，紀伊國屋書店，2010）
金丸輝男編『ヨーロッパ統合の政治史』，有斐閣，1969.
林信吾『青山栄次郎伝　EU の礎を築いた男』，角川書店，2009.
三牧聖子『戦争違法化運動の時代』，名古屋大学出版会，2014.
牧野雅彦『不戦条約』，東京大学出版会，2020.
Michel Marbeau, *La Société des Nations. Vers un monde multilatéral 1919-1946*, Presses Universitaires François Rabelais, 2017.
Marie-Michèle Doucet, « Les femmes pacifistes et les parlementaires français : L'exemple du projet de loi Paul-Boncour de 1927 », in *Parlement[s], Revue d'histoire politique, Paix, sociétés civiles et parlements : fin XIX*e*-1939*, Presses universitaires de Rennes, 2017-2 nº 26.
« Déclaration », in *Europe, Revue littéraire mensuelle,* XIII nº 52, avril 1927. Reprise in *La revue Europe en texte intégral 1923-2000*. (DVD)
René Girard, *La violence et le sacré*, Editions Grasset et Fasquelle, 1972.（吉田幸男訳，ルネ・ジラール『暴力と聖なるもの』，法政大学出版局，2012）
― *Le Bouc émissaire,* Grasset, 1982.（織田年和，富永茂樹訳『身代わりの山羊』，法政大学出版局，2012）
柴宜弘『ユーゴスラヴィア現代史』，岩波新書，1996.
田中美知太郎『敢えて言う――政治・哲学論集』，中央公論社，1958.
Steven Pinker, *The better angels of our nature – Why violence has declined*, 2012.（幾島幸子・塩原通緒訳，スティーブン・ピンカー『暴力の人類史』，青土社，2015）
François Mauriac, *Dieu et Mammon*, 1933 ; Grasset,1967.
Pauline Kleingeld, *Kant and Cosmopolitanism: The Philosophical Ideal of World Citizenship*, Cambridge University Press, 2012.
César Chabrun « Kant et M. Wilson », in *Revue des Deux Mondes,* Vol. 37, No 4. 1917 ; KANT ET M. WILSON on JSTOR : https://www.jstor.org/stable/44818737（2024 年 11 月 4 日最終閲覧）
Salmon Oliver Levinson, *Outlawry of War*, 1920; Legare Street Press, 2022.
Emmanuel Lévinas, *Totalité et Infni*, 1961.（レヴィナス『全体性と無限』，合田正人訳，国文社，1989；熊野純彦訳，岩波文庫，2005）
Jules Romains, *Prélude à Verdun*, 1938.
André Fontaine, *Histoire de la guerre froide*, I, Fayard,1965.
Dominique Mongin, *Histoire de la dissuasion nucléaire depuis la seconde guerre mondiale*, Editions Archipoche, 2021.
Thomas C. Shelling, *The strategy of conflict*, 1960 ; Oxford University Press, 1963.（河野勝監訳，トーマス・シェリング『紛争の戦略――ゲーム理論のエッセンス』，2008）
Margaret Moore, *A Political Theory of Territory*, Oxford University Press, 2015.（白川俊介訳，マーガレット・ムーア『領土の政治理論』，法政大学出版局，2020）

Alexandre Dumas Père, Les Trois mousquetaires, 1844-1847.
Mathieu Bouchard « Les intellectuels et la question palestinienne 1945-1948 », in *Confluences Méditerranée*, 2010/1 N° 72. Les intellectuels et la question palestinienne (1945-1948) | Cairn.info : https://shs.cairn.info/revue-confluences-mediterranee-2010-1-page-19?lang=fr#re5no16（2024 年 8 月 29 日最終閲覧）
Abdul-Wahab Kayyali, *Histoire de la Palestine 1896-1940,* L'Harmattan, 1985.
Jean-Baptiste Duroselle, *Histoire diplomatique de 1919 à nos jours,* Dalloz, 1990.
Benny Morris, *The Birth of the Palestinien Refugee problem, 1947-1949*, Cambridge University Press, 1988, p. 297-298.
The birth of the Palestinian refugee problem, 1947-1949 : Morris, Benny, 1948- : https://archive.org/details/birthofpalestini0000morr/mode/2up?view=theater（2024 年 10 月 1 日最終閲覧）
Pierre Vidal-Naquet « Relecture d'un numéro special: Le conflit israéro-arabe », in *Les Temps Modernes, 50 ans.*（石田靖夫訳，ピエール・ヴィダル゠ナケ「特集号〈イスラエル・アラブ紛争〉を読み返して」，『レ・タン・モデルヌ』誌 50 周年記念号所収）
Yoav Di-Capua, *No Exit. Arab Existentialism, Jean-Paul Sartre & Decolonization*, The University of Chicago Press, 2018.
Maxime Rodinson « Israël, fait colonial ? », in *Le conflit israélo-arabe*, « Dossier » in *Les Temps Modernes*, N° 253BIS, 1967.（伊東守男，中谷和男，加藤行立他訳，マクシム・ロダンソン『アラブとイスラエル』，サイマル出版会，1968；新版 1971）
Ilan Pappé, *Ten myths about Israel,* Verso, 2017.（脇浜義明訳，イラン・パペ『イスラエルに関する十の神話』，法政大学出版局，2018）
高橋杉雄『日本で軍事を語るということ』，中央公論新社，2020.

VI．その他，本書で扱った諸問題に関連する参考文献

引用・注記しなかったもの．刊行年順．欧文書の翻訳は参照しえた場合のみ付記する．

VI–1．欧文

Ferdinand Alquié, *La découverte métaphysique de l'homme chez Descartes*, PUF, 1950 ; 2000.
Jean-Pierre Vernant, *Les origines de la pensée grecque,* PUF, 1962; « Quadrige », 1988.
Association internationale des Juristes Démocrates, Union des Juristes Palestiniens, *Livre blanc sur l'agression israélienne au Liban*, Publisud, 1983.
Mahmoud Darwich « La folie d'être Palestinien », in *Libération* du 28 mai 1985.（生方淳子訳，マフムード・ダルウィッシュ「パレスチナ人であるという狂気」，浅田彰責任編集『季刊 GS たのしい知識』5 ½号，特集：ジュネ・スペシャル，1987 年 6 月）
Jacques Dalloz, *La guerre d'Indochine 1945-1954*, Editions du Seuil, 1987.
Ibrahim Souss, *Lettre à un ami juif,* Seuil, 1988.
Jean-Paul Chagnollaud et Alain Gresh, sous la direction de, *L'Europe et le conflit israélo-palestinien,* L'Harmattan, 1989.
Maurice Flory, Bahgat Korany, Robert Mantran, Pierre Agate, *Les régimes politiques arabes*, PUF, 1990.
Dominique Chevallier, Azzedine Guellouz, André Miquel, *Les Arabes, L'islam et l'Europe*, Flammarion,

1991.
Francis Jeanson, *Algéries De retour et retour*, Seuil, 1991.
Henry Laurens, *Le Grand Jeu. Orient arabe et rivalités internationales*, Armand Colin, 1991.
Marie-Claude Hubert, *Histoire de la scène occidentale de l'Antiquité à nos jours*, Armand Colin, 1992.
André Dumoulin, *Histoire de la dissuasion nucléaire*, Editions Argos, 2012.
Ilan Pappe, *The Ethnic Cleansing of Palestine,* Oneworld, 2006.（田浪亜央江，早尾貴紀訳，イラン・パペ『パレスチナの民族浄化——イスラエル建国の暴力』，法政大学出版局，2017）
Philippe Cabestan et Jean-Claude Gens (dir.), *La psychopathologie générale de Karl Jaspers 1913-2013*, Le Cercle Herméneutique Editeur, 2013.
Céline Jouin, *Le retour de la guerre juste. Droit international, épistémologie et idéologie chez Carl Schmitt*, Vrin/EHESS, 2013.
Laurent Guyénot, *Du yahvisme au sionisme. Dieu jaloux, peuple élu, terre promise : 2500 ans de manipulations*, KontreKulture, 2017.
Cas Mudde and Cristóbal Rovira Kaltwasser, *Populism: A Very Short Introduction,* Oxford University Press, 2017（永井大輔＋高山裕二訳，カス・ミュデ＋クリストバル・ロビラ・カルトワッセル『ポピュリズム——デモクラシーの友と敵』，白水社，2018）
André Jacob, sous la direction de, *Descartes et nous,* Maisonneuve et larose, hémisphères éditions, 2020.
Martin Wrede, *La guerre de Trente Ans. Le premier conflit européen*, Armand Colin, 2021.
Michel Duclos, sous la direction de, *Guerre en Ukraine et nouvel ordre du Monde,* Editions de l'Observatoire, 2023.
Frédéric Gros, *Pourquoi la guerre ?,* Albin Michel, 2023.
François Heisbourg, *Les leçons d'une guerre*, Odile Jacob, 2023.

VI-2. 和文

邦訳のみ参照した洋書も含む.

藤沢令夫『哲学の課題』，岩波書店，1989.
多木浩二『戦争論』，岩波新書，1999.
小池政行『国際人道法　戦争にもルールがある』，朝日新聞社，2002.
バーナード・クリック著，添谷育志・金田耕一訳『デモクラシー』，岩波書店，2004.
紀平英作編『ヨーロッパ統合の理念と軌跡』，京都大学学術出版会，2004.
石口彰監修，池田まさみ編著『言語と思考』，オーム社，2012.
中山剛史・信原幸弘編『精神医学と哲学の出会い——脳と心の精神病理』，玉川大学出版部，2013.
中山俊宏『アメリカン・イデオロギー　保守主義運動と政治的分断』，勁草書房，2013.
吉田徹『感情の政治学』，講談社，2014.
植田隆子・小川英治・柏倉康夫編『新 EU 論』，信山社，2014.
熊谷英人『フランス革命という鏡——19 世紀ドイツ歴史主義の時代』，白水社，2015.
國分功一郎『近代政治哲学——自然・主権・行政』，ちくま新書，2015.
石原孝二・信原幸弘・糸川昌成編『精神医学の科学と哲学』，東京大学出版会，2016.
大渕憲一監修『紛争・暴力・公正の心理学』，北大路書房，2016.

岡本隆司『中国の論理――歴史から解き明かす』，中公新書，2016.
水島治郎『ポピュリズムとは何か――民主主義の敵か，改革の希望か』，中公新書，2016.
羽場久美子『ヨーロッパの分断と統合　拡大 EU のナショナリズムと境界線――包摂か排除か』，中央公論新社，2016.
邑本俊亮，池田まさみ編『心理学の神話をめぐって――信じる心と見抜く心』，誠信書房，2017.
ピーター・ザッカー著，植野仙経・深尾憲二朗・村井俊哉・山岸洋訳『精神病理の形而上学』，学樹書院，2018.
石原孝二『精神障害を哲学する――分類から対話へ』，東京大学出版会，2018.
西平等『法と力――戦間期国際秩序思想の系譜』，名古屋大学出版会，2018.
信夫淳平『不戦条約論』，書肆心水，2019.
西田公昭『なぜ，人は操られ支配されるのか』，さくら舎，2019.
大木毅『独ソ戦　絶滅戦争の惨禍』，岩波新書，2019.
益尾知佐子『中国の行動原理』，中公新書，2019.
益田実・山本健編著『欧州統合史　二つの世界大戦からブレグジットまで』，ミネルヴァ書房，2019.
西田雅弘『カントの世界市民主義――十八世紀ドイツ啓蒙におけるカント歴史哲学の知識社会学的研究』，晃洋書房，2020.
板山真弓『日米同盟における共同防衛体制の形成――条約締結から「日米防衛協力のための指針」策定まで』，ミネルヴァ書房，2020.
宇野重規『民主主義とは何か』，講談社現代新書，2020.
縄田健悟『暴力と紛争の " 集団心理 "』，ちとせプレス，2022.
三好範英『ウクライナ・ショック　覚醒したヨーロッパの行方』，草思社，2022.
鶴岡路人『欧州戦争としてのウクライナ侵攻』，新潮選書，2023.
ヤコヴ・ラブキン著，鵜飼哲訳『イスラエルとパレスチナ．ユダヤ教は植民地支配を拒絶する』，岩波ブックレット，2024.

Ⅶ．新聞・雑誌記事，国際機関・博物館資料

« Manifeste », *La Riposte,* nº 1, 31 mars 1947, p. 8.
Mathieu Bouchard « Les intellectuels et la question palestinienne 1945-1948 », in Confluences Méditerranée, 2010/1 No72. Les intellectuels et la question palestinienne (1945-1948) | Cairn.info : https://shs.cairn.info/revue-confluences-mediterranee-2010-1-page-19?lang=fr#re5no16（2024 年 8 月 29 日最終閲覧）
パリのショア記念館 Mémorial de la Shoah が 2008 年に実施した特別展の資料：Les départs clandestins de France en Palestine - Exposition Alyah Beth - Mémorial de la Shoah (memorialdelashoah.org : https://www.memorialdelashoah.org/upload/minisites/alyah/exposition/les-departs-clandestins-de-france-vers-la-palestine.htm)（2024 年 8 月 29 日最終閲覧）
国連パレスチナ問題情報システム（UNISPAL）：ST/DPI/SER.A/47 of 20 April 1949 (archive.org : https://web.archive.org/web/20110103014616/http:/unispal.un.org/UNISPAL.NSF/0/2248AF9A92B498718525694B007239C6) C. Action by the General Assembly（2024 年 10 月 5 日最終

閲覧）
Palestine question/Constituting SpCttee on Palestine (UNSCOP) - First Cttee report - Question of Palestine : https://www.un.org/unispal/document/auto-insert-178889/（2024 年 11 月 4 最終閲覧）
Le Monde du 12 mai 1947 : Mandat et souveraineté britanniques en Palestine (lemonde.fr : https://www.lemonde.fr/archives/article/1947/05/12/mandat-et-souverainete-britanniques-en-palestine_1889099_1819218.html)（2024 年 11 月 4 日最終閲覧）
Le Monde du 1er Juillet 1947 : Sanglant week-end (lemonde.fr : https://www.lemonde.fr/archives/article/1947/07/01/sanglant-week-end_1891468_1819218.html)（2024 年 11 月 4 日最終閲覧）
Le Monde du 22 juillet 1947 : Les immigrants de l'"Exodus" seraient ramenés en France (lemonde.fr : https://www.lemonde.fr/archives/article/1947/07/22/les-immigrants-de-l-exodus-seraient-ramenes-en-france_1891868_1819218.html)（2024 年 11 月 4 日最終閲覧）
Le Monde du 26 juillet 1947 : Démarche de la "Ligue française pour la Palestine libre" (lemonde.fr : https://www.lemonde.fr/archives/article/1947/07/26/demarche-de-la-ligue-francaise-pour-la-palestine-libre_1892356_1819218.html)（2024 年 11 月 4 日最終閲覧）
Le Monde du 10 septembre 1947 : LE DÉBARQUEMENT DES ÉMIGRANTS DE L'"EXODUS" se poursuit à Hambourg (lemonde.fr : https://www.lemonde.fr/archives/article/1947/09/10/le-debarquement-des-emigrants-de-l-exodus-se-poursuit-a-hambourg_1898045_1819218.html)（2024 年 11 月 4 日最終閲覧）
Yearbook of the United Nations 1948-49 (excerpts) - Question of Palestine : https://www.un.org/unispal/document/auto-insert-200016/（2024 年 10 月 1 日最終閲覧）
Le Monde du 18 avril 1964 : "Je ne suis pas désespéré et ne renie pas mon œuvre antérieure" : https://www.lemonde.fr/archives/article/1964/04/18/je-ne-suis-pas-desespere-et-ne-renie-pas-mon-uvre-anterieure_2136806_1819218.html（2024 年 12 月 8 日最終閲覧）
Le Monde du 4 avril 1967 : JEAN-PAUL SARTRE EST CRITIQUÉ À DAMAS (lemonde.fr : https://www.lemonde.fr/archives/article/1967/04/04/jean-paul-sartre-est-critique-a-damas_2625656_1819218.html)（2024 年 11 月 4 日最終閲覧）
« La chronique de J. P. Sartre "Cette guerre ne peut que contrarier l'évolution du Moyen Orient vers le socialisme" », in *Libération* du 29 juillet 1973.
Combien d'articles Sartre a-t-il écrit dans Libération ? – Libération : https://www.liberation.fr/checknews/2017/11/23/combien-d-articles-sartre-a-t-il-ecrit-dans-liberation_1652721/（2024 年 12 月 27 日最終閲覧）
Reda Merida « Jean-Paul Sartre et la Palestine », in Middle East Eye édition française, le 25 avril 2020. Jean-Paul Sartre et la Palestine | Middle East Eye édition française : https://www.middleeasteye.net/fr/decryptages/jean-paul-sartre-palestine-israel-sionisme-guerre-six-jours-monde-arabe（2024 年 11 月 4 日最終閲覧）
国連人道問題調整事務所（OCHA）の報告 World Humanitarian Day: UN demands action as aid worker deaths hit record high | OCHA : https://www.unocha.org/news/world-humanitarian-day-un-demands-action-aid-worker-deaths-hit-record-high（2024 年 12 月 8 日最終閲覧）
Le Monde du 9 mars 2024 ; modifié le 16 août 2024. L'ONU considère que les colonies israéliennes relèvent du crime de guerre (lemonde.fr : https://www.lemonde.fr/international/article/2024/03/09/

l-onu-considere-que-les-colonies-israeliennes-relevent-du-crime-de-guerre_6221002_3210.html)（2024 年 10 月 6 日最終閲覧）

Ⅷ．事典，注釈書，書誌

Edouard des Places, *Lexique de Platon,* Les Belles Lettres, 1964 ; 1989.

Rodolphi Goclenii, *Lexicon Philosophicum, quo tanquam clave philosophiae fores aperiuntur,* 253, Intentio, 1613.

André Lalande, *Vocabulaire technique et critique de la philosophie,* PUF, 1926 ; 1985

Aristotle's Metaphysics, A Revised Text with Introduction and Commentary by W. D.Ross

La métaphysique, Traduction et commentaire par J. Tricot, J. Vrin, 1991.

Rudolf Eisler, *Kant-Lexicon*, 1930 ; Gallimard,1994.

ITEM（フランス国立近代草稿研究所）サルトル草稿目録：Item – Catalogue génétique général des manuscrits de Jean-Paul Sartre (ens.fr : http://www.item.ens.fr/manuscrits-sartre/)（2024 年 11 月 2 日最終閲覧）

フランス国立図書館蔵書目録：https://catalogue.bnf.fr /ark:/12148/cb31121582w（2024 年 11 月 1 日最終閲覧）

Ⅸ．その他（小説，映画，絵画，音楽，フランス語の発音についてなど）

Jacques-Loius David, *Le serment du jeu de paume*, 1791-, Musée Carnavalet.（ジャック＝ルイ・ダヴィッド『球戯場の誓い』，油絵，1791 年以降制作，パリ市歴史博物館ミュゼ・カルナヴァレ所蔵）

Giuseppe Verdi, *Nabucco*, 1842.（ジョゼッペ・ヴェルディ作曲，オペラ『ナブッコ』）

Prosper Mérimée, *Carmen*, 1845.（プロスペール・メリメ著，小説『カルメン』）; Georges Bizet, *Carmen*, opéra en 4 actes, 1875.（ジョルジュ・ビゼー作曲，オペラ『カルメン』）

Ernst Marischka, *Sissi, Schicksalsjahre einer Kaiserin*, 1957.（エルンスト・マリシュカ監督，映画『プリンセス・シシー』）

John Lennon, *Imagine*, 1971.（ジョン・レノン『イマジン』）

Jean-Marie Le Clézio, *Etoile errante*, Gallimard, 1992.（望月芳郎訳，ル・クレジオ『さまよえる星』，新潮社，1994）

Erin Axelman, Sam Eilertsen, *Israelism*, 2023.（エリン・アクセルマン，サム・エイラーツェン監督，ドキュメンタリー映画『イスラエリズム』）About | Israelism (israelismfilm.com : https://www.israelismfilm.com)（2024 年 10 月 6 日最終閲覧）

菊池歌子「フランス語の発音習得における長母音の役割」，関西大学外国語学部紀要＝*Journal of foreign language studies,* 2019, 20: 13-21.